21世纪 经济与管理精编教材·工商管理系列

电子商务概论

Introduction to Electronic Business

王鑫鑫 主　编
涂　静　徐丽娜　副主编

北京大学出版社
PEKING UNIVERSITY PRESS

图书在版编目(CIP)数据

电子商务概论/王鑫鑫主编. —北京:北京大学出版社,2014.9
(21世纪经济与管理精编教材·工商管理系列)
ISBN 978 - 7 - 301 - 24748 - 8

Ⅰ. ①电… Ⅱ. ①王… Ⅲ. ①电子商务—高等学校—教材 Ⅳ. ①F713.36

中国版本图书馆 CIP 数据核字(2014)第 203512 号

书　　　名：电子商务概论
著作责任者：王鑫鑫　主编　涂　静　徐丽娜　副主编
责 任 编 辑：周　玮
标 准 书 号：ISBN 978 - 7 - 301 - 24748 - 8/F·4035
出 版 发 行：北京大学出版社
地　　　址：北京市海淀区成府路 205 号　100871
网　　　址：http://www.pup.cn
电 子 信 箱：em@pup.cn　　　　QQ:552063295
新 浪 微 博：@北京大学出版社　　@北京大学出版社经管图书
电　　　话：邮购部 62752015　发行部 62750672　编辑部 62752926　出版部 62754962
印　刷　者：北京宏伟双华印刷有限公司
经　销　者：新华书店
　　　　　　787 毫米×1092 毫米　16 开本　15.75 印张　393 千字
　　　　　　2014 年 9 月第 1 版　2017 年 6 月第 3 次印刷
印　　　数：6001—9000 册
定　　　价：32.00 元

未经许可,不得以任何方式复制或抄袭本书之部分或全部内容。
版权所有,侵权必究
举报电话:010 - 62752024　电子信箱:fd@pup.pku.edu.cn

前 言

随着网络技术、通信技术的飞速发展和互联网的迅速普及,电子商务产业正在快速增长,其战略意义日益凸显。大力发展电子商务,使其在经济和社会发展中发挥重要作用,已成为各个国家和地区的共识。我国电子商务经过十几年的发展已经取得了巨大的进步,根据 2014 年 7 月麦肯锡全球研究院发布的《中国的数字化转型:互联网对生产力与增长的影响》报告,2010 年中国的互联网经济只占 GDP 的 3.3%,落后于大多数发达国家,到 2013 年中国的互联网经济已经占 GDP 的 4.4%,达到全球领先国家的水平。蓬勃发展的电子商务已成为中国经济发展新的增长点和结构调整的重要着力点。

近年来电子商务的发展也出现了一些新的趋势:一是越来越多的互联网企业开始涌现并逐渐形成较为完善的生态系统;二是移动终端网络用户超过计算机终端网络用户,移动互联网迅猛发展并成为应用热点;三是互联网也更深入地渗透到各个传统行业,大量传统企业走上互联网化道路;四是基于网络利用大数据成为企业为用户提供更好的产品和服务的重要手段。总的来看,电子商务的发展程度越来越高,企业的运营也越来越高效,并最终转化为生产效率的提升。在这一过程中,一些传统的岗位正在逐渐消失,而电子商务相关人才的需求将不断增加,只是随着电子商务的逐步成熟,企业对电子商务人才的要求也会不断提高,这就要求有能体现这些变化的教材以供相关专业的学生学习。因此,在北京大学出版社的推动和支持下,我们着手编写了这本教材。

《电子商务概论》是经济管理类专业的一门重要基础课程,它对于引导学生深入地了解电子商务知识、加深对电子商务的理解、提高电子商务的应用水平具有重要的指导意义。根据多年的教学经验和学生反馈意见,本书并非面面俱到,而是重点讲解经济管理专业学生应该掌握的有关电子商务的主要内容,希望相关专业的同学在初步掌握电子商务技术的基础上,能够超越技术层面,重点关注和理解电子商务模式、战略、经营管理策略和支持体系。全书内容涉及电子商务基础知识、技术基础、商务模式、网络营销、支付系统、物流管理、安全技术、法律规范和战略规划等方面。

本书由王鑫鑫担任主编,涂静、徐丽娜担任副主编。全书共九章,其中徐丽娜负责第一章和第六章的编写,胡婷负责第二章的编写,王鑫鑫负责第三章和第九章的编写,陈祥兵负责第四章的编写,涂静负责第五章和第七章的编写,林红珍负责第八章的编写,最后全书由王鑫鑫负责统稿和修改。

在本书编写过程中,作者借鉴了国内外大量的书籍、论文和网络资料,限于编写体例,没有在文中一一注明,仅在书末参考文献中列出其中主要部分,在此谨向这些资料的作者表示衷心的感谢。由于电子商务在不断发展,受编者水平和编写时间所限,书中难免存在疏漏和不足之处,欢迎读者批评指正。

王鑫鑫
2014 年 8 月

目 录

第一章 电子商务概述 ·· 1
  第一节 电子商务的基本概念 ··· 1
  第二节 电子商务的产生和发展 ·· 4
  第三节 电子商务的分类与电子商务生态系统 ··························· 9
  第四节 电子商务发展趋势 ··· 20
  练习题 ·· 28

第二章 电子商务技术基础 ·· 29
  第一节 电子商务技术 ··· 29
  第二节 计算机网络技术 ·· 34
  第三节 电子数据交换技术 ··· 42
  第四节 网站建设技术 ··· 50
  练习题 ·· 57

第三章 电子商务模式 ·· 59
  第一节 电子商务模式的相关概念 ·· 59
  第二节 B2C 电子商务模式 ·· 60
  第三节 B2B 电子商务模式 ·· 66
  第四节 C2C 电子商务模式 ·· 76
  第五节 其他电子商务模式 ··· 82
  练习题 ·· 88

第四章 网络营销 ·· 89
  第一节 网络营销的基本理论 ·· 89
  第二节 网络市场与网络消费者 ··· 94
  第三节 网络营销战略与营销组合策略 ··································· 103
  第四节 网络广告 ··· 114
  第五节 客户关系管理 ·· 121
  练习题 ··· 124

第五章 电子商务支付系统 ··· 125
  第一节 网上支付概述 ·· 125

第二节　网上支付安全协议 ·· 130
　　第三节　网上支付方式 ·· 135
　　第四节　网络银行 ·· 144
　　练习题 ··· 149

第六章　电子商务物流管理 ·· 150
　　第一节　物流管理概述 ·· 150
　　第二节　电子商务物流配送 ·· 153
　　第三节　电子商务物流信息技术 ·· 163
　　第四节　电子商务环境下的供应链管理 ··································· 168
　　练习题 ··· 173

第七章　电子商务安全技术 ·· 174
　　第一节　电子商务安全概述 ·· 174
　　第二节　防火墙 ··· 179
　　第三节　入侵检测技术 ·· 182
　　第四节　数据加密技术 ·· 184
　　第五节　电子商务认证技术 ·· 188
　　练习题 ··· 194

第八章　电子商务法律规范 ·· 196
　　第一节　电子商务法律问题概述 ·· 196
　　第二节　电子签名法 ··· 199
　　第三节　电子招标投标法律制度 ·· 204
　　第四节　网络交易管理法律制度 ·· 206
　　第五节　消费者权益保护法律制度 ··· 210
　　第六节　知识产权 ·· 217
　　练习题 ··· 227

第九章　电子商务战略 ··· 228
　　第一节　电子商务战略概述 ·· 228
　　第二节　电子商务战略分析 ·· 231
　　第三节　电子商务战略的选择 ··· 233
　　第四节　电子商务战略的实施与评价 ······································ 238
　　练习题 ··· 242

参考文献 ·· 243

第一章 电子商务概述

电子商务代表着21世纪新经济的发展方向。据统计,2013年中国电子商务市场交易规模达10.2万亿元,同比2012年的7.85万亿元增长29.9%,中国首次超越美国成为世界第一大网络零售国。截至2013年12月,中国电子商务服务企业直接从业人员超过235万,间接带动的就业人数已超过1 680万。蓬勃发展的电子商务已成为中国经济发展新的增长点和结构调整的重要着力点。作为一种商务活动过程,电子商务带来了一场史无前例的革命,其对社会经济的影响远远超过了商务本身,它将人类真正带入了信息社会。

本章从电子商务的基本概念入手,介绍了电子商务的定义、组成、产生、发展阶段、主要模式以及电子商务生态系统,融入了电子商务领域的最新概念,阐明了电子商务业界的发展动态,从而揭示了电子商务行业的发展趋势。

第一节 电子商务的基本概念

一、电子商务的定义

管理大师彼得·德鲁克(Peter Drucker)曾这样描述电子商务:"我们才刚刚开始感受到网络革命的革命性影响,激起这场革命的不是信息,不是人工智能,也不是计算机和数据处理对决策、政策制定或战略的影响,而是10年或15年前几乎没有人预料到甚至讨论过的电子商务,即互联网作为商品或服务甚至是管理和专业工作的主要渠道的爆炸式出现。电子商务对经济、市场和行业结构、产品和服务及其流通、消费者细分、消费者价值和消费者行为、工作和劳动力市场都产生了很大影响,然而,电子商务对社会和政治的影响更大,这首先表现在人们看世界的方式和生活的方式上。"

电子商务自产生之日就在不断发展进化,至今没有一个公认的定义能将其概括。国际性组织、知名企业、专家学者都曾根据所处历史阶段给出许多定义。例如,世界贸易组织(WTO)在它的《电子商务专题报告》中,对电子商务概念做出定义:电子商务就是通过电信网络进行的生产、营销、销售和流通活动。它不仅是指基于Internet的交易活动,而且是指所有利用电子信息技术来解决问题、降低成本、增加价值和创造商业和贸易机会的商业活动,包括通过网络实现从原材料查询、采购、产品展示、订购到出品、储运、电子支付等一系列的贸易活动。IBM公司则认为电子商务是在Internet的广阔联系与传统信息技术系统的丰富资源相互结合的背景下,应运而生的一种相互关联的动态商务活动,即电子商务 = Web + 企业业务。

本书综合各种观点认为,电子商务(Electronic Commerce,简称 E-Commerce 或 EC)就是通过包括互联网在内的计算机网络来实现商品、服务和信息的购买、销售与交换。电子商务可以从以下几个方面来定义:

(1) 业务过程。从业务过程的角度定义,电子商务是指利用电子网络实施的业务过程,进而代替实体业务活动中信息的电子化业务活动。

(2) 服务。从服务的角度来看,电子商务是政府、企业和消费者表达各自意愿的一种工具,同时也是改善客户服务水平、提高交付速度和降低服务成本的一种手段。

(3) 学习。从学习的角度来看,电子商务为中学、大学和其他商业组织提供了在线培训和教育的功能和机会。

(4) 合作。从合作的角度来看,电子商务为社区成员提供了一个学习、交易和合作的集会场所。当前最流行的团体就是社交网络。

值得注意的是,部分学者认为"E-Commerce"仅指商业伙伴间的交易活动,因此他们更多地使用"E-Business"(电子商业)来定义电子商务,它除了买卖商品或服务之外还包含客户服务、商业伙伴合作、企业内部信息化活动等多重含义,可以视为电子商务的广义定义,本书认为两者定义等同。

二、电子商务的组成框架

电子商务涵盖的领域非常广泛,包含各种类型的活动、组织机构和技术,因此本书利用组成框架图来描述电子商务的构成,这有助于读者对电子商务的形象认识。图 1.1 是电子商务的组成框架图。

由图 1.1 可见,最高层的电子商务应用是形式多样的,在本章讲解电子商务的分类中将会体现,为了实施这些应用,企业需要与之匹配的信息、基础设施和支持服务体系,具体是:

(1) 人:买方、卖方、中介、信息系统专家、其他员工以及所有参与者共同构成了一个重要的支持领域。

(2) 公共政策:包括法律和其他政策问题,例如政府制定的税收政策和隐私保护政策,还包括由政府和行业权威机构制定的技术标准等。

(3) 市场营销和广告:和其他企业业务一样,电子商务常常需要市场营销和广告的支持,尤其是在买主和卖主互不相识的网络交易中。

(4) 支持服务:电子商务需要大量的支持服务,从网页建设、电子支付到货物传送都靠相关业务的完善和支持。

(5) 业务伙伴:合资、交易以及各种类型的业务合作在电子商务中经常出现,尤其在整条供应链上,例如,企业与供应商、顾客和其他伙伴之间的交易。

图 1.1 的最底层是电子商务的基础设施,包括电子商务所应用到的软件、硬件和网络系统。这些设施和支持服务需要良好的管理和协调。这就意味着企业需要规划、组织、激励和制定战略,为了更好地实现企业绩效最大化,必要时还需要根据电子商务模式来进行业务流程的调整。

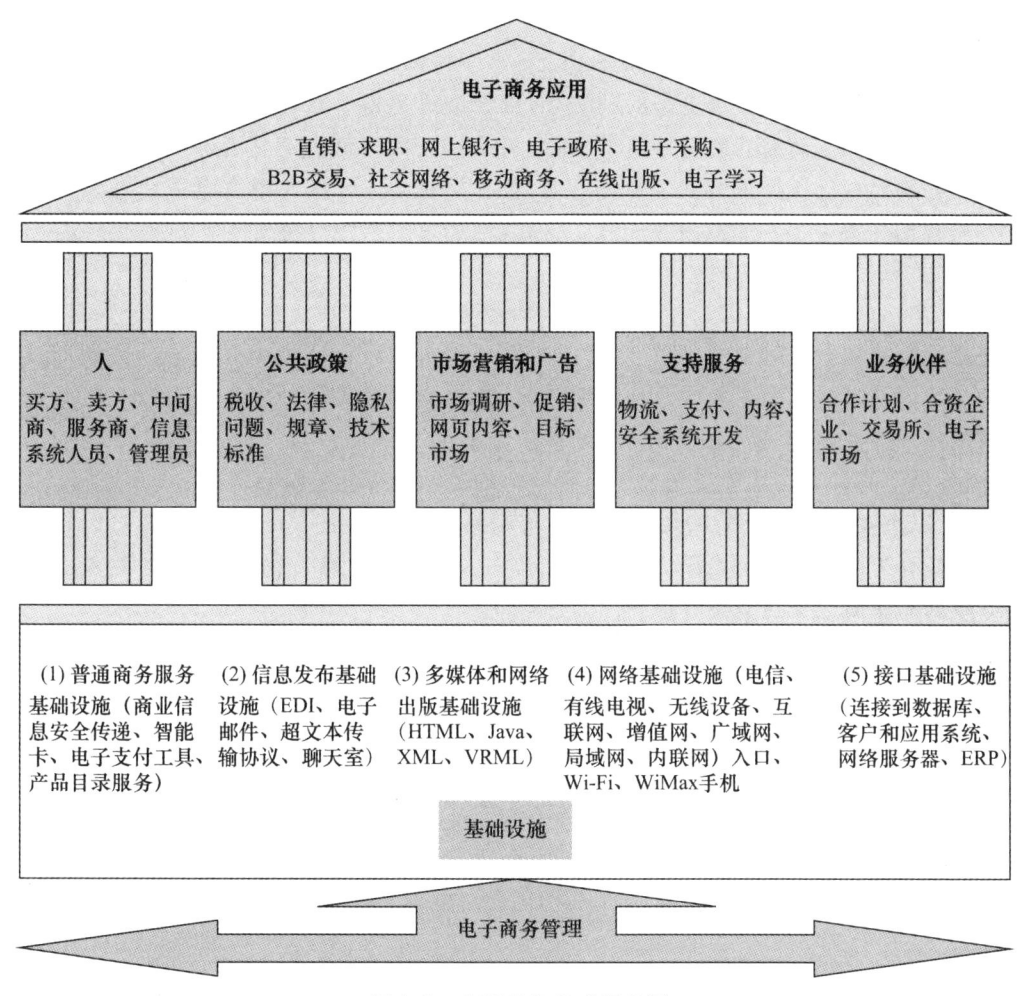

图1.1 电子商务组成框架图

三、传统商务与电子商务的比较

电子商务利用网络将传统商务活动中的物流、资金流和信息流整合在一个平台上进行,可提供广告宣传、咨询洽谈、网上订购、网上支付、电子账户、服务传递、意见征询、交易管理等各项功能。电子商务与传统商务活动方式相比,具有以下优势:

1. 高效率

电子商务在时间和空间上的优势使得它具有比传统商务更高的效率。网上购物为消费者提供了一种方便、快捷的购物途径;为商家提供了遍布世界各地的、有巨大潜力的消费者群。因而,无论是对大规模的企业、中小型企业还是个体经营者来讲,电子商务都是一种机遇。

电子商务的高效特性体现在很多方面,如可拓展市场、增加客户数量。企业通过信息网络记录下客户每次访问的页面、每个页面停留的时间、购物车内的商品详情、历次消费金额、购物支付方式等,这样,企业可以了解客户的个性化需求,从而为客户推荐其最感兴趣的商品,大大提高成交率。电子商务网站还可以为企业节省大量的开销,如无须营业人员、实际店铺,并可以提供全天候的服务,增加销售量,提高客户满意度和企业知名度。

2. 低成本

物美价廉是很多消费者购物的标准,然而,由于传统商务存在多个中间流通环节,每个环节的经营者都想尽可能地获取更高的利润,消费者最终不得不用较高的价格购买到需要的商品。电子商务减少了商品的流通环节,因而交易成本大大降低。消费者甚至可以直接从商品的生产者处购得自己所需的商品。阿里巴巴集团董事长马云曾在中央电视台一档节目中说道:"不是你们在淘宝上买的东西太便宜了,而是商场里的东西价格太高了。"

3. 便捷

"足不出户即可获得所需商品"的梦想在电子商务时代变成了现实。在电子商务环境中,传统交易受时间和空间限制的局限性被打破,客户不再像以往那样因受地域的限制而只能在一定的区域内有限的几个商家中寻找所需商品、选择交易对象。他们不仅可以在更大范围甚至全球范围内选择商品、寻找交易伙伴,而且更重要的是,他们的目光不仅仅集中在商品的价格上,服务质量的好坏在某种意义上成为商务活动成功与否的关键因素。

目前,以淘宝网为代表的 B2C 平台已经将网络诚信标准推广开来,消费者可以轻松地根据商家的信誉等级和商品历史评价来选购自己称心如意的商品,而发达的现代物流系统更是能将订单商品快捷地送到消费者手中。

4. 集成度高

电子商务是一种新兴产物,运用到大量新技术,而 Internet 的使用可以协调新老技术,使用户有效利用已有资源和技术,更加快捷地完成他们的任务。电子商务能规范事务处理的工作流程,将人工操作和电子信息处理集成为一个不可分割的整体,这样不仅提高了人力和物力的利用率,也提高了系统运行的严密性。利用 Internet 将供应商和客户连接至企业内部管理系统,使得采购、销售和生产等环节协调起来,为企业节省了时间,提高了效率,消除了信息孤岛,减少了纸张开支和库存带来的成本。

第二节 电子商务的产生和发展

一、电子商务的产生背景

电子商务的产生依赖于当前世界先进的技术环境和商业环境。

1. 飞速发展的电子信息技术

以计算机为代表的电子信息技术为电子商务的应用提供了技术基础。最初的计算机在商业领域内应用仅仅局限于提高办事效率,作为辅助的信息载体,并处理复杂的统计和运算。具有一定意义的电子商务活动始于 30 多年前的 EDI,大企业之间通过 EDI 接收和传送订单、交货单和付款数据等。之后,随着数据通信技术的成熟,越来越多的个人和企业体会到电子商务的魅力。现在,人们在 Internet 上开展电子商务都离不开计算机、通信网络和存储设备等电子技术的支持。

案例 1.1

"魔镜"试衣

西班牙巴塞罗那 Roberto Verino 服装店安装了一面奇特的名为 AdvanMirror 的"魔镜",顾客不需要亲自试衣便可以看到着装效果。服装店采用该 RFID 解决方案不仅仅为顾客提供了"耳目一新"的奇特体验,而且提高了服装的销量。该方案融合 RFID 技术和多媒体两种高科技,以苹果 iPad 作为店内销售员的信息接收终端。销售人员通过 iPad 查看顾客的喜好,当顾客在"魔镜"前试衣时为其提供合适的样式。

AdvanMirror 包括四层货架,每层都内嵌有 Keonn 公司提供的名为"AdvanReader"的 RFID 读写器和天线,如图 1.2 所示。该解决方案包括一个摄像头,一块超大的视频触摸屏(呈现顾客的穿衣效果)和一台安装有 Keonn 软件的电脑。店内每件衣服上都有一张符合 EPC Gen 2 标准的超高频 RFID 标签,标签唯一的编码和对应的 3D 图像存储在 AdvanMirror 软件数据库中。顾客将选中的衣服放到"魔镜"的隔板上,RFID 读写器获取标签的编码,将编码返回到软件数据库中查询相应的三维图,并将其显示在屏幕上。

图 1.2 AdvanMirror 试衣系统

同时,镜子内嵌摄像头抓取顾客的图像,通过 AITech 软件分析顾客所在位置和动作,将其显示在屏幕上。例如,某顾客通常会抬胳膊试穿衬衫袖子是否合适,屏幕中的衣服会符合该动作;顾客转身看背后的效果,屏幕中会根据衣服的 3D 模式显示出衣服的背后样式。此外,该系统还可展示有重叠部分的成套服装,例如衬衣配夹克。店内售货员手持 iPad 与后台甚于云的服务器通信,实时查看顾客挑选的服装种类,也可做出合适的推荐。

该解决方案只是一种先进的辅助工具,并不能取代试衣间。系统为顾客提供有效信息,帮助判定是否有必要试穿该衣服,起到一种过滤的效果,缩小了顾客的挑选范围,同时大大减轻了销售人员的工作量。

(资料来源:http://news.rfidworld.com.cn/2012_03/c0aa8c8e7644b9e6.html)

思考题：

"魔镜"试衣的原理是什么？我们身边存在哪些类似的信息技术应用？

2．国际互联网

国际互联网（Internetwork，简称 Internet），始于1969年的美国，是全球性的网络，是一种公用信息的载体，是大众传媒的一种。其具有快捷性、普及性，是现今最流行、最受欢迎的传媒之一，比以往任何一种通信媒体都要快捷。互联网是由一些使用公用语言互相通信的计算机连接而成的网络，即由广域网、局域网及单机按照一定的通信协议组成的国际计算机网络。

移动网络是另一个发展前景巨大的网络应用。它在亚洲和欧洲的部分城市发展迅猛。苹果iPhone风靡全球是美国市场移动网络的一个标志事件，但这仅仅是个开始。在未来的10年，将有更多的定位感知服务通过移动设备来实现。例如，当你逛商场的时候，会收到很多你订制的购物优惠信息；当你在驾车的时候，可收到地图信息等。

3．信用卡和电子钱包的普及应用

信用卡和电子钱包以其方便、快捷、安全等优点，吸引了众多的网络消费者，为电子商务中的网上支付提供了重要的手段。

电子钱包是电子商务系统中的一种支付工具。使用电子钱包购物时，需要电子钱包服务软件支持，这类软件通常是免费提供，目前世界上主要有VISA cash、MasterCard cash和Mondex等电子钱包服务系统。NFC是一种非接触式识别和互联技术，可以在移动设备、消费类电子产品、PC和智能控件工具间进行近距离无线通信。通过这种技术，手机就可以代替一卡通，直接在刷卡机上一刷就可以完成消费。

案例1.2

iPhone电子钱包支付

在日本东京，只要消费者把信用卡绑定到自己的手机便可以享受"刷机"消费这项服务。当然，商家还需要一台iPhone的VISA读取设备。数据显示，2012年日本手机市场推出了98种新模式手机，其中45种具有全球定位系统功能，49种具有电子钱包功能。日本的手机普及率非常高，这意味着运营商必须提供具有更多先进功能的手机才能够产生新的收入源。

报告指出，日本移动运营商为了获得更多的收入，使出了浑身解数，为了推动基于照片和音乐功能的数据服务，它们增加了电子邮件的邮箱容量，整合了移动互联网音乐播放界面。由于推出的手机具有丰富的媒体能力、多种新颖的功能，手机市场充满活力，获得了消费者的认可。

（资料来源：http://www.517japan.com/viewnews-25460.html）

思考题：

1．iPhone电子钱包支付应用到哪些技术？
2．在我们身边存在哪些类似的电子商务应用？

4．电子安全交易协议

为确保网上支付的安全性，1997年5月31日，美国VISA和MasterCard国际组织等联合制定电子安全交易协议(SET)作为在开放网络上进行电子支付的安全标准。目前公布的SET正式文本涵盖了信用卡在电子商务交易中的交易协定、信息保密、资料完整及数字认证、数字签名等。这一标准被公认为全球网际网络的标准,其交易形态已成为电子商务行业的规范。

5. 政府的支持与推动

电子商务的兴起,使得各国政府看到了新的商机,希望在激烈的国际贸易竞争中抓住机会。联合国国际贸易法委员会为各国及地区电子商务立法提供了一整套国际通行规则。目前,已有30多个国家和地区制定了综合性的电子商务法。2013年12月27日,我国人大财经委召开《电子商务法》起草组成立暨第一次全体会议,会议明确了立法的指导思想、原则、框架设想和主要内容,标志着中国电子商务法立法工作正式启动。

二、电子商务的发展阶段

从技术角度看,以企业间的电子商务为例,世界范围内的电子商务发展经历了传统电子商务、基于专用网的电子商务和基于互联网的电子商务三个时代。三者的主要区别是通信方式不同,如图1.3所示。

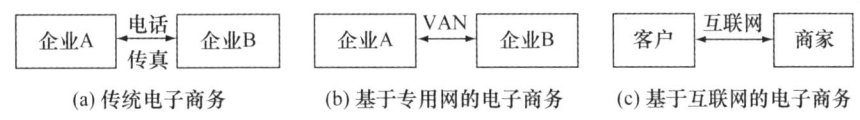

图1.3 企业间电子商务发展的三个阶段

1. 传统电子商务

1951年,第一台商用计算机正式投入使用,当时传统贸易过程通常是企业间通过电话、传真等方式进行贸易磋商、签约和执行。有关的贸易文件的制作和传输也要通过人工来处理,虽然有计算机辅助办公,但是单机操作还是带来了大量人力、物力的损耗,效率低下。

从普遍的意义上讲,从电话、电报、传真的商业应用起,电子商务活动就开始出现了。由于当时商务活动信息流的电子化水平太低,所以还不是真正意义上的电子商务。

2. 基于专用网的电子商务

从20世纪60年代末到80年代,部分大企业的计算机系统开始通过专用增值网络(Value-Added Networks,简称VAN)联在一起,利用专用网开展电子交易。例如,20世纪70年代,美国航空公司开发了计算机联网订票系统——SABRE,顾客可以在美国各个售票点和旅行社通过美国航空公司的计算机终端查询全国范围航班的时刻、票价、空位情况等信息,进而通过终端订票。与此同时,银行间采用安全的专用网络进行电子资金转账(EFT),即利用通信网络进行账户交易信息的电子传输,提高了资金转移的效率,改变了金融业的业务流程。

之后,电子商务以电子数据交换(EDI)的形式得到推广。20世纪80年代,联合国正式推出标准UN/EDIFACT,统一了世界贸易数据交换中的标准和尺度,它使企业用标准化的电子格式与供应商交换商业单证,简化了业务流程,提高了自动化水平。可以说EDI是现代B2B电子商务模式的雏形。

3. 基于互联网的电子商务阶段

20世纪90年代初,美国政府宣布互联网向公众开放,电子商务进入快速发展阶段。1993年万维网诞生,使互联网具备了多媒体应用的能力。互联网在全球迅速普及和发展,逐步从军方、大学、科研机构走向家庭和企业,基于互联网的电子商务作为以遍及全球的互联网为架构,以交易双方为主体,以网上支付和结算为手段,以客户信息数据库为依托的一种新的商务模式迅速发展。这个阶段的特点是,大量企业在互联网上建立网站、促销产品、进行交易,上网人数与网上交易额迅速增加。

进入21世纪,全球范围内的电子商务蓬勃兴起,越来越多的品牌生产商尝试在线销售,智能手机的普及使得移动商务持续增长,新模式、新平台、新特征层出不穷,电子商务行业不断造就着新的财富神话。

三、中国电子商务的发展

中国的电子商务发展史,经历了萌芽起步、冰冻调整、复苏回暖、高速发展、转型升级、大规模发展、爆发性增长等若干发展阶段。

1. 萌芽起步阶段(1997—1999年)

业内公认,国内第一批电子商务网站创办于1997—1999年间,当时互联网全新的引入概念鼓舞了第一批新经济的创业者,他们认为互联网络商机无限。但在萌芽期的电子商务环境里存活相当艰难,仅孕育了一批初级的网民。

标志事件:1997年12月,中国化工网上线,成为国内首家垂直B2B网站;1998年2月,中国制造网在南京上线;1998年12月,阿里巴巴在开曼群岛注册;1999年5月,王峻涛创办8848,国内首家B2C网站诞生;1999年8月,国内首家C2C平台易趣网上线。

2. 冰冻调整阶段(2000—2002年)

在互联网泡沫破灭的大背景下,电子商务的发展受到很大影响,尤其是部分严重依靠外来投资"输血",而自身尚未找到盈利模式具备"造血"功能的企业,经历了冰与火的严峻考验。于是包括8848、阿里巴巴在内的知名电子商务网站进入残酷的寒冬阶段。

标志事件:2000年5月,卓越网成立;2000年6月,中国电子商务协会成立;2001年7月,中国人民银行颁布《网上银行业务管理暂行办法》;2002年3月,eBay以3 000万美元收购易趣网33%的股份。

3. 复苏回暖阶段(2003—2005年)

在2003年一场突如其来的"非典"后,电子商务出现了快速复苏,部分电子商务网站也在经历过泡沫破裂后,更加谨慎务实地对待盈利模式和低成本经营。电子商务网站的企业会员数量开始明显增加,2003年成为不少电子商务网站尤其是B2B网站的"营收平衡年",电子商务走入回暖期。

标志事件:2003年5月,阿里巴巴投资成立淘宝;2003年12月,慧聪网香港上市;2004年6月,第一届网商大会举办;2004年8月,亚马逊以7 500万美元收购卓越网;2005年4月,《电子签名法》正式施行;2005年8月,阿里巴巴集团并购雅虎中国,同时被雅虎控股。

4. 高速发展阶段(2006—2007年)

互联网环境的改善、理念的普及给电子商务带来巨大的发展机遇,各类电子商务平台会员数量迅速增加,大部分B2B行业电子商务网站开始实现盈利。而专注B2B的网盛生意宝与阿里巴巴的先后上市成功引发的财富效应,更是大大激发了创业者与投资者对电子商务的热情。我国电子商务行业进入新一轮高速发展与商业模式创新阶段,衍生出更为丰富的服务形式与盈利模式,而电子商务网站数量也快速增加。

标志事件:2006年5月,环球资源入股慧聪,结成中国最大的B2B战略联盟;2006年12月,网盛科技上市,标志着"中国互联网第一股"诞生;2007年11月,阿里巴巴在香港上市。

5. 转型升级阶段(2008—2009年)

金融海啸的不期而至使全球经济环境迅速恶化,我国相当多的中小企业举步维艰,尤其是外贸出口企业受到极大阻碍。受产业链波及,以沱沱网、万国商业网、慧聪宁波网、阿里巴巴为代表的出口导向型电子商务服务商,纷纷关闭、裁员重组或增长放缓。

与此同时,在扩大内需、降低销售成本的指引下,内贸B2B与垂直B2C却获得了新一轮高速发展。不少B2C网站获得了数目可观的风险投资,传统厂商也纷纷涉水,B2C由此取得了前所未有的发展与繁荣。而C2C领域,随着搜索引擎百度的进入,使网购用户有更多的选择空间,行业竞争更加激烈。

标志事件:2008年5月,中国电子商务协会授予杭州为"电子商务之都"称号;2008年9月,百度"有啊"上线进军C2C;2009年5月,当当网率先实现盈利;2009年7月,淘宝网诚信自查系统上线。

6. 大规模发展阶段(2010—2012年)

2010年以来,我国电子商务已经进入大规模发展、应用和运营阶段,在B2B/B2C/C2C领域里,各运营商加速商业模式的探索,为整个电子商务领域带来前所未有的百花齐放盛况。本阶段体现出三大变化:大批的网民逐步接受了网络购物的生活方式,而且这个规模还在高速扩张;众多的中小型企业从B2B电子商务中获得了订单,获得了销售机会,"网商"概念深入商家之心;电子商务基础环境不断成熟,物流、支付、诚信瓶颈得到良好解决。

标志事件:2010年11月,阿里巴巴天价收购"一达通",商务部发布《关于开展电子商务示范工作的通知》;2011年5月,中国人民银行正式发布第三方支付牌照;2011年10月,淘宝商城事件引发深思,一淘网异军突起;2012年3月,百度上线爱乐活,进入O2O,唯品会流血上市;2012年5月,腾讯电商独立。

7. 爆发性增长阶段(2013年至今)

回顾2013年,中国电商行业一路高歌猛进,无论是综合平台还是细分行业垂直电商平台,纷纷开放平台抢占供应商和客户资源,移动电商、O2O模式、互联网金融等热点在商家和媒体的助推下均展现良好的发展势头。

标志事件:2013年5月,"菜鸟"物流网络横空出世,支付宝和天弘基金合作推出"余额宝";2013年8月,微信推出支付功能;2013年11月,天猫"双11"成交金额350亿元;2014年5月22日,京东集团在美国纳斯达克正式上市,当日收盘价为20.9美元,较发行价上涨10%,按收盘价计算,京东市值约为285.7亿美元。

目前,电子商务已经不仅仅是互联网企业的天下,数不清的传统企业和资金流入电子商务领域,使得电子商务世界变得异彩纷呈。今后,我们一定会看到更为精彩绝伦的新鲜事,会见证一个现实社会与虚拟社会不断融合发展的新时代。

第三节 电子商务的分类与电子商务生态系统

一、电子商务的分类

电子商务最常见的分类方式是按照交易性质或者参与方之间的关系进行分类,下面列出常见的电子商务模式：

1. B2B

B2B(Business to Business,简称B2B)是指所有参与者都是企业或其他组织的电子商务模式,企业之间通过互联网、外部网、内部网或者企业间私有网络以电子方式实现交易。这些交易可以发生在企业和供应链成员之间,也可以发生在一个企业和其他企业之间。这里的企业泛指任何私有的或公有的、营利性的或非营利性的组织。B2B的主要特点是企业希望通过电子自动交易或沟通协作过程来提高它们自身的效率。

B2B模式基本分为以下四种:卖方模式、买方模式、网络交易市场模式、供应链改进及协同商务模式,如图1.4所示。

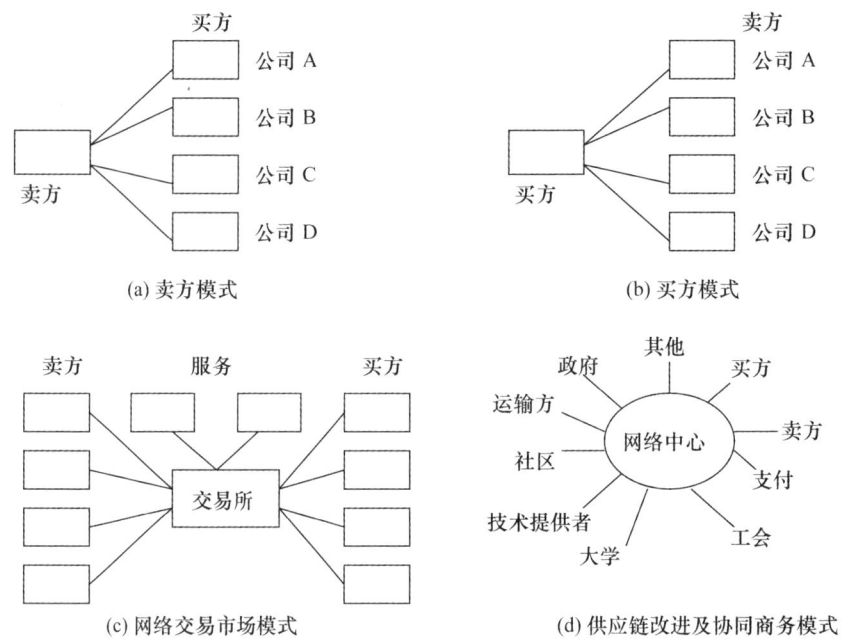

图1.4　B2B模式分类

比如,通用汽车公司建立的TradeXchange网站就属于卖方模式和买方模式的B2B,通用竞拍自己的存货资产,并将其每年高达870亿美元的采购业务完全通过该网站进行。该网站不仅满足通用自身的采购业务,其30 000多家供应商也在这一系统上进行交易。通用对通过TradeXchange进行的电子商务交易收取1%的手续费,专家估计这将为通用汽车带来每年50亿美元的收入。

而国内的沱沱网属于网络交易市场模式,是国内规模最大的B2B垂直搜索引擎。它收录英文商业网页1亿页、企业800万家、产品2 000万种,服务海外用户1 500万,专注于"为中国供应商开拓海外市场",在"中国供应商"与"全球采购商"之间,搭建一座供求信息的桥梁。

2. B2C

B2C(Business to Consumer,简称B2C)是指企业以互联网为主要服务提供手段,实现公众消费和提供服务,并保证与其相关的付款方式电子化的电子商务运营模式。B2C主要适用于网上在线零售商店,也称为网络零售(E-Retail)。

3. B2B2C

在 B2B2C(Business to Business to Consumer,简称 B2B2C)电子商务模式中,一家企业向另一家客户企业提供某些产品或服务,以使客户企业维持自己的客户群。这些客户群可以是企业内部员工,对他们来说,所购买的产品或服务没有任何附加价值。例如,一家公司为每位员工支付美国服务在线(AOL)的入网费,而非员工自己直接支付;再比如 Godiva 公司直接把巧克力卖给客户公司,客户公司将巧克力作为礼物分发给员工。

当然,也可以把这种模式理解为从批发商到零售商再到消费者的销售模式。比如肯德基的网上订餐,流程是消费者登录网站后,先查找购买商品,订购后由网站系统针对此商品进行定位检索,找到离消费者最近的肯德基餐厅,由此餐厅送货,方便快捷。

4. C2B

C2B(Consumer to Business,简称 C2B)电子商务模式既包括个人消费者利用互联网向企业销售产品或服务,又包括个人消费者寻求卖主,以对产品或服务进行报价。真正的 C2B 应该先有消费者需求产生而后有企业生产,即先有消费者提出需求,后有生产企业按需求组织生产。通常情况为消费者根据自身需求定制产品和价格,或主动参与产品设计、生产和定价,产品、价格等彰显消费者的个性化需求,生产企业进行定制化生产。Priceline 公司就是一家著名的 C2B 交易组织、全球领先的在线旅游服务商,其网站首页如图 1.5 所示。

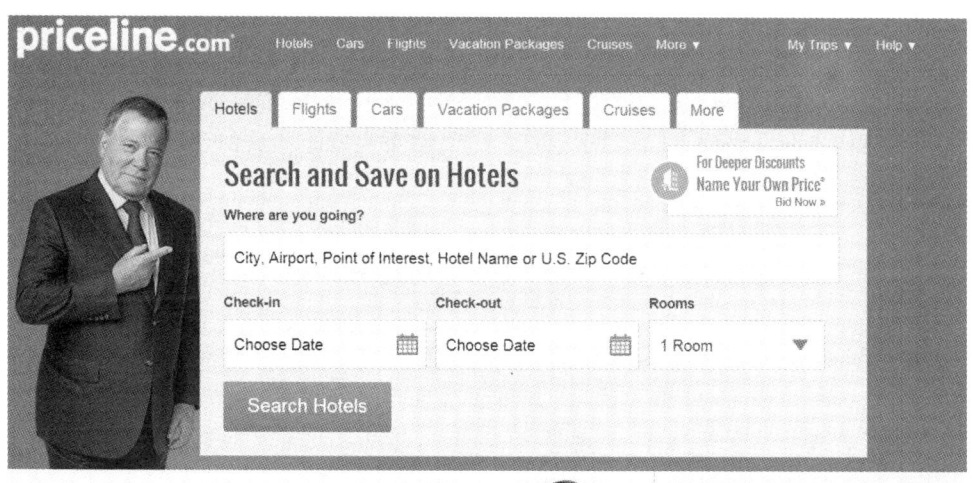

图 1.5 priceline.com 首页

5. C2C

C2C(Consumer to Consumer,简称 C2C)的特点是消费者与其他消费者进行交易,如个人消费者利用网上分类广告出售房屋所有权和汽车。网上个人服务广告以及个人知识与经验分享的销售是另一种应用,如网站广告"征男友过年"或"有奖起名"。

实践中较多的是进行网上个人拍卖。如易趣网是中国第一个真正的网上个人物品竞拍网站,它提供一个虚拟的交易场所,就像一个大市场,每一个人都可以在这个市场上开自己的"网上商店",不用事先交付保证金,而是凭借独有的信用度评价系统,借助所有用户的监督力量来营造一个相对安全的交易环境,使买卖双方能找到可以信任的交易伙伴。人们在易趣网上可以交易许多物品,大到计算机和彩电,小到邮票和电话卡,个人可以24小时自由地卖出和买入各种物品,无须支付中间人费用。

6. 企业内部电子商务

企业内部电子商务(Intra-Business EC)包括组织内部的所有活动,包括商品、服务和信息等在内各部门及个人之间的信息交换,这些活动包括向组织内部员工销售产品、在线培训、进行跨部门协调等。这种企业内部电子商务的实现常常依赖于内联网或公司门户网站进行。

它对企业管理改革带来了多方面的影响:改革管理组织,把相互关联的管理组织加以整合;增强管理功能,进一步综合集成各种相关的管理职能,使管理工作的面貌得到根本改观;大幅度降低企业管理成本;实施安全、准确、高效的企业管理。

7. G2B

G2B(Government to Business,简称G2B)是指政府与企业之间的电子政务,即政府通过电子网络系统精简管理业务流程,快捷迅速地为企业提供各种信息服务,目前主要运用于电子采购与招标、电子化报税、电子证照办理与审批、相关政策发布、咨询服务提供等。

而国际上通用的概念则是"电子化政府"(Electronic Government)。所谓电子化政府,是指政府有效利用现代信息和通信技术,通过不同的信息服务设施(如电话、网络、公用电脑等),对政府机关、企业、社会组织和公民,在其方便的时间、地点及方式下,提供自动化的信息及其他服务,从而建构一个有回应力、有效率、负责任、具有更高服务品质的政府。

案例 1.3

香港政府"一站通"

在搜索引擎中输入"香港特区政府"六个字,排在首页的第一条检索内容就是香港特区政府的官方网站,大幅的图片、少量的新闻、具体的服务与办事流程,让人耳目一新。在网站首页,新闻展示仅为最新的三条信息,更新时间为当天,信息展现形式既有文字图片又有相关视频,如图1.6所示。

香港政府"一站通"网站,为用户提供了明确具体的信息浏览方式。首先,简单通俗地运用"我要知……"及"我想……"作为栏目标题,站在用户角度思考,具有亲民感。在栏目中能够找到包括文件、事件办理方式、表格下载及填写等一系列在线办理流程,用户可通过页面引导直接进行各种事项的办理,信息全面。其次,能够让用户进行各类应用程式的下载以及手机二维码的扫描,做到网站与新兴移动媒体相结合,不仅提高了网站的利用率,同时极大地方便了用户进行办事、下载及信息查询。

对于政府网站而言,重要的不是"有什么",而是用最亲和的方式给用户"提供什么"。香港政府"一站通"网站通过最新的应用与展现形式,给用户提供了丰富的信息,并以引导形式进行"贴身"的办事服务,对于中国电子政务的发展有非常多的可借鉴之处。

图 1.6 香港政府"一站通"网站

(资料来源：http://www.gov.hk/sc/residengts)

思考题：

香港政府的"一站通"网站给我们的政府网站带来什么借鉴意义？

8. 移动商务

移动商务（Mobile Commerce）是电子商务的一条分支，是指通过移动通信网络进行数据传输，并且利用移动信息终端参与各种商业经营活动的一种新电子商务模式。例如，人们在下班途中，用智能手机就可以完成银行转账业务或在亚马逊购买图书。许多移动商务的应用涉及移动设备，如果这种交易主要是针对特定时间、特定区域的人，则被称为区位商务（Location-Based Commerce）。

准确来说，移动商务是移动互联网的一种业务应用模式。移动互联网（Mobile Internet，简称 MI）是一种通过智能移动终端，采用移动无线通信方式获取业务和服务的新兴业态，包含终端、软件和应用三个层面。终端层包括智能手机、平板电脑、电子书、MID 等；软件包括操作系统、中间件、数据库和安全软件等。应用层包括休闲娱乐类、工具媒体类、商务财经类等不同应用与服务。随着技术和产业的发展，未来，LTE（长期演进，4G 通信技术标准之一）和 NFC（近场通信，移动支付的支撑技术）等网络传输层关键技术也将被纳入移动互联网的范畴。

移动商务是新技术和新商业环境融合产生的最新信息化成果。商务活动参与主体可以在任何时间、任何地点实时获取和采集商业信息，应用移动通信技术和使用移动终端进行信息交互。由于移动通信的实时性，移动商务用户可以在第一时间准确地与对象进行沟通，与商务信息数据中心进行交互，摆脱固定的设备和网络环境的束缚，最大限度地驰骋于自由的商务空间。

移动电子商务是在无线传输技术高度发达的情况下产生的，比如人们经常提到的 3G 技术,就是移动电子商务的载体。除此之外,WIFI(Wireless Fidelity)和WAPI(Wireless LAN Authentication and Privacy Infrastructure)技术,也是无线电子商务的选项。随着移动通信技术和计算机的发展,移动电子商务的发展已经历了三代。

第一代移动商务系统是以短信为基础的访问技术,这种技术存在许多缺陷,其中最严重的问题是实时性差,查询请求不会立即得到回答。此外,短信长度的限制也使得一些查询无法得到完整的答案。

第二代移动商务系统采用基于WAP(Wireless Application Protocol)技术的方式,手机主要通过浏览器来访问WAP网页实现信息的查询,克服了第一代移动访问技术的缺陷。第二代移动访问技术的缺陷主要表现在WAP网页访问的交互能力极差,因此限制了移动电子商务系统的灵活性和方便性。此外,由于WAP使用的加密认证协议存在安全隐患,所以也难以普及推广。

随着宽带无线接入技术和移动终端技术的飞速发展,人们迫切希望能够随时随地都能方便地从互联网获取信息和服务,移动互联网应运而生并迅猛发展。新一代移动商务系统采用了基于SOA架构的Webservice、智能移动终端和移动VPN技术相结合的第三代移动访问和处理技术,使得系统的安全性和交互能力有了极大的提高。第三代移动商务系统同时融合了3G技术、智能移动终端、数据库同步、身份认证及Webservice等多种移动通信、信息处理和计算机网络的最新前沿技术,以现代无线通信技术为依托,为电子商务人员提供了一种安全、快速的现代化移动商务办公机制。

9. O2O

O2O(Online To Offline,简称O2O)电子商务即Online线上网店、Offline线下消费,指线上营销和线上购买带动线下经营和线下消费。O2O通过打折、提供信息、服务预订等方式,把线下商店的消息推送给互联网用户,从而将他们转换为自己的线下客户,这样既能极大地满足消费者个性化的需求,也省去了消费者外出购物的麻烦。商家通过网店使信息传播得更快、更远、更广,可以瞬间聚集强大的消费能力,带来大规模高黏度的消费者。该模式的主要特点是商家和消费者都通过O2O电子商务满足了双方的需要。

O2O电子商务主要面向第三产业——服务业。"十二五"中国经济结构战略性调整,由出口走向内需,扩大内需的最大产业支撑是服务业。服务业中的绝大部分属于实体经济,也是最大的就业容纳器和创新驱动器。在积极发展高技术产业和先进制造业的同时,推动服务业大发展成为产业结构调整的战略重点。

数据显示,美国线上消费只占8%,线下消费的比例依旧高达92%;而中国的这一比例,分别为3%和97%。O2O的使命,就是把电子商务的效力,引入消费中占比90%以上的部分。如果把商品塞到箱子里送到消费者面前的网上销量有5 000亿元,那么服务业的网上销量会达到数十万亿元。可见面向服务业的O2O电子商务具有广阔的市场空间和发展前景。

案例1.4

Argos:全过程O2O购物

从一成立,英国零售商Argos就采取了一种与传统零售门店不同的经营方式。门店内不摆设货架,商品被储存在门店后或楼上的仓库里。在IOS平台推出的App可以帮助顾客在移动端浏览超过25 000种产品,实时更新价格和库存变化,定时更新顾客定位地图和顾客评论。

此外 Argos 还开通了"Text & Take Home"服务,也就是通过发送手机短信,顾客能随时随地了解商品的价格和库存。Argos 的多渠道销售已占到全公司销售额一半以上,其中"点击留存"(线上点击留货,店内取货)占到 22%。

Argos 购物的基本流程有几种方式供选择:

首先,形成订单,方式有:① 门店 + 商品目录;② 电脑网站(在家里或在 Argos 门店电脑上);③ 移动端;④ 24 小时热线订购电话。

之后,付款,也有两种模式:① 柜台排队付款,即完成后获得一张带有编号的提货凭证,然后等待提货柜台呼叫凭证编号,前去领取和核对商品;② 自助在线支付,即 Argos 门店提供了一些电脑,顾客可以按操作提示使用信用卡支付货款,完成后获得一张自动打印的带有编号的提货凭证,等候另外一个柜台叫号取货,省去了排队付款的麻烦。

最后,在柜台提货,也有两种模式:直接提走包裹;选择送货上门。

由于 Argos 基于统一的 IT 系统,因此,Argos 的购物模式可以有多种可实现的组合。这些集成于统一 IT 平台的创新且独特的购物模式,使得线上线下高度无缝链接,Argos 也因此获得了英国电子商务行业第一的排名。

(资料来源:http://b2b.toocle.com/detail—6161706.html)

思考题:
1. 零售商 Argos 的销售方式和我们身边的零售商有何不同?
2. 试分析将 Argos 模式移植到中国零售业的可行性。

10. 在线学习

在线学习(E-Learning)是通过计算机互联网,或是通过手机无线网络,在一个网络虚拟教室进行网络授课、学习的方式。例如网易公开课、英孚教育在线邮件课堂。

随着互联网的发展,教育行业在 10 多年前就推广远程教育,通过互联网虚拟教室来实现远程视频授课、电子文档共享,从而让教师与学生在网络上形成一种授课与学习的互动;而随着 3G 时代的来临,人们能更方便地运用手机等掌上工具进行在线学习,无线网络使学习互动变得更加有效。

E-Learning 概念一般包含三个主要部分:以多种媒体格式表现的内容,学习过程的管理环境,由学习者、内容开发者和专家组成的网络化社区。在当今快节奏的文化氛围中,各种机构都能够利用 E-Learning 让工作团队把这些变化转变为竞争优势。企业通过实施 E-Learning,可以让员工在任何时间、任何地点进行学习,消除空间障碍,切实降低成本,同时提高了学习者之间的协作和交互能力。

当然,对于电子商务模式的划分还有其他多种方式,如表 1.1 所示。

表 1.1 其他电子商务分类方式

划分标准	类型	说明
网络类型	互联网电子商务	互联网开放的网络环境下,买卖双方在任何可连接网络的地点间进行各种商务活动,如网上购书
	非互联网电子商务	电子商务也可以通过专用网、局域网、无线网络甚至智能手机实现。例如"手机刷公交"、商场里利用手写式移动设备记录销售情况

(续表)

划分标准	类型	说明
货物性质	直接电子商务	无形货物或者服务的电子订货与付款等活动,如计算机软件、娱乐内容的联机订购、文件查询、信息咨询、产品售后服务等
	间接电子商务	有形货物的电子订货与付款等活动,它依然要利用传统渠道(如邮政服务或商业快递)送货
交易性质	国际贸易型电子商务	基于国际贸易业务中各类电子单证报文数据交换业务,主要涉及海关、商检、税务、担保、保险、银行等部门以及交易双方的各种商业往来单证
	普通贸易型电子商务	针对一般商贸过程的电子贸易业务,主要是内贸业务
	金融服务型电子商务	针对支付和清算过程的电子金融业务,主要涉及银行、工商、税务、保险等部门以及交易双方的各种转账往来凭证。它涉及电子支付手段、资金清算方式和信用卡结算方式等

二、广表的电子商务生态系统

"商务生态系统"这一概念首先是由 James F. Moore 在他的著作 *The Death of Competition: Leadership and Strategy in the Age of Business Ecosystem* 中提出的。这个概念的灵感来自自然界的生态系统。生态环境学认为,生物之间存在一种相互依存、相互制约、互为环境的关系,并且生物的多样性和共生性是生物界生存和发展的普遍要求和规律。众多的生物以自己的生存和发展,为其他生物提供共生的环境和条件,同存于一种共生体之中,共同进化和优化。James F. Moore 指出商务生态系统正是模拟了自然生态系统中的以上这些机制。众多的商家、企业作为有生命的经济实体,同时还作为经济细胞,组成和推动着整个国民经济乃至整个国际经济的发展,形成一种功能协调、优势互补、和谐增长的共生共荣的生态环境。

1. 电子商务环境下的新商务生态系统

电子商务环境与传统商务环境相比有显著的区别。从传统意义上说,企业必须在一个特定的行业内进行竞争。但电子商务环境下,一方面,原来处于各个封闭"湖泊"中的不同行业,由于 Internet 这条"电子运河"而沟通起来,竞争范围改变了。另一方面,虽然目前有些企业采用了 MRPⅡ、ERP、CRM、SCM 系统等,但合作伙伴之间的电子化连接(Electronic Linkage)及企业与顾客之间的接口薄弱,难以实现信息实时的、同步的共享。通过先进的电子商务技术(如 XML、OBI 等)和网络平台,可以灵活地建立起各种组织间的、高效的电子化连接,如组织间的系统 IOS(Inter-Organizational System)、企业网站、Extranet、电子化市场 EM 等,将伙伴企业的各个业务环节孤岛连接在一起,从而大大改善商务伙伴间的通信方式,使组织间信息和知识的交换量与交换速度大大提高,为形成新商务生态系统提供了有力的支持。

在电子商务环境下,针对企业发展战略的复杂性,新商务生态系统不仅是一种实施电子商务的战略途径,也是一种管理理念的创新。在电子商务环境下,企业战略的制定应考虑如何建立新的商务生态系统。与系统中的各成员共创新的集成化商务模式和技术标准,共享知识,协调与各成员的关系,并根据商务生态系统不同发展阶段的特征和自己在系统中所处的地位,培养自身的核心能力,而不是急于攻击其他企业的领导地位或驱逐弱者。商务生态系统的核心企业会给系统内企业带来更强的生命力。

2. 电子商务生态系统的演化阶段

从商务生态系统的发展来看,James F. Moore从均衡演化的层面,将其演化过程划分为四个阶段:第一阶段,新形势商务生态系统逐渐诞生并初具规模;第二阶段,通过核心产品、服务和独特的产业价值链,吸引客户,扩大生产和销售规模;第三阶段,结成较为稳定的商业共同体,达成互利协作协议,同时共同体内种群内部和外部竞争加剧、利润分摊,市场角色和资源在不断的演化中进行再定位和再分配;第四阶段,技术革新,为了避免商业生态系统被新系统所替代,逐渐走向衰退和死亡,系统开始持续发展进化。电子商务生态系统作为商业生态系统的一种,也经历着这样的四个阶段。

3. 阿里巴巴生态系统的演化历程

阿里巴巴集团成立于1999年,经过15年的发展,已经成为中国最大的电子商务企业。为了确保以电子商务为驱动的新商业生态系统全面形成,以及适应互联网快速变革所带来的机遇和挑战,阿里巴巴集团现有25个事业部,它的壮大吸引了一些专业的物流机构、快递公司、金融机构、电子商务增值服务机构等,它们以各种方式集聚在阿里巴巴平台,形成一个开放、协同、繁荣的电子商务生态系统,如图1.7所示。

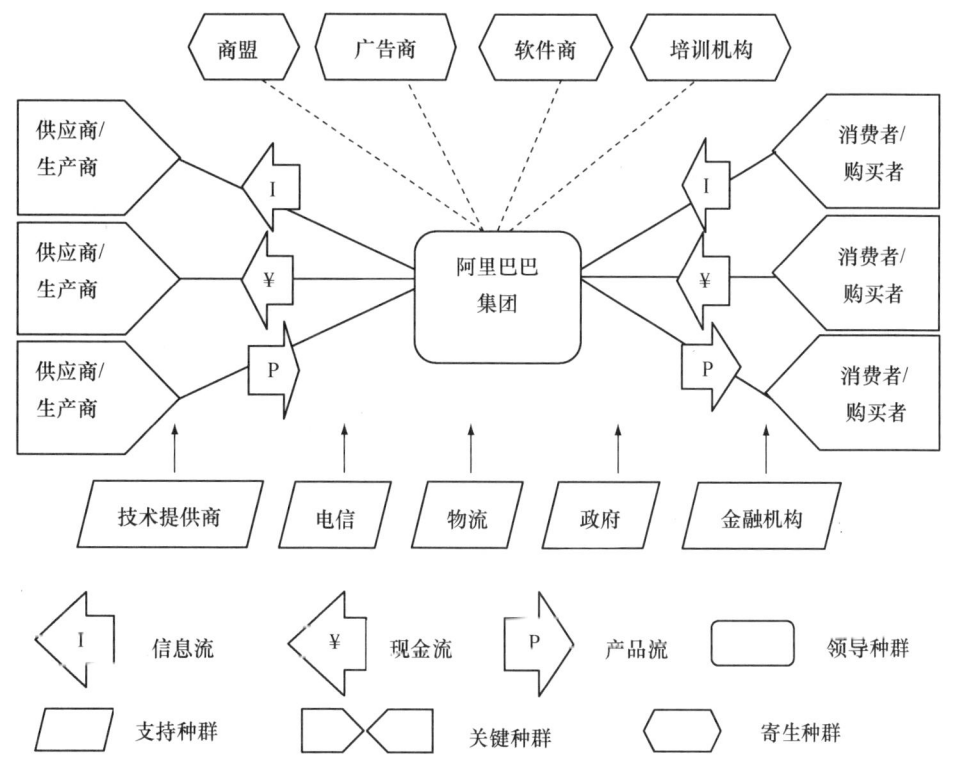

图1.7 阿里巴巴电子商务生态系统

资料来源:胡岗岚,卢向华,黄丽华. 电子商务生态系统及其协调机制研究[J]. 软科学,2009(9).

从成员的规模和物种的复杂程度等角度,可将阿里巴巴生态系统的形成和演化过程划分为四个阶段:

第一阶段,初步形成阶段(1999—2003年)。这一阶段成员从无到有,规模也处于平稳上升期。当时,中小企业缺少在线公布的贸易信息及建立网站的能力,阿里巴巴发挥其核心领导作用,帮助中小企业收集整理发布公司和产品信息,将小企业与全球企业联系起来,参与到生态系统中,获得一定商机。在这一阶段,阿里巴巴还经历了互联网泡沫破灭的威胁,从2000年年末到2002年年初,阿里巴巴尝试了很多业务模式:会员付费制、虚拟主机、网络广告等。在这一阶段,生态系统中的物种比较少,结构也比较简单,没有吸引一些支持物种,阿里巴巴集团作为核心,同时还提供支持物种、分解者、传递者等该提供的功能,如咨询、营销等。

第二阶段,扩大阶段(2003—2007年)。随着网络等基础设施的普及,阿里巴巴生态系统的成员规模开始呈现爆炸式增长。2003年,B2C网站淘宝成立,同时发布在线支付系统支付宝,拓宽了阿里巴巴生态系统的边界。阿里巴巴生态系统的功能也在不断完善:2005年10月,收购雅虎中国;2006年10月,收购口碑网;2007年1月,阿里软件成立,提供低成本的软件服务,为企业搭建信息化所需要的基础设施;2007年11月,成立网络广告平台阿里妈妈,针对网络广告进行发布和买卖。在这一阶段,阿里巴巴推出了各种新服务和新产品,涵盖了电子商务的各个领域,实现了客户的各种需求。同时,也有更多的合作伙伴加入了生态系统,如建行、工行等与阿里巴巴合作推出阿里贷款,生态系统种群增多,呈现一片繁荣。

第三阶段,稳定商业体协调发展阶段(2007—2011年)。随着网络购买人群的增加,使用电子商务平台的企业越来越多,生态系统中的各种关系也变得越来越复杂。2009年阿里云公司成立,2010年淘宝商城独立运营,为客户提供更精准的服务。网商之间大规模的协作也开始出现,如在淘宝网上出现各种网商联盟等。通过生态链的完善,实现关键物种食物链的集成,如将B2B网站打造成C2C卖家的主要进货渠道,与物流公司达成合作协议,推荐物流,解决流通环节的问题。从集团公司发展战略上,公司开始从"电子商务服务商"转型为"电子商务基础设施运营商",这个转型可以通过与其他物种的合作和市场的力量,"拥抱变化,不断试错",抑制一些恶性竞争,实现生态系统的良性发展。

第四阶段,技术革新,持续进化阶段(2011年至今)。2011年,阿里巴巴开始打造仓储网络体系,2012年公司从香港联交所退市,生态系统持续进行良性进化。2013年1月10日,对现有业务架构和组织进行相应调整,成立25个事业部,确保以电子商务为驱动的新商业生态系统全面形成,以及适应互联网快速变革所带来的机遇和挑战,从战略到运营层面为阿里巴巴集团的健康、稳定和可持续发展提供保障,使阿里的商业生态系统建设从上到下一以贯之,如图1.8所示。2014年,阿里巴巴组建"菜鸟"物流网络,力图整合仓储、物流、快递综合平台,支撑整个电商行业,构建物流、数据流、资金流三位一体,最终实现"同一个生态,千万家公司"的良好社会商业生态系统。

4. 电子商务生态系统的启示

由于电子商务生态系统是一种全新的商业模式系统,没有规律可以借鉴,而外界环境的变化又比较快,人们稍不留意,电子商务生态系统可能在发展阶段、成熟阶段等由于外界环境的突变而直接进入衰退阶段。在每个阶段,生态系统中各种群都与相关资源和环境集成在一起,形成一个稳定的生态系统,即平衡状态。在这个系统中,物流、信息流、能量流等都处于一种自我调节、有序、稳定的状态,而这种平衡的状态又是动态发展变化的,因此称为动态平衡。生态系统每个阶段都有不同的平衡点。每个阶段都需要实现生态系统主体内部平衡,内部不同部门之间的平衡。如电子商务生态系统中的网络商家,其业务是由企业内部多个部门协调完成的,企业内部各个不同的部门要实现平衡发展。

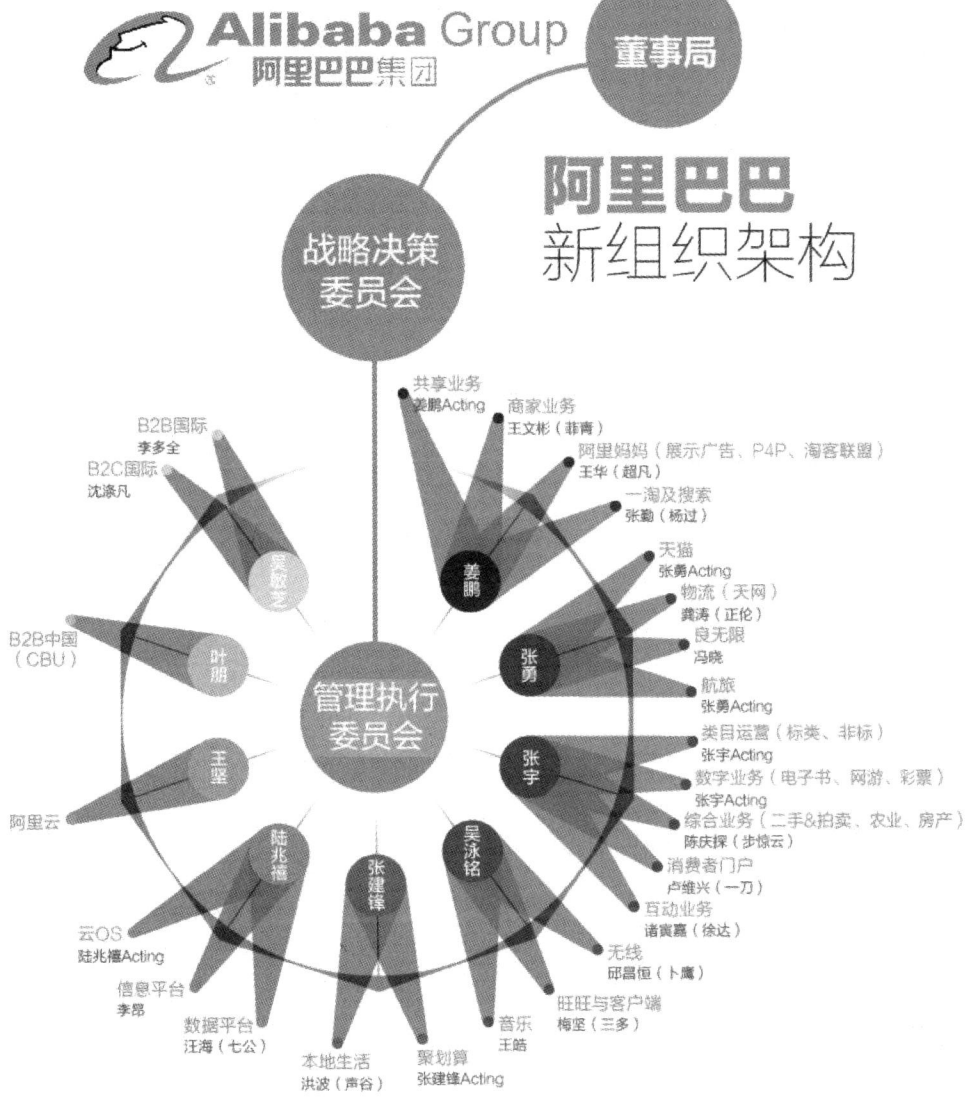

图1.8 2013年阿里巴巴组织架构示意图

资料来源:http://www.wshang.com/media/info/pid/177.html

未来的竞争不是企业和企业之间的竞争,而是商务生态系统和商务生态系统之间的竞争。企业所处的环境是变化的,没有人能够完全预知未来,一切取决于企业的智慧和应对策略。但是有一点是明确的,哪个企业胜出取决于哪一方的系统更有竞争力、更有价值,双方都要慎重考虑自己的生态体系是否更有竞争力。

现在的企业从事电子商务,从更确切的角度讲,不是采用一种新的工具和技术或营销手段,而是在接受一种新的商业理念的启蒙,从接受电子商务、实践电子商务的那一刻起,整个企业都会随之发生变化,进入一个转型的轨道。

商务生态系统超越了传统的行业界限,它既可以在常规的行业界限内部成长,也可以跨越常规的行业分界线,这种理论方法适合电子商务突破行业范围的特性。商务生态系统理论不仅提供了理解电子商务环境下的各种战略联盟的方式,也可以从新的角度系统地思考企业未来的发展趋势,帮助企业制定正确的战略,预测潜在的变化,采取恰当的行动,并有效地规避和减少风险,从电子商务中充分获益。

第四节 电子商务发展趋势

2014年3月19日,中国电子商务研究中心在杭州发布了《2013年度中国电子商务市场数据监测报告》。数据显示,2013年中国电子商务市场交易规模达10.2万亿元,同比2012年的8.5万亿元,增长29.9%。在电子商务各细分行业中,B2B电子商务占比80.4%,2013年交易额达8.2万亿元,同比增长31.2%;网络零售交易规模市场份额占比17.6%,交易规模达18 851亿元,同比增长42.8%;网络团购占比0.6%;其他占1.4%。

2013年,电子商务继续成为中国新经济的引擎,同时也成为改变市场格局、创造新的商业秩序最为火爆的关键词之一。互联网金融、大数据时代、移动电子商务、跨境电商、传统企业触网等热潮,正推动着电子商务产业走到中国经济的舞台中央。

业内专家指出,2013年各类电子商务运营商加速了商业模式的探索。本书总结了中国电子商务发展的大致趋势,试图来勾勒未来的行业轮廓。

一、移动电商走向成熟

国家高度重视培育战略性新兴产业,促进经济发展方式转变,这为移动电子商务下一步发展带来了难得的巨大机遇。据工信部统计数据,截至2013年3月底,中国共有11.46亿移动通信服务用户,其中有2.772 7亿是3G用户,占全部用户的24.20%,有8.173 9亿用户接入移动互联网,占全部用户的71.34%。可见巨大的市场容量已经形成,蕴含着前所未有的商机。借助信息化渗透性、倍增性、创新性的特点,利用移动网络无处不在、移动终端随身化个性化的特点,形成全社会可利用的移动电子商务工具,可以为百姓在交通、医疗、金融、购物等诸多方面提供极大的便利,也将极大地刺激移动信息化消费。

2013年前三个季度,移动互联网的交易金额统计约6.55万亿元,同比增长52%。2014年,4G网络商用,智能手机普及,移动购物、支付、二维码等技术的成熟,将推进移动互联的发展进程。今后,移动电商将整体走向成熟。根据艾瑞咨询最新研究数据显示,2013年我国PC端网购规模接近16 000亿元,同比增幅35.7%,移动端网购整体交易规模达1 676.4亿元,同比增幅165.4%,如图1.9所示。

而根据国外一家研究公司Forrester Research最新的电子商务报告显示,在2013年,全球范围内电子商务营业额激增,电子商务化浪潮大步迈进。而随着越来越多的自主品牌在电子商务领域制定策略,2014年电子商务化的进程将快速稳固地推进。随之而来的是消费者网络购物习惯的演变以及网络竞争格局的变化。

就全球市场而言,2013年,几乎全球市场的移动端订单数量都较之前有了大幅增长。据Forrester介绍,印度的Snapdeal、巴西的Netshoes等网上零售平台的移动端收入增长幅度都非常大,预计越来越多的品牌将会推出相应的移动网站和应用程序。

这一趋势在中国也非常明显,2013年"双11"当天,手机淘宝在支付宝的成交金额达到53.5亿元。手机淘宝的单日用户使用次数达到1.27亿,与2012年"双11"当日成交额相比增

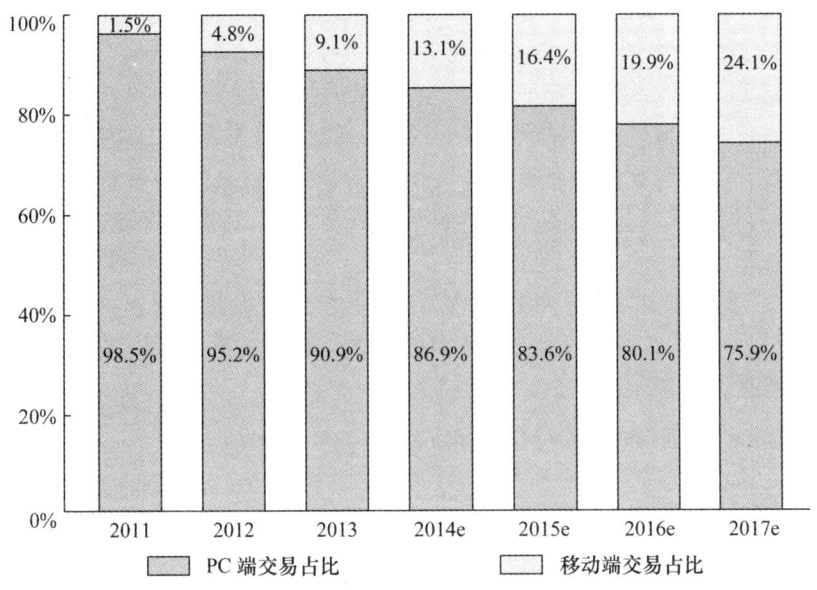

图 1.9　2011—2017 年中国网购交易额 PC 端和移动端占比

长了 457.3%。易迅"双 11"当天微信卖场下单量突破 8 万单,占易迅全站订单总量的 13%。在京东"双 11"当天 680 万订单中,移动端订单量占比 15%。这一方面得益于国内电商巨头为了培育用户移动端的购买习惯,而实施积极主动的推进移动端使用的市场营销策略;另一方面,我国的网络覆盖系统日趋完善,更多手机、平板电脑的用户开始利用碎片时间,移动网购成为用户填补碎片时间的一大选择。

发展移动电子商务,已经成为当前培育消费热点、提升消费结构的一个重要着力点。移动商务应用离不开三大关键词:运营商主导、业务融合、模式创新。企业在开展技术、业务、应用创新的同时,应当积极探索商业模式的创新,实现包括终端消费者在内的价值链多方合作共赢,既要让利消费者和商户,培育消费习惯,又要合理分配投入和回报,做大产业蛋糕。

案例 1.5

指尖上的商机

"3G 时代,我们倡导的全网电子商务的新蓝海战略,就是要打通传统 PC 互联网与手机互联网之间的界限,并结合线下渠道进行全方位的覆盖和推广。全程,就是要通过构建'中小企业电子商务产业推进联盟'的平台,将传统企业的采购、生产、销售环节一一打通。全沟通,就要保证中小企业在发展电子商务过程中资金流、信息流和物流的全面畅通,让企业在商品供应链、在线管理、移动应用、营销推广与在线电子商务服务整合为一体,为企业实体经济与线上虚拟经济搭建起全程沟通和服务的桥梁。"

京东集团创始人兼 CEO 刘强东在参加 2013 央视财经论坛"指尖上的商机"时发表对移动电子商务未来发展趋势的观点,认为其发展可划分为三个阶段。

第一阶段是"所需即所得"。即看到需要的商品马上可以下单,目前已经实现。2013 年 11 月,京东移动端下载已超过 1 亿,流量已达到京东总流量的 30% 左右,订单引入已达到京东订单总量的15%,这些都是在短短几个月内实现的大幅增长。我们预计京东移动端2014年客户会超过两亿。如果你选择京东急速达送货服务,两个多小时就可以收到你在手机上或iPad上下单的商品。

未来五年内将进入第二阶段,"所见即所得"。通过移动屏幕的3D裸眼技术,以虚拟现实的方式使消费者身临其境地感受到商品。比如母亲节的早上在妈妈做早餐时,孩子给妈妈选择礼物,通过移动端的裸眼3D试衣功能选择最喜爱的款式,下单后京东可能一个小时内就将给妈妈的礼物送到家中。

第三阶段是"所想即所得"。刘强东认为,十年内技术的发展将可以实现对人的意识感知,移动电商的到货速度甚至有可能缩短至10分钟。顾客在回家路上需要的东西,当到家时京东配送已经在那里等候了。

(资料来源:http://people.techweb.com.cn/2013-12-12/2000258.shtml)

思考题:
1. "指尖上的商机"指的是什么?
2. 试分析目前国内移动电子商务行业的现状。

二、大数据打开新空间

研究机构Gartner给出了这样的定义:"大数据"是需要新处理模式才能具有更强的决策力、洞察发现力和流程优化能力的海量、高增长率和多样化的信息资产。

互联网的发展为数据提供了海量处理、复杂运算的可能性,进而将数据的外延不断扩大,2010年后"云数据"概念打破了数据的时间、空间限制,大数据时代的大门正在开启。B2C型电子商务本质上是一种零售模式,与线下相比它具有更容易获取消费者数据、商品数据的特点,国内几家大型的电商网站都有着超过千万级别的活跃用户,京东每天的平均交易额超过一亿,订单量超过50万,企业内部有着复杂的运营流程,这些都应该是数据可以发挥重大作用的环节,对数据的充分利用可以在效率、成本节约上发挥重要作用。大数据时代的到来,为管理者观念转变和数据利用方法创新提供了新的思路。数据的使用将与企业运营发展更好地结合并具体化,其表现形式包含以下几方面:

一是"主客次序"的转变。即由运营驱动数据变为数据驱动运营。大数据不仅仅指海量的数据,还包含数据的细分,企业内部几乎所有的环节都将以数据的形式加以展现,比如各业务环节的时间节点衍生出的效率优化。亚马逊在这方面已经有了很大发展,每天会有大量的基于运营的报表和数据处理,运营策略、市场推广策略的改变主要是看数据,它自行定义的自动补货模型就是基于时间序列和极值的原理而形成的,有效地解决了完全依靠人工的订货、补货模式,提升了库存管理的效率。

二是关联性更加丰富。数据利用最大的弊端就在于关联性把握不足,一旦将数据孤立地考量,最为核心的因素可能会因此遗漏或无法准确、全面地表达。电子商务内部的信息流转都可以转化为数据,以运营为基础的数据关联性将成为数据分析的基础,多维度、多视角地使用数据,通过某一核心维度将数据的范围逐渐扩大,将某一行为产生的原因与合理性通过十几个甚至更多的数据标准加以展现,使之更加准确和突出重点。比如销售数据就可以以销售额为核心,将产品销售的区域性、周期性、售后的退换货、客诉率、订单的周期性、客户的忠诚度等多种指标综合分析。

三是用户体验导向性。电商最根本的就是做用户体验,尤其是 B2C 型电商。对消费者行为的研究观点众多,经济学界有很多种理论,比如跨期消费理论、行为理论、随机理论等,但这些基本是宏观层面的。电商手里有着大量的消费者购买行为的数据,微观领域的深入研究将是主要方向,甚至可以具体到某一个用户。包含区域购买力、商品区域化、客户分层、购物周期、购物偏向性、投诉原因等诸多数据指标的结合将为企业实行差异化战略和精准式营销提供重要依据。

四是"可视化"。数据是一个比较抽象的概念,特别是面对海量数据的时候很容易让人摸不着头脑,传统意义上的数据分析更多的是以简单的图表或者 PPT 的形式加以展现,不够直观。2010 年以后数据信息图兴起,为数据分析和结果输出提供了非常好的视觉效果和可理解性,它利用简单的图形组合将单一的图表转化为更丰富的内涵结果,极大地刺激了人们的感官神经,使枯燥的数据变得生动形象。数据信息图只是数据可视化深入发展的一种表现,大数据时代会衍生出很多类似的方法。

五是模型化与基本分析的平衡。所谓基本分析主要是基于数据做的简单处理,对增长、趋势、占比等指标的汇总分析,不涉及太多的复杂处理方法,通俗易懂;而对海量数据或者需要做出长期预测、相关性影响等数据处理时,基本分析就很难达到目的了。比如对销售做出的时间序列分析需要使用季节性调整等方法,这就需要使用某种合适的数据模型,数据模型是在一系列假设条件的基础上形成的,很多假设条件在现实中是不成立的,所以模型有它自身的局限性,更多的作用是提供一种趋势性的参考和数据处理方法。电商内部对数据的使用尚处于基本分析阶段,专业化的建模人员显得不足,加上整体行业处于成长期,数据的规律性和可预测性不明显,模型的使用就会有很大的限制。就时间性而言,基本分析主要是基于历史数据和现实数据,模型可以提供长期的预测数据并评估现实数据的合理性,二者相互补充,不同方法之间相互补充和对比能对业务发展提供更准确的参考依据。随着电商业务模式的稳定和成熟,模型的使用会逐渐增加,尤其是在消费者研究、销售预测、库存管理方面。简单或复杂的方法都是必需的,二者的作用不同,在构建大数据平台时,电商需要更好地平衡二者之间的关系,使之发挥相应的效用。

六是共享化。电商数据现在很难获得,部分公开的数据,如艾瑞、易观国际发布的报告其准确性存疑,数据仅限于内部使用,包括对竞争对手的分析也是建立在并不客观的基础上,这就限制了整个行业对数据的合理利用,因为各家电商是有差异的,业务运营模式也不尽相同。数据可以提供业务模式合理性的依据,可以有效地带来高效率、节约成本,虽然有众多的业界人士提倡共享部分数据,可一直进展缓慢。大数据概念的确立,提高了企业对数据的重视程度,企业的部分职能也在转变,数据催生的服务功能正在兴起,如一淘网、淘宝网等定期发布的内部价格指数、品类销售报告,就是将内部数据共享化的一个好的开端。很多企业将通过结合自身和行业公开数据对电商某一领域开展专业化的研究,为新进入者或者行业的发展提供深度服务。在互联网时代,数据共享是必然的趋势。

大数据概念的延伸和对电商企业的影响是一个逐渐深入的过程,并且会在企业管理的实践中不断得到丰富和完善。无论是数据利用的方法还是形成的结果都还存在很多的不确定性,但是有一点,作为一种新的驱动力,大数据的地位是不可替代的且是必需的,能够利用大数据平台实现指导业务发展的电商企业必然会先发制人,对外、对内占尽先机。

大数据的应用,会带来一个全新的、个性化的、精细化的、最有竞争力的电子商务时代,未来的电子商务会逐渐变成一个和其他市场一样充满竞争的地方,电子商务渠道价格压缩服务也总有一天会消失。最终有一天,我们会依靠数据和数据分析结果来管理我们的电子商务,实现我们的竞争优势,而不是靠价格。

案例1.6

Liftopia——用大数据管理滑雪场

位于美国新罕布什尔州的Ragged Mountain,是一家开放了49年的滑雪胜地,每年接待约9万名游客。但两年前这家企业遇到问题,其新推出的电子客票系统严重影响了游客的体验。

"我们的初衷非常好。"该公司市场营销经理Stacy Lopes回忆道,"游客在网上购买一套滑雪票,或者重新进行一次签注后,到达景区大门时便可自助检票游玩。但百密一疏,我们没有足够的滑雪工具,最终致使网络售票系统及景区接待都出现了问题。"

滑雪及相关活动在线预订服务提供商Liftopia是北美250多家滑雪风景区线上票务服务的合作伙伴,它为Ragged Mountain提供了一套立竿见影的解决方案:在自身官网嵌入该公司基于云计算的SaaS价格平台Cloud Store后,Lopes的团队能够实时更改、微调滑雪套餐的价格,还可以充分利用天气条件快速推出一些应景的活动等,比如在情人节推出14美元套票,以此激起话题营销并促进销售。

Lopes对Liftopia平台的高效性赞赏有加:"我们双方于周四开始合作,到周五下午,滑雪门票、器材租赁及培训课程等产品都已经全面进驻Cloud Store,周六早晨我们就开始在线售票了。"

在接入Cloud Store后,Ragged Mountain不仅获得了技术支持,还赢得了Lopes最为看重的优势:一个相对稳固的数据分析系统。而且,Liftopia这家旧金山公司对每一单销售的提成不到10%。

在双方合作仅两周后,Ragged Mountain在线出票量便比往年整个滑雪季都多。一整个冬天的合作下来,Ragged Mountain在滑雪票务定价方面的尝试更进一步,步入如何实现收入最大化的阶段。

"在雪天来临前夕,最低价格的套餐已经全部售卖完毕,折扣力度次之的滑雪票销量也十分喜人。"Lopes透露,"我们知道风雪将会越来越大,所以我们让票价保持每天上涨一点点的态势,而滑雪票也在持续卖出——如何在用户需求与定价之间求得平衡,这为我们积累了宝贵的经验。"

当春天来临,滑雪季结束后,Ragged Mountain发现,网络售票占到公司上一季票务的45%。今年,公司的目标是将网络售票的份额提高至60%—70%,同时更好地运用数据指导风景区管理及员工配备,比如提前预知某天需要多少滑雪缆车服务员。

科罗拉多州博尔特的RRC Associates是一家旅游研究机构,尤以滑雪风景区为研究重心。其咨询服务经理Dave Belin认为,Liftopia公司提供的动态价格服务是滑雪产业的一大创新产品,但也容易遭到因循守旧者以及不愿意让利的商家的抵制。

纵观滑雪产业,票务销售不到滑雪风景区整体收入的一半,但Belin表示:"这是一块'敲门砖',它是游客进入风景区进行其他附加消费的前提,所以对于Ragged Mountain这类滑雪胜地而言,发展的关键是提高客单价,售卖更多衍生服务,而不是一味追求扩大客户群,尤其不应将重心放在吸引那些时刻盼望着折扣的'价格控'上。"

（资料来源:http://www.100ec.cn/detail—6164880.html）

思考题：
Liftopia 公司为 Ragged Mountain 提供了什么方案？起到了什么作用？

三、O2O 模式步入正轨

创新工场 CEO 李开复在提及 O2O 模式时指出:"你如果不知道 O2O,至少知道团购,但团购只是冰山一角,只是第一步。"眼下仍旧风靡的团购,便是让消费者在线支付购买线下的商品和服务,再到线下去享受服务。然而,团购其实只是 O2O 模式中的初级商业方法,二者的区别在于,O2O 是网上商城,而团购是低折扣的临时性促销,对于商家来说,团购这种营销方法没有可持续性,很难变成长期的经营方法。不过,也正是团购的如火如荼,方才拉开了 O2O 商业模式的序幕。

2013 年,O2O 模式成为热点,多种应用模式逐渐展开,诸如餐饮、家居、旅游以及健身等多个领域已通过线上信息和线下实物两者对接平台,以互联网和移动手机客户端为媒介,让 O2O 模式闯入了人们的生活,消费体验现在已成为电商企业推崇的推广和销售法宝。阿里巴巴"双 11"主打"大数据+O2O"的策略,及京东与太原唐久连锁整合 O2O 的样本,都透露着今后 O2O 将摆脱概念真正进入发酵期。因为电子商务已经发展到了一个临界点,线下渠道互联网意识也开始增强,只有取长补短、互补协同,才能给用户带来更便捷、个性化的服务。

对于 O2O 模式来说,其核心理念就是把线上用户引导到现实的实体商铺中,并通过在线支付,实体提供优质服务,并实时统计消费数据提供给商家,再把商家的商品信息,准确送给所需的消费者手中。这种模式对于服务型尤其是体验型的产品将是最佳的方式,与传统电子商务完全不是一个概念。传统电子商务依靠网络,完成产品购买到最后使用,缺少了商户的参与。O2O 依靠线上推广交易引擎带动线下交易,加大商户的参与和用户的体验感,这种融合产生的价值十分惊人。而基于此的数据分析更是为持续发展提供了不竭动力,未来的数据分析必将是 O2O 这种模式成功的关键因素。

一方面,商家对用户信息的分析实现定量化。O2O 用户需要在线预支付,这就可以积累消费群体的业务数据,根据信息检索和浏览网页分析出用户偏好,进而达到精准营销的目的。对广大的服务提供商来说,O2O 模式下的精准营销可带来大量高黏度的消费群体,获得持续的利润来源;还可以在分析数据的基础上进行定制营销,从增值服务中盈利。

另一方面,用户对商家信息的选择成本降低。O2O 模式对消费者而言,意味着更丰富、更全面和更及时的商家折扣信息,也能够快捷筛选并订购适宜的商品或服务,在提高自身体验的同时也节约了成本支出。更重要的是,用户可以通过不同服务的组合策略,选择更加个性化的服务。反过来,这种需求信息为商家提供增值服务指明了方向,这种基于消费者信息反馈的"反向服务驱动方式"将根本性改变现有的服务业状态。

此外,从事数据挖掘和分析的第三方服务商将迎来发展机遇。通过线上线下数据追踪,用户数据偏好分析,实现数据增值共享;通过海量用户数据的深度分析和广泛利用,有效维护客户关系;通过提供发现新客户的线索,预判甚至控制客流量。

总之,O2O模式带来的不仅仅是一种消费思维和服务模式的改变,更对电商行业提出了新的挑战。

案例1.7

O2O模式的新发展

2012年6月,O2O(线上线下融合)作为国内一种新兴商业模式,最早被团购企业提及,在很长的时间里,它甚至作为团购模式存在。但随着线上线下发展融合度的逐渐提高,O2O的存在形式也呈现多样化的趋势。说得温馨浪漫一点儿,O2O其实是虚拟与现实的结合。在这虚虚实实之间,线上企业和线下企业的生存方式正在悄然改变。

虚拟超市:假超市真购物

日前,被沃尔玛控股的B2C商城1号店推出新奇的"无限1号店"虚拟线下商店。用手机打开App并走到指定地点后,一个空旷的广场中就会出现一个虚拟的卖场,消费者走到相应商品"货架"前进行点击,就可以查看商品详情,未来还可能实现购买。这种被网友称为"超现代"的购物方式一下子吸引了不少人的眼球。

1号店董事长于刚此前表示,其最大的特点是把电子商务搬到线下,并充分结合传统零售与电子商务的优势。"顾客既可以充分享受'逛超市'的乐趣,又能够享受到一站式购齐、方便实惠、送货上门等电子商务的便捷。"

虽然技术一流、模式先进,但使"无限1号店"备受质疑的一点是,人们现在是否还对"逛超市"抱有乐趣?日本伊藤洋华堂(中国)投资有限公司执行董事三枝富博曾对记者表示,几年前逛超市可以算是中国家庭的一种消遣和休闲,但随着人们生活节奏越来越快,逛超市、购买生活必需品逐渐成为一种负担。

虽然"无限1号店"仍与"掌上1号店"一样使用线上付款方式,与实体超市相比无须经历排队之苦,但既费腿脚又费流量的购物模式是否能继续发展,还需看1号店如何对"无限1号店"进行升级,赋予其更高的商业模式价值。

逛街签到:真逛街假"领钱"

与"无限1号店"模式正好相反,一些互联网企业开始研究如何通过虚拟的手段让消费者到实体卖场去购物。于2013年4月正式上线的逛街类应用"趣逛"已与京城多家购物中心及超市卖场达成合作,并已颇得资本青睐。

据介绍,消费者在安装此App后,在逛到合作商户区域内时,会自动签到、获得虚拟奖励,并得到个性化的折扣信息或商品推送信息。有业内人士认为,这种定制化的营销方式"适合品牌或零售商用来维护VIP顾客"。未来,手机签到与商场会员卡进行绑定或统一化,也被看做实体零售商"轻触网"的保守方式之一。

趣逛副总裁侯志铭表示,其自主开发的"室内定位技术"成为了核心竞争力,凭借App平台的营销活动和提醒,这种数字化营销模式对提升顾客到店率及用户黏性有所帮助。与实体零售商传统的营销模式相比,基于技术手段的营销不仅可以精确反映营销效果,也为实体零售商提供了相对完善的用户到店及消费行为记录。

O2O移动支付:线下买线上花

手机下单、手机支付在很多领域都已是平常事,但线下购物、线上花钱的"O2O移动支付"

却依然是新鲜事物。

2013年8月底,支付宝与线下卖场上品折扣共同推出移动支付服务,消费者在商场购物时,只要使用安装支付宝客户端的手机拍摄商品二维码并完成支付,即可提货离开,免去往返收银台和排队的辛苦。这是支付宝进入O2O支付领域后,首次与商场进行合作,这种"线下购物,线上付款"的方式也颇得用户关注和业界认可。

(资料来源:http://tech.sina.com.cn/i/ec/2012-10-31/00147754129.shtml)

思考题:

1. 文中提到的是一种什么新兴商业模式?
2. 文中提到的三种O2O应用充分体现出电子商务生态系统多样化的趋势,请分析每种O2O应用模式的价值主张。

四、其他趋势

1. 互联网金融体系化

2013年,阿里巴巴推出余额宝,百度推出百度理财,京东在对公业务方面实现突破,推出三分钟融资到账的"京保贝"。可以预见,2014年在扭转中小企业贷款难、手续多、环节复杂等现状方面,将出台更为优质的解决方案。今后互联网金融将形成对公和对私业务齐头并进的局面,银行、基金等金融机构也将主动参与进来,推动整个生态圈的繁荣。

2. 反向定制不再是概念

无论是阿里聚划算,还是京东JDPhone计划,都是电子商务依托技术优势从用户需求出发定制产品的做法。今后电子商务将更充分地释放消费需求驱动力,让C2B模式走出概念范畴形成体系,为用户带来更具个性化的产品。

3. 智能化物流升级

京东在物流配送上投入大手笔,推出极速达、夜间配等多样化服务,在面临订单激增的情况下,仍然能够为平台保驾护航。阿里巴巴的"菜鸟"、京东的"亚洲一号"都是结合大数据、云计算、GIS等技术的智能化物流的对抗,将成为电子商务竞争的主旋律。

4. 网购狂欢节计划

值得注意的是,现在已经没有哪个品牌敢于忽视那些在互联网时代人为创造出来的节日,比如美国的"网购星期一"、中国的"双11"、印度的"GOSF"等,对于网络商家来说,针对这些节日制订计划已经成为必须。而对于传统的节日来说,比如中国的春节、中秋,欧美的感恩节、圣诞节等,也都已经成为网购的重要节日,针对不同的市场,需要提前计划,以便进行库存、物流和促销准备。

从流量角度来说,电子商务市场是一个"高度集中、赢者通吃"的局面,各国总会有几家主流的电子商务网站占据极大的流量入口,在我国比如亚马逊、淘宝、天猫、京东等。独立的电子网站首先要面对的就是导入流量的难题。在目前的电子商务烧钱模式下,实现盈利并不容易,需要一个长的投入产出期。对于成功的电子商务企业来说,盈利模式依然是未来难以攻克的难题。

练习题

1. 简述电子商务的定义。
2. 电子商务与传统商业活动相比具有哪些优势？
3. 阐述中国电子商务的发展阶段。
4. 简要描述电子商务环境下的商务生态系统。
5. 简要评价移动电子商务行业的现状及发展前景。
6. 分析大数据时代给电子商务行业带来的变化。

第二章　电子商务技术基础

电子商务是在互联网上进行的商务活动,需要利用互联网的各种技术及资源,可以说电子商务是在互联网的发展及推动下产生和发展的。电子商务活动的开展需要用户了解互联网的特点和基本技术,用户在掌握了互联网基本技术的基础上能更好地利用网络平台为电子商务服务。

本章将介绍电子商务技术、计算机网络技术、电子数据交换技术和网站建设技术。

第一节　电子商务技术

电子商务技术(Technical of Electronic Commerce)是利用计算机技术、网络技术和远程通信技术,依托开放式的互联网进行营销宣传、业务洽谈以及支付结算等商务活动的新型网上贸易方式。人们不再是面对面地看着实实在在的货物、靠纸质介质单据(包括现金)进行买卖交易,而是通过网络,通过网上琳琅满目的商品信息、完善的物流配送系统和方便安全的资金结算系统进行交易。

一、电子商务技术的分类

根据电子商务的具体应用,我们可以将电子商务技术分为以下几种:

1. 计算机应用技术

计算机作为整个互联网的核心,在电子商务中扮演着十分重要的角色。基于互联网的电子商务交易活动需要以先进的高性能计算机作为依托。无论是对于家庭个人用户,还是对于企业商场用户,便捷高效的电子商务服务需要计算机技术的有效支持。对于服务器端,高性能的计算机能为电子商务活动提供强大的数据计算、分析能力,使进行电子商务活动的用户不用担心网络流量超额而引起的系统瘫痪问题。而对于客户端,人性化、便捷的浏览体验需要高性能的计算机支持。

考虑到电子商务活动的进行流程,计算机应用技术主要包括:

(1) 计算机管理信息系统(MIS)技术。主要对信息进行收集、传输、存储、更新和维护,为决策提供数据支持。

(2) 决策支持系统(DSS)技术。在信息收集存储的基础上,对业务数据进行挖掘分析,帮助企业领导做出有效正确的决策。

(3) 业务流程再造(BPR)技术。将企业资源优化利用,根据实际情况进一步优化、调整和完善企业业务流程,减少时间、货币等成本。

（4）企业资源计划（ERP）技术。将公司业务流程一体化，使企业各部门独立有效地结合，帮助企业对市场变化快速地进行回应，以低成本提供高满意度的服务。

（5）其他技术。例如系统仿真技术、虚拟模拟技术等。

2. 互联网技术

互联网是电子商务活动的重要平台，是当今世界上规模最大、信息资源最丰富、开放的、由成千上万个网络及计算机相互连接而构成的全球计算机网络。互联网技术主要包括 Internet、Intranet、Extranet 技术等。电子商务活动进行的好坏直接受到互联网技术的影响，它是电子商务技术的关键技术之一。

互联网技术主要包括三层内容：第一层是硬件，主要指数据存储、处理和传输的主机和网络通信设备。第二层是软件，包括可用来搜集、存储、检索、分析、应用、评估信息的各种软件，它包括我们通常所指的 ERP、CRM（客户关系管理）、SCM（供应链管理）等商用管理软件，也包括用来加强流程管理的 WF（工作流）管理软件、辅助分析的 DW/DM（数据仓库和数据挖掘）软件等。第三层是应用，指搜集、存储、检索、分析、应用、评估使用各种信息，包括应用 ERP、CRM、SCM 等软件直接辅助决策，也包括利用其他决策分析模型或借助 DW/DM 等技术手段来进一步提高分析的质量，辅助决策者做决策（强调一点，只是辅助而不是替代人决策）。

3. 网络通信技术

网络通信是一种以数据通信形式出现，在计算机与计算机之间或计算机与终端设备之间进行信息传递的方式。它是现代计算机技术与通信技术相融合的产物。通信网按功能与用途不同，一般可分为物理网、业务网和支撑管理网三种。

物理网是由用户终端、交换系统、传输系统等通信设备所组成的实体结构，是通信网的物质基础，也称装备网。用户终端是通信网的外围设备，它将用户发送的各种形式的信息转变为电磁信号送入通信网路传送，或将从通信网路中接收到的电磁信号等转变为用户可识别的信息。用户终端按其功能不同，可分为电话终端、非话终端及多媒体通信终端。电话终端指普通电话机、移动电话机等；非话终端指电报终端、传真终端、计算机终端、数据终端等；多媒体通信终端指可提供至少包含两种类型信息媒体或功能的终端设备，如可视电话、电视会议系统等。交换系统是各种信息的集散中心，是实现信息交换的关键环节。传输系统是信息传递的通道，它将用户终端与交换系统之间以及交换系统相互之间连接起来，形成网路。传输系统按传输媒介的不同，可分为有线传输系统和无线传输系统两类。有线传输系统以电磁波沿某种有形媒质的传播来实现信号的传递，无线传输系统则是以电磁波在空中的传播来实现信号的传递。

业务网是疏通电话、电报、传真、数据、图像等各类通信业务的网路，是指通信网的服务功能。按其业务种类，可分为电话网、电报网、数据网等。电话网是各种业务的基础，电报网是通过在电话电路加装电报复用设备而形成的，数据网可由传输数据信号的电话电路或专用电路构成。业务网具有等级结构，即在业务中设立不同层次的交换中心，并根据业务流量、流向、技术及经济分析，在交换机之间以一定的方式相互连接。

支撑管理网是为保证业务网正常运行、增强网路功能、提高全网服务质量而形成的网络。在支撑管理网中传递的是相应的控制、监测及信令等信号。按其功能不同，可分为信令网、同步网和管理网。信令网由信令点、信令转接点、信令链路等组成，旨在为公共信道信令系统的使用者传送信令。同步网为通信网内所有通信设备的时钟（或载波）提供同步控制信号，使它们工作在同一速率（或频率）上。管理网是为保持通信网正常运行和服务所建立的软、硬系统,通常可分为话务管理网和传输监控网两部分。

因此,在电子商务技术中,网络通信技术主要包括网络设备、网络接入设备、有线通信系统、无线通信系统、数据输入与输出设备、信号转换标准等技术。

4. WWW 技术

WWW(World Wide Web)简称 Web,是一种分布式多媒体超文本系统。Web 技术是随着 HTML 和 HTTP 一起出现的。Web 服务器通过 HTTP 协议传递 HTML 文件,使 Web 浏览器一旦检索到信息,就能在互联网上以静态或是动态交互的形式呈现。Web 技术不仅包括硬件和软件的相关技术,而且还涉及网页制作、网络门户、搜索引擎和智能代理等技术。因为无论是在互联网上发布或创建 Web 站点,还是在内部网上更新新闻、张贴海报文件,都需要这些技术与 Web 技术相结合。Web 是一个巨大的信息宝库,其中的信息彼此关联,且信息保存在 Web 站点中。常用的 Web 技术有 Web 浏览器、动态 Web 以及脚本描述语言等。

Web 技术可以分为客户端技术和服务端技术。Web 客户端的主要任务是展现信息内容,HTML 语言是信息展现的最有效载体之一,经历了从静态到动态的转变。与客户端技术从静态向动态的演进过程类似,Web 服务端的开发技术也是由静态向动态逐渐发展、完善起来的,其中动态网页不是指拥有动态效果的网页,它是指采用动态网站技术生成的网页。

5. 数据库技术

在电子商务业务活动中,会产生大量的数据信息,而这些数据信息就需要数据库存储保留。例如供应商供货信息、购买商的购货信息、业务交易的收付款信息,以及企业内部产品和人员信息等。这些信息都需要数据库技术作为基础来储存和使用。它包括数据库模型(如关系数据库模型、面向对象数据库模型等)、数据库系统(如 Oracle、Sybase、Microsoft SQL Server 等)、数据库建设、数据仓库、联机处理技术和数据挖掘技术等。数据库技术在电子商务活动中的主要任务是完成信息的收集存储,为决策提供信息支持等。具体的介绍将在本章第四节中介绍。

6. 电子商务安全技术

在电子商务业务活动中,电子信息代替了纸质信息,其中涉及货币、订单等企业机密的信息,所以信息的相关安全问题是电子商务交易活动的保障。电子商务安全技术主要针对在进行交易活动中面临的安全威胁问题,主要包括防火墙技术、数据加密技术、电子商务认证技术、数据证书等。

因此,信息安全技术在电子商务系统中的作用非常重要,它守护着商家和客户的重要机密,维护着商务系统的信誉和财产,同时为服务方和被服务方提供了极大的方便。只有采取了必要和恰当的技术手段,才能充分提高电子商务系统的可用性和可推广性。电子商务系统中使用的安全技术包括网络安全技术、加密技术、数字签名、密钥管理技术、认证技术、防火墙技术以及相关的一些安全协议标准等。

7. 电子支付技术

电子支付,顾名思义就是指参加电子商务活动的一方向另一方付款的过程。随着互联网的发展和商业化,网络金融服务也已经在世界范围内展开。以互联网为基础的网上银行 E-Bank(电子银行)开始出现,用户可以不受时间、空间的限制享受全天候的网上金融服务,包括网上消费、家庭银行、个人理财、网上投资、网上保险以及网上纳税等支付与结算性服务。

电子支付包括电子现金、电子信用卡和电子支票等支付工具。其中电子现金又称数字现金,是一种表示现金的加密序列数,可以用来表示现实中各种金额的币值。它是一种以数据形式流通的,在网络支付时使用的现金。电子信用卡的支付则包括四个方面:第一个是无安全措施的银行卡支付,信用卡信息可以在线传送,但是没有安全措施;第二个是第三方代理人支付方式,需要在第三方代理人处开设账号;第三个是简单加密信用卡支付,其相较于第一种,安全系数较高一点;第四个是 SET 信用卡支付,利用 SET(Secure Electronic Transaction)协议来保障信用卡支付的安全性。电子支票是一种借鉴纸张支票转移支付的优点,利用数字传递将钱款从一个账户转移到另一个账户的电子付款方式。其支付方式一般通过专用的网络、设备、软件以及一整套的用户识别、标准报文、数据验证等规范化程序完成数据传输,从而有效控制安全性。

在电子商务活动中,客户通过计算机终端上的浏览器访问商家的 Web 服务器信息,完成商品或服务的订购,然后通过电子支付方式与商家进行结算。根据电子支付的不同支付方式,严格来说,电子支付技术不是一种技术而是一个过程,在此过程中还涉及很多其他的技术问题,包括电子资金转账技术、数据抓包技术、银行清算系统、第三方支付技术等。

8. 电子数据处理技术

电子数据处理技术主要包括电子数据交换(EDI)技术、条形码技术等。近年来,EDI 在工商业界中的应用不断得到发展和完善,在当前电子商务中占据重要地位。标准化 EDI 技术具有开放性和包容性,在开发 EDI 网络应用中,无须改变现行标准,只需扩充标准。条码技术为商品的产、供、销等生产销售环节提供了通用的"身份"识别,为数据的采集和商品的跟踪奠定了基础。

二、电子商务技术标准

商务电子化,已成为加快商务活动中各个环节进程、减少差错率、提高服务质量、降低成本、加速资金周转的重要手段。为了保证商务活动数据或单证能被不同的国家、不同的行业贸易伙伴的计算机识别,就一定需要在数据信息格式上有统一的标准。在我国,电子商务技术的主要标准包含四个方面的内容:EDI 标准、识别卡标准、通信网络标准以及其他标准。目前涉及我国的标准大约有 1250 多项。我国把采用国际标准和国外先进标准作业作为一项重要的技术经济政策在积极推行。

1. EDI 标准

国际上 20 世纪 60 年代起就开始研究 EDI 标准。1987 年,联合国欧洲经济委员会综合了经过十多年实践的美国 ANSI X.12 系列标准和欧洲流行的贸易数据交换(TDI)标准,制定了用于行政、商业和运输的电子数据交换标准(EDIFACT)。该标准的特点是:一是包含贸易中所需的各类信息代码,适用范围较广;二是包括报文、数据元、复合数据元、数据段、语法等,内容较完整;三是可以根据自己的需要进行扩充,应用比较灵活;四是适用于各类计算机和通信网络。因此,该标准应用广泛。目前我国已等同转化为五项国家标准。此外,还按照 ISO 6422《联合国贸易单证样式(UNLK)》、ISO7372《贸易数据元目录》等同制定了进出口许可证、商业发票、装箱单、装运声明、原产地证明书、单证样式和代码位置等国家标准。现在 EDIFACT 标准有 170 多项,至今在北美地区广泛应用的美国 ANSI X.12 系列标准有 110 项。由于我国 EDI 标准研究起步晚,需要制定更多的国家标准,研究人员根据我国经济发展的需要,正积极研究、采用 EDIFACT 标准和 ANSI X.12 系列标准。

2. 识别卡标准

国际标准化组织(ISO)从20世纪80年代开始制定识别卡及其相关设备的标准,至今已颁布了37项。我国于90年代从磁条卡开始进行识别卡的国家标准制定工作,现有6项磁条卡国家标准,基本齐全,等同采用ISO7810《识别卡物理特性》和ISO7811《识别卡记录技术》系列标准;3项触点式集成电路卡(IC)国家标准,等同采用ISO7816《识别卡带接触件的集成卡》系列标准;另外,有5项国家标准涉及金融卡及其报文、交易内容,采用了相应的ISO标准。目前,我国尚未将无接触件集成电路卡、光存储卡以及使用IC卡金融系统的安全框架等国际标准转化制定为我国标准。

3. 通信网络标准

通信网络是电子商务活动的基础,目前国际上广泛应用的有MHS电子邮政系统和美国Internet电子邮政系统。

前者遵循ISO、IEC、CCITT联合制定(个别是单独制定)的开放系统互联(OSI)系列标准,后者执行美国的ARPA Internet系列标准。这两套标准虽然可兼容,但还有差异。因此,我国制定通信网络国家标准时,主要采用OSI标准,但未考虑ARPA Internet标准。现在我国有146项网络环境国家标准,其中99项标准分别采用ISO、IEC标准,占67.8%。我国现有的网络环境国家标准还不配套。如网络管理,我国仅有2项国家标准,而ISO/IEC有40多项标准。其中系统管理、管理信息机构、系统间信息交换标准在我国还是空白。

这里需指出,数据加密、密钥管理、数据签名等安全要素,已有国际标准草案,需要我们追踪,及时等同地转化为我国标准。通信、网络设备标准约有380项,其中123项采用IEC、CCITT等标准,占32%。微波通信、卫星通信、移动通信等方面的国家标准中采用国际标准的比例较低,如18项卫星通信国家标准中采用国际标准的仅1项。信息传输介质国家标准较多,以光纤通信电缆为例,有53项国家标准,其中45项采用了IEC、CCITT标准,有8项涉及进网要求,视我国情况而定,没有采用国际标准。

4. 其他相关标准

与电子商务业务活动有关的标准,有术语、信息分类和代码、计算机设备、软件工程、安全保密标准等,约有440项国家标准,其中采用ISO标准的有164项,占37%。这些相关标准中,许多标准仅描述我国特有的信息,如民族代码、汉字点阵模集等,因此不能也不应该采用外国标准。

三、电子商务技术要求

电子商务技术的关键是要保障以电子方式存储和传输的数据信息的安全,包括下列四个要求。

(1) 数据传输的安全性。保证数据传输的安全性就是要保证在Internet上传送的数据信息不被第三方监视和窃取。通常,对数据信息安全性的保护是利用数据加密技术来实现的。

(2) 数据的完整性。保证数据的完整性就是要保证在Internet上传送的数据信息不被篡改。在电子商务应用环境中,保证数据信息完整是通过采用安全散列函数(即Hash函数,又称杂凑函数)和数字签名技术实现的。

(3) 身份认证。在电子商务活动中,交易的双方或多方常常需要交换一些敏感信息(如信用卡号、密码等),这时就需要确认对方的真实身份。如果涉及支付型电子商务,还需要确认对方的账户是否真实有效。电子商务中的身份认证通常采用公开密钥加密技术、数字签名技术、数字证书技术以及口令字技术来实现。

(4)交易的不可抵赖性。电子商务交易的各方在进行数据信息传输时,必须带有自身特有的、无法被别人复制的信息,以防发送方否认曾发送过该消息或接收方否认曾接收过该信息,从而确保交易发生时有所记录。交易的不可抵赖性是通过数字签名技术和数字证书技术实现的。

第二节　计算机网络技术

一、Internet 技术

(一) Internet 的接入方式

Internet 的接入方式有很多种,其中 PSTN 接入、ISDN 接入、DNN 专线、ADSL 接入、VDSL 接入、HFC 接入、PON 技术、LMDS 接入、LAN 接入是最为常见的九种接入方式。

1. PSTN 接入

PSTN(Published Switched Telephone Network,公用电话交换网)技术是利用 PSTN 通过调制解调器(Modem)拨号实现用户接入的方式。这是一种大家都很熟悉的接入方式。由于电话网非常普及,用户终端设备 Modem 很便宜,而且不用申请就可开户,只要家里有电脑,把电话线接入 Modem 就可以直接上网,所以在互联网早期的发展中,这种接入方式一直较为普及。由于这种接入方式传输速率太慢,远远不能够满足宽带多媒体信息的传输需求,随着宽带的普及,这种方式也渐渐被淘汰。

2. ISDN 拨号接入

ISDN(Integrated Service Digital Network,综合业务数字网)接入技术,俗称"一线通",它采用数字传输和数字交换技术,将电话、传真、数据、图像等多种业务综合在一个统一的数字网络中进行传输和处理。用户利用一条 ISDN 线路,可以在上网的同时拨打电话、收发传真,就像两条电话线一样。

ISDN 有窄带和宽带之分,分别称为 N-ISDN(Narrowband-ISDN)和 B-ISDN(Broadband-ISDN),无特殊说明 ISDN 指 N-ISDN。N-ISDN 以公用电话交换网为基础,而 B-ISDN 以光纤作为干线和传输介质。ISDN 适配器分为内置和外置两类,内置的一般称为 ISDN 内置卡或 ISDN 适配卡,外置的 ISDN 适配器则称为 TA。

ISDN 向用户提供端到端的连接,并支持一切语音、数字、图像、图形、传真等广泛的业务。用户可以通过一组有限的、标准的、多用途的用户网络接口来访问这个网络,获得相应的业务。

3. DNN 接入

DDN 是英文 Digital Data Network 的缩写,这是随着数据通信业务发展而迅速发展起来的一种新型网络。DDN 的主干网传输媒介有光纤、数字微波、卫星信道等,用户端多使用普通电缆和双绞线。DDN 将数字通信技术、计算机技术、光纤通信技术以及数字交叉连接技术有机地结合在一起,提供了高速度、高质量的通信环境,可以向用户提供点对点、点对多点透明传输的数据专线出租电路,为用户传输数据、图像、声音等信息。

DDN 传输质量高,时延小,通信速率可根据用户需要在 N×64kbps(N=1—32)之间进行自由选择,通信容量大,方便各种局域网的联网。通过 DDN 接入 Internet,操作简便,无须拨号,开机即可直接进入 Internet,并且稳定可靠,不会出现拨号上网中常见的线路繁忙、中途断线等现象。但是,DDN 接入费用较高,比 PSTN 和 ISDN 要高,故主要面向集团公司等需要综合运用网络的单位。

4. ADSL 接入

ADSL(Asymmetrical Digital Subscriber Line,非对称数字用户环路)是一种能够通过普通电话线提供宽带数据业务的技术。ADSL 素有"网络快车"之美誉,因其下行速率高、频带宽、性能优、安装方便、不需交纳电话费等特点而深受广大用户喜爱,成为继 Modem 和 ISDN 之后的又一种全新的高效接入方式。

ADSL 接入方式的最大特点是不需要改造信号传输线路,完全可以利用普通铜质电话线作为传输介质,配上专用的 Modem 即可实现数据高速传输。ADSL 支持上行速率 640kbps—1Mbps,下行速率 1Mbps—8Mbps,其有效的传输距离为 3—5 公里。在 ADSL 接入方案中,每个用户都有单独的一条线路与 ADSL 局端相连,它的结构可以看做星形结构,数据传输带宽是由每一个用户独享的。

5. VDSL 接入

VDSL(Very-high-bit-rate Digital Subscriber Loop,甚高速数字用户环路)接入,是 ADSL 接入的快速版本,短距离内的最大下传速率可以达到 55Mbps,上传速率可达到 110.2Mbps,甚至更高。目前可提供 10Mbps 上、下行对称速率。

VDSL 数据信号和电话音频信号以频分复用原理调制于各自频段,互不干扰,用户上网的同时可以拨打或接听电话,避免了拨号上网时不能使用电话的烦恼。VDSL 利用中国电信深入千家万户的电话网络,先天形成星型结构的网络拓扑构造,骨干网络采用中国电信遍布全国的光纤传输,可独享 10M/s 带宽,信息传递快速可靠安全。

6. HFC 接入

HFC(Hybrid Fiber-Coaxial,混合光纤同轴电缆网)是一种经济实用的综合数字服务宽带网接入技术。HFC 通常由光纤干线、同轴电缆支线和用户配线网络三部分组成,从有线电视台出来的节目信号先变成光信号在干线上传输,到用户区域后把光信号转换成电信号,经分配器分配后通过同轴电缆送到用户。它与早期 CATV 同轴电缆网络的不同之处主要在于,在干线上用光纤传输光信号,在前端需完成电—光转换,进入用户区后要完成光—电转换。

HFC 的主要特点是:① 传输容量大,易实现双向传输,从理论上讲,一对光纤可同时传送150 万路电话或 2 000 套电视节目;② 频率特性好,在有线电视传输带宽内无须均衡;③ 传输损耗小,可延长有线电视的传输距离,25 公里内无须中继放大;④ 光纤间不会有串音现象,不怕电磁干扰,能确保信号的传输质量。

7. PON 接入

PON(Passive Optical Network,无源光纤网络),主要由中心局的光线路终端(Optical Line Terminal,简称 OLT)、包含无源光器件的光分配网(Optical Distribution Network,简称 ODN)、用户端的光网络单元/光网络终端(Optical Network Unit/Optical Network Terminal,简称 ONU/ONT)组成。光配线网中不含有任何电子器件及电子电源,ODN 全部由光分路器(Splitter)等

无源器件组成,不需要贵重的有源电子设备。

PON 具有节省光缆资源、带宽资源共享、节省机房投资、设备安全性高、建网速度快、综合建网成本低等优点。并且,PON 网络是纯介质网络,彻底避免了电磁干扰和雷电影响,极适合在自然条件恶劣的地区使用。

8. LMDS 接入

LMDS(Local Multipoint Distribution Services,区域多点传输服务),采用一种类似蜂窝的服务区结构,将一个需要提供业务的地区划分为若干服务区,每个服务区内设基站,基站设备经点到多点无线链路与服务区内的用户端通信。每个服务区覆盖范围为几公里至十几公里,并可相互重叠。LMDS 是一种可用于社区宽带接入的无线接入技术。其最大的特点在于宽带特性,可用频谱往往达 1GHz 以上。

当然,LMDS 也有其局限性:其服务区覆盖范围较小,不适合远程用户使用;基站设备相对比较复杂,价格较高,所以用户少时,平均每用户成本较高。LMDS 自身的特点,决定了它更适合大城市的城区或其他人口比较稠密的地区。由于工作频率高,通信质量受雨、雪等天气影响较大。

9. LAN 接入

LAN(Local Area Network,局域网)是在一个局部的地理范围内(如一个学校、工厂和机关单位内),一般是方圆几千米以内,将各种计算机、外部设备和数据库等互相连接起来组成的计算机通信网。它可以通过数据通信网或专用数据电路,与远方的局域网、数据库或处理中心相连接,构成一个较大范围的信息处理系统。局域网可以实现文件管理、应用软件共享、打印机共享、扫描仪共享、工作组内的日程安排、电子邮件和传真通信服务等功能。局域网严格意义上是封闭型的,它可以由办公室内几台甚至成千上万台计算机组成。决定局域网的主要技术要素为网络拓扑、传输介质与介质访问控制方法。

局域网由网络硬件(包括网络服务器、网络工作站、网络打印机、网卡、网络互联设备等)、网络传输介质以及网络软件组成。

(二)移动互联网技术

随着宽带无线接入技术和移动终端技术的飞速发展,人们迫切希望能够随时随地都方便地从互联网获取信息和服务,移动互联网应运而生并迅猛发展。根据《2013—2017 年中国移动互联网行业市场前瞻与投资战略规划分析报告》数据统计,截至 2012 年 6 月底,中国网民数量达到 5.38 亿,其中手机网民达到 3.88 亿,较 2011 年年底增加了约 3 270 万人,网民中用手机接入互联网的用户占比由 2011 年年底的 69.3% 提升至 72.2%。而台式电脑网民为 3.80 亿,手机网民的数量首次超越台式电脑网民的数量,也意味着移动互联网迎来了它高速发展的时期。

1. 移动互联网

移动互联网(Mobile Internet,简称 MI)是一种通过智能移动终端,采用移动无线通信方式获取业务和服务的新兴业态,包含终端、软件和应用三个层面。终端层包括智能手机、平板电脑、电子书和 MID 等;软件包括操作系统、中间件、数据库和安全软件等。应用层包括休闲娱乐类、工具媒体类、商务财经类等不同应用与服务。随着技术和产业的发展,未来,LTE(长期演进,4G 通信技术标准之一)和 NFC(近场通信,移动支付的支撑技术)等网络传输层关键技术也将被纳入移动互联网的范畴之内。

相较于传统的计算机互联网技术,移动互联网具有以下特点:

(1)高便携性。除了主人的睡眠时间,移动设备一般都以远高于个人计算机(PC)的使用时间伴随在其主人身边。这个特点决定了,使用移动设备上网,可以带来 PC 上网无可比拟的优越性,即沟通与资讯的获取远比 PC 设备方便。

(2)隐私性。移动设备用户的隐私性远高于 PC 端用户的要求。不需要考虑通信运营商与设备商在技术上如何实现它,高隐私性决定了移动互联网终端应用的特点——数据共享时既要保障认证客户的有效性,也要保证信息的安全性。这就不同于互联网公开、透明、开放的特点。互联网下,PC 端系统的用户信息是可以被搜集的;而移动通信用户上网显然不需要将自己设备上的信息给他人知道甚至共享。

(3)应用轻便。移动设备通信的基本功能说明了移动设备方便、快捷的特点。

2. 3G 与 4G 时代

3G,即 3rd Generation,第三代移动通信技术,是指将无线通信与国际互联网等多媒体通信结合的新一代移动通信系统。

3G 时代,传统的语音通话已经是个很弱的功能了,视频通话和语音信箱等新业务才是主流,传统的语音通话资费会降低,而视觉冲击力强、快速直接的视频通话会更加普及并飞速发展。3G 时代被谈论得最多的是手机的视频通话功能,这也是在国外最为流行的 3G 服务之一。相信不少人都用过 QQ、MSN 或 Skype 的视频聊天功能,与远方的亲人、朋友"面对面"地聊天。而依靠 3G 网络的高速数据传输,3G 手机用户也可以"面谈"了。当你用 3G 手机拨打视频电话时,不再是把手机放在耳边,而是面对手机,再戴上有线耳麦或蓝牙耳麦,你会在手机屏幕上看到对方影像,你自己的影像也会被录制下来并传送给对方。

移动电子商务是 3G 时代手机上网用户的最爱。目前 90%的日本、韩国手机用户都已经习惯在手机上消费。高速 3G 可以让手机购物变得更实在,高质量的图片与视频会话能使商家与消费者的距离拉近,提高购物体验,让手机购物变为新潮流。

4G 是第四代移动通信技术,集 3G 与 WLAN 于一体,并能够传输高质量视频图像,它的图像传输质量与高清晰度的电视不相上下。4G 系统能够以 100Mbps 的速度下载,比拨号上网快 2 000 倍,上传的速度也能达到 20Mbps,并能够满足几乎所有用户对于无线服务的要求。相较于 3G,4G 首要的优势便是速度,TD-LTE 4G 网络的上网速率最快可达到现有 TD-SCDMA 3G 网络的 100 倍,平均也能达 20 倍以上。4G 就好比一个更宽的车道,因为它有足够快的速率和更高的能力承载更多的用户同时使用。除了速度快,4G 网络的优势还有低时延和较高的稳定性。在 2013 年工信部为中国电信、中国联通、中国移动三大运营商颁发了三张 TD-LTE 制式的 4G 牌照后,中国正式进入 4G 时代。

二、TCP/IP

互联网是由一些通信介质如光纤、微波、电缆、普通电话线等将各种类型的计算机连接在一起,并统一采用 TCP/IP 协议标准而相互联通、共享信息资源的网络体系。互联网是一个跨越不同国家、地区和区域的计算机网络相互连接、彼此通信的集合。为了使这些网络呈现给用户一个天衣无缝的整体,必须使用某种方式屏蔽掉不同网络之间的差异,这个方式就是 TCP/IP。

TCP/IP 的实际名字来自最重要的两个协议:TCP(Transmission Control Protocol,传输控制

协议)和 IP(Internet Protocol,互联网协议)。TCP/IP 协议所采用的通信方式是分组交换方式。所谓分组交换,简单说就是数据在传输时分成若干段,每个数据段称为一个数据包,TCP/IP 协议的基本传输单位是数据包,它们在数据传输过程中主要完成以下功能:

(1)由 TCP 协议把数据分成若干数据包,给每个数据包写上序号,以便接收端把数据还原成原来的格式。

(2)IP 协议给每个数据包写上发送主机和接收主机的地址,一旦写上源地址和目标地址,数据包就可以在物理网上传送数据了。IP 协议还具有利用路由算法进行路由选择的功能。

(3)这些数据包可以通过不同的传输途径(路由)进行传输,由于路径不同,加上其他的原因,可能出现顺序颠倒、数据丢失、数据失真甚至重复的现象。这些问题都由 TCP 协议来处理,它具有检查和处理错误的功能,必要时还可以请求发送端重发。

简而言之,IP 协议负责数据的传输,而 TCP 协议负责数据的可靠传输。当数据包传输时,它们沿规定的路由从主机到主机,直到到达最终目的地。这就意味着互联网具有很强的灵活性,如果一条特定的连接中断了,控制数据流动的计算机通常可以找到另一条路径。实际上,在单一数据传输中,各个数据包完全可能沿不同的路径传输。这也意味着,当条件改变时,网络可以获得当时最好的连接。例如,当网络的某一特定部分过载,数据包可以改变路线去走那些比较空闲的线路。用数据包传输的另一个好处是,当某处出错,只需重新传送单个数据包,而不是整个信息,这样会大大加快互联网的传输速度。

图 2.1 表示 TCP/IP 的结构。按照任务将协议划分成五个功能层,在互联网传输数据时,这五个功能是同时工作的。最低层,也是最基本的功能层即硬件层,它管理互联网的相关硬件设备;网络接口层负责通过网络发送和接收 IP 数据包,允许主机连入网络时使用多种现成的与流行的协议,例如局域网的 Ethernet、令牌网、分组交换网的 X.25、帧中继、ATM 协议等;互联层处理互联的路由选择、流控与拥塞问题;传输层的主要功能是在互联网中源主机与目的主机的对等实体间建立用于会话的端到端的连接;最高层是应用层,是互联网的服务程序运行的地方。每一层为上一层提供服务。

 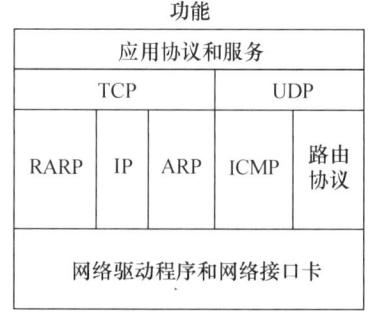

图 2.1 TCP/IP 的结构

三、IP 地址

为了使互联网中的计算机能够互相通信并能识别对方,网络中的任何一台计算机都必须有一个地址,而且同一个网上的地址不能重复。这种地址方案与日常生活中的通信地址和电话号码相似,涉及互联网服务的每一环节。IP协议要求所有参加互联网的网络节点有一个统一规定格式的地址,即IP地址。两台计算机之间在进行数据传输时,在它们所传送的数据包里都会含有某些附加信息,而其中最重要的附加信息就是发送数据的计算机的地址(源地址)和接收数据的计算机的地址(目标地址)。

IP地址是互联网中主机的地址,一直以来主要使用的是IPv4版本,其是每个连接到互联网的主机分配到的一个在全世界范围内唯一的32位编号。例如,某台连在互联网上的计算机的IP地址为:11001010.01100111.00101100.00000101。很明显,这些数字不太好记忆。人们为了方便记忆,就将组成计算机IP地址的32位二进制分成四段,每段8位,中间用小数点隔开,然后将每八位二进制转换成十进制数(即点分十进制标记法),这样上述计算机的IP地址就变成了:202.103.44.5。

IP地址是互联网主机的一种数字型标识,由两部分组成,一部分是网络标识(Net ID),另一部分是主机标识(Host ID),如图2.2所示。

网络标识	主机标识

图 2.2 IP 地址示意图

例如,某市信息网络中心的服务器IP地址为202.103.44.5,对于该IP地址,我们可以把它分成网络标识和主机标识两部分,这样上述的IP地址就可以写成:

网络标识:202.103.44.0

主机标识:5

合起来写:202.103.44.5

由于网络中包含的计算机有可能不一样多,有的网络可能含有较多的计算机,有的网络含有较少的计算机,于是人们按照网络规模的大小,对32位地址信息进行了划分,划分方式如表2.1所示。

表 2.1 IP 地址的分类

网络标识	主机标识	地址分类
0	7 位网络	24 位主机	A 类地址
10	14 位网络	16 位主机	B 类地址
110	21 位网络	8 位主机	C 类地址
1110	28 位多点广播组标号		D 类地址
1111	保留使用		E 类地址

由表2.1可以看出,网络标识和主机标识的位数决定了整个互联网中能包含多少个网络及每个网络中能容纳多少个主机。互联网中的地址主要分为三类,即A类、B类和C类,D类和E类用于特殊的网络和保留使用,网络与主机数量的分配见表2.2。

表 2.2 互联网的 IP 空间

	第一组数字	网络地址数	网络主机数
A 类地址	1—127	126	16 777 214
B 类地址	128—191	16 384	65 534
C 类地址	192—223	2 097 152	254

A 类:能够为 1 600 多万个主机服务的超大型网络。A 类地址被分配给主要的网络服务供应商,即大型的地区网或国家网。A 类地址前 8 位代表网络号,取值范围为 1—126,后三个 8 位代表主机号。全世界最多有 126 个 A 类网络,但每个网络可以拥有的主机数目相当大,最多可以容纳 16 777 214 个主机。

B 类:大型网络。B 类地址被分配给拥有大型网络的机构,如大学和大型企业。一个 B 类 IP 地址由两个 8 位的网络地址和两个 8 位的主机地址组成,网络地址的最高位必须是"10",地址范围从 128.0.0.0 到 191.255.255.255。可用的 B 类网络有 16 384 个,每个网络能容纳 6 万多个主机。

C 类:大量的小型网络。C 类地址的第一个 8 位位组的值为 192—223;前三个 8 位位组用于描述网络号码,最后一个 8 位位组指定了主机的号码。由于小型网络数量众多,因而大多数网络都拥有 C 类地址。C 类地址有超过 200 万个可能的网络号码,但每个 C 类网络只能支持 254 个主机。

D 类地址的第一个 8 位位组为 224—239,该组地址是为多路广播而保留的,是一种成组通信的方法,使用这种技术可以将报文信息立即发送给组内的所有成员。E 类地址的第一个 8 位位组的值为 240—247,该类地址保留给将来使用。

网络地址是由互联网权力机构分配的,目的是保证网络地址的全球唯一性。主机地址是由各个网络的系统管理员统一分配的,也能保证唯一性。因此,网络地址的唯一性和网络内主机地址的唯一性,就确保了 IP 地址的全球唯一性。

上面主要对 IPv4 地址进行了详细介绍,但是 IPv4 地址网络资源有限,IP 地址在 2011 年 2 月已经分配完毕,其使用已经远远不能满足日益增长的网民需求。所以,在 IPv4 基础上设计的 IPv6(Internet Protocol Version 6)应运而生,被用于替代现行的 IPv4。

IPv6 地址长度为 128 位(16 字节),即有 $2^{128}-1$ 个地址,这一地址空间是 IPv4 地址空间的 1^{E+28} 倍。可以说,以目前全球总人数而言,人均可以分配 1.8×1019 个 IPv6 地址。

IPv6 地址的结构由前缀和接口标识组成,是对接口或接口集合的 128 位的标识符。前缀相当于 IPv4 地址中的网络标识,接口标识相当于 IPv4 地址中的主机标识。IPv6 二进位制下为 128 位长度,以 16 位为一组,每组以冒号":"隔开,也可以分为 8 组,每组以 4 位十六进制表示。例如,2001:A304:6101:1::E0:F726:4E58。

IPv6 地址有三种类型的地址:

单播(Unicast):针对一个接口的标识符。一个发向单播地址的数据包被发往由该地址所确定的接口。

任播(Anycast):标识多个接口。目的为任播地址的报文会被发往最近的一个被标识接口,最近节点是由路由协议来定义的。

多播(Multcast):接口的一个集合的标识符。一个发向多播地址的数据包被发往所有以该地址做标识的接口。

在 IPv6 中,没有广播地址,广播地址的功能被一个包含"全部节点"的多播地址所取代。在 IPv6 中,除非明确声明排除,则所有全 0 或全 1 的字段值是合法的。IPv6 地址还有三类特殊地址:全"0"地址;IPv6 回返地址,其除了最低位外全为"0",即回返地址可表示为 0:0:0:0:0:0:0:1 或::1;嵌有 IPv4 地址的 IPv6 地址。

一些 IPv6 地址可能包含一长串 0 位。为了便于以文本方式描述这种地址,人们制定了一种特殊的语法:":"表示有多组16位0;"::"只能在一个地址中出现一次,可用于压缩一个地址中的前导、末尾或相邻的16位0。例如,FEC0:1:0:0:0:0:0:1234,也可以表示为FEC0:1::1234。

相较于IPv4,IPv6有很多特点:(1) IPv6的地址长度为128位,地址空间增大了2的96次方倍。(2) 灵活的IP报文头部格式。IPv6使用一系列固定格式的扩展头部取代了IPv4中可变长度的选项字段。IPv6中选项部分的出现方式也有所变化,能够最小化路由器处理的报文头部加快了报文处理速度。(3) IPv6简化了报文头部格式,字段只有8个,这加快了报文转发,提高了吞吐量。(4) 提高安全性。身份认证和隐私权是IPv6的关键特性。(5) 支持更多的服务类型。(6) 允许协议继续演变,增加新的功能,使之适应未来技术的发展。

四、域名

在互联网中,计算机之间通过IP地址来识别不同的计算机并进行通信,IP地址是数字型,存在难以记忆的问题。就好像每个人都有一个姓名和身份证号,姓名容易记而身份证号码很难记。为了解决这个问题,互联网的研究人员研制出一种字符型标识方法,即为每一个接入互联网的主机起一个字符型的名字,称为域名,用域名作为主机的标识,如用"www.cnnic.net.cn"代替"218.241.97.41",这样就将难记的IP地址转化为易记的"域名"。用户在访问互联网中的任何计算机时就不用记住数字型的IP地址,而只需在浏览器中输入域名。

目前所使用的域名是用层次型命名法,如图2.3所示。

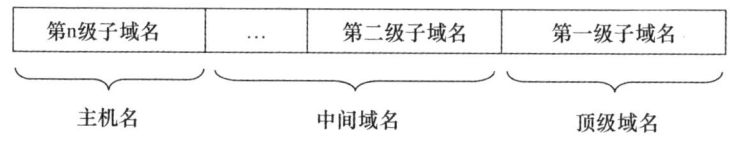

图 2.3 域名的层次结构

一般来说:2≤n≤5

域名可以以一个字母或数字开头和结尾,并且中间的字符只能是字母、数字和连字符。第一级子域名也称为顶级域名,一般代表国家,如www.wust.edu.cn中的cn表示中国,edu表示国家教育机构,wust代表武汉科技大学,www为主机名。

一般来说,典型入网的互联网域名为:主机名.中间域名.顶级域名。

顶级域名有两种主要的类型:机构域名和地理域名。

(1) 机构域名。顶级域名为3个字母,代表一个机构名称,称为机构域名。常见的机构域名如表2.3所示。

表 2.3 常见机构域名

域名	含义
.com	商业机构组织
.gov	政府机构组织
.edu	教育机构组织
.int	国际机构组织
.mil	军事机构组织
.net	网络机构组织
.org	非营利机构

（2）地理域名。顶级域名为2个字母,代表某个国家或地区,称为地理域名。常见的地理域名如表2.4所示。

表2.4 常见地理域名

域名	含义
.cn	中国大陆
.us	美国
.jp	日本
.uk	英国
.fr	法国
.nl	荷兰
.tw	中国台湾地区

为了使域名与对应的IP地址映射一致,必须建立相应的域名服务器,由域名服务器负责该域内的所有主机,即建立本域中的主机名与IP地址的对应表,当该服务器收到域名请求时,将域名解释为对应的IP地址,对于不属于本域的域名则转发给上级域名服务器去查找对应的IP地址。在互联网中,域名与IP地址的关系并非一一对应,注册了域名的主机一般都有一个固定的IP地址,但不是每一个IP地址都对应一个域名,一个固定的IP地址可以对应多个域名。

互联网的域名是互联网上一个服务器或一个网络系统的名字,在全世界范围内,没有重复的域名。随着互联网商业化的飞速发展,域名已成为企业文化的重要组成部分,被誉为"企业的网上商标",没有一家企业不重视自己产品的标志——商标,域名的重要性和价值已被全世界的企业所认识。

第三节 电子数据交换技术

电子数据交换(Eletronic Data Interchange,简称EDI)是在20世纪80年代发展起来的,融合现代计算机和远程通信技术的信息交流技术。EDI通常指将组织内部及贸易伙伴之间的商业信息或文档,以直接可以读取的、结构化的数据形式在计算机之间通过专用网络进行传输。

一、EDI的产生

EDI作为企业最早广泛采用的电子商务,在基于互联网的电子商务普及应用之前,是一种主要的电子商务模式。20世纪50年代,企业开始使用计算机存储和处理内部的信息,虽然计算机的出现可以在一定范围内减轻人工处理纸面单证的劳动强度,但企业间的信息流还是停留在纸面交易上。企业通过手工或计算机处理企业内部信息,通过纸面方式将数据传递给交易伙伴,再由交易伙伴将数据输入计算机中,如图2.4(a)所示。企业间所交换的信息流一般包括发票、订购单、报价请求、发货单和收货通知、汇款通知等,这些单证是交易伙伴间主要的交易数据。

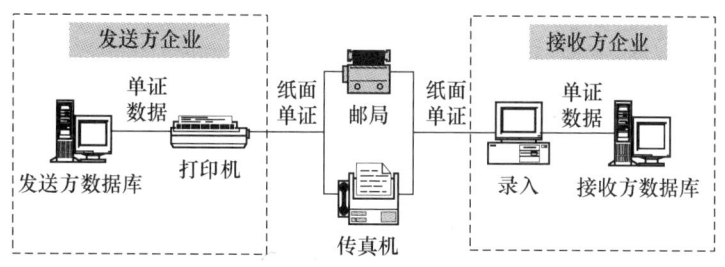

图 2.4(a) 纸面方式的企业间信息交换

全球贸易额的上升带来了各种贸易单证、文件数量的激增,而且一个贸易过程往往要经过银行、海关、商检、运输等多个环节,含有同样交易信息的不同文件要经过多次重复的处理才能完成。据统计,计算机的输入平均 70%来自另一台计算机的输出,重复输入也使出差错的概率增高。而且重复录入浪费人力、浪费时间、降低效率。因此,纸面贸易文件成了阻碍贸易发展的一个比较突出的因素。另外,市场竞争也出现了新的特征。价格因素在竞争中所占的比重逐渐减小,而服务性因素所占比重增大。销售商为了减少风险,要求小批量、多品种、供货快,以适应瞬息万变的市场行情。而在整个贸易链中,绝大多数的企业既是供货商又是销售商,因此提高商业文件的传递速度和处理速度成了所有贸易链中成员的共同需求。同时,现代计算机的大量普及和应用以及功能的不断提高,已使计算机应用从单机应用走向系统应用,通信条件和技术的完善、网络的普及也为 EDI 的应用提供了坚实的基础。

正是在这样的背景下,以计算机应用、通信网络和数据标准化为基础的 EDI 应运而生。20 世纪 60 年代末,欧洲和美国几乎同时提出了 EDI 的概念。EDI 模拟传统的商务单证流转过程,以电子化方式传输商务信息,对整个贸易过程进行简化,如图 2.4(b)所示。早期的 EDI 只是在两个商业伙伴之间,依靠计算机与计算机直接通信完成。70 年代,通信条件和技术的完善、网络的普及又为 EDI 的应用提供了坚实的基础。80 年代,EDI 标准的国际化使 EDI 的应用跃入了一个新的里程。EDI 是电子商务的最初形式,它还将继续发展,成为高速发展的互联网电子商务的一部分。

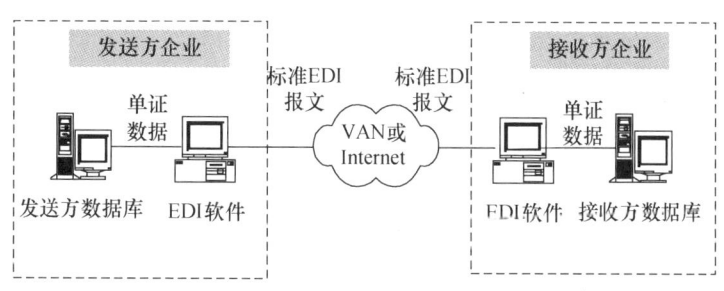

图 2.4(b) EDI 条件下的企业间信息交换

二、EDI 的概念

对于 EDI 的概念,不同的组织对其定义不尽相同。国际标准化组织(ISO)将 EDI 定义为:"将商业或行政事务,按照一个公认的标准,形成结构化的事务处理或信息数据结构,完成从计算机到计算机的电子数据传输。"联合国国际贸易法委员会 EDI 工作组(UNCITRAL/WG.4)对 EDI 的法律定义为:"EDI 是用户的计算机系统之间的对结构化的、标准化的信息进行自动传送和自动处理的过程。"

从这两个定义中可以发现,EDI 具有信息标准化、电子传输化、计算机处理等特点。以上定义均表明 EDI 具有其特定的含义和特点,即:

(1) EDI 的使用对象是不同的组织,EDI 传输企业间的报文是企业间信息交流的一种方式。

(2) EDI 所传送的资料是一般业务资料,如发票、订单等,而不是指一般性的通知。

(3) EDI 传输的报文是格式化的,是符合国际标准的,这是计算机能够自动处理报文的基本前提。

(4) EDI 使用的数据通信网络一般是增值网、专用网。

(5) 数据传输由收送双方的计算机系统直接传送、交换资料,不需要人工介入操作。

(6) EDI 与传真或电子邮件的区别是:传真与电子邮件,需要人工的阅读判断处理才能进入计算机系统,人工将资料重复输入计算机系统中,既浪费人力资源,也容易发生错误;而 EDI 不需要再将有关资料人工重复输入系统。

三、EDI 的作用

EDI 提供了一种现代化的数据交换工具和方式,用户按照规定的数据格式,通过 EDI 系统在不同用户的信息处理系统之间交换有关的业务文件,达到快速、准确、方便、节约、规范的信息交换目的。在 EDI 工作过程中,传统贸易中的各类凭证、单据等全部由电子数据所取代,并通过电子数据方式进行传输,而原本由人工进行的对各项单据核对、入账、结算、收发等事务也由计算机系统自动完成。故 EDI 的优势在于快速传输、节约劳动、减少错误,从而实现高效率、低成本。其作用具体体现在:

(1) 简化了业务工作的流程和环节。企业采用 EDI 可以更快速、更便宜地传送发票和采购订单、传输通知和其他商业单证,提高快速交换单证的能力。标准的 EDI 报文,可代替业务活动中的单据,根据 EDI 通信协议通过通信网络将其传递给贸易伙伴,接收方按 EDI 标准对 EDI 报文进行业务处理,从而简化了工作流程,缩短了业务处理的周期。

(2) 减少了人工差错带来的经济损失。由于信息处理是在计算机上自动完成的,因此避免了人工录入而可能出现的错误,降低了业务处理过程中的差错率,从而提高了总体业务质量。

(3) 降低了企业成本。运用 EDI 技术,能够很好地降低企业成本,主要表现在降低人事成本和库存成本上。采用 EDI 后,由于很多业务工作都由计算机自动完成,免去了重复输入、审核、纠错的工作,也免去了单证的邮寄、接收、存档等工作环节,从而减少了处理这些工作的职工人员,降低了人事成本。此外,以 EDI 为基础平台,能更快、更准确地填写订单,避免造成不必要的库存积压,达到零库存管理。

(4) 加强了企业的市场竞争地位。EDI 存储了完备的交易信息,包括企业自身的业务信息、企业客户关系信息等,这些大量的信息为企业管理决策提供了准确的数据,让企业领导能够在变化的市场中,及时准确做好企业决策,使企业迅速适应市场的变化,抓住市场机会,从而加强企业在市场中的竞争地位。

四、EDI 系统

（一）EDI 系统的构成要素

构成 EDI 系统的有三个要素，即 EDI 系统软件和硬件、EDI 标准和通信网络。

1. EDI 软件和硬件

实现 EDI 需要配备相应的 EDI 软件和硬件。EDI 软件具有将用户数据库系统中的信息译成 EDI 标准格式以供传输交换的能力。EDI 标准具有足够的灵活性，可以适应不同行业的众多需求。但是，每个企业有着自己规定的信息格式，因此当需要发送 EDI 电文时，必须用某些方法从公司专有的数据库中把它翻译成 EDI 标准格式进行输出，这一功能的实现就需要相应的软件帮助。

（1）EDI 软件。EDI 软件包括转换软件、翻译软件和通信软件。

转换软件：可以帮助用户将原有计算机系统的文件转换成翻译软件能够理解的平面文件，或是将从翻译软件那里接收过来的平面文件转换成原计算机系统中的文件。

翻译软件：可将平面文件翻译成 EDI 标准格式，或将接收的 EDI 标准格式翻译成平面文件。在一个 EDI 交易中，不必要求所有的企业都使用相同的应用程序来读取收到或发出的信息。可以根据报文标准、报文类型和版本由 EDI 系统的贸易伙伴之间确定，或是由服务机构提供的目录服务功能确定。

通信软件：具有管理和维护贸易伙伴的电话号码系统、自动执行拨号等功能。其将 EDI 标准格式的文件外层加上通信信封，再送到 EDI 系统交换中心的邮箱，或从 EDI 系统交换中心将收到的文件取回。

（2）EDI 硬件。EDI 所需的硬件设备大致包括计算机、调制解调器以及通信线路。

计算机：目前使用的计算机，如 PC、工作站、小型机、大型机等，均可使用。

调制解调器（Modem）：由于使用 EDI 进行电子数据交换需要通过通信网络，所以调制解调器是必需的硬件设备之一。

通信线路：一般常用的是电话线路，如果传输时效以及传输流量上有较高要求，则可以租用专线。

2. EDI 标准

EDI 标准主要提供：语法规则、数据结构定义、编辑规则和协定、已出版的公开文件。由联合国欧洲经济委员会（UN/ECE）制定颁布的《行政、商业和运输用电子数据交换规则》（EDIFACT），以及美国国家标准局特命标准化委员会第十二工作组制定的 ANSI X.12 可以看出，EDI 标准的三要素即数据元、数据段和标准报文格式。

（1）数据元。UN/EDIFACT 对数据元的定义是：数据元（Data Element）是在确定的上下文中被认为不可再细分的用做标识、描述和数值表示的数据单元。

按数据元的定义，可以将其分为三类：① 简单数据元（Simple Data Element）：含有单一值的数据元。② 复合数据元（Composite Data Element）：含有两个或多个成分数据元的数据元。③ 成分数据元（Component Data Element）：复合数据元的组成部分，以其在复合数据元中的位置来标识的简单数据元。

每一个数据元由一个 4 位的数字来唯一地标识。数据元目录为每一个数据元给出标识、名字、版本、类型和长度。数据元一般是一个字母数字串，所有类型无非是 n（数字）、a（字母）

或 an(数字和字母),长度是字符的个数,如"an..17"表示数据元类型是最长为 17 个数字或字母的一个串。

(2) 数据段。UN/EDIFACT 对数据段的定义是:数据段(Segment)是功能相关的数据元值的预定义和标识的集合。

数据段分为两种:一种是用户数据段,它反映单证中具有一定功能的项,是一个中间信息单元,对应着纸面单证上的一个栏目,如发货方、收货方等。另一种是服务数据段,有时也称为控制数据段,为电子传送提供信息服务。

UN/EDIFACT 的数据段大约有 100 多个,数据段目录罗列了所有的数据段。每一个数据段都有一个名字作为它的标识。段目录中的每一个数据段都有一些属性解释这个数据段,例如:一个属性说明它的版本,另一个属性说明它的主要功能。段目录还指出每一个数据段由哪些数据元所组成,即这个数据元的出现状况。

(3) 标准报文格式。UN/EDIFACT 对标准报文格式的定义为:报文(Message)适用于传送信息的有序字符列,在 EDIFACT 中,特指在报文目录中规定的顺序排列的段的集合,以报文头开始,以报文尾结束。标准报文格式用分支图的方式表示。分支图严格地给定了数据段出现的顺序,在分支图中有序字符列是从左到右、从上到下排列的。分支图中矩阵框内的数据段构成组,并且还能标识报文格式中数据段的嵌套。

3. 通信网络

通信网络是实现 EDI 的手段。贸易伙伴可通过多种方式来实现 EDI 网络,但无论哪种方式,都不外乎直接连接 EDI 和间接连接 EDI。

直接连接 EDI 是指参与贸易的每个企业的计算机都通过电话线或专线直接相连,如图 2.5 所示。直接连接是 EDI 的最简单运作方式。用户仅需要普通的电脑和通信设备,如调制解调器就基本上可以操作了,因为这足以使信息从一台电脑传输到另一台电脑。实际上,许多企业的 EDI 实施就是从两个商业伙伴之间的这种数据交换开始发展起来的,早期的 EDI 通信一般都采用此方式。但当 EDI 用户的贸易伙伴不再是几个而是几十个甚至几百个时,这种方式就会出现一些缺点:

(1) 企业需要与很多的顾客和供应商建立连接,专线连接的方式非常昂贵。

(2) 单证需要在贸易伙伴间多次重复发送,很浪费时间。

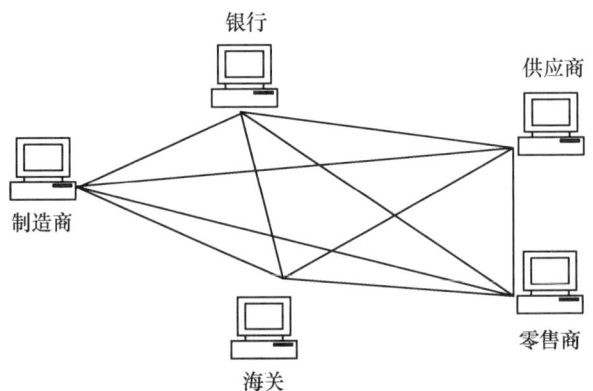

图 2.5 直接连接 EDI

（3）当多家企业直接通信时，会出现由于计算机厂家不同、通信协议相异以及工作时间不易配合等问题，所以直接连接方式只有在贸易伙伴数量较少的情况下才能使用。

为了克服这些问题，许多公司逐渐采用间接连接 EDI 的通信方式，贸易伙伴之间通过第三方网络，即增值网络（VAN）进行通信，如图 2.6 所示。贸易伙伴之间通过 VAN 通信，而不是把各自的计算机直接连接起来传递信息。如果 VAN 用户要向贸易伙伴发送一个 EDI 报文，可用专线或电话线连入 VAN，将 EDI 格式的报文发给 VAN。VAN 记录此信息，并把信息发送到贸易伙伴在 VAN 的邮箱里。贸易伙伴可拨号进入 VAN 并从邮箱中获取 EDI 格式的信息。VAN 在进行 EDI 的贸易伙伴间建立连接，为发送者与接收者维护邮箱并提供存储转送、记忆保管、格式转换、安全管制等功能。通过 VAN 传送 EDI 文件的优势在于：

（1）用户只需要支持 VAN 的一种通信协议，不需要支持各个贸易伙伴的各种协议。

（2）VAN 运行记录可记下信息传输活动，因此可以大幅度降低相互传送资料的复杂度和困难度，并提高 EDI 的效率。

（3）VAN 提供贸易伙伴所用的不同交易单证标准间的翻译服务。

（4）VAN 可自动进行检查，确保交易单证符合 EDI 格式的要求。

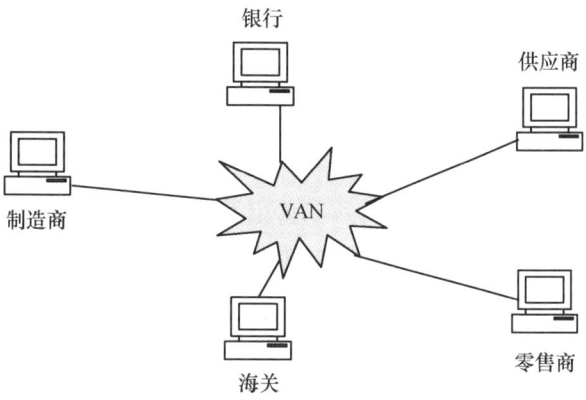

图 2.6 间接连接 EDI

（二）EDI 的实现过程

EDI 的实现过程就是用户将相关数据从自己的计算机信息系统传送到有关交易方的计算机信息系统的过程。该过程因用户应用以及外部通信环境的差异而不同。在有 EDI 增值服务的条件下，这个过程分为以下六个步骤：

（1）发送方将要发送的单证数据从信息系统数据库提出，转换成平面文件（也称中间文件）。

（2）将平面文件翻译成标准的 EDI 报文，并组成 EDI 信件。

（3）发送 EDI 信件。

（4）接收方从 EDI 信箱中收取 EDI 信件。

（5）将 EDI 信件翻译成平面文件。

（6）将平面文件转换成接收方格式文件，并送到接收方进行信息处理。

EDI 的工作过程是一个可逆的过程，发送方同时作为接收方，接收方也可作为发送方，其工作原理是一样的。

五、EDI 的应用

EDI 一经出现便显示出强大的生命力,迅速地在世界各主要工业发达国家和地区得到广泛的应用。EDI 的应用主要来自两个方面:一方面是大的企业想与自己的供应商和客户建立电子数据交换及联系;另一方面是有的行业已经形成了非常成熟的供应链网络,通过实施 EDI 改善了整个行业的效率。因此,EDI 最早应用在北美、欧洲和日本的汽车制造业、零售业和运输业,这些企业从 EDI 的应用中得到了非常好的效益。通用电气公司和沃尔玛最早采用 EDI 来完善订货业务,改善与供应商的关系。宝洁、丰田和联合利华使用 EDI 来实现快速反应(Quick Response,简称 QR)和准时生产(Just In Time,简称 JIT),从而重新定义了与客户间的关系。现在,对于全球数万家的著名企业,EDI 改变了企业的经营方式,已经成为它们经营战略中一个必不可少的因素,这些大公司的 EDI 应用都非常成功。EDI 应用带来的优势主要有:

(1) 企业能在全球范围内迅速发送和接收大量常规的商务信息。
(2) 信息可以在多个交易伙伴间及时、内容一致和自由地流动。
(3) 建立了一个无纸化的办公环境,节省了大量金钱,并提高了效率。
(4) 企业可以访问业务伙伴的数据库,获取和存储标准的事务信息。
(5) 促进了战略性伙伴关系的形成,因为 EDI 需要长期投资和长时间的系统改进。

所以,现在 EDI 应用相当广泛,主要可以总结为以下几个方面:

在商业贸易领域,通过采用 EDI 技术可以将不同的制造商、供应商、批发商和零售商之间的生产管理、物料需求、销售管理、仓库管理、商业电子收款机系统(POS)有机地结合起来,从而使这些企业大幅度地提高其经营效率,并创造出更高的利润。商贸 EDI 业务特别适用于那些具有一定规模、拥有良好计算机管理基础的制造商,采用商业 POS 系统的批发商和零售商,以及为国际著名厂商提供产品的供应商。

在运输行业,通过采用集装箱运输电子数据交换业务,可以将航运、空运、陆路运输、外轮代理公司、港口码头、仓库、保险公司等企业之间各自的应用系统联系在一起,从而解决传统单证传输过程中的处理时间长、效率低等问题,可以有效地提高货物运输能力,实现物流控制电子化,实现国际集装箱多式联运,进一步促进集装箱运输事业的发展。

在外贸领域,通过采用 EDI 技术可以将海关、商检、卫检等监管部门与外贸公司、材料加工企业、报关公司等相关部门和企业紧密地联系起来,从而可以避免企业多次往返多个外贸管理部门进行申报、审批等,大大简化进出口贸易程序,提高货物通关的速度,最终起到改善经营投资环境,加强企业在国际贸易中的竞争力的目的。

在其他领域,如税务、银行、保险等贸易链路等多个环节之中,EDI 技术同样也有着广泛的应用前景。通过 EDI 和电子商务技术,可以实现电子报税、电子资金划拨等多种应用。

六、EDI 的新发展

Internet 是世界上最大的计算机网络,近年来的飞速发展使其对 EDI 的发展有如下影响:
(1) Internet 是全球网络结构,可以大大扩大参与交易的范围。
(2) 相对于私有网络和传统的增值网络来说,Internet 可以实现世界范围内的连接,花费很少。
(3) Internet 对数据交换提供了许多简单而且易于实现的方法,用户可以使用 Web 完成交易。

（4）互联网服务提供商（ISP）提供了多种服务，这些服务方式过去都必须从传统的 VAN 那里购买，费用很高。

Internet 与 EDI 的联系，使得 EDI 的发展前景很好，基于 Internet 的 EDI 也成为新一代的 EDI。Internet 与 EDI 结合有四种方式，即 Internet Mail、Standard IC、Web-EDI 和 XML/EDI。

1. Internet Mail

Internet Mail 是最早的一种把 EDI 带入 Internet 的方式，用 ISP（Internet Service Providers）代替 VAN，利用 Internet Mail 传输 EDI 单证。在 Internet 上用这种方式做电子交易，最大的弊病就是安全性较差。尤其是简单电子邮件协议的 E-mail 在 Internet 上传送明文缺少保密性。

2. Standard IC

Standard IC，即 Standard Implementation Conventions，标准执行协定。IC 是指经过选择的消息版本。Standard IC 是一种特殊的跨行业针对特定应用的国际标准，着重解决 Internet EDI 的多版本问题。

3. Web-EDI

Web-EDI 的基本思想是，在提供 EDI 服务的 EDI 中心建立 Internet Web Server，并在 Web 上开发大量的表格供用户使用。HTML 语言允许用户创建表格，并提供一种机制能够将表格中的信息传递到商务应用系统中。许多公司已在 Internet 上通过使用 HTML 建立主页来展现自己的产品和其他信息。用户只要通过浏览器就可进行单证的收发。发送单证时，填好表格，检查无误，可发送到 EDI 中心，EDI 中心翻译系统及映射系统自动将其翻译成 EDI 报文，送入对方的 EDI 信箱中。接收时，只要将 EDI 中心的翻译系统已经翻译并转换好的单证通过浏览器下载下来即可使用。Web-EDI 大大拓展了 EDI 的应用范围，中小企业只需通过 Web 浏览器和 Internet 连接来执行 EDI 信息交换，这里，Web 是 EDI 的报文接口。

4. XML/EDI

XML 应用促生新一代的 Internet EDI。XML/EDI 着重解决 EDI 最主要的映射问题。XML/EDI 引入"模板"（Template）的概念，模板描述的不是消息的数据，而是消息的结构，及如何解释消息能做到无须编程实现消息的映射。用户很容易将文件属性映射至数据结构或对象分级结构中，使在客户端浏览器与数据库间来回传输文件非常可靠，从而解决了 EDI 的最主要问题，即映射于用户计算机上。在用户的计算机上，软件代理采用最佳方式解释模板和处理信息：通过软件代理支持的模板，用户可以得到对其环境的最佳集成。模板存储在别的地方，动态结合到本地应用程序中，如果用户的应用程序实现了 XML/EDI，那么代理就可以自动完成映射，并且产生正确的消息。同时，代理可以给用户生成一个 Web 表单，与 Web-EDI 不同，XML/EDI 在客户端处理信息。XML/EDI 的成功取决于 XML 技术是否能尽快标准化且对传统 EDI 数据结构提供更全面的支持。

Internet 与 EDI 的结合，为 EDI 的发展带来了生机，基于 Internet 的 EDI 成为新一代的 EDI。但互联网上 EDI 还存在一些障碍，主要包括：

（1）安全问题。互联网的安全性较差，随着多种安全协议和加密技术增强后，企业对互联网安全问题的担心减少，但还不能完全消除。

（2）网络运营的可靠性问题。国际互联网属于公共网络，不管是在哪个国家和地区，其使用者都与日俱增。网络运营中传输出现故障或信息丢失不时会发生。相对于专用网络，公共网络不会提供完善的服务保证。

（3）第三方认证问题。电子商务要求交易的所有参与者有效保留传递的交易信息,在必要时要求提供有力的证据来证实信息传递者的身份、传递的内容、传输方式和传输时间。目前提供 EDI 服务的专营网络商往往都相应提供第三方认证的服务,即以第三方(公正方)的名义证实信息传递者的身份及其信息传递的有效性。

以 Internet 为基础的 EDI 方式的局限性会随着技术的不断进步被有效地克服,从而为企业提供可靠、安全和有效的技术环境。投资成本和运营的方便程度也会支持大公司趋向使用以互联网为基础的 EDI。

第四节　网站建设技术

电子商务网站是企业开展电子商务的基础设施和信息平台。开展电子商务活动必须从网站建设抓起,把企业的商务需求、营销方法和网络技术很好地集成在一起。企业建立一个完善的电子商务网站,主要包括网站的总体设计、软硬件环境和网站建设技术,而本节将着重介绍网站建设的技术基础。网站建设技术主要包括两大部分:数据库技术和 Web 网页技术。

一、数据库技术

数据库(Data Base,简称 DB)是长期存储在计算机内,有组织、可共享的数据集合,即数据存放的仓库。在这个仓库中,数据是按一定的数据模型组织、描述和储存的,所以具有冗余小、独立性和扩展性好、数据可共享的特点。数据库是数据管理的最新技术,是计算机软件科学的重要分支。为了建立一个满足各个企业或部门信息处理要求的信息系统,数据库技术作为技术核心和基础受到广泛的关注和应用。

（一）数据库的数据模型

1. 概念模型

概念模型实际上是从现实世界到机器世界的一个中间层次,是数据库设计人员和用户之间进行交流的语言。也是用关系模型建立数据库的基础。表示概念模型有很多种方法,最常用的是实体—联系法(Entity-Relationship Approach,简称 E-R 图)。一个概念模型的组成元素有:

（1）实体(Entity):客观存在并可相互区别的事物。例如,一个班级、一位学生。在 E-R 图中用矩形框表示。

（2）属性(Attribute):实体所具有的某一特性。一个实体可以有多个属性。例如,学生实体具有学号、班级、姓名等属性。在 E-R 图中用椭圆形表示。

（3）码(Key):唯一标识实体的属性。例如,学生的学号是学生实体的码,一位学生有且仅有一个学号。

实体与实体之间是有某种特定联系的,例如学生实体与教师实体。这种联系有三种情况,即一对一、一对多、多对多。概念模型运用实体及实体与实体之间的联系来将现实的世界抽象化,成为机器世界可以读懂的语言。

2. 关系数据模型

传统的数据模型有层次数据模型、网状数据模型、关系数据模型,20 世纪 80 年代出现了面向对象数据模型。在这几种数据模型中,目前最重要并且最广泛使用的是关系数据模型。

关系数据模型是建立在严格的数学概念基础之上的一种数据模型。其中的关系是一张二维表,一行称为一个元组,一列称为一个属性。它要求关系必须是规范化的,所以每一个关系必须满足一定的规范条件,其中最重要的一条是,关系的每一个分量必须是一个不可再分的数据项。

关系数据模型中的关系包含以下元素:

(1) 主码:关系中的某个属性组,用来唯一确定一个元组。

(2) 域:属性的取值范围。

(3) 分量:元组的属性值。

(二) 数据库的设计

数据库的设计可分为五个阶段:需求分析阶段、概念结构设计阶段、逻辑结构设计阶段、物理结构设计阶段和数据库实施与维护阶段。

1. 需求分析

需求收集和分析是数据库应用系统设计的第一阶段,明确地把它作为数据库应用系统设计的第一步是十分重要的。这一阶段收集到的基础数据和数据流图(Data Flow Diagram,简称DFD)是下一步设计概念结构的基础。在众多的需求分析方法中,结构化分析(Structured Analysis,简称SA)是一个简单实用的方法。SA方法用自上而下、逐层分解的方式分析系统,用数据流图、数据字典描述系统;然后把一个处理功能的具体内容分解为若干子功能,每个子功能继续分解,直到把系统的工作过程表达清楚为止。在处理功能逐步分解的同时,它们所用的数据也逐级分解,形成若干层次的数据流图。数据流图表达了数据和处理过程的关系。处理过程的处理逻辑常常用判定表或判定树来描述。数据字典(Data Dictionary,简称DD)则是对系统中数据的详尽描述,是各类数据属性的清单。对数据库应用系统设计来讲,数据字典是进行详细的数据收集和数据分析所获得的主要结果。

2. 概念结构设计

如同软件工程中重视需求分析与规范说明的思想一样,数据库设计中同样十分重视数据分析、抽象与概念结构的设计。概念结构的设计,是整个数据库设计的关键之一。概念结构独立于数据库逻辑结构,独立于支持数据库的数据库管理系统,也独立于具体计算机软件和硬件系统。

(1) 数据抽象与局部视图设计。E-R模型是对现实世界的一种抽象。它抽取人们关心的共同特性,忽略非本质的细节,并把这些特性用各种抽象的概念精确地加以描述。概念结构设计的第一步就是利用抽象机制对需求分析阶段收集到的数据进行组织,形成实体、实体的属性,标识实体的码,确定实体之间的联系类型(1:1,1:n,n:m),设计成部分E-R图。

(2) 全局视图设计。视图的集成就是把上一步得到的各个部分E-R图综合成一个总体的E-R图。视图集成可以有两种方式:多个部分E-R图一次集成;逐步集成,即用累加的方式一次集成两个部分E-R图。无论哪种方式,每次集成可分两步走:第一步是合并,解决各部分E-R图之间的冲突问题,生成初步E-R图;第二步是修改和重构,消除不必要的冗余,生成基本E-R图。

3. 逻辑结构设计

逻辑结构设计的任务就是把概念结构转换为选用的数据库管理系统所支持的数据模型的

过程。设计逻辑结构按理应选择对某个概念结构最好的数据模型,常用的数据模型是关系数据模型。首先把概念结构向一般的关系模型转换,然后向特定的数据库管理系统支持下的数据模型转换,最后进行模型的优化。

(1) 将 E-R 图转换为关系模型的转换规则。① 一个实体转换为一个关系模式:实体的属性就是关系的属性,实体的码就是关系的码。② 一个联系转换为一个关系模式:与该联系相连的各实体的码以及联系的属性转换为关系的属性。若联系为 1:n,则关系的码为 n 端实体的码;若联系为 n:m,则关系的码为诸实体码的组合。具有相同码的关系模式可合并。

(2) 用规范化理论优化关系模型。① 在数据分析阶段,用数据依赖的概念分析和表示各数据项之间的关系。② 在设计概念结构阶段,用规范化理论消除初步 E-R 图中冗余的联系。③ 由 E-R 图向数据模型转换过程中,用模式分解的概念和算法指导设计。

4. 物理设计

物理设计的内容主要包括:

(1) 确定数据的存储结构。从数据库管理系统所提供的存储结构中选取一种合适的加以实现。确定存储结构的主要因素是存取时间、存储空间利用率和维护代价三个方面。

(2) 存取路径的选择和调整。数据库必须支持多个用户的多种应用,因而必须提供对数据库的多个存取入口,也就是对同一数据存储要提供多条存取路径。物理设计的任务应包括确定建立哪些存取路径。

(3) 确定数据存放位置。首先按数据的应用情况划分为不同的组,然后确定存放位置。一般应把数据的易变部分和稳定部分分开,把经常存取和不常存取的数据分开。

(4) 确定存储分配。许多数据库管理系统提供了存储分配的参数供设计者物理优化处理。例如溢出空间的大小和分布参数、块的长度、块因子的大小、装填因子、缓冲区的大小和个数等,它们都要在物理设计中确定。这些参数的大小影响存取时间和存储空间的分配。物理设计过程需要对时间、空间效率、维护代价和各种用户要求进行权衡,其结果可以产生多种方案。在实施数据库前对这些方案进行细致的评价,以选择一个较优的方案是十分必要的。

5. 数据库实施与维护

对数据库的物理设计初步评价完成后就可建立数据库了。数据库应用系统实施对应于软件工程的编码、调试阶段。设计人员运用数据库管理系统提供的数据定义语言将逻辑设计和物理设计的结果严格地描述出来,成为数据库管理系统可接受的源代码。经过调试产生目标模式,然后组织数据入库。组织数据入库是数据库应用系统实施阶段最主要的工作。有了装载实际数据的数据库和应用程序,就建立了数据库应用系统,可以试运行了。

数据库的投入运行标志着开发任务的基本完成和维护工作的开始,但并不意味着设计过程结束。任何数据库应用系统只要它存在一天,它的设计就得不断地进行评价、调整、修改,甚至完全改革。因此数据库应用系统的维护不仅是维护其正常活动,而且是设计工作的继续和提高。维护阶段的主要工作是:① 数据库的安全性、完整性控制及系统的转储和恢复;② 性能的监督、分析和改进;③ 数据库的重组织和重构造。

二、Web 网页技术

（一）Web 网页设计阶段

1. 第一阶段——静态文档

第一阶段的 Web，主要是用于静态 Web 页面的浏览。用户使用客户端的 Web 浏览器，可以访问 Internet 上各个 Web 站点，在每一个站点上都有一个主页（Home Page）作为进入 Web 站点的入口。每一个 Web 页中都可以含有信息及超文本链接，超文本链接可以带用户到另一个 Web 站点或是其他的 Web 页。从服务器端来看，每一个 Web 站点由一台主机、Web 服务器及许多 Web 页所组成，以一个主页为首，其他的 Web 页为支点，形成一个树状的结构。每一个 Web 页都是以 HTML 的格式编写的。

设计 HTML 语言的目的是把存放在一台电脑中的文本或图形与另一台电脑中的文本或图形方便地联系在一起，形成有机的整体，人们不用考虑具体信息是在当前电脑上还是在网络的其他电脑上。我们只需使用鼠标在某一个文档中点取一个图标，Internet 就会马上转到与此图标相关的内容上去，而这些信息可能存放在网络的另一台电脑中。

由于受低版本 HTML 语言和旧式浏览器的制约，Web 页面只能包括单纯的文本内容，浏览器也只能显示呆板的文字信息，但基本满足了建立 Web 站点的初衷，实现了信息资源共享。

这一阶段，Web 服务器基本上只是一个 HTTP 服务器，它负责客户端浏览器的访问请求，建立连接，响应用户的请求，查找所需的静态 Web 页面，再返回到客户端。

随着互联网技术的不断发展以及网上信息呈几何级数的增加，人们逐渐发现手工编写包含所有信息和内容的页面对人力和物力都是一种极大的浪费，而且几乎变得难以实现。此外，采用静态页面方式建立起来的站点只能够简单根据用户的请求传送现有页面，而无法实现各种动态的交互功能。具体来说，静态页面在以下几个方面都存在明显的不足：

（1）无法支持后台数据库。随着网上信息量的增加，以及企业和个人希望通过网络发布产品和信息的需求的增强，人们越来越需要一种能够通过简单的 Web 页面访问服务端后台数据库的方式。这是静态页面所远远不能实现的。

（2）无法有效地对站点信息进行及时更新。用户如果需要对传统静态页面的内容和信息进行更新或修改的话，只能够采用逐一更改每个页面的方式。在互联网发展初期网上信息较少的时代，这种做法还是可以接受的。但是现在即使是网友们的个人站点也包含各种各样的丰富内容，因此，如何及时、有效地更新页面信息也成为一个亟待解决的问题。

（3）无法实现动态显示效果。所有的静态页面都是事先编写好的，是一成不变的，因此访问同一页面的用户看到的都将只是相同的内容，静态页面无法根据不同的用户做不同的页面显示。

这些不足之处，促使 Web 技术进入了发展的第二阶段。

2. 第二阶段——动态页面

为了克服静态页面的不足，人们将传统单机环境下的编程技术引入互联网络，与 Web 技术相结合，从而形成新的网络编程技术。网络编程技术通过在传统的静态页面中加入各种程序和逻辑控制，在网络的客户端和服务端实现了动态和个性化的交流与互动。人们将这种使用网络编程技术创建的页面称为动态页面。

动态网页与静态网页是相对应的，也就是说，网页 URL 的后缀不是.htm、.html、.shtml、

.xml 等静态网页的常见形式,而是.asp、.jsp、.php、.perl、.cgi 等形式。不过要注意,这里说的动态网页,与网页上的各种动画、滚动字幕等视觉上的"动态效果"没有直接关系。动态网页可以是纯文字内容的,也可以是包含各种动画内容的,这些只是网页具体内容的表现形式,无论网页是否具有动态效果,采用动态网页技术生成的网页都称为动态网页。

从网站浏览者的角度来看,无论是动态网页还是静态网页,都可以展示基本的文字和图片信息,但从网站开发、管理、维护的角度来看就有很大的差别。

(1) 动态网页以数据库技术为基础,可以大大降低网站维护的工作量。

(2) 采用动态网页技术的网站可以实现更多的功能,如用户注册、用户登录、在线调查、用户管理、订单管理等。

(3) 动态网页实际上并不是独立存在于服务器上的网页文件,只有当用户请求时服务器才会返回一个完整的网页。

3. 第三阶段——Web 2.0

我们可以把第一阶段的静态文档的 WWW 时代称为 Web 1.0,而就像通常对软件起名的方式一样,把第二阶段的动态页面时代划为 Web 1.0 的升级版 Web 1.5。可以想象,第三阶段与前两个阶段有了多么大的跨越。

Web 2.0 是以 Flickr、43Things.com 等网站为代表,以 Blog、TAG、SNS、RSS、Wiki 等社会软件的应用为核心,依据六度分隔、xml、ajax 等新理论和技术实现的互联网新一代模式。

Blog——博客/网志:Blog 的全名应该是 Web log,后来缩写为 Blog。Blog 是一个易于使用的网站,用户可以在其中迅速发布想法、与他人交流以及从事其他活动。所有这一切都是免费的。

TAG——网摘/网页书签:起源于一家叫做 Del.icio.us 的美国网站自 2003 年开始提供的一项叫做"社会化书签"(Social Bookmarks)的网络服务,网友们称之为"美味书签"("Delicious"的意思就是"美味的,有趣的")。

SNS——社会网络:Social Network Services,社会性网络服务,依据六度分隔理论,以认识朋友的朋友为基础,扩展自己的人脉。可归纳为 Blog 加人和人之间的链接。

RSS——站点摘要:用户产生内容自动分发、订阅。RSS 是站点用来和其他站点之间共享内容的一种简易方式(也叫聚合内容)的技术。最初源自浏览器"新闻频道"的技术,现在通常被用于新闻和其他按顺序排列的网站,例如 Blog。网络用户可以在客户端借助于支持 RSS 的新闻聚合工具软件(例如 SharpReader、NewzCrawler、FeedDemon、RSSReader),在不打开网站内容页面的情况下阅读支持 RSS 输出的网站内容。可见,网站提供 RSS 输出,有利于用户发现网站内容的更新。在高速、高质、高效成为主流呼声的互联网时代,RSS 无疑推动了网上信息的传播,提出了另一种看世界的方式。

Wiki——百科全书。Wiki 是一种多人协作的写作工具。Wiki 站点可以由多人(甚至任何访问者)维护,每个人都可以发表自己的意见,或者对共同的主题进行扩展和探讨,比如维基百科全书、百度"知道"和新浪"爱问"等。可以说是由用户共同建设一个大百科全书。

简单来说,Web 1.0 到 Web 2.0 就是由网站编辑到全民参与编辑的过程。每个用户都可以在开放的网站上通过简单的浏览器操作而拥有他们自己的数据,人们可以更加方便地进行信息获取、发布、共享以及沟通交流和群组讨论等。每个人都成了新闻或者观点的发布人,通过各种手段,如 Tag、关联、链接等,网站能够最大程度展示个人的作用,进而激发个人的积极性,人们成为 Web 上社会的人,Web 也有了社会性,成为了社会化网络。

在以传统门户为代表的 Web 1.0 时代,用户只能被动接受网络公司提供的服务,没有任何主动选择权,用户数和点击数对于网络公司来说是增加收入的根据。

在增强用户互动性之后,以博客等个人应用为主的 Web 2.0 时代宣告来临。用户可以自己选择各项服务、维护各自空间、参与网络公司内容的提供,并有可能依此获得收入分成。

如今,号称更加个性化、智慧型应用的互联网概念涌现出来。公用信息平台服务商红门资讯曾把 Web 3.0 的特点概括为几个方面:首先,网站内的信息可直接和其他网站的相关信息进行交互,能通过第三方信息平台同时对多家网站的信息进行整合使用;其次,用户在互联网上拥有自己的数据,并能在不同网站上使用;最后,完全基于 Web,用浏览器即可实现复杂的系统程序才具有的功能,即一种网络操作系统。

(二) Web 编辑语言

1. HTML

HTML 是超文本标记语言(HyperText Mark-up Language)的英文缩写,它是 Web 上的专用语言。它不是一种程序设计语言,而是一种网页描述语言。它由具有一定结构的标记符号和普通文档组成。一个网页对应一个 HTML 文件,超文本标记语言文件以 .htm 或 .html 为扩展名。所以,HTML 是一个纯文本文件,可以用任何文本编辑器来编辑,然后更改后缀名即可。但是专用的 HTML 编辑器提供了"所见即所得"的可视化编辑功能,如 Frontpage、Dreamweaver,与"半所见即所得"的软件相比,开发速度更快,效率更高,且直观的表现更强,在任何地方进行修改只需要刷新即可显示。

2. Java

Java 是一种可以撰写跨平台应用软件的面向对象的程序设计语言,是由 Sun Microsystems 公司于 1995 年 5 月推出的 Java 程序设计语言和 Java 平台(即 JavaSE、JavaEE、JavaME)的总称。Java 技术具有卓越的通用性、高效性、平台移植性和安全性,广泛应用于个人 PC、数据中心、游戏控制台、科学超级计算机、移动电话和互联网。

Java 是一个纯粹的面向对象的程序设计语言,它继承了 C++ 语言面向对象技术的核心。Java 舍弃了 C 语言中容易引起错误的指针(以引用取代)、运算符重载(Operator Overloading)、多重继承(以接口取代)等特性,增加了垃圾回收器功能,用于回收不再被引用的对象所占据的内存空间,使得程序员不用再为内存管理而担忧。Java 不同于一般的编译执行计算机语言和解释执行计算机语言。它首先将源代码编译成二进制字节码(Bytecode),然后依赖各种不同平台上的虚拟机来解释执行字节码,从而实现了"一次编译、到处执行"的跨平台特性。

Java 在 Web 服务中起应用程序接口的作用,给万维网增添了交互性和动态特征。Applet 是 Java 的小应用程序,是包含在 HTML 页中的程序。Applet 源码在服务器端被 Java 编译成字节码;然后,字节码在 HTML Script 中被"调用"。在客户端,Java 浏览器除需要支持相应的 HTML 语言外,还内嵌了一个 Java 字节码解释器,以便正确解释包含字节码的 HTML 文档。

3. CGI

CGI 是公共网关接口(Common Gateway Interface),是 Web 服务器调用外部程序的一个接口,为 Web 服务器定义了一种与外部应用程序交互、共享信息的标准。CGI 规范允许 Web 服务器执行外部程序,并将它们的输出发送给 Web 浏览器,CGI 将 Web 的一组简单的静态超媒体文档变成一个完整的新的交互式媒体。绝大多数的 CGI 程序被用来解释、处理来自表单的输入信息,并在服务器上产生相应的处理,或将相应的信息反馈给浏览器。CGI 程序使网页具有交互功能。

CGI 程序的工作采用客户端/服务器模式,当用户请求激活一个 CGI 程序时,CGI 将交互主页中用户输入的信息提出来传到外部,应用程序(如数据库查询程序),并启动外部应用程序;外部应用程序的处理结果通过 CGI 程序传给 Web 服务器,并以 HTML 形式传给用户。通过上面的描述说明,借助 CGI,网页就可以提供实时的动态信息,实现用户与网页之间的交互。

4. ASP

ASP 是一种服务器端脚本编写环境,可以用来创建和运行动态网页或 Web 应用程序。ASP 网页可以包含 HTML 标记、普通文本、脚本命令以及 COM 组件等。利用 ASP 可以向网页中添加交互式内容,如在线也可以创建使用 HTML 网页作为用户界面的 Web 应用程序。

ASP 文件包含在 HTML 代码所组成的文件中,易于修改和测试。利用 ASP 可以突破静态网页的一些功能限制,实现动态网页技术。服务器上的 ASP 解释程序会在服务器端执行 ASP 程序,并将结果以 HTML 格式传送到客户端浏览器上,因此使用各种浏览器都可以正常浏览 ASP 所产生的网页。ASP 提供了一些内置对象,使用这些对象可以使服务器端脚本功能更强。例如,可以从 Web 浏览器中获取用户通过 HTML 表单提交的信息,并在脚本中对这些信息进行处理,然后向 Web 浏览器发送信息。

ASP 脚本程序一般用 VBScript 和 JavaScript 编写,可以利用本地服务器或远程服务器上运行的组件对象来存取数据库,运行应用程序与处理信息。ASP 提供了友好的编程界面和许多扩展其编程功能的部件,通过对这些部件的调用,只需编写很少的代码即可实现复杂的任务。

5. Ajax 框架

Ajax 的核心是 JavaScript 对象 XmlHttpRequest。该对象在 Internet Explorer 5 中首次引入,是一种支持异步请求的技术。简而言之,XmlHttpRequest 使用户可以使用 JavaScript 向服务器提出请求并处理响应,而不阻塞用户。

Ajax 用来描述一组技术,它使浏览器可以为用户提供更为自然的浏览体验。在 Ajax 之前,Web 站点强制用户进入提交/等待/重新显示范例,用户的动作总是与服务器的"思考时间"同步。Ajax 提供与服务器异步通信的能力,从而使用户从请求/响应的循环中解脱出来。借助于 Ajax,可以在用户单击按钮时,使用 JavaScript 和 DHTML 立即更新 UI,并向服务器发出异步请求,以执行更新或查询数据库。当请求返回时,就可以使用 JavaScript 和 CSS 来相应地更新 UI,而不是刷新整个页面。最重要的是,用户甚至不知道浏览器正在与服务器通信:Web 站点看起来是即时响应的。

(三) Web 工作模式

在网络环境下,Web 有终端/主机(Terminal/MainFrame)、客户端/服务器(Client/Server,简称 C/S)、浏览器/服务器(Browser/Server,简称 B/S)等多种工作模式。其中最主要的模式是浏览器/服务器工作模式,也是电子商务活动中重要的 Web 工作模式。

1. 终端/主机模式

终端/主机模式是早期采用的工作模式,用户计算机远程登录服务器主机后,用户计算机以仿真终端的形式工作。用户通过键盘发出命令,请求该命令被送到服务器,服务器主机执行命令,并将命令结果返回用户计算机的显示器上显示。在这种模式下,用户所用计算机蜕化为标准输入设备(键盘)与标准输出设备(显示器),本身不执行命令,全部命令在远程服务器主机上执行。时至今日,互联网上某些提供个人账号和磁盘目录空间的公共信息服务注册服务器还保留和使用这种工作模式。

2. C/S 模式

C/S 结构的基本原则是将计算机应用任务分解成多个子任务,由多台计算机分工完成,即采用"功能分布"原则。客户端完成数据处理、数据表示以及用户接口功能;服务器端完成 DBMS(数据库管理系统)的核心功能。这种客户请求服务、服务器提供服务的处理方式是一种新型的计算机应用模式。

客户端和服务器常常分别处在相距很远的两台计算机上。客户端程序的任务是将用户的要求提交给服务器程序,再将服务器程序返回的结果以特定的形式显示给用户;服务器程序的任务是接收客户程序提出的服务请求,进行相应的处理,再将结果返回给客户程序。

传统的 C/S 体系结构虽然采用的是开放模式,但这只是系统开发一级的开放性,在特定的应用中无论是客户端还是服务器端都还需要特定的软件支持。由于没能提供用户真正期望的开放环境,C/S 结构的软件需要针对不同的操作系统开发不同版本的软件,加之产品的更新换代十分快,已经很难适应百台电脑以上的局域网用户同时使用,而且代价高、效率低。

3. B/S 模式

随着 Internet 和 WWW 的流行,以往的主机/终端和 C/S 都无法满足当前的全球网络开放、互联、信息随处可见和信息共享的新要求,于是就出现了 B/S 模式,即浏览器/服务器模式。B/S 模式的最大特点是:用户可以通过 WWW 浏览器去访问 Internet 上的文本、数据、图像、动画、视频点播和声音信息,这些信息都是由许许多多的 Web 服务器产生的,而每一个 Web 服务器又可以通过各种方式与数据库服务器连接,大量的数据实际存放在数据库服务器中。客户端除了 WWW 浏览器,一般无须任何用户程序,只需从 Web 服务器上下载程序到本地来执行,在下载过程中若遇到与数据库有关的指令,由 Web 服务器交给数据库服务器来解释执行,并返回给 Web 服务器,Web 服务器又返回给用户。在这种结构中,许许多多的网连接在一起,形成了一个巨大的网,即全球网。各个企业可以在此结构的基础上建立自己的 Intranet。

B/S 模式是 Web 兴起后的一种网络结构模式,Web 浏览器是客户端最主要的应用软件。这种模式统一了客户端,将系统功能实现的核心部分集中到服务器上,简化了系统的开发、维护和使用。客户端只要安装一个浏览器,如 Netscape Navigator 或 Internet Explorer;服务器上要安装 Oracle、Sybase、Informix 或 SQL Server 等数据库。浏览器通过 Web 服务器同数据库进行数据交互。在 B/S 体系结构的系统中,用户通过浏览器向分布在网络上的许多服务器发出请求,服务器对浏览器的请求进行处理,将用户所需信息返回到浏览器,而其余如数据请求、加工、结果返回以及动态网页生成、对数据库的访问和应用程序的执行等工作全部由 Web 服务器完成。

❓ 练习题

1. 电子商务技术有哪些?请举例说明。

2. Internet 的接入方式有哪些?举出现在广泛使用的两类接入方式,并对其工作原理简要说明。

3. 互联网协议是什么？并做详细说明。
4. 什么是移动互联网？比较3G与4G的优缺点。
5. 什么是域名？实际操作，尝试申请域名。
6. 什么是EDI？EDI的构成要素有哪些？
7. 基于Internet的EDI有哪几种方式？分别做简要阐述。
8. 简述EDI与电子商务的关系。
9. 简述数据库设计需要哪几个阶段，并详细说明各个阶段需要做的工作。
10. 查阅相关资料，进一步了解C/S和B/S模式，并比较两者的优缺点。

第三章 电子商务模式

第一节 电子商务模式的相关概念

商务模式(Business Model)也称商业模式,是随着网络经济和电子商务发展在经济管理领域出现的一个新的术语。

欧洲学者 Paul Timmers 较早地使用了商务模式的概念,并将其定义为:"一种关于企业产品流/服务流、资金流、信息流及其价值创造过程的运作机制,它包括三个要素:(1) 产品、资金和信息流的体系结构,包括不同商业角色的状态及其作用;(2) 不同商业角色在商务运作中获得的利益和收入来源;(3) 企业在商务模式中创造和体现的价值。"美国北卡罗来纳州立大学教授 Michael Rappa 则指出,商务模式就其最基本的意义而言,是指做生意的方法,是一个公司赖以生存的模式——一种能够为企业带来收益的模式,商务模式规定了公司在价值链中的位置,并指导其如何赚钱。美国学者 Allan Afuah 和 Christopher L. Tucci 博士认为,商务模式具体体现了公司现在如何获利以及在未来长时间内的计划,它可以概括为一个系统,这个系统包括价值、规模、收入来源、定价、关联活动、整合运作、各种能力、持久性等部分以及各部分之间的连接环节和系统的动力机制。

虽然各位学者对商务模式的解释有所不同,但都认同商务模式的本质即获取利润的方式,同时商务模式作为一个系统包含相应的要素及其结构,按照 Allan Afuah 和 Christopher L. Tucci 的观点,商务模式包含的要素如表3.1所示。

表3.1 商务模式构成要素及其说明

商务模式要素	要素说明
顾客价值	企业提供给顾客差异化或低成本的产品和服务,为顾客带来的价值
经营范围	企业的顾客群、产品、服务和业务类型
定价	企业对提供给顾客的价值进行定价
收益来源	具体到每个收益来源的顾客群、时间、盈利、市场的驱动力等
相关活动	企业在向其顾客提供价值时必须执行的活动和业务流程
实施	企业的组织机构、管理制度和体系、人力资源、企业文化等
核心能力	企业核心竞争力的培育和提高
持续竞争优势	企业通过核心竞争力保持持续的竞争优势

电子商务作为新的商务平台,将信息流、资金流和商务流整合在一起,使传统的商务模式

在新的时空状态下发生了革命性的变化。可以说,电子商务环境对企业商务模式产生了巨大的影响,因此可以把电子商务模式看做商务模式中的一个独立类型。表 3.2 分析了电子商务环境对商务模式要素的影响。

表 3.2 电子商务环境对商务模式要素的影响

商业模式要素	相关问题	电子商务环境下商务模式的问题
顾客价值	企业是否比竞争对手向顾客提供差异化或者低成本的产品或者服务?	互联网使企业可以为顾客提供什么有特色的价值?它能为企业解决一系列新的问题吗?
经营范围	企业向顾客提供什么价值?为体现这个价值,企业向顾客提供哪些产品或服务?	互联网使企业可以获得什么类型的顾客?互联网能改变企业向顾客提供的产品、服务或两者的组合吗?
定价	企业如何为向顾客提供的价值定价?	互联网如何使企业的定价与众不同?
收益来源	收益从哪里来?什么类型的顾客为企业向其提供的价值付费?何时付费?每个市场的盈利如何?它的驱动因素是什么?在每个盈利来源中,什么驱动了价值创造过程?	互联网带来了哪些新的收益来源?
相关活动	企业在向其顾客提供价值时必须执行哪些活动?什么时候执行?活动间有何联系?	由于互联网的应用,有多少新的活动必须执行?互联网能够从多大程度上帮助企业来执行原有的活动?
实施	企业为执行这些活动需要什么组织机构、管理体系、人力资源和企业内部环境?它们之间的适应性如何?	互联网对企业的战略、组织结构、管理体系、人力资源和公司内部环境有何影响?
核心能力	公司的能力有哪些?有哪些能力有待提高?企业如何提高这些能力?这些能力是否比较有特色,从而提供比竞争对手更大的价值或者使竞争对手难以模仿的能力?这些能力从哪里来?	企业需要什么新的能力?互联网对企业现有的能力有何影响?
持续竞争优势	什么是竞争对手不可模仿的?如何才能使企业长久获利?企业如何保持其竞争优势?	互联网使企业取得竞争优势的持续性是更容易还是更困难?

企业在实施电子商务时,商务模式的选择是关键问题。目前,对电子商务模式认识最广泛也最容易接受的是按商业主体进行的分类,即企业—消费者(B2C)、企业—企业(B2B)、消费者—消费者(C2C)、企业—政府(B2G)。随着电子商务的不断发展,线上—线下(O2O)、市场—市场(M2M)等新的电子商务模式不断出现,下面将分别进行详细介绍。

第二节 B2C 电子商务模式

B2C 电子商务即商业机构对消费者的电子商务,具体是指通过信息网络以电子数据信息流通的方式实现企业或商业机构与消费者之间的各种商务活动、交易活动、金融活动和综合服务活动,是消费者利用互联网直接参与经济活动的一种形式。目前参与 B2C 电子商务的企业主要有经营离线商店的零售商、纯粹的虚拟零售企业,以及商品制造商等几种类型。

一、经营离线商店的零售商

在传统的营销(零售)方式下,与顾客的交流和销售一般是通过单一渠道——实体商店进行的。在今天电子化市场的条件下,传统销售商不但可以开展邮购业务或建立电话销售部,而且企业的销售还可以通过商店、交互式网站、按键式电话、语音电话接线员或移动设备进行。

经营离线商店的零售商采用网上开店与网下开店相结合的方式经营,是拥有成熟交易网站的混合型零售商。网上零售只是作为企业开拓市场的一条渠道,如美国的沃尔玛、中国的新华书店等。因为有网下店铺支持,它们在商品价位、销售技巧方面都更高一筹,也容易取得消费者的信任。同时经营实体商店和在线电子零售网站的企业被称为多渠道商店。

与纯粹的虚拟零售企业相比,尽管纯粹的虚拟零售企业可能具有一些实际优势,如更低的经营成本,但是大多数专家认为许多细分市场中,最终胜利者将是成功地实施网下加网上商业战略的在线零售商。

调查显示,当前零售业在网络上开店的比例最高。以北京为例,几乎所有大商场都拥有网络门店。如苏宁电器的网上购物网站苏宁易购,不少商品都实现了在线订购;王府井百货也专门成立了北京网尚电子商务有限责任公司作为集团的重要战略性规划项目,期望通过电子商务的建设,顺应市场和消费的潮流,积极拓展新一代消费者的需求潜能,力争通过电子商务项目形成王府井百货集团公司新的业务增长点;此外,以百联集团为代表的传统零售商也都开辟了各自的网上商城。

"鼠标+水泥"模式既能够发挥传统门店集中展示、集中销售的特点,也能够为习惯网络购物的用户提供便利。

案例 3.1

"苏宁电器"成为历史 更名云商押宝电子商务

"苏宁"与"电器"二十年的组合画上了句号。紧随正式更名"苏宁云商"的公告之后,以苏宁云商集团股份有限公司董事长身份露面的张近东详解了"云商"模式,同时宣布业务模式转型及组织架构调整。

张近东介绍,云商的核心是以云技术为基础,整合开放苏宁前台后台,融合开放苏宁线上线下,服务全产业,服务全客群。苏宁云商不同于店面的店商,也不同于网上的电商。苏宁云商既要做线上,也要做线下;既要做店商,也要做电商,还要做零售服务商。

在张近东看来,苏宁云商新模式,不仅是苏宁跨越发展的新方向,也将成为中国零售行业转型发展的新趋势。

"去电器化"初步完成

苏宁在公告中称,公司经过多年经营积累,已经构建了面向内部员工的管理云、面向供应商的供应云以及面向消费者的消费云,并逐步推进"云服务"模式的全面市场化运作。

"我们认为未来中国的零售模式将是'店商+电商+零售服务商',我们称之为'云商'模式。"苏宁在公告中表示,将逐步探索线上线下多渠道融合、全品类经营、开放平台服务的业务形态。这也标志着,苏宁的"去电器化"进程进一步加速,并取得初步成果。

苏宁"去电器化"战略始于 2012 年年初,此后苏宁门店逐渐抹掉"电器"标识,开始全品类经营,并将其中的一部分改造为"苏宁 Expo 超级店"。在苏宁 Expo 超级店中,非电器类产品数量占到近半数;苏宁计划一年内开设 16 家,三年内改造升级 400 家,苏宁 Expo 超级店未来将成为苏宁主力型门店。

而调整之后,线下连锁平台正式囊括苏宁旗舰店、超级店、苏宁生活广场、苏宁广场四大板块,"电器"二字不再体现。苏宁"店商+电商+零售服务商"的未来模式被形容为"沃尔玛+亚马逊"的形态。这也是苏宁意欲整合线上线下全线资源的庞大野心。

调整组织架构:组建 28 个事业部 苏宁易购地位上升

在张近东详解"云商"模式之后,苏宁云商副总裁孟祥胜介绍了苏宁组织架构调整的结果:新增连锁平台经营总部、电子商务经营总部、商品经营总部三大总部,形成三大经营事业群、28 个事业部、60 个大区的新架构。

在总部管理层面,苏宁设立了连锁开发、市场营销、服务物流、财务信息、行政人事五大管理总部,负责战略规划、标准制定、计划管理,协调各经营事业群工作。在总部经营层面,新增了连锁平台经营总部、电子商务经营总部、商品经营总部三大总部,涵盖了实体产品、内容产品、服务产品三大类 28 个事业部,强化组织细分,赋予各业务单元更多的经营自主权和灵活性。

在大区层面,扁平化垂直管理、本地化自主经营是苏宁新组织的最大特点。2013 年,苏宁把大区—子公司 运营部三级缩减为大区—城市终端两级管理。其中,苏宁海内外大区数量从 44 个增至 60 个,城市终端由 100 多个增至 200 多个。

在人事安排方面,苏宁进行了大规模的内部人才选拔和晋升,共计 3 000 多名干部得到晋升。线上电子商务平台负责人李斌、线下连锁店平台运营负责人田睿晋升为集团总裁助理,华北、西南、东北、华南等重点地区负责人以及虚拟运营、快递等新业务负责人进入公司整体经营决策层。

在电子商务经营总部中,划分为 8 大事业部,分别为:网购事业部、移动购物事业部、本地生活事业部、商旅事业部、金融产品事业部、数字应用事业部、云产品事业部、物流事业部。其中物流事业部纳入公司服务物流管理总部,进行统一管理。

此次调整中,苏宁易购成为焦点,在张近东看来,线上电商业务是苏宁转折的契机,也合乎市场的绝对趋势。他认为,未来的零售企业,不独在线下,也不只在线上,一定是线上线下的完美融合,"没有线上就没有线下,有了线下才能有更好的线上"。

此次调整后,线上电子商务与线下连锁平台和商品经营一起并列成为三大经营总部,电商业务正式回归集团,这也证明了苏宁正式向电商倾斜重心。

电商分析人士李成东透露,苏宁云商持有苏宁易购 60% 的股权,剩余 40% 为高管持有,用于股权激励。此轮业务调整,电商业务正式回归集团,苏宁易购的采销权将被收归集团。而作为承载苏宁线上业务的主体,苏宁易购将被放到更加重要的地位。

变革为新十年的发展奠定基础

中投证券分析师认为,"云商模式"从经营形态上看是"店商+电商+零售服务商"的业态分类,以更好地实现线上线下互补融合发展;从盈利模式上看是零售(店商+电商,强调的是通过商品进销差价赚钱)+服务(零售服务商,强调的是开放平台,通过整合利用苏宁的各种资源,为入驻商家、供应商、消费者提供支付、金融、数据、营销、托管、仓储物流、云计算等增值服务来赚钱)。

苏宁的此次组织架构变革,将会基于"专业+协同"两种思路,对各业务模块按事业部制进行重新划分。从事业部群的角度,大致可分为三类:平台型事业部群,面向客户端,注重平台建设、客户体验、精准营销,包括电子商务平台、连锁店面平台;产品型事业部群,重在拓展品类的广度与深度,包括实体产品与虚拟产品;独立专业性事业部群,可以为苏宁内部及外部提供各种专业服务,如物流、售后服务、IT技术、呼叫中心等。

分析师认为,苏宁的本次变革,并非其一时心血来潮,而是基于其对过往实践经验的深思熟虑,其将为苏宁在新十年的发展奠定坚实基础。中长期看,苏宁若能依靠其变革后的新组织架构,继续完善提高其转型所需的平台+商品运营、供应链整合、物流配送、客户体验等能力,则其"线上+线下"协同扩张模式是能够成功的。

(资料来源:http://tech.china.com.cn/elec/jdqy/20130222/4118.shtml)

思考题:

1. 苏宁的电子商务与现实门店发展相比有哪些优势?
2. 苏宁从传统的门店经营到增加电子商务的网上经营,采取了哪些措施保证电子商务的顺利实施?有哪些创新之处?

二、纯粹的虚拟零售企业

这类企业是电子商务的产物,网上零售是其唯一的销售方式,零售利润是其收入的主要来源。它们依靠网上零售生存,而不用维持一个实体销售渠道,如亚马逊、当当网、京东商城等。完全电子零售商可以被分为综合型和专门型两类。

综合电子零售商向大量消费者出售种类繁多的商品。它们利用订单履行或个性化方面的专门技术接触大量消费者,从而使收入最大化。当当网从书籍零售起家,经过几年的转型,现在已从当年的网上书店转变成了一个综合的网上商城,出售的商品种类覆盖母婴、服装、护肤品、数码电器等百货。

专门或细分市场电子零售商仅向某个特定的市场销售产品。它们利用自己在某个特定产品领域的专长大量采购某产品,并用最有效的手段吸引潜在顾客。这种存在专门电子零售商的细分市场领域包括书籍、CD、鲜花、消费电子产品、计算机硬件和软件、汽车以及服装等。

所有完全电子零售商模式的一个重要特点是卖方可以为每位消费者创造个性化元素。电子零售商可以使用cookie文件和其他技术来跟踪每位消费者的特定浏览和购买行为,并能建立根据该消费者的爱好量身定制的营销计划,提供符合该消费者价值观的激励手段,或提供能吸引该消费者重回网站的特定服务。

三、商品制造商

这类企业可以将网上开店与网下开店相结合开展网上零售业务,也可以纯粹借助虚拟网店直销零售,如海尔集团、戴尔电脑公司。由于企业本身就是产品制造者,采取网上直销既给顾客带来价格优势,又减少了商品库存的压力。

这种商品制造商直接面对消费者的模式也称为直销,它是指直销商绕过传统零售商,直接从消费者那里获得订单。另外直销商可以从制造商那里直接购买产品,从而绕过传统批发商。网络为直销商和顾客提供了另一种交互方式。

1. 商品制造商网络直销的优势

网络直销使消费者与生产者,通过网络直接接触、沟通、买卖,传统中间商被取代,造成"非居间化"的现象。网络直销的特点,决定了其与传统营销方式相比,拥有众多创新优势:

(1) 网络直销可以降低销售成本。产品直接面对消费者,降低了分销渠道建设成本;由于企业是"按单生产",可降低库存;同时网络技术能以无限低的成本为消费者提供大量的长时间在线信息,降低了沟通成本。

(2) 网络直销可以促进销售,增加销售额。网络直销可提供全天候的广告及服务而不增加开支,同时可以即时连接国际市场,减少市场壁垒,打破时空的限制等。

(3) 由于企业是根据订单来进行生产的,所以能使资产更好地流动,并能大大降低库存。对于用户来说,该模式合并了大部分中间环节,并提供更为详细的产品信息,买主能更快、更容易地比较产品的特性及价格,从而在产品选择上居于更加主动的地位,需求和购买行为都将更加趋向理智,购买的前期决策过程得到简化。企业通过网络直销,取消了分销渠道中各级代理商的渠道成本,使总成本及产品价格降低,顾客因此而节约开支。

(4) 网络直销具有互动性和信息的可反馈性。对于一个企业来说,网络直销最大的优势并非因为剔除中间环节而节省了部分销售费用,而是可以让企业第一时间了解到市场需求变化,从而能针对市场情况开发新产品或者制定相应的营销策略,来满足消费者的需求。顾客通过互联网直接向企业提出建议和购买需求,企业能够得到关于产品、服务和竞争情况的即时反馈,并通过数据库技术和网络控制技术,很方便地处理每一个顾客的订单和需求;然后根据目标顾客的需求进行生产和营销决策,并从顾客的建议、需求和要求中找出企业的不足,在最大限度满足顾客需求的同时,提高营销决策效率,减少营销费用,降低成本,为企业带来更高的利润。

2. 商品制造商网络直销模式存在的问题

商品制造商的直销方式越来越受欢迎,并被全球数千家生产商所采用,如三星、GE 等。它主要被作为附加营销渠道。但是,该模式也存在以下问题:

(1) 网络直销模式要求企业必须具有完善的基础设施,包括订货系统、结算系统、配送系统,采用该模式的企业必须有雄厚的资金作保证。

(2) 网络直销必然要求实现电子支付手段,那些对网上支付的安全性不信任的网民很难进行网上购买。

(3) 对于有形产品的配送,必须要有专业的快速配送企业进行合作,但目前有些国家在这方面欠缺。

(4) 在客户数量比较少的情况下,如果企业过分追求个性化服务,就会使生产成本大大提高,所以必须有大量客户作保证,以形成规模经济,企业才能获得高额利润。

(5) 采用该模式的企业要控制住客户和供应商这一关键环节,否则将会出现产品危机。

网络直销作为一种有效的直复营销策略,可以大大改进营销决策的效率和营销执行的效果。对于企业来说,网上直销不仅是面向上网者个体的销售方式,更包含了企业间的网上直接交易,它是一种高效率、低成本的市场交易方式。

案例 3.2

家电网购高速增长 海尔商城专注"全流程用户体验"

家电行业素来有渠道为王的说法,但随着网络购物环境的日趋成熟,传统经济模式受到了冲击,家电企业开始谋求转型,纷纷将目光转移到电商这块肥肉上。以天猫电器城为例,2012年1—11月,大件家电销售额同比增长168%,小家电产品同比增长155%。但是现如今消费者对网络购物的体验要求越来越高,送货上门、售后维修这些早已在家电消费领域被认定为最基本的服务内容,在网购方面却成为难题,送不到、送货慢、送货不入户、送装不同步等一系列问题成为待解难题。如何实现线上线下的良性互动,才是真正摆在面前的新课题。

事实上,现如今已有一些在电商领域走得比较远的企业值得行业思考。海尔是国内探索电商之路最早的企业之一,21世纪初就开始布局电商之路,目前已经建立了自有电商平台海尔商城;在天猫建立了官方旗舰店,并通过与京东、苏宁易购合作,2012年销售规模突破20亿元。此外,海尔推出互联网时代定制品牌统帅电器,玩转家电个性定制。2012年"双11",海尔线上销售单天突破一个亿,成为家电行业的销售冠军。2013年年初海尔商城又与天猫携手试水C2B,预售金额上千万。天猫电器城总经理满楼近期提天猫转变时讲到:"天猫年销售额从2010年的50亿元到2012年的502亿元;品牌商快速成长,其中海尔排名第一,销售额增长557%。"

数据的背后体现的是海尔电商的厚积薄发。依托海尔集团日日顺遍布全国各级市场的几万家专卖店、2 800多个县级物流配送站,实现"销售到村";3 000多条客户配送专线、91个TC库房,承诺"限时达、按约送达";超过6 000个星级服务中心,保证送装同步。营销网、物流网、服务网、信息网的四网融合成为海尔发力电商的发动机。其开创的"按约送达、送装同步"一站式服务省去了用户重复预约的一系列烦琐程序,解决了广大网购买家最担心的送货和安装问题,颇受网购买家好评,成为提升家电网购体验的标准。"我们不是价格的屠夫,我们有服务和品质。再偏远的山区,再偏远的村庄,海尔商城承诺您:都会有我们的身影,与大城市一样的贴心服务,送货安装一步到位,您只需轻点鼠标,即可享受优质生活,只有我们做得到。"这是海尔商城微博上的一段话。翻看海尔天猫旗舰店的用户评价,"感动"、"速度快"、"服务好"成为最多的词汇。

凭借着全国400个城市24小时限时送达,全国2 550个区县城乡一体无缝覆盖、按约送达的服务宗旨,以及服务体系上的不断创新完善和对用户需求的不断满足,海尔商城一步步赢得了更多用户的心。有媒体预计,未来10年内,家电产品网络购物会进入高速发展阶段,海尔创造的"全流程用户体验"无疑在互联网时代又抢占了先机。

(资料来源:http://news.xinhuanet.com/tech/2013-04/26/c_124635740.htm)

思考题:
1. 海尔建设网上商城的动力和障碍分别有哪些?
2. 以海尔为例,说明制造商如何提高用户网购的体验。

四、其他 B2C 电子商务模式

在B2C电子商务中还有其他的商务模式,这些模式也得到了比较广泛的应用。

1. 交易代理商模式

交易代理商是销售商与客户之间的电子中介。在旅游、职业市场、股票交易额保险等服务业中非常普遍。例如在旅游市场中，交易代理商几乎提供所有传统旅游代理所提供的服务，从一般的信息到订票和购票，从安排食宿到娱乐项目；除此以外，还提供一些传统代理商不能提供的服务，包括有经验的游客介绍的旅游技巧，提供电子旅游杂志、费用比较、城市向导、货币兑换计算、专家意见、旅游新闻等。

2. 信息门户网站模式

信息门户网站是通向电子商店和电子商场的入口。通常这样的网站会提供许多进入不同销售商网站的链接，同时提供范围广阔的商品及购买者对商品的评价。这些门户网站一般都有清楚的购物导航，有些门户网站还提供帮助客户选择最优价格商品的工具、购物机器人、小型购物系统等功能。

3. 社区门户网站模式

社区门户是由一群具有相似兴趣爱好的人使用互联网进行沟通，它提供多种方法方便成员之间交互、协作和交易。社区门户主要依靠聊天室、公告板、即时通信工具、博客和投票功能进行通信，使用目录和黄页、搜索引擎等进行消息交流，同时，能够刊登各种广告，提供电子目录和购物车，进行在线交易。

另外，还有信息服务模式、虚拟市场模式、拍卖中介模式、搜索代理模式、市场交易模式等。

第三节　B2B 电子商务模式

B2B 电子商务是指企业和企业之间通过互联网、外联网、内联网或私有网络等现代通信技术，以电子化方式进行的交易。这种交易可能是在企业及其供应链成员间进行的，也可能是在企业和任何其他企业间进行的。这里的企业包括营利性质的企业实体和非营利的组织机构如政府部门。B2B 能够使企业之间实现交易电子化，以此改善交易的过程，降低交易成本，提高运行效率。

B2B 按照市场战略的不同，可以分为卖方市场型、买方市场型以及公共电子市场型。下面分别介绍在不同控制主体中 B2B 的主要内容。

一、卖方市场型 B2B 电子商务

卖方市场是指企业通过基于 Web 的私有销售渠道向企业客户提供商品或服务。卖方可以是制造商或分销商，向批发商、零售商和大企业直接销售，即一个卖家对多个潜在的买家。

（一）卖方市场的功能

卖方市场的功能与 B2C 电子商务的功能较为相似，但流程会更复杂，通常企业会将 B2C 订单和 B2B 订单分开来处理。卖方市场的功能包括网上订购、订单履行、库存管理、网上支付、物流、查询订单状态和客户服务等功能。

1. 网上订购

客户利用电子表单使订购过程更加快捷、更加精确，而且减少了处理成本，企业通过互联网、EDI 或外联网完成订单接收过程，这一过程能够完全自动化地实现。

2. 订单履行

前台的订单接收与企业的后台系统相连接,企业收到客户订单后,及时分析所需产品的性能要求、成本和利润。如果能够从该订单中获利,便可与客户签订订货合同,并确信客户的支付;之后查询现有库存,若库存有货,便准备安排发货,数字产品可以直接从网上交付,否则及时安排采购和内部生产等活动。在 B2B 模式下,当库存水平下降到某一点时,系统可以自动生成订单并将其传输给供应商,由此产生速度快、成本低和更加准确的订单接收过程。有些发送的货物需要被保险,还需要财务部门和保险公司的参与。

3. 库存管理

最小化库存可以通过推式订单的生产过程来实现,也可通过向供应商提供及时准确的信息来实现。如果业务伙伴能通过电子方式追踪并监测订单和生产活动,则能够改善库存管理,并使库存水平和库存管理费用最小化。

4. 网上支付

企业可以借助第三方支付平台提供的服务,也可直接与银行专用网络连接建立企业的支付系统。支付工具可选择电子支票、电子汇兑或信用卡等形式。

5. 物流

物流(Logistics)是物品从供应地向接受地的实体流动过程,包括运输、储存、装卸、包装、流通加工、配送和信息处理等基本功能。物流服务功能的完成方式有三种:企业自营物流、专业子公司物流和第三方物流。

企业自营物流是商品的提供者或购买者自主经营物流服务。企业自营物流要求企业自备物流设施和物流人员,投入和运营成本很高,适合有物流优势的批量生产或大规模定制生产的企业。

专业子公司物流一般是将企业自营物流从企业运作中剥离出来,成为一个独立运作的专业化实体,它与母公司或集团之间的关系是服务与被服务的关系。同时还可以以剩余资源承担其他物流服务。与企业自营物流相比,专业子公司更加注重对物流过程一体化的管理,能使物流效率最大化,并能有效地控制总成本达到最低水平。

第三方物流是指由买卖双方之外的第三方企业承担交易过程中形成的物流业务,即买卖双方将物流业务外包给第三方承担。它有利于买卖双方降低交易成本,而第三方物流可以通过优化资源配置提高物流运作效率,降低物流成本,并可以满足电子商务中小批量、多品种、高速度和准时送货等物流要求。

6. 查询订单状态

客户可通过查询订单状态了解订单的履行情况。例如,思科网站每月接收约 15 万份订单状态查询请求。思科在网站上为客户提供了跟踪和常见问题解答工具,这样客户就能逐级寻找问题答案。另外思科在国内外的物流服务商会使用 EDI 及时将每次装运的情况用电子化方式输入数据库中。思科可以记录每件产品的装运日期、装运方式以及当前的位置,所有的新信息都能立即提供给客户,只要一开始装运,思科就会通过电子邮件向客户发出通知。

7. 客户服务

客户服务可以增加产品和服务的价值,是一项成功交易中不可或缺的部分。例如,思科公司从 1994 年开始将客户服务系统放到互联网上,包括软件下载、故障跟踪和技术建议。到 2004 年,思科的客户和分销商每月要登录思科网站大约 200 万次以获取技术支持或下载软件。其在线客户服务被广泛接收,近85%的客户服务请求和95%的软件更新是在线完成的。思科的技术支持效率每年增加2.5倍,技术公司节约了支持人员费用,降低了约1.25亿美元。客户从网站下载最新软件版本,为公司节约了约2.3亿美元的软件发行成本。其服务时间从原来的4—10天缩短为2—3天。

(二)卖方市场的应用模式

卖方市场主要有两种应用模式:电子目录和正向拍卖。

1. 电子目录

企业可以通过在线目录进行直销,直销模式的成功案例包括Dell、Intel、微软等。微软每年在外部网上向长期客户销售价值60亿美元的软件产品。通过微软的外部网订购程序,客户可以查看订购信息、签订订货合同、查询订单流转状况,在线订单信息将自动反馈到客户内部的信息系统中。如果企业在市场上有良好的声誉和足够多的忠诚客户,那么直销模式就有可能取得成功。对于小型销售商,采用这种模式要面临的主要问题是寻找购买者。

企业提供电子目录时,要根据自身的产品特性和生产能力,最大限度地满足客户的需求。一般可以分为三个阶段:第一阶段是企业将已经生产出的产品在电子目录上进行展示,允许随时随量进行订购,可以为所有客户提供一个目录,或者为每位客户定制目录(许多销售商都会为主要客户提供独立的页面和目录),这要求企业生产系统的生产能力比较充足即可;第二阶段是企业的电子目录不仅展示已经设计生产的产品,还允许顾客对产品的某些配置和功能进行调整,以满足对产品的个性化需求,这就要求企业的生产系统必须是标准化的和柔性化的;第三阶段就是允许客户提出需求,在企业设计系统引导下,客户自己设计出满足自己需求的产品,这要求企业的内部系统必须高度柔性化和智能化。目前,多数企业还处在第一阶段,也有少数企业实现了第二阶段,并开始进入第三阶段。

自海尔推出"你来设计,我为你制造"B2B网上定制以来,在不到一个月的时间中,就获得了100多万台来自全国各地大商场的定制订单,各订单在款式、功能、颜色上要求各不相同,通过强大的B2B商务网络,海尔把自己与商家和消费者之间的距离大大缩短。海尔提出的商家、消费者设计商品的理念是有选择的,经销商和消费者是在海尔提供的包括9 200多个基本产品类型和2万多个基本功能模块的平台上,有针对性地进行自由组合,并产生出独具个性的产品。当然,海尔的这种B2B模式若只定位在某一个地方就不会成功,因为成本太高了。海尔着眼于全球市场,这样需求就大大地增加,成本就大大地降低。一般来讲,每一种个性化的产品如产量能达到3万台,一个企业就能保证盈亏平衡,而事实上海尔的每一种个性化产品的产量都能达到3万台以上。

2. 正向拍卖

企业间正向拍卖(Forward Auctions)的出现是为了满足特殊的需求。许多制造业企业需要定期处理不用或过期的存货。尽管采购和生产管理部门做了很大的努力,但企业还是会购买比其生产所需多一些的原材料。而客户对某种产品的需求也常常会发生难以预见的变化,这就使得制造商要负担额外的制成品或备用品。对于频繁进行拍卖的大型知名企业,建立自己的拍卖网站来处理存货是很有必要的。

例如,通用公司拥有大量的资产,这些资产随着时间的推移而贬值,而且当它们的效率达不到要求时必须进行更换。通用过去经常将这些过时的资产通过中介人拍卖的方式卖掉。问题是这种拍卖的过程通常长达几个星期,甚至几个月,而且拍卖的价格看起来太低了,还要向中介支付 20% 的佣金。为了解决这个问题，早在 2000 年通用就建立了 TradeXchange.com 电子市场来进行正向拍卖。在 TradeXchange.com 竞拍的第一批物品是 8 个 75 吨冲压印刷机，通用邀请了 140 多位预先审批过的竞标者在线浏览了这批物品的图片和服务记录。经过 1 个星期的准备，在 89 分钟内，这些物品以 180 万美元的价格出售。如果以离线方式进行拍卖的话，类似物品的价格可能还不到在线拍卖价格的一半，而且处理周期长达 4—6 周。

二、买方市场型 B2B 电子商务

B2B 独有而 B2C 不具备的一项特色是买方市场及其在采购方面的应用。网上采购就是通过互联网络，借助计算机管理企业的采购业务。采购活动包括寻找卖主、评估卖主、选择特定产品、发订单以及解决收货后出现的问题（如延期交货、到货数量不符、到货商品不符以及商品质量问题等）。"采购"一词涵盖所有购买活动以及对购买过程中所有活动的监控，还包括保持和发展与主要供应商的关系。许多企业发现在采购和供应管理中节约的每一分钱都能直接转化成利润。网上采购实施起来相对较容易，不会有渠道冲突，变革遇到的阻力也很小，而且还有大量的软件包和其他基础设施可供选用，费用并不高。

20 世纪 90 年代末以来，随着网络技术的高速发展，网上采购迅速发展起来。一方面，政府大力推动信息化进程和电子政务的应用，提倡政府采购通过互联网公开进行；另一方面，企业看到互联网应用带来的效率提高和成本的极大降低，纷纷建立网站或涉足在线交易活动，成为推动电子商务活动发展的主导力量。在西方国家，互联网应用技术较为先进，互联网经济较为发达，网上采购无论在大型公司，还是中小型企业都得到了广泛应用。高盛（Goldman Sachs）公司的一份调查显示，全球企业通过互联网进行采购的贸易总额由 1999 年的约 200 亿美元上升到 2010 年的约 23 万亿美元，增长超过 1000 倍。Activ Media 的《电子商务研究专题系列：真实的数字》中写道，50% 以上的西方商业机构使用过互联网进行采购。可见，实现网上采购是企业采购进化历程的必然趋势。

（一）网上采购的分类

在如何采购方面，网上采购分为系统采购（Systematic Sourcing）和现货采购（Spot Sourcing）。系统采购需要与符合条件的供应商进行合同谈判，由于合同期限一般都比较长，买卖双方会建立一种紧密的联系。现货采购中买方的目的是以尽可能低的价格满足即刻的采购需求，所以以现货交易很少涉及与供应商之间的长期联系。

在采购的产品和服务的类型方面，网上采购分为直接采购和间接采购。直接采购是指涉及生产的直接物料、设备等的采购。间接采购是指企业日常用品和服务的采购，也称作 MRO（Maintenance, Repairs, and Operations）产品的采购，包括通信、计算机硬件和软件、广告、办公用品、办公设备、日常经营性商品等。

直接采购通常有固定的供应渠道，有采购供应商的选择、比较程序，管理程序也比较容易固化。直接物料的采购对任何生产企业都非常重要，因为直接物料的成本占成品成本的很大比例。与强调用最低价格购买标准产品的间接物料采购不同，直接物料采购需要与供应商建立长期关系以获得质量稳定的产品。在购买直接物料时，如果订单没有被履行，那么缺少的物料将导致生产线或整个企业停产。所以对于直接物料采购而言，与供应链上的主要供应商联结是非常必要的。

间接采购与直接采购有着不小的差别。很多企业经常性地采购间接物料，这类采购可管理性差,采购中低效率现象严重。企业购买的80%左右的商品属于MRO产品,仅占总购买金额的20%;而20%的直接物料可以占到总购买金额的80%。企业采购人员的很大一部分时间被花在不能增加价值的活动上,如数据输入、检查文字错误、催促交货或解决质量问题,这导致采购人员没有足够的时间来处理高价值或大数量的直接物料采购。对于20%的高价值商品,采购人员需要花大量时间和精力进行上游采购活动,如供应商资格的审查、价格和条款的谈判、与战略供应商建立和谐关系,以及对供应商进行评估和检查。如果采购人员整天忙于处理MRO这样的低价值商品的细节问题,他们就没有时间关注高价值的商品。

企业正努力通过采用新的采购模式来改变这种不平衡。所有现有的人工处理过程,包括采购申请、请求报价、邀请投标、订单保险、货物接收和支付的精简化和自动化,使得整个采购流程合理有序,大大改善了采购中的低效率。更重要的是,采购流程的重组可以让采购人员将注意力集中在更具战略性的直接采购上。网上采购是一种企业和供应商"双赢"的新型采购模式,企业从网上采购的实施中得到的成本节约是巨大的。

(二)买方市场的应用模式

买方市场的应用模式主要有反向拍卖、集中目录和行业采购平台。

1. 反向拍卖

大型采购中最常见的模式是反向拍卖。正向拍卖与反向拍卖都是一对多的商务活动过程,都要进行激烈的价格竞争。正向拍卖是逐级向上竞价,以最高价成交;反向拍卖是逐级向下竞价,以最低价成交。正向拍卖是卖方主动,买方竞争;反向拍卖则是买方主动,卖方竞争。所以正向拍卖是为卖方销售服务的,反向拍卖是为买方采购服务的。

传统的反向拍卖流程如下:

第一步,买方准备好对要生产的产品(项目)的说明。说明内容包括规格、设计图、质量标准、交货日期和所需支付方式。

第二步,买方通过报纸广告、直邮、传真或电话的方式公布该项目。

第三步,感兴趣的供应商通过邮件或快递收到详细信息(有时要付费)。

第四步,供应商准备标书。它们可能要求买方提供额外的信息,如果信息发生了改变,买方必须通知所有感兴趣的投标者。

第五步,投标者递交标书,通常有多份副本。

第六步,买方的多个部门对标书进行评估。可能通过信件或电话传真进行交流和进一步确认。

在基于Web的反向拍卖模式下,买方可在自己的服务器上开设电子市场,邀请潜在的供应商对自己所需的产品进行投标,这种模式也可以称为招标或竞标模式。

基于Web的反向拍卖流程如下:

第一步,买方准备招标项目信息。

第二步,买方在自己有安全措施的门户网站上张贴项目说明。

第三步,买方寻找潜在的供应商。

第四步,买方邀请供应商参加项目竞标。

第五步,供应商从网站上下载项目信息。

第六步,供应商以电子化方式投标。

第七步,反向拍卖可以像通用汽车公司那样实时进行,也可以持续几天,直到预先确定的截止日期。

第八步，买方评估供应商的投标，可能以电子化方式谈判以实现"最佳交易"。

第九步，买方将合同授予最符合其要求的供应商。

政府和大企业经常要求使用这种模式，因为电子化流程速度更快，而且管理费用更低，同时有机会找到价格最低的产品。基于 Web 的反向拍卖通过应用互联网，很好地改变了过去采购过程中信息的不充分、不对称、不透明带来的种种问题，可以最大限度地帮助采购者充分发现卖主，并通过引发卖主之间的激烈竞争，有效地发现卖方的成本区间，同时有力地变革采购流程，减少采购中的腐败行为，让采购的决策真正回到决策层手中。由于采购方与供应商都足不出户，招投标业务均在网上进行，因而这种模式具有速度快、效率高、费用低的显著优点。

2. 集中目录

大公司会有许多企业采购人员，他们通常分散在不同的地方，从众多供应商那里采购商品。许多时候，为了节约时间，采购人员会单独购买。这样，相似的物料被分散在大量的供应商中采购，分散采购数量会使企业支付更高的单位成本，采购业务的总成本也因要维护大量的供应商而比需要的更高，而且很难对采购活动进行规划和控制。

集中目录是企业整合所有选定的供应商目录，合并成的单一内部电子目录。价格是事先协商好的，或者是经过一次采购后确定下来的，因此采购人员不用每次订货都讨价还价。把供应商目录整合到买家的服务器上也便于集中管理所有的采购活动。MasterCard 公司从认定的供应商那里选择了 1 万多种商品整合成自己的内部电子目录。这么做的目的是将从多家公司网站上的采购活动合并起来，降低采购成本，减少供应商基数。

集中目录模式通常用于桌面采购(Desktop Purchasing)。桌面采购直接从企业内部电子目录中采购，既不需要上级的批准，也不需要通过采购部门，减少了购买急用或常用琐碎商品的管理成本和采购周期，这对于 MRO 来说非常有效。桌面采购支持采购流程的自动化，方便除采购人员以外的公司雇员和终端用户使用。微软公司构建了自己的内部电子目录 MS Market，专门用来采购小商品，供世界各地的微软员工使用。员工可以直接按照协议价格从选定的供应商那里在线订购，不需要经过采购部门的许可，避免了冗长的书面工作和官僚化的流程。MS Market 每年的采购额超过 35 亿美元，大大弱化了采购部，缩小了采购部规模，并且将每张订单的管理成本从 60 美元降低到了 5 美元，订购周期从 8 天缩短到了 3 天。而且集中目录使财务控制更为方便，当企业进行采购时，其账户余额被显示出来，一旦采购预算用完，系统将禁止订单通过。

3. 行业采购平台

行业采购平台是某个行业的几家大采购者联合起来进行采购的市场，可以改善采购过程，并得到更为优惠的价格。Covisint 是汽车行业采购平台的著名例子。为数不多的几家汽车制造商要从几千家供应商那里购买原材料和零部件，而这些供应商通常又从几千家二级供应商那里购买零部件和原材料。这一采购过程速度慢、成本高、效率低。2000 年，通用汽车公司、福特汽车公司、戴姆勒—克莱斯勒公司联合创建了集成买方的 B2B 采购平台 Covisint，其目标是通过整合和合作来消除冗余的供应环节，从而获得更低的价格、经营上的便利，提高整个行业的效率。到 2013 年，Covisint 已经在全球拥有 27 万汽车工业用户。

三、公共电子市场型 B2B 电子商务

公共电子市场型 B2B 电子商务是指买方和卖方利用由第三方提供的电子市场实现交易。在公共电子市场模式中,大量的卖方和买方就像在传统的户外市场中一样,双方接触,谈判价格和数量,并且通常遵循自由市场的经济规律。化工、计算机、机械、农业、航运和仓储、汽车、石化、造纸、办公设备以及食品是公共电子市场型 B2B 交易的主要项目。为了规范交易,公共电子市场有一系列的规则和指南,其中有些是法律规定的。这些规则和指南必须详细说明公共电子市场如何运作,加入公共电子市场有哪些要求、包含哪些费用、必须遵守哪些规则,安全和隐私条款以及争端的解决办法等。

公共电子市场与买方市场和卖方市场模式的企业间电子商务的根本区别在于:交易是多个卖方和多个买方在第三方提供的电子市场上进行交易,电子市场不再以某一企业为中心。而在卖方市场模式中是卖方提供电子市场,为卖方与多个买方的交易提供服务;在买方市场模式中是买方提供电子市场,为买方与多个卖方的交易提供服务。

根据提供服务的范围不同,可以将公共电子市场区分为水平市场和垂直市场两种类型。水平市场(Horizontal Marketplace)上的产品和服务可以应用到所有的行业。垂直市场(Vertical Marketplace)专门针对某个行业,如电子、汽车、钢铁、化工行业等。在我国,阿里巴巴、慧聪、环球资源是水平公共电子市场,中国化工网、中国纺织网则是典型的以行业进行细分的垂直公共电子市场。

(一)公共电子市场的收入模式

公共电子市场需要获得收入来维持生存和发展,下面是潜在的收入来源:

1. 交易费

公共电子市场为买卖双方提供完善的交易流程,卖方为每次交易支付的佣金,可以按销售额的一定比例来收取,也可以对每笔交易收取固定费用,还可以使用这两种方式的组合。

2. 服务费

公共电子市场通过为交易方提供增值服务而获得收入。例如,阿里巴巴的主要盈利模式是收取服务费用。阿里巴巴联合中国建设银行,帮助小企业凭借网络信用获得贷款,而且贷款的全部流程——申请、调查、审批、发放、监控、回收等均通过网络完成。除此之外,还提供线上帮助企业建立自己的网站、进行站点推广、统计分析客户的来源,线下帮助企业举办招聘会等服务。目前,服务费用已成为阿里巴巴一半以上的收入来源。

3. 会员费

会员费通常是固定的年度或月度费用。交纳会员费可以使交易所会员免费享受服务或折扣。低廉的会员费会鼓励会员使用公共电子市场,但可能影响市场的收益;而会员费高又会阻碍会员的加入。

4. 广告费

流量大或者针对性强的公共电子市场是企业投放广告的理想场所。一些供应商如果想提高产品的知名度,可能会付钱在主页、栏目页做旗帜广告,或者在搜索引擎上购买关键字广告。

案例 3.3

敦煌网不同于阿里巴巴盈利模式

我创办的敦煌网,定位于国外的小金额买家,不仅客户群和阿里巴巴不一样,盈利模式也和阿里巴巴不同:我们不是收会员费、推广费,而是向买家收取佣金。公司创办三年实现盈利,2009年的毛利约2亿元。

我的公司叫敦煌网,成立于2004年,是主要为国内中小企业和海外小采购商,提供覆盖整个B2B产业链的信息发布、支付、物流等的综合平台服务。

到2009年,我们在全球230多个国家和地区拥有280万注册买家——主要以欧洲、美国、澳大利亚为主,平均每6秒生成一个订单,年交易额近25亿元,三年累计增长约18倍。

我们的客户,是被传统竞争对手忽视的中小客户。这些买家,没有充足的资金参加各种大型展会,也不愿负担"搜索竞价排名"之类的费用;同时还想绕过中间商的"盘剥",直接和供货商进行交易。他们的采购额,每次不过几百到几千美元,甚至几十美元,但货品周转很快,每月甚至每周都要进货。相对阿里巴巴所服务的单笔货物动辄十万美元以上的客户,他们往往被传统电子商务巨头所忽视。

这些小采购商,就是我们的目标客户。公司的盈利模式就是向这些买家收取"交易佣金"——这一点与阿里巴巴和慧聪网收取会员费、推广费的模式有些不同。佣金通常是交易额的3%—12%(即动态佣金,总体平均水平大概为7%)。佣金的收取比例,会根据行业、交易额的不同而有所变化。交易额越大,佣金比例越低,这很容易理解。但是行业的不同,也是影响佣金比例较大的因素。这是因为,不同行业的市场成熟度不同,我们为促使一单交易成交所投入的成本也不一样。例如电子行业比较成熟,很容易达成交易,佣金比例就低;但对于一个新开发的行业,我们要投入很多资源,以聚集买卖双方、达成更多交易,佣金比例也就更高。如果让成熟行业的买方补贴这些投入的成本,既不公平,也降低了公司在成熟行业的竞争力。①

敦煌网的动态佣金盈利模式,给客户带来的价值,与按年收取会员费模式是不同的:敦煌网只有帮助买卖双方达成交易,才能从交易额中获得佣金。也就是说,只有实现了客户价值,才能实现我们的价值。在这种模式下,公司不得不集中大部分资源,用于促进买卖双方达成交易,使公司的目标非常明确。这也是敦煌网得以快速成长的主要原因。

那么,如何促进交易的达成呢?

我们一直坚持提供"产业链的整合服务",也就是不仅免费为买卖双方提供信息发布平台,还免费提供物流、支付、翻译等服务,通过整合整条产业链,为客户节约时间和成本。

例如在物流方面,与UPS这样的大型物流公司实现后台数据整合,客户不仅可以享受到最低两折的优惠,而且下了订单后,系统就会自动通知UPS取货,并帮助卖家将货物拼到一个集装箱来运输,大大节约了成本。

在支付方面,利用贝宝(Paypal)等第三方支付平台。买家先付款到支付平台,在收到产品并验收满意后,再通知我们将货款转到卖家账户,保证在线交易中的资金安全。而且我们还计划和银行合作,为卖家在线融资。

---

① 过去敦煌网的佣金统一按13.5%收取,之后改成动态佣金。

由于海外贸易涉及多个国家和地区,我们在网上建立了免费翻译平台,以解决语言沟通上的问题。这些针对整个产业链的增值服务,既降低了客户的交易成本,也可以避免客户绕开敦煌网进行私下交易。为聚集更多买家和卖家,我们会联络海外中小企业协会、欧美各行业商会,并在谷歌、eBay 上推广。还会通过各种方式,为提供新增品类产品的卖家寻找买家。

现在,我们的很多卖家本身就是雅虎、eBay 上的卖家,他们直接把敦煌网上的产品资讯复制到自己的网上商铺,就实现了"无库存"销售。

公司目前还获得华平投资的 2 亿元,这是我们的第三轮融资。

(资料来源:敦煌网创始人兼 CEO 王树彤,《创富志》,2010 年第 6 期。)

思考题:
1. 敦煌网的盈利模式与阿里巴巴等 B2B 网站有哪些不同?
2. 有哪些因素影响 B2B 网站盈利模式的选择?
3. B2B 网站盈利模式的创新方向是什么?

(二)公共电子市场的功能

1. 提供基本信息服务

买卖双方的信息发布是公共电子市场最基本的功能。买方和卖方在注册成会员之后就可以在公共电子市场发布和查询企业的供求信息、图文并茂的产品信息、企业的详细资讯。公共电子市场要实现信息的采集、归纳、分类,并形成快速有效的检索系统,从而奠定商务信息平台的主基石。

2. 提供附加信息服务

公共电子市场在提供基本信息服务的基础上,还会提供行业资讯、价格行情、商务伙伴交流、商业服务等附加信息服务。

3. 提供与交易配套的服务

交易配套服务能够为企业在电子商务交易中的信息流、资金流和物流提供帮助和解决方案。交易配套服务也是公共电子市场的主要收入来源。

(三)公共电子市场模式的应用

公共电子市场模式一般适合中小企业,中小企业急需拓展市场,但又缺乏资金实力和技术力量,随着市场竞争的愈发激烈,其抗风险能力也更弱。对于卖方企业而言,公共电子市场为企业以较低的成本提供了新的销售渠道,可以将市场覆盖到原来难以覆盖的地区,甚至向国外延伸,大大增加了企业的商业机会,减少了实体店面的支出,同时还能为客户在任何时间(Anytime)、任何地点(Anyplace)以任何方式(Anyway)提供服务。对于买方企业而言,公共电子市场为企业提供了一站式的购买方式和丰富详尽的信息,方便其搜寻和比较及接触到新的供应商。因此公共电子市场能适应中小企业的需求,在中小企业商务贸易中将起到越来越重要的作用。与此同时,公共电子市场也加剧了企业之间的竞争,因为利用公共电子市场的服务,买卖双方可以不再受到地理位置的限制,在原来的市场竞争格局中可能出现来自网上的竞争对手。因此,公共电子市场对企业既是机会也是挑战。随着与电子商务相关的技术服务商、信用认证机构、支付金融企业、物流企业的发展,B2B 电子商务平台服务业不断深化发展,参与公共电子市场的中小企业也越来越多。

企业利用公共电子市场实现 B2B 电子商务时,必须考虑企业的自身力量和情况。首先,企业如果自身有力量建设以企业为中心的买方市场或卖方市场,应该考虑自行建设服务更贴切的私有市场;如果企业缺乏力量,则可以利用公共电子市场实现网上交易。其次,企业在选择公共电子市场时要慎重,一是要选择提供的服务与自己行业比较相近的公共电子市场,二是要选择有一定品牌形象和知名度的公共电子市场。企业可以选择少数几个公共电子市场提供服务,不宜过多。如果选择过多,可能影响企业收集到的商业机会信息的质量,有的网站对提供服务信息缺乏有效控制,导致虚假商业信息过多,反而给企业带来负面的影响。

案例 3.4

沱沱网的 B2B 蹊径

作为全球制造业乃至全球 B2B 的中心,中国已经诞生了阿里巴巴、慧聪、环球资源等一批重量级的 B2B 公司。这些 B2B 门户承担了为企业建立英文网站、为互联网增加中国企业的英文信息的任务。但随着中国企业(大多数是供应商)的英文信息的丰富,新的问题也出现了:国际买家如何迅速找到这些供应商?根据调查,90%以上的买家习惯通过搜索找到卖家。但如果仅在一个 B2B 门户搜索站内信息,买家会发现,找来找去都是网站的收费会员,而需要的优质供应商也许并不在上面。B2B 业务目前出现了一个瓶颈,B2B 门户的服务对象是供应商,因此有可能第一页到第十页都是收费的供应商。

沱沱网的解决之道是全网的电子商务搜索,与电子商务搜索引擎的商业逻辑完全不同,是站在买家的角度来设计产品和服务,但不向买家收费,而是向卖家卖广告位。一个电子商务搜索平台承担的价值,除了帮助买家找到信息之外,还要帮助买家进行信息处理,按照他们的需求进行筛选和展现。在国际贸易中,面对中国这样的低成本国家,采购商关注的核心是产品的质量,质量评估占去了采购工作时间的 70%。解决国际买家对中国产品的信任问题,就需要对国际贸易行业的理解能力。全球的国际买家其实是很少的,也就几百万个,如何找到他们的需求,是一般的搜索技术公司无法做到的。在外贸领域十几年的积累,让沱沱网形成了一套独具特色的 CQS(China Quality Supplier)和 TQS(Total Quality Sourcing),帮助买家对供应商进行筛选。TQS 建立了一套完整的"中国出口企业质量与能力评价体系",从商品的整个生产、制造、销售、研发、通关、物流与结算等方面对企业价值链的一些关键指标进行衡量,从而有效解决了贸易过程中买家最关心的企业质量及控制能力问题。而 CQS 数据则来自真实的外贸出口记录,每个达标企业都有可查的良好出口记录,它们是沱沱网精选的可信赖的中国优质供应商。沱沱网近十年的外贸通关软件和质量监管软件经验,积累了全国 13 万家外贸企业的外贸交易数据,以及 4 万家企业的原材料、加工工艺、出厂产品的质量信息,每个工艺的质量数据都是可追溯的。而马上沱沱网又将推出"网上看厂",即国外的买家能直接看到国内卖家的生产线的直播录像。

作为国内唯一一个纯英文的电子商务网站,沱沱网的宣传途径与其他 B2B 门户偏重国内的战略不同,从一开始就主打海外市场,吸引国际买家。沱沱网每年在全球各地参加几十个行业展会,2007 年 3 月,沱沱网参加了在德国汉诺威举办的消费电子、信息及通信技术博览会(CeBIT),大手笔地在最重要的第一展馆订下了 150 平方米的展位。沱沱网目前已经投入了 4 000 万美元的运营资金,其中大部分都用于海外推广。

目前沱沱网向供应商销售的内容包括 TQS"黄金三甲"排名和 CQS 排名两种,其中"黄金三甲"排名与 Google 和百度的模式类似,是关键词搜索主栏的前三位,其与正常搜索结果的区别是用不同的颜色标示,这样达到了既推广供应商,又保证 TQS 搜索结果不受干扰的目的。

沱沱网的商业模式决定了它只会给一部分供应商提供广告位。那么,收入的增长会不会很快就遇到天花板?沱沱网并没有这种担心,Google 卖关键词广告,最多在右边卖十个,盈利的增加不是增加服务的客户数,而是广告位会越来越值钱。而关键词的无穷资源也为关键词广告创造了无限的可能性。以鞋为例,可卖的关键词资源就有男鞋、女鞋、皮鞋、高跟鞋等,数不胜数,有多少个商品就有多少个可商业化的关键词。沱沱网认为外贸和内贸不一样,越精准的词获得买家询盘的概率越大,而宽泛的词询盘量反而很低。

沱沱网的野心不止于 AdWords 模式,它正积极向 AdSense 的方向拓展。目前,沱沱网正在酝酿做一个中国最大的海外商业网站联盟,把沱沱的广告发布到国外的贸易类网站上,有一批外籍员工已着手做准备工作。

沱沱网并不是一个单纯的网上企业,线下的服务也是其相当重要的一环,一系列综合的服务才构成电子商务搜索网站为客户提供的方案。沱沱网每年参加的国际展会、向买家库里几百万个买家发送的会刊都能帮助企业进行推广,帮助供应商定期维护买家关系。

然而沱沱网也并非能高枕无忧。赛迪顾问分析师认为,电子商务垂直搜索还是一个新生事物,厂商对此的认知度还有待提高,取得客户的认同将是沱沱网在发展初期的一个工作重点。同时面对阿里巴巴、环球资源等一批在外贸领域具有相当技术实力和用户资源的竞争对手,沱沱网还需要进一步证明自己。

(资料来源:《互联网周刊》,2008 年第 3、4 期。)

思考题:
1. 沱沱网选择其市场定位的原因是什么?
2. 与阿里巴巴 B2B 网站相比,沱沱网的优势是什么?
3. 沱沱网的盈利来源有哪些?

第四节　C2C 电子商务模式

C2C 电子商务是消费者之间通过互联网进行交易的电子商务模式。该模式中,买卖双方均是个体用户而不是企业,可以说 C2C 模式最能够体现互联网的精神和优势,数量巨大、地域不同、时间不一的买方和卖方通过一个平台找到合适的对家进行交易,在传统领域要实现这样大的工程几乎不可想象。目前,C2C 电子商务的运作模式主要有拍卖平台运作模式和店铺平台运作模式,由于店铺平台运作模式非常近似于 B2C 电子商务,因此本节将主要介绍拍卖平台运作模式。

一、网络拍卖的产生与发展

网络拍卖是随着互联网而产生的,它以低成本执行拍卖,为容纳众多买家和卖家提供了基础设施。个人和公司都可以参与到这种发展迅速且非常方便的电子商务形式中。它最大的优势在于突破了时空的界限,充分利用了互联网快捷、低成本、广域性等特点,将拍卖这种原本运作复杂的交易方式简易化、平民化,引导更广大的人群参与到拍卖中来。

网络拍卖最早开始于1995年,美国的小程序员Pierre Omidyar为帮助他热衷收集PEZ2玩偶糖盒的未婚妻与其他人交换各自的收藏品,开创了拍卖网站。因为网站上的拍卖发展非常迅速,他即辞职并开始发展网络拍卖业务,于是就诞生了现在全球网络拍卖的巨头——eBay。根据公司2013财年报告,eBay 2013年全年总交易额达到765亿美元,总营业收入为160.47亿美元,净利润为28.56亿美元。网络拍卖以其程序简易化、平民化的优势,很快风靡了美国,并迅速蔓延到全世界。

网络拍卖这一新型电子商务模式,主要由网络公司在网络拍卖中提供交易平台服务和交易程序,为众多买家和卖家构筑一个网络交易市场,由卖家和买家进行网络拍卖,其本身并不介入买卖双方的交易。通常,网络拍卖是与电子签约、电子支付整合应用。一般在进行网络拍卖前,拍卖方会在网上发布拍卖品的详细信息和拍卖规则,必要时可通过多媒体展示拍卖品;在某些情况下,会要求有意竞拍者预先报名,并对竞拍者的资格进行审查,这些程序也是通过网络进行的。拍卖正式开始后,竞拍者在网上进行竞拍。

网络拍卖主要提供消费产品、电子零件、艺术品、度假套餐、飞机票和收藏品的交易,另外在B2B市场上还拍卖过剩产品和存货。还有一类在线拍卖提供新型商品的交易,如电力、汽油、能源以及频段的拍卖。传统的商业活动依赖于合同和固定价格,现在正在转向拍卖,通过竞价进行在线采购。

网络拍卖有许多优点,它增加了买卖双方的便利性,减少了交易的成本,打破了拍卖的时空限制,网上搜索引擎可使买家很方便地搜索到所需竞买的物品。

二、拍卖的类型

拍卖需要通过相应的拍卖方式进行。拍卖方式指拍卖机构从事拍卖活动的具体运作手段。拍卖物品确定后,拍卖机构需要根据拍卖物品的不同种类有针对性地选择最合适的拍卖方式进行拍卖。对拍卖方式的划分有多种方案,有学者把拍卖方式分为三种形式,即密封拍卖、增价拍卖、荷兰式拍卖;也有学者按照拍卖过程的特征,把拍卖分为公开拍卖和密封拍卖;随着拍卖理论的发展,又出现了单向拍卖和双向拍卖的划分。但是,不管按照什么方式进行划分,基本的拍卖方式有以下四种:英式拍卖(English Auction)、荷兰式拍卖(Dutch Auction)、密封拍卖(Sealed-Bid Auction)和双向拍卖(Double Auction)。除此之外,随着网络拍卖的发展,还出现了一些新的拍卖方式,如集体议价、逢低买进、反拍卖、一口价等。

(一)英式拍卖

英式拍卖也称"增价拍卖"或"低估价拍卖",是使用最广泛的一种拍卖方式。在英式拍卖中,有多个竞买人,拍卖人宣布拍卖标的起叫价及最低增幅,竞买人以起叫价为起点,由低至高竞相应价,最后以最高竞价者三次报价无人应价后,响槌成交。但成交价不得低于保留价。

英式拍卖被网络拍卖所采用,成为网络拍卖中最基本、最常见的在线交易方式。网络英式拍卖采用的是止向竞价形式。网络英式拍卖的规则是后一位竞买人的出价要比前一位的高,竞价截止时间结束时的最高出价者可获得竞价商品的排他购买权。其过程中,竞买人可以通过浏览历史价格(当前其他竞买人的出价)决定自己对物品的最高报价,然后提供给系统,系统自动更新后,其所出的价格和历史价格就可以显示在网页上。

这种拍卖的缺点是竞买人可能不愿意按预估价出价。

（二）荷兰式拍卖

荷兰式拍卖也称"降价拍卖"或"高估价拍卖"。因最早应用于荷兰鲜花的拍卖而闻名于世。在荷兰式拍卖过程中，拍卖人宣布拍卖标的的起叫价及降幅，并依次叫价，第一位应价人响槌成交。但成交价不得低于保留价。

荷兰式拍卖的速度非常快，经常用来拍卖易腐烂的农副产品，如水果、蔬菜、鲜活产品等，拍卖交易的多是量大的物品。在传统拍卖中，物品价格每隔一定的时间会下降一些，此过程中，第一个出价人可以按照他出价时的价格购买所需的量，如果他买完后物品还有剩余，降价过程继续，直到所有物品都被买走为止。虽然拍卖中，物品价格处于下降趋势，但第一个出价人因考虑到其他竞买人可能先于他出价而使他无法获得所需的物品，所以他会先于其他人出价，这时他的应价实际上就是物品的最高出售价。

网络荷兰式拍卖，也是针对一个卖家有大量相同的物品要出售的情况而产生的，它采用的是反向竞价形式。网络荷兰式拍卖不存在价格下降的情况，一般是竞价截止时间结束时，出价最高者获得他所需要的数量，如果物品还有剩余，就由出价第二高的人购买。网络荷兰式拍卖的原则是：价高者优先获得宝贝，相同价格先出价者先得。成交价格是最低成功出价的金额。

这种拍卖的缺点是拍卖速度太快，而且要求所有竞买人在某一时段竞买。

（三）密封拍卖

密封拍卖指卖家对标的物核定保留价后将其密封，然后由拍卖人宣布拍卖物品的估价，注明报价的时间、地点、商品数量和拍卖条件等，由经纪人交给竞买人。竞买人相互之间不知道报价是多少。拍卖人收到报价后逐一审查比较，报价最高者即为中标人，同时得到拍卖的物品。当中标人支付的价格是他自己的价格时，称为密封第一价格拍卖；当中标人仅需支付除他之外的最高投标价时，称为密封第二价格拍卖。

密封拍卖多用于建筑工程、大宗货物、不动产、资源开采权出让等交易。密封拍卖与公开拍卖的基本区别在于：公开拍卖中竞买人可以根据竞争对手的报价多次调整报价，而密封拍卖中每个投标人只有一次报价机会；公开拍卖以出价最高者获胜，而密封拍卖有时以报价最接近保留价或所提条件、方案最优者中标。

网上密封拍卖是指竞买人通过加密的 E-mail 将出价发送给拍卖人，再由拍卖人统一开标后，比较各方递价，最后确定中标人。目前，这种拍卖方式已经被越来越多的国家政府用于在网上销售库存物资以及海关处理的货物。

以上三种拍卖的结构都相同，即"一对多"的单向拍卖市场结构。

（四）双向拍卖

与单向拍卖不同，双向拍卖是"多对多"，即买卖双方都不止一家。买家和卖家同时提交投标，投标从高到低排序产生供需列表，通过从列表中匹配卖家的要价和买家的叫价确定可以交易的最大数量，然后按照一定的市场出清规则确定均衡价格。

（五）网络拍卖的其他主要类型

1. 集体议价

集体议价（集体式购买）是一种不同于传统拍卖的网络拍卖类型，多采用 C2B 的形式，并无竞价过程。提供集体议价的网站会将物品的基础价格（初始价）公布，由众多买家构成一个庞大的购物集团，然后根据卖家在登录物品前登记的表格中所标明不同数量等级时的物品的单价进行购买,买家人数越多,价格越低,但通常会有一个最低价(即集合底价)。集体议价实质上更像网站替一批不认识的人去批发购买他们想要的商品。

2. 逢低买进

逢低买进也是不同于传统拍卖的一种交易形式,买家可以暂不投标加入,而是根据商品的价格曲线,选一个自己认可的价格段,一旦价格降到此价格段上,系统会发送通知,告诉买家目前集合的人数已达到他所期望的价位的要求,并将他自动加入购买集体。

3. 反拍卖

反拍卖(标价求购)中由卖方出价,卖方成了买方,其竞争的是向消费者提供服务的机会。反拍卖具体指消费者可以提供自己所需的产品、服务需求和价格定位等相关信息,由商家之间以竞争方式决定最终产品、服务供应商,从而使消费者以最优的性价比实现购买。

4. 一口价

一口价指在交易前卖家预先确定一个固定的价格,让买家没有讨价还价的余地。交易完成后,买家根据卖家预先设定好的价格(即一口价)进行付款。如果卖家出售数量大于一的多数商品,则交易将持续到买家以一口价购完全部商品或在线时间(竞价截止时间)结束。一般在网络拍卖的实际运用中,一口价的买卖方式可以单独使用,也可以结合其他交易类型(如网络英式拍卖)一起使用。

三、拍卖的过程和软件支持

互联网上的拍卖网站就像一个经纪人,为欲在网站上出售物品的供货商和想为这些物品竞价的购买者提供服务。大多数拍卖以供货商愿意接受的最低价开始进行竞价。每件物品的详细描述可在线查询,一些价值昂贵的物品的详细信息可通过电子邮件获得。竞拍者看了物品描述后,通过发送电子邮件或填写电子表格的形式进行竞价。竞价过程通常持续几天时间,有的甚至持续几个月,网站会公开整个竞价过程,时刻刷新最近的最高报价。为保护竞拍者的隐私,竞拍者以代号的形式参加竞拍,只有在竞价结束后,购买者和供货商才能从网站知道彼此的一些个人真实信息。

网络拍卖一般包括三个部分:信息流,包括网上拍品展示,即网上用户所展示的拍品的图像及有关文字资料、竞价信息、拍卖网站用户的反馈信息、拍卖当事人之间的信息交流等;配送的物流,即拍卖成交的商品成功到达竞拍者的手中;转账支付的结算,即网上拍卖的交易双方支付拍卖价款,包括拍品价格和拍卖费用。

现在,有很多软件产品和智能工具可以帮助买卖双方寻找拍卖网站,了解拍卖网站的状况并完成一次交易。其拍卖的过程一般分为四个阶段,如图3.1所示。

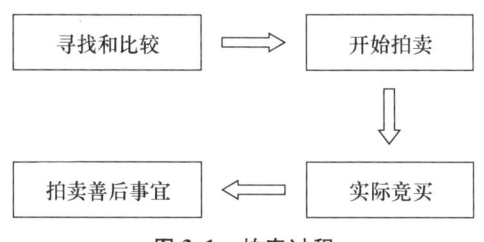

图3.1 拍卖过程

1. 寻找和比较

因为拍卖在全球数以百计的网站上进行,所以买卖双方需要进行大范围的寻找和比较来选择理性的拍卖网站。目前有许多网站都提供拍卖网站的链接,或者提供搜索特定网站的工具,大范围的搜索工具不仅可以帮助卖家找到合适的网站来提交自己的物品,也可以帮助买家高效地浏览现有的拍卖网站。另外,有些网站还提供自动搜索服务,当买家所感兴趣的物品在一个或多个拍卖网站上进行拍卖时,自动搜索服务会通知买家注意。

除了一些专门提供搜索服务的网站以外,几乎所有的拍卖网站主页都会有一个分类目录,买家可以通过浏览目录来缩小搜索范围。一些网站还允许用户根据拍卖时间来对物品排序。同时,买家也可以通过网站提供的搜索引擎查找关键字来搜索要买的物品。

2. 开始拍卖

无论买家还是卖家都必须成为网站的注册用户。注册过程一般需要用户阅读并接受服务条款,进行认证。在提交一件物品后,卖家必须决定出价的最小购买量、加价幅度以及底价。买家通过搜索引擎或者分类目录找到该拍卖品,进行适当比较后,决定是否参与竞买。

3. 实际竞买

在竞价阶段,买家可以亲自出价,也可以使用软件工具来代表自己出价。他们还可以使用工具来查看拍卖状态,并在不同的网站上实时出价。在美国,买家可以使用 BidWatch(Egghead.com)、BidMonitor(Bruceclay.com)等工具查看自己在拍卖网站上的竞标情况。

有的软件系统可以作为代理来代表买家出价。在这种代理竞价中,买家要设定其最高出价,然后亲自报出第一个价格,之后由代理负责出价,并使报价尽可能低。一旦有新的竞拍者出现,代理将自动提价,直到达到预先设定的最高价。

4. 拍卖善后事宜

拍卖结束后,买卖双方相互联系,确认付款和发货事宜,最终完成整个交易过程。一些电子拍卖网站提供用户交流论坛,可以对拍卖活动进行反馈和评级,使得拍卖的成员相互监督。在拍卖的付款方面,可以采用信用卡、电子支付等方式。

网上拍卖的一般流程如图3.2所示。

四、拍卖中的欺诈及其防范

根据互联网欺诈监督机构的调查,在所有通过互联网开展的电子商务活动中,电子拍卖的欺诈问题最严重。在美国联邦贸易委员会于互联网发展早期公布的《扫荡网络诈骗》报告中,列举了全球十大最流行、最猖獗的网上欺诈手法,其中以网上拍卖名列榜首,受害人大多数是中标付款后却收不到商品的买家。随着电子商务发展的成熟和交易的规范,现在网络拍卖中的欺诈行为虽然不能完全消除,但发生的比例已经大大减少。

(一)拍卖中的欺诈

网上竞买的最主要特点是其采取的是公开竞价机制,但是网络的匿名性、隐蔽性为一些暗箱操作提供了天然的保护屏障。

1. 竞买人合谋

在拍卖过程中,一组竞买人合谋而形成一个圈,圈内的成员承诺互不竞争。拍卖结束以后,如果圈内的某一成员中标,则该物品在圈内成员之间再次拍卖,将第一次拍卖价格与第二次拍卖价格之差作为利润在圈内成员之间分配。网络使得圈的形成更加容易,竞买人可以使

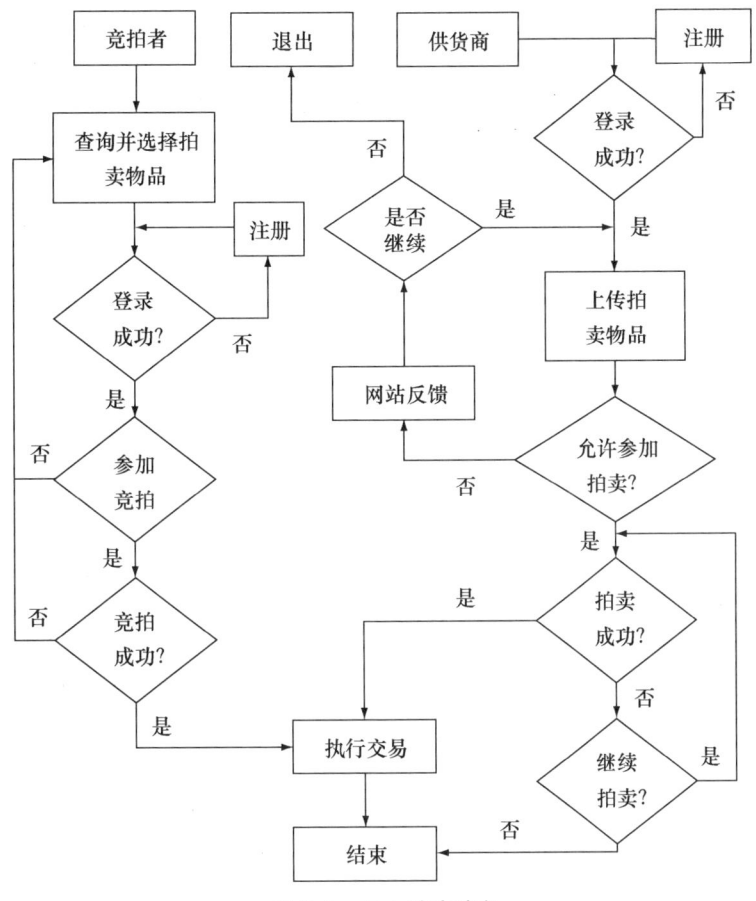

图 3.2 网上拍卖流程

用加密机制使他们的聊天室形成一个圈,即使缺乏这种集中的聊天室,如果竞买人相互都知道身份,也很容易形成圈。

2. 雇佣出价

雇佣出价是卖家雇用出价人扮作竞买人,故意人为地抬高被拍卖物品的出价。雇佣出价通常发生在拍卖价值较高的物品且竞买人对这些物品的估价差异较大的情况下,这样卖家就能从雇佣出价中获得较高的收益。随着网上拍卖的迅速发展,雇佣出价已成为电子商务中最主要的一种欺诈行为,由于网上难以确认买卖双方的身份,卖家更容易以虚假的身份对自己拍卖的物品进行竞价。

3. 在公开叫价拍卖中撤回出价

在传统的公开叫价拍卖中,竞买人提交的出价是不可撤回的,但在网上拍卖中,由于拍卖要持续数小时或数天,竞买人有撤回出价的可能。因此,网上公开叫价拍卖必须给予竞买人选择是否撤销出价的机会,决策支持工具应具有这种选择功能。

4. 虚假信息

为了吸引竞买人的注意力,一些卖家会虚报自己物品的情况。借用图片、含糊其辞和弄虚作假是卖家可能使用的一些策略。

5. 不正确的评级

物品评价经常是买卖双方争论最激烈的问题。卖家可能说物品有九成新,但是买家收到物品和付清货款后,却感到只有七成新。对物品的评价会因人而异,但也对拍卖的进行产生了一些影响。

6. 不交货

买家付款之后,卖家不发货,"拿钱就跑"。

7. 遗失或者损害赔偿

买家声称一直没有收到货,或者收到时货已经损坏,要求退款。卖家有时候无法证明货已经送到,或者送到时状态良好。买家有可能白拿。

8. 调包和退货

卖家成功拍掉一件物品,但买家声称拿到时不满意,要求退货。卖家退款后,拿回的货却和以前的货不一样了。

在拍卖中,卖家和买家都有可能实施欺诈。欺诈的类型各异,以上只是进行网络拍卖过程中的欺诈行为的一些例子。

(二) 防范电子拍卖中的欺诈

网上的拍卖商采取了多种措施来减少欺诈行为的发生,以下就是一些措施:

(1) 用户身份认证:用户注册需要提供身份证等证件来进行身份的验证。

(2) 信用评价:买家和卖家可以相互评价,而且这些评价作为历史记录成为双方网上交易声誉的一个见证。

(3) 评级服务:评级的目的是确认拍卖品的物理状态,特别是对二手物品。如"质量很差"或"状态一般"。实际的评级系统取决于物品的类型,不同的物品有不同的评级系统。

(4) 鉴定服务:产品鉴定的目的是确认拍卖品是否真货,以及描述是否恰当。鉴定工作很困难,因此它依赖于鉴定者的经验。

(5) 对拒付者的惩罚:为了帮助卖家,拍卖商会对第一次拒付给予善意警告,对第二次拒付给予严厉警告,对第三次拒付将暂停交易一定天数,对第四次拒付将无限期停止交易。

(6) 验证:通过第三方机构使用多种手段评估和确认一件物品。

第五节 其他电子商务模式

除了上述经典的电子商务模式外,近年来电子商务市场竞争越来越激烈,越来越多的新型电子商务模式不断涌现,影响比较大有 O2O 电子商务模式和 P2P 电子商务模式。

一、O2O 电子商务模式

(一) O2O 电子商务模式简介

随着 Internet 和相关 Web 技术的发展,新的电子商务模式悄然兴起。Online To Offline (O2O) 模式就是近年来兴起的一种将线下交易与互联网相结合的新的商务模式。O2O 模式泛指通过有线或无线互联网提供商家的销售信息,聚集有效的购买主体,并在线支付相应的费用,再凭各种形式的凭据去线下商家提取商品或享受服务,让互联网成为线下交易的前台,这样线下服务就可以用线上来揽客,消费者可以用线上来筛选服务,成交可以在线结算,从而很快达到规模。

在电子商务的信息流、资金流、物流和商流中,O2O只把信息流、资金流放在线上进行,而把物流和商流放在线下。整体来看,O2O模式运行得好,将会达成"三赢"的效果。对本地商家来说,O2O模式要求消费者在网站支付,支付信息会成为商家了解消费者购物信息的渠道,方便商家对消费者购买数据的搜集,进而达到精准营销的目的,更好地维护并拓展客户。通过线上资源增加的顾客并不会给商家带来太多成本,反而带来更多利润。此外,O2O模式在一定程度上降低了商家对店铺地理位置的依赖,减少了租金方面的支出。对消费者来说,O2O提供丰富、全面、及时的商家折扣信息,能够快捷筛选并订购适宜的商品或服务,且价格实惠。对服务提供商来说,O2O模式可带来大规模高黏度的消费者,进而能争取到更多的商家资源。掌握庞大的消费者数据资源且本地化程度较高的垂直网站,借助O2O模式还能为商家提供其他增值服务。

根据盈利模式的不同,O2O可以分为三种不同的类型,即广场模式、代理模式和商城模式。在广场模式下,网站为消费者提供产品或服务的发现、导购、搜索和评论等信息服务,通过向商家收取广告费获得收益,消费者有问题需找线下的商家,这种模式的典型网站有大众点评网、赶集网等。在代理模式下,网站通过在线上发放优惠券、提供实体店消费预订服务等,把互联网上的浏览者引导到线下去消费,网站通过收取佣金分成来获得收益,消费者有问题找线下商家,使用这种模式的典型网站有拉手网、美团网、酒店达人、布丁优惠券等。商城模式则是指由电子商务网站整合行业资源做渠道,用户可以直接在网站购买产品或服务,企业向网站收取佣金分成,消费者有问题找线上商城,这种模式的典型案例有到家美食会、易到用车等。

(二)O2O电子商务模式的发展现状

O2O这一概念是在2010年8月由Alex Rampell提出。但此种模式早年就有,2006年沃尔玛公司提出的Site to Store的B2C战略,即通过B2C完成订单的汇总及在线支付,顾客到4 000多家连锁店取货,该模式就是O2O的模型。随着Groupon的快速发展,O2O模式被越来越多的人关注。众多企业也开始布局O2O领域,国外O2O的模式已经融入人们的生活中,比较成功的代表包括Uber、JHilburn、Jetsetter、Zaarly、Getaround、Trunkclub等。国内的O2O模式发展也十分迅速,如在线旅游巨头携程、艺龙,生活类网站大众点评、赶集、58同城,珠宝电子商务钻石小鸟、柯兰,房产巨头搜房网(现已改名为"房天下")、安居客等都较为成功地实施了O2O模式。而且互联网品牌正逐步壮大,线下很多商铺纷纷打出"大众点评网特约商户"、"搜房网铺",说明互联网品牌正向线下延伸,特别是O2O模式领域更为明显。《2012年度中国O2O市场研究报告》显示,2012年中国O2O市场规模达到986.8亿元,同比增长75.5%,预计2015年,中国O2O市场规模将达到4 188.5亿元。其中,餐饮服务业发展令人瞩目,增速比肩O2O市场整体发展速度。

团购网站是国内目前O2O早期的发展形态,但O2O模式并不局限于团购,随着近两年移动互联网市场发展逐渐明朗,O2O模式逐渐成熟并成为互联网行业最热门的一个增长点。除了上述各个行业的网站,阿里巴巴、腾讯等网络巨头也正逐步加快在O2O领域的布局,表3.3显示了阿里巴巴在O2O领域的布局历程。

表 3.3　阿里巴巴在 O2O 领域的布局历程

时间	事件
2006 年 10 月	阿里巴巴收购生活服务点评网站口碑网
2010 年 3 月	淘宝聚划算平台上线开团
2010 年 10 月	聚划算宣布进入本地化服务市场
2011 年 7 月	领衔投资了团购网站美团网
2012 年 10 月	阿里巴巴旗下一淘网推出比价工具"一淘火眼"
2012 年 10 月	淘宝本地生活推出地图搜索
2012 年 11 月	阿里巴巴投资本地生活服务网站丁丁网
2012 年 12 月	阿里巴巴旗下支付宝新版 App 推出"卡宝"功能
2013 年 1 月	阿里巴巴架构调整中,聚划算和本地生活成为独立的事业群,对 O2O 的重视程度进一步提高
2013 年 4 月	阿里巴巴增持丁丁网
2013 年 5 月	阿里巴巴宣布入股高德地图,成为第一大股东
2013 年 6 月	淘宝网上线点菜应用淘点点 App
2013 年 9 月	高德新版地图整合线下店铺,为"双 11"导航
2013 年 11 月	支付宝推出当面付,与银泰百货达成合作
2014 年 3 月	阿里巴巴宣布以 53.7 亿港元对银泰商业进行战略投资,双方打通线上线下的未来商业基础设施体系,并组建合资公司

（三）O2O 电子商务模式的发展方向

未来 O2O 可以在以下几个方面深入发展：

1. 建立诚信体系

O2O 要发展,商家资质和诚信等问题就必须解决。一方面,可以通过与本地工商部门或消费者协会等进行合作,对商家的经营资质和经营行为进行审核,约束商家行为。一旦发生商家信用问题,消费者可以及时联系相关部门进行解决。另一方面,应该建立完善的诚信机制。例如引入第三方机构对 O2O 经营者进行监管,对其进行诚信评级,并且将评级结果及时展现给消费者,从而消除消费者的不信任感与不安全感,并促使 O2O 平台经营商注重其自身信誉的建立与维护。

2. 进一步细分市场

O2O 虽然简单来看主要涉及互联网平台、商家、消费者,但具体的消费领域可以进一步细分。以团购来说,团购网站上的各类优惠、众多商家令消费者眼花缭乱。想做好 O2O,除了关注传统的美食、小额消费领域之外,更应该关注一些大宗消费领域,如房产、家居、婚嫁、汽车、亲子、教育等。但是需要注意,随着行业细分的深化,消费者对于 O2O 平台的服务质量会有更高的要求,并非有优惠就一定能获取大批忠实用户并且产生互动,进而吸引客户再次消费。主动互动、主动分享是 O2O 的亮点,绝不应该受限于平台或者单一的互联网产品。

3. 更多传统行业的参与

O2O 模式让一直徘徊在电子商务之外的传统行业,尤其是服务业抓住了互联网的机会。O2O 将线上的消费者带到线下的实体店中消费,其侧重点是本地企业提供的服务性消费,如餐饮、电影、健身、租车、租房等。服务性企业可以充分利用O2O模式积极参与电子商务,让更多的消费者来店中消费,前提是必须先在网上支付费用。

4. 抓住移动商务的发展机遇

移动互联网与传统的互联网电子商务相比,具有方便快捷、更贴近市场和消费者、不受地域限制的突出优势。在移动电子商务时代,商家和企业能够以更低的成本接触并获得更多的客户,通过消费者手中的移动终端进行销售与服务。因此,移动商务更适合O2O这种商业应用,它将成为推动O2O模式融入更加广泛的商业生活的主导力量。现今各种App和LBS(Location Based Services,定位服务)应用已成为消费者喜闻乐见的方式,运营商可以与拥有庞大用户群体的手机应用提供商进行合作。例如开发设计相关商品或服务的优惠券,设计有关商品信息的二维码,进行O2O线上线下的互动,最后实现利用手机进行商品和服务的购买;或是在手机微博、QQ、微信等聊天工具上开设品牌专区,参与相关的一些热点活动等,利用社交网络推动O2O的使用。

5. 探索更好的盈利模式

中国O2O市场目前依然处于早期的发展阶段,以优惠券为例,就有大众点评、丁丁网、维络城、布丁等多家公司,应用众多,同质化程度较高,仍然以广告为主要的盈利模式。如果能够让商家以消费的效果来付费,给商家提供精准的增值服务,就无疑能够更好地满足商家的诉求,也可以提高商家的积极性,从而形成良性循环,促进O2O网站的进一步发展。未来O2O网站应着眼于挖掘更具潜力、更具竞争力的业务模式,借助自身的媒体优势,帮助商家挖掘一些增值业务,根据具体情况因地制宜地确定经营策略,共生共存,互利共赢。

案例3.5

电商入侵 白酒厂家、经销商O2O齐头并进

2014年,移动互联席卷整个白酒行业,O2O成为热门的新概念。洋河股份率先在南京开启了O2O试验场;贵州茅台拟整合自身线下30多家直营店与上千家专卖店,与线上互联网结合试水O2O;经销商银基集团旗下中酒网要做O2O,酒类连锁品牌1919酒类直供等也在这条路上前进;专注于B2C的酒仙网也发布App"酒快到",试图搭建O2O平台。

O2O在消费品领域大行其道,具体到白酒行业,就是消费者通过电脑、手机等终端在网上下单,然后只需等待送货上门或去实体店取货,及时完成支付即可。

白酒行业O2O流行,有其深刻的背景。如今,白酒行业发展的核心动力由政务市场逐步转变为大众消费市场。与此同时,互联网时代信息的透明化、快速化,让消费者对白酒产品、价格的掌握比较准确,在经过一轮B2C的洗礼后,消费者要求以更低的资金成本、时间成本获取商品;加之旧有渠道利润急剧下滑,原来靠暴利维持的多层级经销商模式已难以为继,渠道扁平化成为必然。

与B2C相比,O2O的主要进步在于线上与线下的融合,更加注重消费者体验。首先,O2O能满足白酒即饮需求,通过就近的线下网点配送,洋河股份目前只需要半小时就能送达商品,而传统B2C依靠第三方物流,需要2—3天甚至更长时间才能完成酒水配送。其次,O2O能将线上线下消费者信息有效归集,充分掌握消费者消费习惯,实现精准营销。最后,消费者在线上下单后能在实体店实现提货、付款、退货等,线下实体店能为消费者带来品牌信任感,提升体

验效果。

O2O 实现的核心在于线上引流、线下服务的一体化。1919 酒类直供董事长杨陵江在接受《每日经济新闻》记者采访时谈到,很多厂家、商家都认为,O2O 只是简单的线上网站+线下连锁店,但如果没有实现二者的融合,那不过是一场电商系统与连锁系统生拉硬扯的联姻,迟早要分手。

O2O 的难度在于整合与管理。1919 酒类直供董事长杨陵江认为,目前很多人提出发展 O2O,但普遍缺乏冷静的思考。厂家、商家都号称自己有多少连锁店,但他们是否真正掌握了这些连锁店的管理权？没有管理权的整合者凭什么去跟零散的经销商谈联盟？联盟后能实现管理的标准化吗？没有管理的标准化如何实现消费者体验服务的优质化？没有高效的体验,O2O 存在的意义又在哪里？这一切都是摆在 O2O 模式面前的难题。

正一堂策略机构总经理杨光认为,每一次渠道的变革都是在阵痛中完成,O2O 模式目前面临很多困难,但是必须尝试,因为这是消费者的需要和行业的大势所趋。

(资料来源:《每日经济新闻》,http://www.nbd.com.cn/articles/2014-04-02/822572.html,有节选)

思考题:
1. 白酒行业 O2O 按主导对象划分有哪些不同的形式？
2. 结合白酒行业,分析 O2O 模式的障碍及其解决方案。

二、P2P 电子商务模式

(一) P2P 电子商务模式简介

P2P 是英文"Peer to Peer"的简称,即对等网络。P2P 工作组(成员包括 Intel、IBM 和 HP 公司等)对 P2P 的定义是:通过在系统之间的直接交换实现计算机资源和服务的共享。传统的互联网架构是客户端/服务器(Client/Server)结构,互联网以服务器为中心,各种各样的资源都存放在服务器上,网民通过网络连接到服务器上进行信息和服务的检索和下载——在这种架构下,服务器和客户端存在明显的主从关系;而 P2P 技术下整个网络结构中不存在中心节点,网络中的每个结点的地位都是对等的。

早期 P2P 模式主要指使用对等网络技术,让互联网用户不需要通过中央 Web 服务器就可以直接共享文件和计算机资源,这种模式主要用于文件共享、协同工作等相关网络社区的发展中。由于 P2P 模式改变了互联网现在的以大网站为中心的状态,重返"非中心化",并把权力交还给用户,这种模式在网络金融中得到了广泛的应用,也逐渐引起了人们的重视。本书中的 P2P 电子商务模式主要指 P2P 在网络金融中的应用模式。

(二) P2P 电子商务模式的起源与发展

P2P 网络借贷作为电子商务在金融领域的延伸,是互联网金融的主要组成部分。P2P 网络借贷平台,是 P2P 借贷与网络借贷相结合的金融服务网站,通过将线下的借贷流程移植到互联网上,借助互联网的大数据存储技术和云计算能力来简化借贷流程和审批程序。P2P 网络借贷公司在互联网上提供一个发布借贷信息的平台,借款人通过一系列的资格审查后在平台上发布借款信息,同时众多拥有闲置资金的出借人在平台上注册后寻找合适的借款对象并向其投标,每份标额较小,可由多人投标或一人多投,一旦借款满标,经过平台的审核后向出借人划转资金,到期后归还本金和利息。

2005年,P2P网络借贷服务在英国首次出现。这一信贷模式凭借高效便捷的操作方式和个性化的利率定价机制,使借贷双方互惠共赢,一经推出便得到广泛的关注和认可,迅速在其他国家复制。目前国外知名的P2P网络借贷平台主要有英国的Zopa、美国的Prosper和Lending Club、德国的Auxmoney、日本的Aqush、韩国的Popfunding、西班牙的Comunitae以及巴西的Fairplace等。其中,以英国的Zopa和美国的Prosper最有代表性。Zopa于2005年3月开始在英国运营,是全球第一家P2P网络借贷平台。截至2013年,Zopa拥有的会员超过50万,合计撮合了4.55亿英镑的贷款,贷款坏账率仅为0.2%。Zopa平台可以为不同风险水平的资金需求者匹配到合适的资金出借方,后者以自身贷款利率参与竞标,利率低者胜出。Zopa要求借款人具有可信的身份证明材料、偿债信用记录和不低于1万英镑的年收入证明。在交易中,激进的放款人可以选择愿意支付较高利息但信用度较低的借款人,而保守的放款人则会选择信用度较高但愿意支付较低利息的借款人。为了分散风险,每个Zopa放款人不能为单一借款人提供资金,至少要覆盖50个借款人。Zopa的主要收益来自借款人融资金额0.5%的手续费,以及放款人贷出款项0.5%的年费。

国内P2P平台起始于2007年成立的总部位于上海的拍拍贷,近几年来国内的P2P网络借贷平台发展迅速,相关统计显示在有关部门登记注册的平台已超过2 000家。目前国内P2P网贷平台因借款期限、金额、利率、用途、借款对象和是否担保等方面的不同,差异较大,市场分化明显。

依据借款期限和借款用途不同,可分为经营短期消费借款与短期资金流转的平台与经营长期投资借款的平台。前者主要以拍拍贷、温州贷等为代表,借款期限一般在6个月以内,借款金额有大有小,拍拍贷平台上的借款金额较小,多为3 000元左右,温州贷平台上的借款金额较大,多为100 000元以上;后者主要以诺诺镑客、陆金所平台为代表,借款期限在1年以上,借款金额多在50 000元以上。

依据借款对象不同,可分为不划分借款对象的平台和有固定借款对象的平台。以人人贷为代表的绝大多数平台不划分借款对象,但不同的平台在实际运营中通过期限、利率和金额的不同分割了整个网贷市场,固化了自己的借款对象;后者以宜信集团旗下的宜农贷、宜学贷等为代表,向农民、学生和城市白领等特定的借款对象发放贷款。

依据借款是否有担保的不同,主要可分为有担保的平台和无担保的平台,这里的担保是指平台或平台合作的担保机构为借款人提供担保,而非借款人自己提供的担保。大多数平台不提供担保,投资者及出借人投资自担风险;陆金所等少数平台提供担保,一般与金融机构合作,由它们为借款提供担保。与有担保的平台相比,无担保的平台上借款利率较高,年利率大多高于20%,但同时无担保的平台相应对借款人的认证要求比有担保的平台要低些。

(三) P2P电子商务模式的发展风险与防范

2011年7月21日,积累了10万注册用户、自称"中国最严谨网络借贷平台"的哈哈贷发布了关闭通告。哈哈贷是一家由嘻哈(上海)网络技术有限公司运营的P2P平台,此时距离其正式运行只有一年半的时间。哈哈贷的通告显示,其关闭的主要原因是目前中国市场的信用问题及哈哈贷遇到的运营资金短缺问题。哈哈贷的终结对国内发展得如火如荼的网络借贷而言犹如一盆冷水,这一借贷模式的运作方式、背后潜在的风险及发展前景等迅速在行业内掀起了层层波澜,同时也引发了金融监管部门的关注和警觉。

2011年8月23日,在哈哈贷发布关闭通告后一个月,银监会办公厅印发了《关于人人贷有关风险提示的通知》,指出在当前银行信贷偏紧的情况下,人人贷(P2P)信贷服务中介公司呈现快速发展态势。这类中介公司收集借款人、出借人信息,评估借款人的抵押物,如房产、汽车、设备等,然后进行配对,并收取中介服务费。对此,银监会组织开展了专门调研,发现大量潜在风险,要求银行业金融机构建立与人人贷中介公司之间的防火墙,严防人人贷中介公司帮助放款人从银行获取资金后用于民间借贷。

P2P 式的民间借贷能够很好地满足小额贷款需求,是正规金融机构的有益补充。但是传统的 P2P 借贷模式坏账成本较小,不规范性导致诚信缺失现象频发,出借人的利益不能得到很好的保障。近年来,网络借贷商们一直在探索一个能解决诚信机制的管理体系。2013 年 9 月上线的联合贷借助 O2O 模式,引入质押模式,要求资金需求者具备与借款需求相符的担保物,并对其进行严格的保证金质押、资格、借入审核;同时给资金供给者提供开发接纳、积极采纳意见政策,在最大限度上保证彼此间自由、公平、公正地进行交易。这在一定程度上降低了资金供给者的风险。

除了上述提及的模式,行业里还出现了诸如 M2C(Manufacturers to Customer)模式,即制造商向消费者直接提供产品或服务的一种模式;G2G(Government to Government)模式,即政府间的电子商务模式;B2E(Business to Employee)模式,即企业内部的电子商务模式;B2M(Business to Marketing)模式,即面向市场的电子商务等,感兴趣的同学可以课外自行了解。

练习题

1. 简述商务模式的含义及其构成要素。
2. 电子商务的发展对企业商务模式产生了哪些影响?
3. 举例说明身边有哪些常见的 B2C 电子商务模式。
4. 纯粹的虚拟零售企业和商品制造商在开展 B2C 电子商务方面有哪些异同?
5. B2B 电子交易市场有哪些类型?
6. 公共电子市场的收入模式有哪些?其变化趋势是什么?
7. 网上常用的拍卖类型有哪些?
8. 简述如何防范网络拍卖中的欺诈行为。
9. O2O 电子商务模式有哪些特点?其发展现状如何?
10. P2P 电子商务模式为什么在网络金融中获得广泛应用?存在哪些风险?
11. 结合平时对电子商务企业的关注,判断目前是否还有新的模式产生,这些模式又有什么新的特点。

第四章 网络营销

营销是企业经营和运作的重要内容。根据面临的市场环境和企业内部资源,制定合理的营销策略,是企业实现其经营价值和利润的核心工作。网络经济时代下,已经形成了一个依托网络的、与传统市场的游戏规则和竞争手段有明显不同的网络虚拟市场,在网络虚拟市场开展营销活动将会与传统的营销有着显著的差异。本章将介绍网络营销的概念与理论基础、网络市场特征与网络消费者特点、网络营销战略和营销组合策略、网络广告策略和客户关系管理方法等内容。

第一节 网络营销的基本理论

一、网络营销的概念

网络营销是企业整体营销战略的一个组成部分,是为实现企业总体经营目标所进行的,以互联网为基本手段营造网上经营环境的各种活动。网络营销在国外有许多翻译,如 Cyber Marketing、Internet Marketing、Network Marketing、E-Marketing 等。不同的词组有着不同的含义:

Cyber Marketing 主要是指在虚拟的计算机空间(cyber,意为计算机虚拟空间)中进行运作。

Internet Marketing 是指在 Internet 上开展的营销活动。

Network Marketing 是指在网络上开展的营销活动,这里的网络不仅仅指 Internet,还可以是一些其他类型的网络。

E-Marketing 是目前比较习惯采用的翻译方法,"E-"表示是电子化、信息化、网络化,与电子商务(E-Business)、电子虚拟市场(E-Market)等相对应。

网络营销是在现代市场营销的基础上,结合网络技术所产生的新的营销模式。网络营销不是孤立存在的,不等于网上销售,也不等于电子商务,不应仅被称为"虚拟营销",其可以视为企业对网上经营环境的营造。

二、网络营销的产生与发展

网络营销是以现代电子技术和通信技术的应用与发展为基础,与市场的变革、市场竞争以及营销观念的转变密切相关的一门新学科。

信息技术的发展是网络营销产生的技术基础。市场营销是为个人及组织实现交易而规划和实施创意、产品、服务构思、定价、促销和分销的过程。对于如此巨大和快速发展的网络市场,传统市场营销的理论、方法和手段已经很难发挥作用,而依托 Internet 的发展产生的网络营销以互联网为媒体,以新的方式、方法和理念,针对网络市场的特征实施营销活动,可以更有效地促成个人和组织交易活动的实现。

消费者价值观的变革是网络营销产生的观念基础。在网络时代,消费者迫切需要新的、快速方便的购物方式和服务,并最大限度地满足自身的需求。消费者价值观的这种改变自然地催生了网络营销,而网络营销的特征也正好在很大程度上满足了消费者的新需求。

激烈的市场竞争是网络营销产生的现实基础。传统的营销已经很难有新颖独特的方法能帮助企业在竞争中出奇制胜了。市场竞争已不再依靠表层的营销手段的竞争,而必须在更深层次的经营组织形式上进行竞争。企业的经营者迫切地去寻求变革,以尽可能地降低商品在从生产到销售的整个供应链上所占用的成本和费用比例,缩短运作周期。企业开展网络营销,可以节约大量昂贵的店面租金,可以减少库存商品的资金占用,可以使经营规模不受场地限制,可以方便地采集客户信息等,上述种种都使得企业经营的成本和费用降低,运作周期变短,从根本上增强了企业的竞争优势。

除了有其必要的技术、观念和现实基础,网络营销作为新的营销方式和营销手段实现企业营销目标,它的内容非常丰富。一方面,网络营销要针对新兴的网上交易市场,及时了解和把握网上交易市场消费者的特征和消费者行为的变化,为企业在网上交易市场进行营销活动提供可靠的营销数据和数据分析。另一方面,网络营销在网上开展营销活动来实现企业目标,而网络具有传统渠道和媒体所不具备的独特特点——信息交流自由、费用低廉、互动性强、效率高,因此在网上开展营销活动,必须改变传统的营销手段和方式。网络营销作为在互联网上进行的营销活动,它的基本营销目的和营销工具与传统营销是一致的,只不过其实施和操作过程与传统方式有着很大的区别。

三、网络营销的特点

市场营销中最重要也最本质的是组织和个人之间进行信息传播和交换,如果没有信息交换,交易就是无本之源。正因为如此,互联网具有营销所要求的某些特性,使得网络营销呈现以下一些特点:

1. 跨时空

营销的最终目的是占有市场份额。互联网具有的超越时间约束和空间限制进行信息交换的特点,使得脱离时空限制达成交易成为可能,企业能有更多的时间和空间进行营销,可每周7天、每天24小时随时随地提供全球性营销服务。

2. 多媒体

互联网可以传输多种媒体的信息,如文字、声音、图像等,这使得交易中的信息交换方式多样化,营销人员有了更多的选择。

3. 交互式

互联网可以展示商品目录、联结数据库、提供有关商品信息的查询,可以和顾客做互动双向沟通,可以收集市场情报、进行产品测试和消费者满意度调查,等等,是产品、设计、商品信息提供以及服务的最佳工具。

4. 拟人化

互联网上的促销是一对一的、理性的、消费者主导的、非强迫性的、循序渐进式的,而且是一种低成本与人性化的促销,避免了推销员强行推销的干扰,并且能够通过信息提供与交互式交谈,与消费者建立长期良好的关系。

5. 整合性

互联网上的营销服务可从传递商品信息到收款,再到售后服务,是一种全程式的营销渠道。另外,企业可以借助互联网将不同的营销活动进行统一规划和协调实施,以统一的传播资讯向消费者传达信息,避免不同传播渠道中的不一致性产生的消极影响。

6. 高效性

网络系统可存储大量的信息供消费者查询,可传送的信息数量与精确度远远超过其他媒体,并能顺应市场需要,及时更新产品或调整价格,因此能及时有效地了解并满足顾客的需求。

7. 经济性

通过互联网进行信息交换,代替以往的实物交换,一可以减少印刷与邮递的成本,二可以无店销售,免交租金,节约水电与人工成本,三可以减少由多次交换带来的损耗。

四、网络营销的理论基础

技术基础和客观现实是现有市场营销理论赖以形成和发展的根基。网络强大的通信能力和电子商务系统便利的商品交易环境,改变了原有市场营销理论的根基。在网络环境中,信息的需求和传播模式发生了很大的变化,由单向的需求和传播模式逐步演变成一种双向的交互式的需求和传播模式,即在信息源积极地向用户展现自己产品信息的同时,用户也在积极地向信息源索要自己所需要的信息。同时,市场的性质也发生了深刻的变化,生产厂商和消费者可以通过网络直接进行商品交易,从而避开了某些传统的商业流通环节,原有的以商贸作为主要运作模式的市场机制将部分地被基于网络的营销模式所取代,市场趋于个性化。另外,在网络环境下,生产者和消费者在网络的支持下直接构成商品流通循环,其结果是流通环节减少,生产者更容易掌握市场对产品的实际需求。

这些变化使得传统营销理论不能完全胜任对网络营销的指导,但是网络营销仍然属于市场营销理论的范畴,它在强化了传统市场营销理论的同时也提出了一些不同于传统市场营销的新理论。目前网络营销主要建立在以下基础理论之上:

(一)网络整合营销理论

网络整合营销是基于信息网络(主要是互联网)之上,近年来新发展起来的一种营销模式,其主要有三个方面的含义:

(1)传播资讯的统一性,即企业用一个声音说话,消费者无论从哪种媒体所获得的信息都是统一的、一致的。

(2)双向沟通,即企业与消费者之间展开富有意义的交流,能够迅速、准确、个性化地获得信息和反馈信息。

(3)目标营销,即企业的一切营销活动都应围绕企业目标来进行,实现全程营销。

网络的发展不仅使得整合营销更为可行,而且能充分发挥整合营销的特点和优势,使顾客这个角色在整个营销过程中的地位得到提高。网络互动的特性使顾客真正参与到整个营销过程中成为可能;顾客不仅参与的主动性增强,而且选择的主动性也得到加强。这样,网络营销首先要求把顾客整合到整个营销过程中来,从他们的需求出发开始整个营销过程。不仅如此,在整个营销过程中要不断地与顾客交互,每一个营销决策都要从消费者出发而不是像传统营销理论那样主要从企业自身的角度出发。

网络整合营销从理论上由以4Ps(即产品策略(Product)、价格策略(Pricing)、渠道策略(Place)、促销策略(Promotion))理论为基础逐渐过渡为以4Cs(即顾客策略(Customer)、成本策略(Cost)、沟通策略(Communication)、便捷策略(Convenience))理论为基础。传统的4Ps理论的基本出发点是企业的利润,而没有把顾客的需求放到与企业的利润同等重要的位置上,它指导的营销决策是一条单向的链。然而网络营销需要企业同时考虑顾客需求和企业利润。企业如果从4Cs出发,在此前提下寻找能实现企业利益的最大化的营销决策,则可能同时达到企业利润最大化和满足顾客需求两个目标。这应该是网络营销的理论模式,即营销过程的起点是消费者的需求;营销决策是在满足4Cs要求的前提下的企业利润最大化;最终实现的是满足顾客需求和企业利润最大化。

一旦消费者的个性化需求得到了较好的满足,他会对企业的产品和服务形成良好的印象。在该消费者第二次需要该种产品时,会对这个企业的产品和服务产生偏好,他会首先选择这个企业的产品和服务;随着这两轮的交互,企业更多地了解了该消费者的偏好,其产品和服务可能会更好地满足消费者的需求。如此重复,一方面,消费者的个性化需求不断地得到越来越好的满足,从而建立起对企业产品的忠诚意识;另一方面,由于这种满足是针对差异性很强的个性化需求,就使得其他企业的进入壁垒变得很高。这样,企业和顾客之间的关系就变得非常紧密,甚至牢不可破,这就形成了"一对一"的营销关系。上述这个理论框架被称为"网络整合营销理论",它始终体现以顾客为出发点及企业和顾客不断交互的特点,它的决策过程是一个双向的链,如图4.1所示。

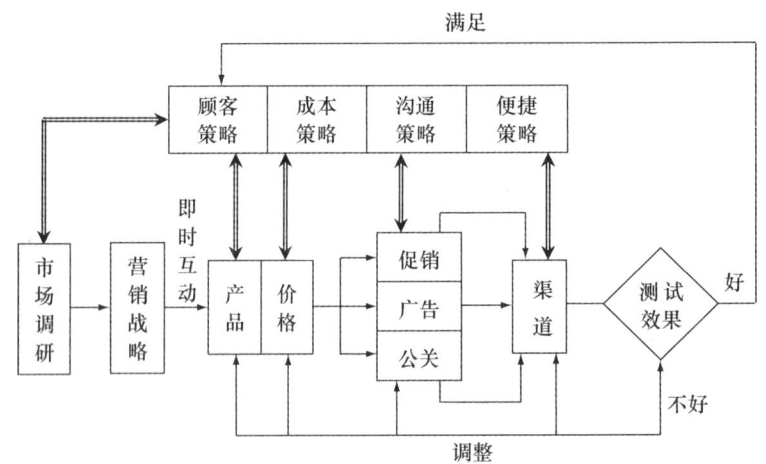

图4.1 网络整合营销决策过程

(二) 网络软营销理论

相对于工业化大规模生产时代的"强势营销"方式,网络营销是一种"软营销"。在传统营销中,企业是主动方,而消费者是被动方。企业通过各种媒介主动向消费者发送信息,如果媒介覆盖面足够大,只要消费者接触一种媒介,就可能接受企业发布的各种营销信息。与此相反,软营销的主动方是消费者。个性化消费需求的回归也使消费者在心理上要求自己成为主动方,而网络的互动特性又使他有可能成为主动方。

传统营销中最能体现强势营销特征的是两种促销手段:传统广告和人员推销。这两种营销模式企图以一种信息灌输的方式在消费者心中留下深刻印象,而不管你是否需要和喜欢它的产品和服务。在网络上,这种以企业为主动方的强势营销(无论是有直接商业利润目标的推销行为还是没有直接商业利润目标的主动服务)是难以发挥作用的。网络的特点决定了在网上提供信息必须遵循一定的规则,这就是"网络礼仪"。网络礼仪是网上一切行为都必须遵守的规则,网络营销也不例外。软营销的特征主要体现在:在遵守网络礼仪的同时,通过对网络礼仪的巧妙运用,获得一种微妙的营销效果。

但传统的强势营销和网络的软营销并不是完全对立的,二者的巧妙结合往往会收到意想不到的效果。原以亚洲地区为主要业务重心的国泰航空公司,为了扩展美国飞往亚洲的市场,举办了一个大型抽奖活动,在各大报纸上刊登了一个赠送百万里程的抽奖广告。与众不同的是,这个广告除了几个斗大的字"奖100万里"及公司网址外没有任何关于抽奖办法的说明,要了解抽奖办法的消费者只有登录公司网站。在上面的案例中,国泰航空公司以平面印刷广告结合互联网新媒体的做法,充分运用了传统营销手法与网络营销模式的各自优势。国泰航空公司通过传统的报刊媒体向消费者发布有关促销活动的信息,发布这一信息时,该公司有意识地将消费者的注意力吸引到公司的网站上,一方面刺激和引导消费者主动登录企业网站以获得相关的活动信息,增加了公司网站的知名度,提高了消费者登录公司网站的积极性;另一方面收集到为数众多的 E-mail 地址和顾客信息,为公司开拓市场提供了绝佳的资源。

(三)网络直复营销理论

直复营销是一种为了在任何地方产生可度量的反应和(或)达成交易而使用一种或多种广告媒体的相互作用的市场营销体系。直复营销中的"直"(直接),是指不通过中间分销渠道而直接通过媒体连接企业和消费者;直复营销中的"复"(回复),是指企业与顾客之间的交互,顾客对这种营销努力有一个明确的回复(买还是不买),企业可统计到这种明确回复的数据。

网络销售最大的特点就是企业和顾客的交互,不仅可以以订单为测试基础,还可以获得顾客的其他数据甚至建议。所以,仅从网上销售来看,网络营销是一类典型的直复营销。

目前常见的网络直复营销有两种做法:一种做法是企业在 Internet 上建立自己独立的站点,申请域名,制作主页和销售网页,由网络管理员专门处理有关产品的销售事务。另一种做法是企业委托信息服务商在其网站上发布信息,企业利用有关信息与客户联系,直接销售产品。虽然在这一过程中有信息服务商参加,但主要的销售活动仍然是在买卖双方之间完成的。

基于互联网的直复营销将更加吻合直复营销的理念,这表现在以下四个方面:

第一,直复营销作为一种相互作用的体系,特别强调直复营销者与目标顾客之间的"双向信息交流",以克服传统市场营销中的"单向信息交流"方式的营销者与顾客之间无法沟通的致命弱点。互联网作为开放、自由的双向式的信息沟通网络,企业与顾客之间可以实现直接的、一对一的信息交流和直接沟通,企业可以根据目标顾客的需求进行生产和营销决策,在最大限度满足顾客需求的同时,提高营销决策的效率和效用。

第二,直复营销活动的关键是为每个目标顾客提供直接向营销人员反应的通道,企业可以凭借顾客反应找出不足,为下一次直复营销活动做好准备。互联网的快捷性使得顾客可以方便地通过互联网获取售后服务。企业也可以从顾客的建议、需求和要求中,找出企业的不足,按照顾客的需求进行经营管理,减少营销费用。

第三,在直复营销活动中,在任何时间、任何地点都可进行双向信息交流。在传统的营销活动中,必须当顾客来商店购货或推销员亲自上门时,才能与顾客进行双向沟通;而在网络上,只要某一网络媒介能把顾客和直复营销人员联系起来,双向信息交流就可进行。

第四,直复营销一个最重要的特性就是所有的直复营销活动的效果都可测定。在基于互联网的直复营销活动中,营销人员能确切地知道何种信息交流方式使顾客产生了反应行为,并且能知道反应的具体内容是什么,例如目标顾客是想订货,还是要获取更详细的资料等。

网络营销的这个理论基础的关键作用是要说明网络营销是可测试、可度量、可评价的。有了及时的营销效果评价,就可以及时改进以往的营销努力,从而获得更满意的结果,所以,在网络营销中,营销测试是应着重强调的一个核心内容。

第二节 网络市场与网络消费者

作为试图在电子商务中开展业务的企业,了解网络市场特征以及网络消费者特点是其必须要做的事情。本节将着重探讨 B2C 模式下的网络市场特征以及网络消费者行为。

一、网络市场特征

21 世纪是一个全新的网络化时代。随着信息技术的发展,利用无国界、无区域界限的互联网来销售商品或提供服务,成为营销路径的新选择。据中国互联网络信息中心(CNNIC)统计显示:截至 2013 年 12 月,我国网络购物用户规模达到 3.02 亿,网民使用网络购物的比例提升至 48.9%;我国网络用户的网购金额从 2006 年的 258 亿元人民币上升到 2013 年的 1.85 万亿元人民币,2013 年网络零售市场交易总额占社会消费品零售总额的 7.9%;国内电子商务网站市场拓展区域从沿海转向内地、从大城市向中小城市蔓延。由此可见,网络市场是一个潜力巨大的新兴市场,网络营销将会成为每一个商家的必然选择。

结合互联网的技术特点,从网络市场运作的机制来看,网络市场具有如下五个方面的特征:

第一,无店铺的经营方式。运作于网络市场上的是虚拟商店,它不需要店面、装潢、摆放的货品和店面服务人员等,它使用的媒体是互联网,所表现的形式是虚拟的"电子空间市场"。

第二,无存货的经营形式。网上商店可以在接到顾客订单后再向制造企业订货,而无须将商品实体陈列出来以供顾客选择,只需在网页上以图文或其他多媒体方式提供产品相关信息以供消费者选择。

第三,成本低廉的竞争策略。网络市场上的虚拟商店,其成本主要为自设网站成本、软硬件费用、网络使用费用以及网站维持费用。这通常比普通商店经常性的成本要低得多,因为普通商店需要昂贵的店面租金、装潢费用、水电费及人事费用等。

第四,无时间限制的全天候经营。虚拟店面除了必要的网站维护人员、客服人员和管理人员外,不需要雇用经营管理人员。基于网络的运营模式,使电子商务企业在数字市场中不受时间和空间的限制,可以摆脱因员工疲倦或缺乏训练而引起顾客反感所带来的麻烦,且一天24小时、一年365天的持续营业对于平时工作繁忙、无暇购物的人群来说具有很大的吸引力。

第五,无国界、无区域限制的经营范围。互联网创造了一个即时全球社区,它消除了同其他国家或地区客户交易的时间和地域障碍。面对提供无限商机的互联网,国内的企业可以加入网络行业,开展全球性营销活动。

二、我国互联网用户的特点

网络消费者由于上网人口的分布等原因,具有一定的人口统计学特征。很多情况下,这些特征结合其他因素可以成为重要的营销决策依据。下面根据中国互联网络信息中心于2014年1月发布的第33次《中国互联网络发展状况统计报告》来介绍我国互联网用户的分布和特点。

(一)用户规模

截至2013年12月,中国上网人数达到6.18亿人,网民数量持续增长(如图4.2所示),其规模已跃居世界第一位。不过,中国互联网普及率仅为45.8%,还不足50%。这一方面说明中国与互联网发达国家还存在较大的发展差距;另一方面,这种互联网普及状况说明,中国的互联网发展潜力仍然较大。

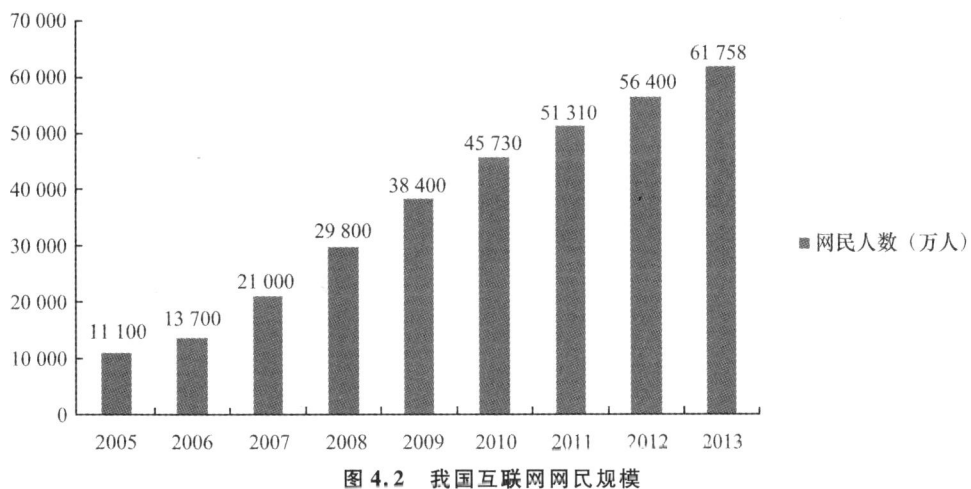

图4.2 我国互联网网民规模

值得注意的是,随着3G的快速普及和无线网络的发展,手机上网网民的规模不断扩大(如图4.3所示)。截至2013年12月,中国的手机上网网民数已达到5亿人。更畅通的3G网络、更新颖的手机应用大大提升了网民的上网体验,特别是对各类大流量数据的应用。手机网民的大规模增长不但推动了互联网的发展,更促进了互联网经济的发展,基于移动互联网的创新热潮为传统互联网类业务提供了新的商业模式和发展空间。

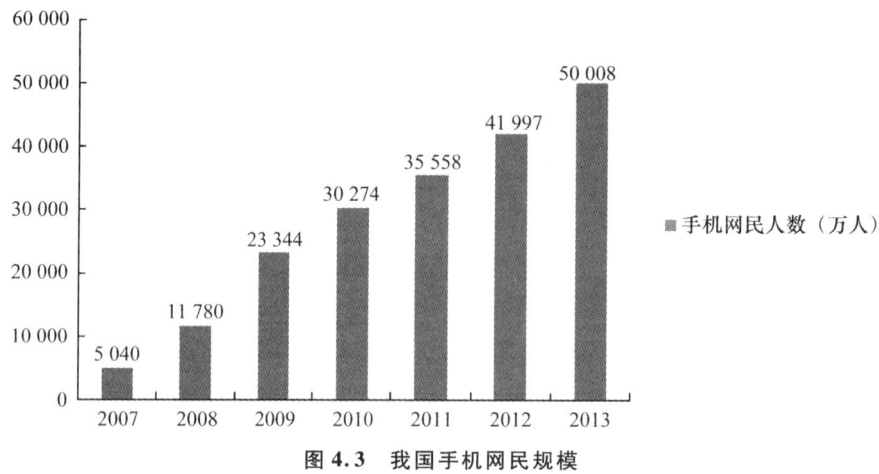

图 4.3 我国手机网民规模

（二）用户结构特征

从性别上看，目前中国网民中女性比例已经上升到 44.0%，男性比例为 56.0%。与以前相比，男女性互联网普及率均在上升，女性互联网普及率上升略快。总体来看，中国网民逐渐走向性别均衡。

从年龄上看，中国网民的主体仍旧是 30 岁及以下的年轻群体，20—29 岁这一网民群体占到中国网民的 31.2%，接近网民总数的 1/3（如图 4.4 所示）。网民这一较为年轻的年龄结构对中国互联网的深层应用影响较大，中国互联网应用呈现与年轻网民特征较为相符、仍以娱乐为主的特点。

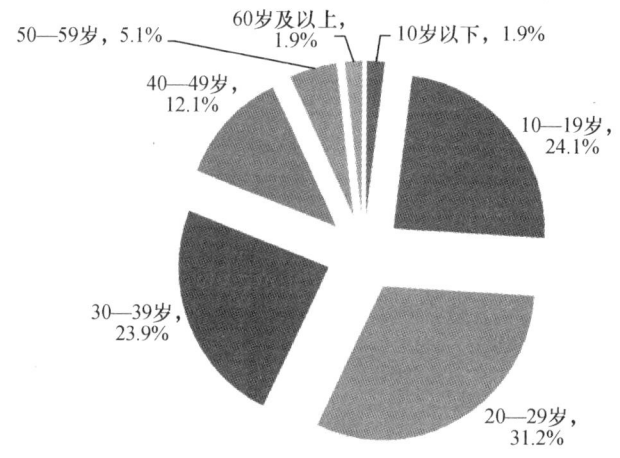

图 4.4 中国网民年龄结构

从学历上看，目前初中学历的网民比例最大，占到 36.0%；高中学历的网民占 31.2%；大专及以上学历的网民占 20.9%（如图 4.5 所示）。随着网民规模逐渐向低学历人群扩大，初中及以下学历人群是中国网民的主要增长点，高中、大学本科及以上学历人群中互联网的普及率已达较高水平，未来增长空间有限。

从职业上看，学生所占的比例最大，占到 25.5%；网民规模居于第二位的是个体户和自由职业者，比例占到 18.6%；此外，网民中的管理层包括党政机关干部和企事业单位管理者，这两者之和的比例占到网民总数的3%（如图4.6所示）。

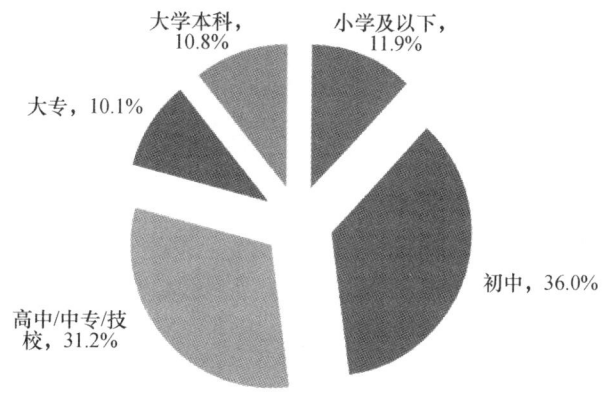

图4.5 中国网民学历结构

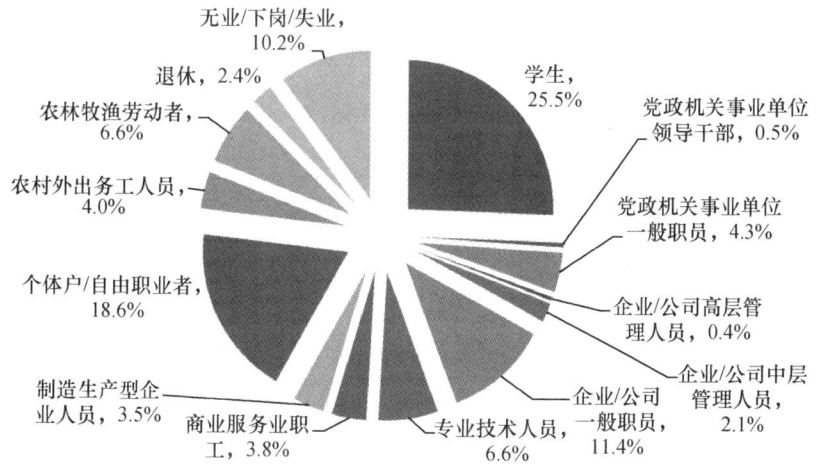

图4.6 中国网民职业结构

从收入上看，目前收入2 001—5 000元的网民比例占到35%，是网民中比例最大的一个群体（如图4.7所示）。随着网络的发展，信息化已经渗透到生活的方方面面，上班一族对网络的需求尤为突出，这是总体网民月收入中2 001—5 000元段比例较高的原因。

（三）网络应用情况

随着人们对网络环境的熟悉，人们使用的网络应用也越来越多。尽管不同网络应用的排名有升有降，但所有网络应用的用户规模都在增长中。目前排名前十位的网络应用是：即时通信、网络新闻、搜索引擎、网络音乐、博客/个人空间、网络视频、网络游戏、网络购物、微博、社交网站（如表4.1所示）。即时通信、网络新闻和搜索引擎分列其中，使用率均超过75%，说明基础应用及网络媒体是网民使用互联网的主要方面，互联网成为网民获取信息的主要通道。电子商务网上购物所占的比重越来越大，标志着以电子商务为代表的实用性网络应用在网民的生活中发挥越来越重要的作用。

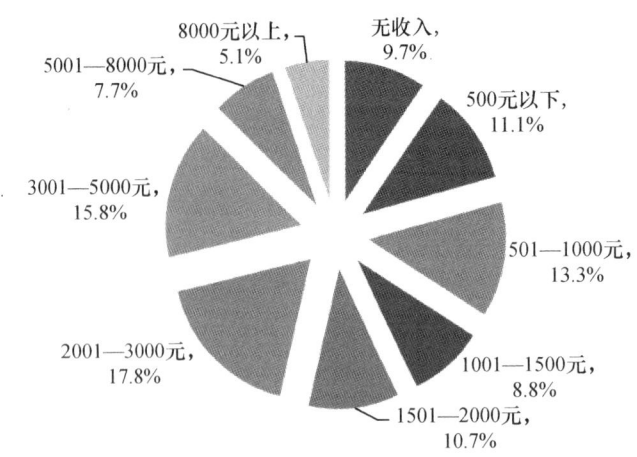

图 4.7 中国网民收入结构

表 4.1 中国网络应用使用率和用户规模

网络应用		比例（%）	用户规模（万人）
互联网基础应用	搜索引擎	79.3	48 966
	电子邮件	42.0	25 921
	即时通信	86.2	53 215
网络媒体	网络新闻	79.6	49 132
	博客/个人空间	70.7	43 658
	微博	45.5	28 078
数字娱乐	网络游戏	54.7	33 803
	网络音乐	73.4	45 312
	网络视频	69.3	42 820
电子商务（狭义）	网络购物	48.9	30 189
	网上支付	42.1	26 020
	团购	22.8	14 067
	旅行预订	29.3	18 077
网络社区	论坛/BBS 访问	19.5	12 046
	社交网站	45.0	27 769
其他	网上银行	40.5	25 006
	网络文学	44.4	27 441

上述情况表明，我国互联网已经取得了长足的发展。虽然我国个人电子商务的主要对象依然是低收入者、年轻人和学生群体，但电子商务已经成为我国的主要网络应用之一，也形成了大量的潜在电子商务消费者，为企业电子商务的发展提供了良好的基础。

三、网络消费者行为分析

消费者行为分析是市场营销学研究的重要内容，这方面的研究过去主要集中于传统的购物行为,而网上购物与传统的购物活动有所区别。因此,企业在了解网络访问者群体特征之后,还需要分析他们的网上行为方式。

(一) 网络消费者类型

进行网上购物的消费者大致可以分为以下几种类型:

(1) 简单型。简单型的消费者需要的是方便、直接的网上购物。他们每月只花少量时间上网,进行的网上交易却占了一半。零售商们必须为这一类型的消费者提供真正的便利,让他们觉得在你的网站上购买商品将会节约更多的时间。

(2) 冲浪型。冲浪型的消费者在网上花费的时间很长,访问的网页数量是其他消费者的几倍。这一类型的消费者对经常更新、具有创新设计特征的网站很感兴趣。

(3) 接入型。接入型的消费者是刚触网的新手,他们很少购物,而喜欢网上聊天和发送免费问候卡。那些有着著名传统品牌的公司应对这一类型的消费者保持足够的重视,因为网络新手们更愿意相信生活中他们所熟悉的品牌。

(4) 议价型。议价型消费者有一种趋向购买便宜商品的本能,他们喜欢讨价还价。

(5) 定期型和运动型。定期型和运动型的消费者通常都是被网站的内容所吸引。定期型消费者常常访问新闻网站和商务网站,而运动型消费者喜欢运动网站和娱乐网站。

目前,网上销售商面临的挑战是如何吸引更多的网民,并努力将网站访问者变为消费者。我们认为,网上销售商应将注意力集中在其中的一种或两种类型上,这样才能做到有的放矢。

(二) 网络消费者的购买动机

网络消费者的购买动机是指在网络购买活动中促使网络消费者产生购买行为的某些内在的驱动力。购买动机对购买行为起着支配作用,弄清了消费者动机就能有效预测消费者行为,从而指导企业管理者适时调整营销战略,满足网络消费者的需要和需求。网络消费者的购买动机可分为需要动机和心理动机两大类。

1. 网络消费者的需要动机

在传统的营销过程中,需求层次理论被广泛应用。需求层次理论是研究人的需求结构的理论,它是由美国心理学家马斯洛在1943年出版的《人类动机的理论》一书中提出来的。马斯洛把人的需求划分为五个层次:生理的需求、安全的需求、社交的需求、尊重的需求和自我实现的需求。马斯洛的需求层次理论可以解释虚拟市场中消费者的许多购买行为。但是,虚拟社会与实体社会毕竟有很大的差别,这种需求层次理论也面临不断补充的要求。虚拟社会中人们联系的基础实质上是人们希望满足虚拟环境下三种基本的需要:兴趣、聚集和交流。

每个人都有各自的兴趣,从心理学的角度讲,兴趣具有很大的动机成分。人们往往是因为兴趣而进行某些活动的,如果同时有几种供选择的目标可以满足需求,人们总是根据自己的兴趣决定被选择的对象。网民之所以热衷于网络漫游和网络购物,是因为对网络活动抱有极大的兴趣。

基于网络的虚拟社会还为具有相似爱好和经历的人们提供了聚集的机会,这种聚集不受时间和空间的限制,并形成富有意义的个人关系。通过网络而聚集起来的群体是一个极为民主的群体,所有成员都是平等的,每个成员都有独立发表自己言论的权利,也有与别人争论的权利,这种宽松的社会气氛使得在现实社会中经常处于紧张状态的人们渴望在虚拟社会中寻求解脱。

聚集起来的网民自然产生一种交流的需要,随着这种信息交流频率的增加,产品供应商经常会赞助相应的网站或频道,这些供应商的产品有可能会成为交流的话题。

2. 网络消费者的心理动机

心理性购买动机是指消费者由认识、情感、意志等心理过程而引起的购买商品的动机。它比需要动机复杂得多,强调满足精神上的需要,消费者的心理动机主要包括情感动机、理智动机和惠顾动机三个方面。

情感动机是由于人的情绪和感情所引起的购买动机。这种购买动机可以分为两种形态:一种是低级形态的情感购买动机。它是由快乐、感激、喜欢、好奇等情绪而引起的,这种购买动机一般具有冲动性、不稳定性的特点。例如在网络上突然发现一本好书、一种好的游戏软件、一种新产品,很容易产生冲动性的情感购买动机。另一种是高级形态的情感购买动机。它是由人们的道德感、美感、荣誉感、群体感等所引起的,具有稳定性、深刻性的特点。比如出于联络感情的需要而购买礼品,用于馈赠亲朋好友等。

理智动机是建立在人们对商品客观认识的基础上,通过学习,运用知识及经验,经过分析、比较、思考之后产生的购买动机。网络消费者的购买动机是建立在人们对于在线商场推销的商品的客观认识基础上的。网络消费者大多是中青年,具有较高的分析判断能力。他们的购买动机往往是在反复比较各个在线商场的商品之后才产生的,对所要购买的商品的特点、性能和使用方法早已心中有数。理智动机具有客观性、周密性和控制性的特点。在这一动机驱使下的网络消费购买动机,首先注意的是商品的先进性、科学性和质量高低,其次才注意商品的经济性。这种购买动机的形成,基本上受控于理智,而较少受到外界的影响。

惠顾动机也称为习惯动机,是基于情感动机和理智动机之上的,对特定的网站、图标广告、商品产生特殊的信任与偏好,而重复地、习惯性地前往访问并购买的一种动机。惠顾动机的形成经历了人的意志过程。从它的产生来说,或者是由于搜索引擎的便利、图标广告的醒目、站点内容的吸引,或者是由于某一驰名商标具有相当的地位和权威性,或者是因为产品质量在网络消费者心目中树立了可靠的信誉。这样,网络消费者在购物时,心目中首先确立了购买目标,并在各次购买活动中克服和排除其他同类水平产品的吸引和干扰,按照事先确定的目标完成购买行动。具有惠顾动机的网络消费者,往往是某一站点的忠实浏览者。他们不仅自己经常光顾这一站点,而且对其他网民也具有较大的宣传和影响作用,惠顾动机有助于企业获得忠实消费群体。

四、网络消费者的购买过程

网络消费者的购买过程,也就是网络消费者购买行为形成和实现的过程,这一过程可以粗略地分为五个阶段:诱发需求、收集信息、比较选择、购买决策和购后评价。

1. 诱发需求

网络购买过程的起点是诱发需求。消费者的需求是在内外因素的刺激下产生的。当消费者对市场中出现的某种商品或某种服务产生兴趣后,才可能产生购买欲望。这是消费者做出购买决定过程中所不可缺少的基本前提。如若不具备这一基本前提,消费者也就无从做出购买决定。

对于网络营销来说,诱发需求的动因只能局限于视觉和听觉。文字的表述、图片的设计、声音的配置是网络营销诱发消费者购买的直接动因。从这一方面讲,网络营销对消费者的吸引具有相当的难度。这要求从事网络营销的企业或中介商注意了解与自己产品有关的实际需求和潜在需求,了解这些需求在不同时间的不同程度,了解这些需求是由哪些刺激因素诱发的,进而巧妙地设计促销手段去吸引更多的消费者浏览网页,诱导他们的需求欲望。

2. 收集信息

在购买过程中,收集信息的渠道主要有两个:内部渠道和外部渠道。内部渠道是指消费者个人所储存、保留的市场信息,包括购买商品的实际经验、对市场的观察以及个人购买活动的记忆等;外部渠道则是指消费者可以从外界收集信息的通道,包括个人渠道、商业渠道和公共渠道等。

一般说来,在传统的购买过程中,消费者对于信息的收集大都出于被动进行的状况。与传统购买时信息的收集不同,网络购买的信息收集带有较大主动性。在网络购买过程中,商品信息的收集主要是通过互联网进行的。一方面,网络消费者可以根据已经了解的信息,通过互联网跟踪查询;另一方面,网络消费者又不断地在网上浏览,寻找新的购买机会。

3. 比较选择

消费者需求的满足是有条件的,这个条件就是实际支付能力。没有实际支付能力的购买欲望只是一种空中楼阁,不可能引发实际的购买。为了使消费需求与自己的购买能力相匹配,比较选择是购买过程中必不可少的环节。消费者对各条渠道汇集而来的资料进行比较、分析、研究,了解各种商品的特点和性能,再从中选择最为满意的一种。一般说来,消费者的综合评价主要考虑产品的功能、可靠性、性能、样式、价格和售后服务等。

网络购物不直接接触实物。消费者对网上商品的比较依赖于厂商对商品的描述,包括文字的描述和图片的描述。网络营销商如果对自己的产品描述不充分,就不能吸引众多的顾客;而如果对产品的描述过分夸张,甚至带有虚假的成分,则可能永久地失去顾客。

4. 购买决策

网络消费者在完成了对商品的比较选择之后,便进入购买决策阶段。与传统的购买方式相比,网络消费者的购买决策有许多独特的特点。首先,网络消费者理智动机所占比重较大,而感情动机的比重较小。其次,网络购买受外界影响较小,大部分的购买决策是自己做出的或是与家人商量后做出的。最后,网上购物的决策行为较之传统的购买决策要快得多。

5. 购后评价

消费者购买商品后,往往通过使用,会对自己的购买选择进行检验和反省,重新考虑这种购买是否正确、效用是否理想以及服务是否周到等问题。这种购后评价往往决定了消费者今后的购买动向。

为了提高企业的竞争力,最大限度地占领市场,企业必须虚心倾听顾客反馈的意见和建议。互联网为网络营销者收集消费者购后评价提供了得天独厚的优势。方便、快捷的电子邮件紧紧连接着厂商和消费者。厂商可以在订单的后边附上一张意见表,消费者购买商品的同时,就可以填写自己对厂商、产品及整个销售过程的评价。厂商从网络上收集到这些评价之后,通过计算机的分析、归纳,可以迅速找出工作中的缺陷和不足,及时了解到消费者的意见和建议,随时改进自己的产品性能和售后服务。

案例 4.1

亚马逊 VS 沃尔玛:信息经济时代零售霸主逆战(一)

世界上有两种公司,一种努力让顾客多花钱,另一种努力让顾客少花钱,亚马逊无疑属于后者。如今,这个硕大无朋的网络零售怪兽将利爪伸向了世界最大的零售连锁巨头沃尔玛。

五年前,沃尔玛尚无所顾忌。根据零售业研究公司 Kantar Retail 的统计数据,当时只有 1/4 的沃尔玛顾客会选择在亚马逊购物。时至今日,一半的沃尔玛顾客都表示他们也会在网上购物。《福布斯》知名撰稿人蒂姆·沃斯托感叹道:"有谁真的想帮助他们的直接竞争对手呢?"情急之下沃尔玛一怒决定停售 Kindle,毫不顾忌自诩的"坦率而不复杂,对顾客、供应商和伙伴开诚布公"的个性特质。

这才只是冰山的一角。亚马逊和沃尔玛,好戏刚刚上演。

苹果的神话市值一再刷新着人们的想象力,这不仅仅是一个让人叫好的故事,也在全球范围内传递出一个信号——市场正在出现结构性转变。投资者告诉商业领导者的信息是,在这样一个快节奏的全球化世界里,价值是基于你知道什么以及在什么时候知道的,换句话说,就是信息,而不是土地、建筑或制造产品的工业化力量。

信息经济摧毁了工业经济的价值,能够通过创造、管理、使用和销售信息来实现更高水平生产力的公司就可以创造出巨大的价值。此种形态下的零售业,已不再取决于"位置、位置和位置"或库存。沃尔玛无疑是 50 年来全球最成功的零售商,这家高居全球 500 强前三的公司于 1962 年成立,2011 年全球销售额达到 4 469.5 亿美元,净利润为 156.99 亿美元。然而,尽管沃尔玛门店遍及全球,并打造了商品丰富的库存以及高效的供应链,这家最大零售商的价值在最近十年间却停滞不前。

真正的对手往往来自产业变革,亚马逊正是这样一个颠覆者。亚马逊没有土地,也几乎没有什么建筑,但该公司却从一家创业公司迅速成长,过去五年间市值翻了大约两番!作为一家互联网领导者,亚马逊通过占领电脑和智能手机,与更多的新客户发生了联系,其数量远远超过了那些将精力放在房产或库存产品线上的传统公司。电子商务先天减少了一些"硬成本"和"软成本",而亚马逊又完全克隆了沃尔玛出色的物流管理。

无论是沃尔玛还是塔吉特,都是一个实体商品渠道而已;而亚马逊的 Kindle 与网络书店互动早就成为数字阅读的渠道,其目前正在发展的云计算正在成为全新的数字音乐、数字电视渠道。很多企业都没有能力在数字渠道中与亚马逊一争高下,网络上的差异化要容易得多,差异化能力决定了亚马逊可以用左手的盈利补贴右手的亏损。

传统模式下的沃尔玛,所剩的只有规模以及由规模导致的成本优势。这也意味着,随着二者规模的接近,沃尔玛们变得越来越危险,直到逆转。

亚马逊与沃尔玛之间的恩怨,从信息经济兴起的那一刻就已注定,随着亚马逊的壮大被不断放大,沃尔玛也在对亚马逊的迎战中开始了拥抱信息化的进程。

(资料来源:罗松,腾讯科技,http://tech.qq.com/a/20121027/000018.htm,有节选)

思考题:

1. 请用沃尔玛和亚马逊的竞争对抗,分析网络经济的兴起对传统零售业的冲击和影响。
2. 在材料中提及"时至今日,一半的沃尔玛顾客都表示他们也会在网上购物",请分析这是不是沃尔玛与亚马逊竞争的直接原因。

第三节　网络营销战略与营销组合策略

与传统营销管理一样,网络营销管理也需要制订营销战略计划。网络营销战略计划是在网络营销观念的指导下,对网络营销活动所做的一个较为全面而有序的安排,目的是使网络营销活动的目标和责任明确并能有条不紊地展开。

一、网络营销战略

企业战略是指企业为了适应未来环境的变化,寻找长期生存和稳定发展的途径,并为实现这一途径,优化配置企业资源,制定总体性和长远性的谋划与方略。营销战略是企业战略的重点,因为企业战略的实质是实现外部环境、企业实力与企业目标三者之间的动态平衡。

网络营销战略隶属于企业营销战略,服从并服务于企业战略。网络营销竞争的优势在于能够以最快、最准确的方式获取消费者信息,并能将产品、促销、广告、顾客意见、顾客服务等各种信息整合在一起,进行一对一的沟通,不受时间和空间的制约,达到营销组合所追求的综合效果。然而,也正是随着互联网的发展,企业从有形市场转向网络市场,其目标市场、顾客关系、企业组织、竞争形态及营销手段等发生了改变,企业既面临新的调整,也存在无限的市场机会。企业必须确立相应的网络营销战略,提供比竞争者更有价值、更富效率的产品和服务,提升市场营销效率,实现企业的经营目标。

(一) 网络营销战略目标

网络营销战略目标与传统营销目标一样,就是确定开展网络营销后预期达到的目的,以及制定相应的步骤,组织有关部门和人员参与。在一般情况下,网络营销目标可以分成以下五类:

(1) 销售型网络营销目标。该网络营销目标主要是为企业拓宽销售网络,借助网上的交互性、直接性、实时性和全球性为顾客提供方便快捷的网上售点(Network Point of Sale),目前许多传统的零售店都在网上设立销售点,如中百集团的中百网。

(2) 服务型网络营销目标。该网络营销目标主要为顾客提供网上联机服务,顾客通过网上服务人员可以远距离进行咨询和售后服务,大部分信息技术型公司都建立了此类站点。

(3) 品牌型网络营销目标。该网络营销目标主要在网上建立自己的品牌形象,加强与顾客的直接联系和沟通,建立顾客的品牌忠诚度,为企业的后续发展打下基础,以及配合企业现行的营销目标实现,目前大部分站点属于此类型。

(4) 提升型网络营销目标。该网络营销目标主要通过网络营销替代传统营销手段,全面降低营销费用,改进营销效率,促进营销管理和提高企业竞争力,目前的Dell、海尔、联想商场等站点属于此类型。

(5) 混合型网络营销目标。该网络营销目标主要是想同时达到上面几种目标,如小米公司通过设立小米网作为其主要销售渠道和沟通平台,既是销售型,又是品牌型,同时还属于提升型。

(二) 网络营销战略组合

企业确定了网络营销目标以后,便要根据市场战略思路,运用多种具体的营销手段形成营销组合。营销组合既是适应、针对目标市场的手段,又是实现企业营销目标的途径。营销组合最基本的手段来自四个方面:产品、价格、渠道和促销,简称4Ps。网络营销不是简单的营销网络化,其仍然没有脱离传统营销理论,4Ps和4Cs营销理念仍在很大程度上适合网络营销实践。因此,在分析网络营销组合时,本书依旧沿用4Ps和4Cs营销理念进行分析。

网络营销强调以顾客为中心,从各个方面充分满足顾客的需求。因此,网络营销需要将顾客整合到整个营销过程中来,从顾客的需求出发开始整个营销过程,在整个营销过程中要不断地与顾客交互,每一个营销决策都要从消费者出发,而不是像传统营销理论那样主要从企业自身的角度出发。营销组合与消费者购买行为过程、网络市场的关联如图4.8所示。

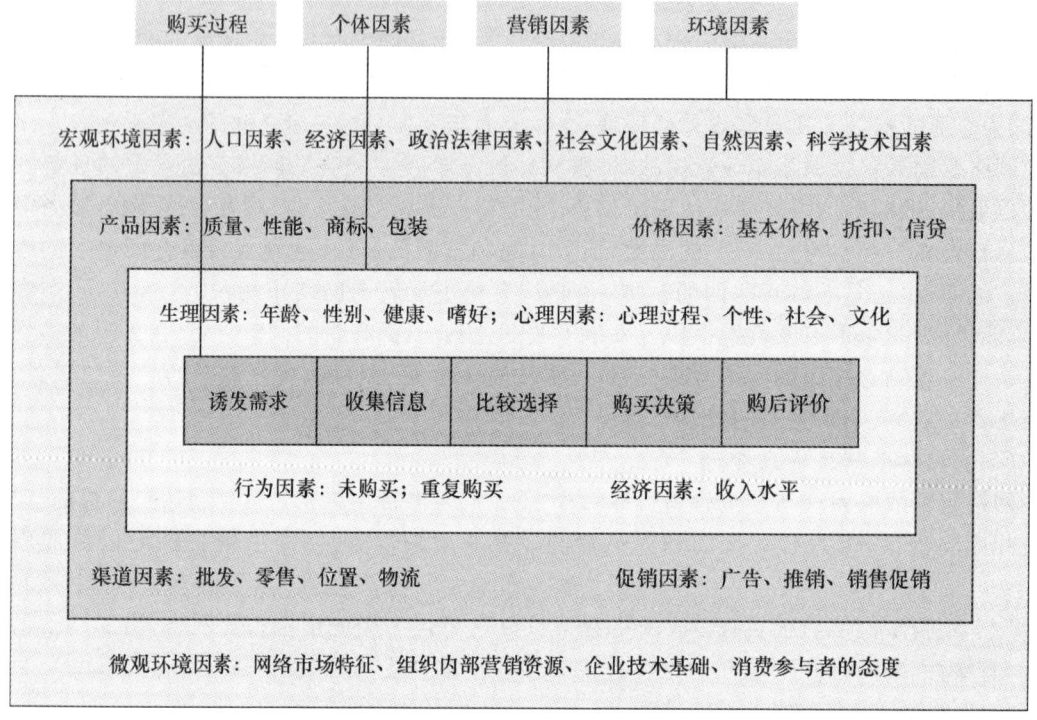

图 4.8 营销组合与消费者购买行为过程、网络市场的关联

二、产品策略

网络营销的产品策略主要包括网络营销产品的界定、特性识别、分类及应用。

（一）网络营销产品的概念

由于网络营销是在网上虚拟市场上开展营销活动实现企业营销目标,在面对与传统市场有差异的网上虚拟市场时,必须满足网络消费者一些特有的需求特征,因此网络营销产品内涵与传统产品内涵有一定的差异性,主要体现在网络营销产品的层次比以前传统营销中产品的层次大大拓展了。在网络营销中,产品的整体概念可分为五个层次,如图4.9所示。

核心利益层次是指产品能够提供给消费者的基本效用或益处,是消费者真正想要购买的基本效用或益处。如消费者购买电脑是为了学习使用电脑、利用电脑作为上网工具;购买软件是为了压缩磁盘空间、播放MP3格式的音乐或上网冲浪等。由于网络营销是一种以顾客为中心的营销策略,企业在设计和开发产品核心利益时要从顾客的角度出发,要根据上次营销效果来进行本次产品设计开发。要注意的是网络营销的全球性,企业在提供核心利益和服务时要

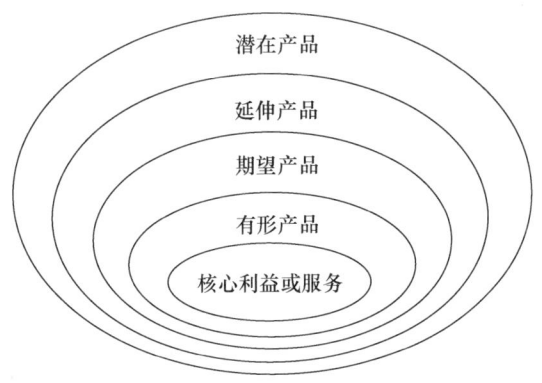

图 4.9　产品概念的五个层次

针对全球市场提供,如医疗服务可以借助网络实现远程医疗。

有形产品层次是产品在市场上出现时的具体物质形态。对于有形产品来说,第一,必须保障产品的品质;第二,必须注重产品的品牌;第三,注意产品的包装;第四,在式样和特征方面要根据不同地区的亚文化来进行针对性加工。

期望产品层次是指顾客在购买产品前对所购产品的质量、使用方便程度、特点等方面的期望值。在网络营销中,顾客处于主导地位,消费呈现个性化的特征,不同的消费者可能对产品的要求不一样,因此产品的设计和开发必须满足顾客这种个性化的消费需求。为满足这种需求,对于有形产品,要求企业的设计、生产和供应等环节必须实行柔性化的管理;对于无形产品如服务、软件等,要求企业能根据顾客的需要来提供服务。

延伸产品层次是指由产品的生产者或经营者提供的购买者有需求的产品层次,能够帮助用户更好地使用核心利益和服务。在网络营销中,对于有形产品来说,延伸产品层次要注重提供满意的售后服务、送货、质量保证等。

潜在产品层次是在延伸产品层次之外,由企业提供能满足顾客潜在需求的产品层次。它主要是产品的一种增值服务,它与延伸产品的主要区别是顾客没有潜在产品层次仍然可以很好地使用所需要的产品的核心利益和服务。在高新技术发展日益迅猛的时代,有许多潜在需求和利益还没有被顾客认识到,这需要企业通过引导和支持更好地满足顾客的潜在需求。

(二) 网络营销产品的特点

一般而言,目前适合在互联网上销售的产品通常具有以下特点:

(1) 产品性质方面。由于互联网用户在初期对技术有一定要求,因此用户上网大多与网络等技术相关,因此网上销售的产品最好是与高技术或电脑、网络有关。一些信息类产品如图书、音乐等也比较适合网上销售。还有一些无形产品如服务也可以借助网络的作用实现远程销售,如远程医疗。

(2) 产品式样方面。通过互联网对全世界国家和地区进行营销的产品要符合该国家或地区的风俗习惯、宗教信仰和教育水平。同时,网络营销产品的式样还必须满足消费者的个性化需求。

(3) 产品品牌方面。在网络营销中,生产商与经营商的品牌同样重要,一方面,要在网络上浩如烟海的信息中获得浏览者的注意,必须拥有明确、醒目的品牌;另一方面,由于网络消费者面对很多选择,同时网上的销售无法进行购物体验,因此,消费者对品牌比较关注。

（4）产品包装方面。作为通过互联网经营的针对全球市场的产品，其包装必须适合网络营销。

（5）目标市场方面。网上市场是以网络用户为主要目标的市场，在网上销售的产品要适合覆盖广大的地理范围。如果产品的目标市场比较狭窄，可以采用传统营销方式。

（6）产品价格方面。与传统营销方式相比，网络的优势在于它的信息共享性，共享性可以降低交易成本，从而带来较为低廉的价格。但需要注意的是，网络营销本身可以降低交易成本，但这不等于说网络产品就一定要低价位。产品价位的高低除受到供求关系的约束以外，还受到企业信誉、产品品牌和企业定价策略等多因素的影响。

（三）网络营销产品的分类

上述网络营销产品的特点其实是由于网络的限制，使得只有部分产品适合在网上销售，随着网络技术的发展和人们购买习惯的改变，将有越来越多的产品在网上销售。在网络上销售的产品，按照产品特性和形态的不同可分为两类：有形产品和无形产品（如表4.2所示）。

表4.2　网上销售产品分类

产品种类	常见营销方式	典型的销售品种
实体产品（Hard Goods）	在线预览、购物选择、购物指导、送货上门	各种消费品、工业品及农副产品等
软体产品（Soft Goods）	信息提供	各类信息（市场/价格/产品/技术）、数据库检索、电子新闻/图书/报刊/论文等
	在线销售	软件、游戏、音乐等
在线服务（Online Service）	咨询服务	金融/证券/保险的分析/咨询、法律/医药等专业咨询服务
	互动服务	网络拍卖、网络交友、远程教育、远程医疗、网络游戏、虚拟社区等
	预订/交易	各种票务订购、宾馆/饭店预订、旅游服务预订和交易等

实体产品包括各种消费品、工业品及农副产品。在网络上销售实体产品的过程与传统的购物方式有所不同。在这里已没有面对面的买卖方式，网络上的相互对话成为买卖双方交流的主要形式。消费者或客户通过卖方的主页考察其产品，通过填写表格表达自己对品种、质量、价格、数量的选择；而卖方则将面对面的交货改为邮寄产品或送货上门。这一点与邮购产品颇为相似。目前，很多产品，如音像制品、通信产品、家电产品、玩具、计算机产品、农产品、食品、图书等，都可以通过网络营销开展业务。

软体产品包括信息提供和在线销售服务，产品范围包括各种软件、游戏以及电子图书、电子报刊和新闻、研究报告和论文等。虽然这部分产品是无形的，但它们在网上占有非常重要的地位。数字化产品与媒体产品，如电子报刊，非常适合通过互联网营销，因为互联网本身就具有传输多媒体信息的能力。在未来纸张价格上涨、人们环保意识日益增强的环境下，网络信息传播无疑具有极大的优势。从国内外许多报纸杂志纷纷提供网络版的趋势看，数字化信息将会成为未来出版的主流。

可以通过互联网提供的在线服务种类很多，这些服务大致可以分为三类：第一类是咨询服务,如法律咨询、股市行情分析、金融咨询、医疗咨询等;第二类是互动服务,如网络交友、网络游戏、远程医疗、远程教育等;第三类是网络预订/交易服务,如预订机票、车票,代购球票、电影票,提供旅游预订服务、医院预约挂号服务、房屋中介服务等。

三、价格策略

网络营销价格是指企业在网络营销过程中买卖双方成交的价格。网络营销价格的形成是极其复杂的,它受到多种因素的影响和制约。一般来说,影响企业产品网上定价的因素包括传统营销因素和网络本身对价格的影响因素。其中,传统因素有内部的(成本和利润等)和外部的(消费者需求和市场竞争等)因素;由于网络的及时性和互动性等特点,网络营销会节省一定的经营成本,这必然会对价格产生一定的影响。

企业在进行网络营销决策时必须对各种因素进行综合考虑,从而采用相应的定价策略。传统营销的很多定价策略在网络营销中得到应用,同时也得到了创新。目前常用的价格策略主要有如下几种:

(一) 低价定价策略

借助互联网进行销售,比传统销售渠道的费用低廉,因此网上销售价格通常来说比一般的市场价格要低。由于网上的信息是公开和易于搜索比较的,因此网上的价格信息对消费者的购买起着重要作用。根据研究,消费者选择网上购物,一方面是因为网上购物比较方便,另一方面是因为从网上可以获取更多的产品信息,从而以最优惠的价格购买产品。

直接低价定价策略就是在定价时大多采用成本加一定利润,有的甚至是零利润,因此这种定价在公开价格时就比同类产品要低。它一般是制造业企业在网上进行直销时采用的定价方式。采用低价策略的基础是通过互联网销售,企业可以节省大量的成本费用。

另外一种低价定价策略是折扣策略,它是在原价基础上进行折扣来定价的。这种定价方式可以让顾客直接了解产品的降价幅度以促使顾客购买。这类价格策略主要用在一些网上商店,它一般按照市面上的价格进行折扣定价。如当当网的图书价格一般都要进行折扣,折扣范围是20%—40%。

如果企业是为拓展网上市场,但产品价格又不具有竞争优势,则可以采用网上促销定价策略。由于网上的消费者面很广而且具有很强的购买能力,许多企业为打开网上销售局面和推广新产品,采用临时促销定价策略。促销定价除了前面提到的折扣策略外,比较常用的是有奖销售和附带赠品销售。

在采用低价定价策略时要注意的是:首先,由于互联网是从免费共享资源发展而来的,因此用户一般认为网上商品比从一般渠道购买的商品要便宜,在网上不宜销售那些顾客对价格敏感而企业又难以降价的产品;其次,在网上公布价格时要注意区分消费对象,通常要区分一般消费者、零售商、批发商、合作伙伴,分别提供不同的价格信息发布渠道,否则可能因低价策略混乱导致营销渠道混乱;最后,网上发布价格时要注意比较同类站点公布的价格,因为消费者可以通过搜索功能很容易在网上找到最便宜的商品,否则价格信息公布将起到反作用。

(二) 定制生产定价策略

定制生产定价策略是在企业能实行定制生产的基础上,利用网络技术和辅助设计软件,帮助消费者选择配置或者自行设计能满足自己需求的个性化产品,同时承担自己愿意付出的价格成本。

目前,能够在网上提供定制生产的企业还很少,消费者定制定价订货的尝试还只是处于初级阶段。例如 IT 产业中的 Dell 提供了部分定制服务,用户可以通过该公司的网页了解某一型号产品的基本配置和基本功能,根据实际需要和在能承受的价格内,配置出自己最满意的产品。值得注意的是,有部分专业定制网站在近几年发展迅速,比如定制网、第八乐园等。这些网站主要提供个性化定制服务,如个性化鼠标垫、胸章、CD、贺卡、明信片、书刊、家居生活用品等。随着更多企业和网站开始提供定制服务,定制生产定价策略也会被越来越多的企业和网站所采用。

（三）使用次数定价策略

传统交易关系中,产品买卖是完全产权式的,顾客购买产品后即拥有对产品的完全产权。但随着经济的发展和人民生活水平的提高,人们对产品的需求越来越多,而且产品的使用周期也越来越短,许多产品被购买后使用几次就不再使用,非常浪费,因此制约了许多顾客对这些产品的需求。为改变这种情况,可以在网上采用类似租赁的按使用次数定价的方式。

所谓使用次数定价,就是顾客通过互联网注册后可以直接使用某公司的产品,顾客只需要根据使用次数进行付费,而不需要将产品完全购买。这一方面减少了企业为完全出售产品而进行的不必要的大量的生产和包装浪费,另一方面还可以吸引过去那些有顾虑的顾客使用产品,扩大市场份额。顾客只是根据使用次数付款,节省了购买产品、安装产品、处置产品的麻烦,还可以节省不必要的开销。

采用按使用次数定价,一般要考虑产品是否适合通过互联网传输,是否可以实现远程调用。目前,比较适合的产品有软件、音乐、电影等。对于软件,有工具型在线软件服务和管理型在线软件服务两种,工具型在线软件如在线翻译、在线杀毒、在线商机搜索等,管理型在线软件服务如在线会计服务、在线进销存服务、在线 CRM 服务等；对于音乐产品,也可以通过网上下载或使用专用软件点播；对于电影产品,则可以通过现在的视频点播系统 VOD 来实现远程点播,无须购买影带。另外,采用按使用次数定价对互联网的带宽提出了很高的要求,因为许多信息都要通过互联网进行传输,如果互联网带宽不够将影响数据传输,势必会影响顾客租赁使用和观看。

（四）拍卖竞价策略

网上拍卖是目前发展比较快的领域,经济学认为市场要想形成最合理价格,拍卖竞价是最合理的方式。网上拍卖由消费者通过互联网轮流公开竞价,在规定时间内出价高者赢得产品。目前国内最知名的拍卖站点是淘宝网,它允许商品公开在网上拍卖,拍卖竞价者只需要在网上进行登记,拍卖方只需将拍卖品的相关信息提交给淘宝公司,经公司审查合格后即可上网拍卖。

（五）免费价格策略

免费价格策略就是将企业的产品和服务以零价格形式提供给顾客使用,满足顾客的需求。免费价格策略是市场营销中常用的营销策略,它主要用于促销和推广产品,这种策略一般是短期和临时性的。但在网络营销中,免费价格不仅仅是一种促销策略,还是一种非常有效的产品和服务定价策略。

免费价格策略有四种主要的形式。形式一是产品（服务）完全免费,即产品（服务）从购买、使用到售后服务所有环节都实行免费,如人民日报的电子版在网上可以免费使用；形式二是对产品和服务实行限制免费,即产品（服务）可以被有限次使用,超过一定期限或者次数后,将取消这种免费服务,需要付款申请继续使用,如数据分析软件 SPSS 的最新版对非注册用户就有 30 天的使用时间限制;形式三是对产品和服务实行部分免费,如果要获取全部成果必须付款成为公司客户,如艾瑞咨询、赛迪网等研究公司的网站公布部分研究成果作为免费产品,而要获取全部则要付款;形式四是对产品和服务实行捆绑式免费,即购买某产品或者服务时赠送其他产品和服务,如在 2006—2008 年间,卡巴斯基科技有限公司通过 360 安全卫士赠送免费杀毒服务。

网络营销中产品实行免费价格策略是要受到一定环境制约的,并不是所有的产品都适合免费策略。互联网作为全球性开放网络,可以快速实现全球信息交换,只有那些适合互联网这一特性的产品才适合采用免费价格策略。一般说来,免费产品具有以下特性:易于数字化、无形化、零制造成本、成长性、冲击性、存在间接收益。

四、渠道策略

(一) 网络营销渠道的功能

与传统营销渠道一样,以互联网作为支撑的网络营销渠道也应具备传统营销渠道的功能。营销渠道是指与提供产品或服务以供使用或消费这一过程有关的一整套相互依存的机构,它涉及信息沟通、资金转移和事物转移等。一个完善的网上销售渠道应有三大功能:订货功能、结算功能和配送功能。

(1) 订货功能。它为消费者提供产品信息,同时方便厂家获取消费者的需求信息,以达到供求平衡。一个完善的订货系统,可以最大限度降低库存,减少销售费用。

(2) 结算功能。消费者在购买产品后,需要有多种方式方便地进行付款,因此厂家(商家)应有多种结算方式。目前国外流行的几种方式有:信用卡、电子货币、网上汇款等;而国内付款结算方式主要有:邮局汇款、货到付款、信用卡等。

(3) 配送功能。一般来说,产品分为有形产品和无形产品,无形产品如服务、软件、音乐等可以直接通过网上进行配送,有形产品的配送要涉及运输和仓储问题。国外已经形成了专业的配送公司,如著名的美国联邦快递公司,业务覆盖全球,可实现全球快速的专递服务,从事网上直销的 Dell 公司将美国货物的配送业务都交给它完成。因此,专业配送公司的存在是国外网上商店发展较为迅速的一个原因,在美国就有良好的专业配送服务体系作为网络营销的支撑。

(二) 网络营销渠道的类型

网络营销渠道可以分为两大类:一类是通过互联网实现的从生产者到消费(使用)者的网络直接营销渠道(简称网上直销)。这时传统中间商的职能发生了改变,由过去环节的中间力量变成直销渠道提供服务的中介机构,如提供货物运输配送服务的专业配送公司,提供货款网上结算服务的网上银行,以及提供产品信息发布和网站建设的互联网服务提供商(ISP)和电子商务服务商。网上直销渠道的建立,使得生产者和最终消费者可直接连接和沟通。

另一类是通过融入互联网技术后的中间商机构提供网络间接营销渠道。传统中间商由于融合了互联网技术,大大提高了中间商的交易效率、专门化程度和规模经济效益。同时,新兴的中间商也对传统中间商产生了冲击,如美国零售业巨头沃尔玛为抵抗互联网上的商家对其零售市场的侵蚀,在 2000 年 1 月开始在互联网上开设网上商店。基于互联网的新型网络间接营销渠道与传统间接分销渠道有着很大不同,传统间接分销渠道可能有多个中间环节如一级批发商、二级批发商、零售商,而网络间接营销渠道只需要一个中间环节。

(三) 网络渠道的选择与建设

由于网上销售对象不同,因此网上销售渠道是有很大区别的。对于 B2B 交易模式,由于单次交易量很大、交易次数较少,并且购买方比较集中,因此网上销售渠道建设的关键是建设好订货系统,方便购买企业进行选择;由于企业一般信用较好,通过网上结算实现付款比较简单;由于量大次少,因此配送时可以进行专门运送,既可以保证速度也可以保证质量,减少中间环节造成的损伤。对于 B2C 交易模式,由于单次交易量小、交易次数多,而且购买者非常分散,因此网上渠道建设的关键是结算系统和配送系统,这也是目前网上购物必须面对的门槛。由于国内的消费者信用机制还没有建立起来,加之缺少专业配送系统,因此企业开展网上购物活动时,特别是面对大众购物时必须解决好这两个环节才有可能获得成功。

不同的企业有不同的渠道选择策略。一般而言,规模大且具有较大范围(如全国甚至国际)品牌知名度的企业,可采用网上直销渠道;对于规模较小且品牌知名度不大的企业,一般选择合适的电子中间商;处于两者之间的企业可采用网上直销与电子中间商并存的模式,并视企业发展逐渐向一个方向侧重。不过,对大多数企业而言,网络营销渠道只是一种选择,不能完全替代传统的营销渠道。

(四) 渠道冲突与管理

传统企业选择网络作为新的营销渠道可能面临渠道冲突的风险。渠道冲突是指企业建立了两条或两条以上的渠道向同一市场分销产品而产生的冲突。网络渠道与传统渠道产生冲突的原因主要有以下几种:

1. 利润的重新分配

在传统渠道中,每一级渠道分销商在转移或代理商品时,总希望能得到相应的利差分配,而且其所希望得到的利差应该足以弥补其所有费用的开支以及提供足够的利润。这些利润是传统渠道分销商转移或代理商品的动力所在。而网上渠道却使生产者尽可能地绕过中间渠道成员,直接与消费者进行对话,在最大化地获取利润的同时,努力收集消费者的信息,保持良好的互动关系,提升顾客满意度与忠诚度,这直接减少了传统分销商的利润分配,因此,必然招致传统分销商的抵制,造成原有渠道的动荡。

2. 客户资源的抢夺

客户资源的抢夺也是传统渠道分销商所要竭力阻止的。虽然企业不一定想直接排除传统渠道分销商,而且把网上销售仅仅当成是一种补充。但是,要是没有与传统分销商进行充分的沟通,这一行为在传统分销商眼里便成了客户资源抢夺。这样,传统分销渠道与网上渠道之间的冲突似乎在所难免。

3. 搭便车现象

搭便车现象是指生产商的网上销售搭了"传统分销商的优质服务的便车"。比如,在网上销售与传统分销商处都有同一型号的手机出售。一位消费者有意愿购买此型号的手机,因此,他便会先去传统分销商处让经验丰富的销售人员详细地分析讲解这款手机的优点与功能,还可以亲手操作与感受实物。在这之后有了购买决定,他也许不会直接在分销商处购买,而是选择回家以更低的价格在生产商或其他分销商的网上购买。在这种情况下,传统分销商提供了除卖出商品外的所有其他服务,却没有取得任何的收益。很显然,新渠道免费搭乘了全方位服务的传统分销商的便车。

对于企业而言,可制定一些有效的策略尽量避免渠道冲突的发生,如直接让现有分销商实施网络销售;建立企业门户,鼓励中介承担企业事实网络销售时所产生的新型服务;仅在线销售没有冲突的产品,如新产品、传统渠道不愿经营的产品等,而其他易引起冲突的产品只在线做广告,仍由传统渠道分销;只利用互联网做推广、客户服务等,而不承担销售任务;成立独立的在线子公司等。另外,为了避免渠道冲突,企业还要建立有效的协调管理措施,如明确责任、统一定价等。

五、促销策略

网络促销是指利用现代化的网络技术向虚拟市场传递有关产品和服务的信息,以诱发需求,引起消费者的购买欲望和购买行为的各种活动。它突出地表现为以下三个明显的特点:第一,网络促销是通过网络技术传递产品和服务的存在、性能、功效及特征等信息的。它是建立在现代计算机与通信技术基础之上的,并且随着计算机和网络技术的不断改进而改进。第二,网络促销是在虚拟市场上进行的。这个虚拟市场就是互联网。互联网是一个媒体,是一个连接世界各国的大网络,它在虚拟的网络社会中聚集了广泛的人口,融合了多种文化。第三,互联网虚拟市场的出现,将所有的企业,不论是大企业还是中小企业,都推向了一个世界统一的市场。传统的区域性市场的小圈子正在被一步步打破。

(一) 促销形式

传统营销的促销形式主要有四种:广告、销售促进、宣传推广和人员推销。网络营销是在网上市场开展的促销活动,相应形式也有四种,分别是网络广告、站点推广、销售促进和关系营销。其中网络广告和站点推广是网络营销促销的主要形式。

网络广告类型很多,根据形式不同可以分为旗帜广告、按钮广告、弹出广告、电子邮件广告、新闻组广告等。

站点推广就是利用网络营销策略扩大站点的知名度,吸引网络消费者访问网站,起到宣传和推广企业以及企业产品的效果。站点推广主要有两类方法:第一类是通过改进网站内容和服务,吸引用户访问,起到推广效果;第二类是通过网络广告宣传推广站点。第一类方法,费用较低,而且容易稳定顾客访问,但推广速度比较慢;第二类方法,可以在短时间内扩大站点知名度,但费用不菲。

销售促进就是企业利用可以直接销售的网络营销站点,采用一些销售促进方法如价格折扣、有奖销售、拍卖销售等方式,宣传和推广产品。

关系营销是借助互联网的交互功能吸引用户与企业保持密切关系,培养顾客忠诚度,提高顾客的收益率。

(二) 网络促销策略

网络促销的核心问题是如何吸引消费者,为其提供具有价值诱因的商品信息。网络手段的运用,使传统的促销活动具有了新的含义和形式。网络销售促进就是企业利用可以直接销售的网络营销站点,采用一些销售促进方法诸如有奖销售、赠品销售等方式宣传和推广产品。

1. 网上抽奖促销

抽奖促销是网上应用较广泛的促销形式之一,是大部分网站乐意采用的促销方式。抽奖促销是以一个人或数人获得超出参加活动成本的奖品为手段进行商品或服务的促销,网上抽奖活动主要附加于调查、产品销售、扩大用户群、庆典、推广某项活动等。消费者或访问者通过填写问卷、注册、购买产品或参加网上活动等方式获得抽奖机会。

网上抽奖促销活动应注意以下几点:奖品要有诱惑力,可考虑大额超值的产品吸引人们参加活动;参加方式要简单化,由于上网费用、网络速度以及浏览者兴趣不同等原因,网上抽奖活动必须策划得富于趣味性和容易参加,太过复杂和难度太大的活动较难吸引匆匆的访客;抽奖结果要保证公正性和公平性,由于网络的虚拟性和参加者的广泛地域性,对抽奖结果的真实性要有一定的保证,应该及时请公证人员进行全程公证,并及时通过 E-mail、公告等形式向参加者通告活动进度和结果。

2. 网上积分促销

积分促销在网络上的应用比起传统营销方式要更加简单和易操作,网上积分活动很容易通过编程和数据库等来实现,并且结果可信度很高。积分促销具有如下作用:可以增加上网者访问网站和参加某项活动的次数;可以提高上网者对网站的忠诚度;可以提高活动的知名度等。

积分促销一般设置价值较高的奖品,消费者通过多次购买或多次参加某项活动来增加积分以获得奖品。现在不少电子商务网站"发行"的"虚拟货币"是积分促销的另一种体现,如酷必得的"酷币"等。网站通过举办活动来使会员"挣钱",同时可以用仅能在网站使用的"虚拟货币"来购买本站的商品,实际上是给会员购买者相应的优惠。

3. 网上赠品促销

赠品促销目前在网上的应用不算太多,一般情况下,在新产品推出试用、产品更新、对抗竞争品牌、开辟新市场的情况下利用赠品促销可以达到比较好的效果。

赠品促销具有如下优点:可以提升品牌和网站的知名度;鼓励人们经常访问网站以获得更多的优惠信息;能根据消费者索取赠品的热情程度总结分析营销效果和对产品本身的反应情况等。

赠品促销应注意赠品的选择:不要选择次品、劣质品作为赠品,这样做只会适得其反;明确促销目的,选择适当的能够吸引消费者的产品或服务;注意时间和时机,如冬季不能赠送只在夏季才能用的物品,另外在危急公关等情况下也可考虑不计成本的赠品活动以挽回公关危机;注意预算和市场需求,赠品要在能接受的预算内,不可因过度赠送赠品而造成营销困境。

4. 网上联合促销

由不同商家联合进行的促销活动称为联合促销,联合促销的产品或服务可以产生一定的优势互补、互相提升自身价值等效应。如果应用得当,联合促销可收到相当好的促销效果,网络公司可以和传统商家联合,以提供在网络上无法实现的服务,如网上销售汽车的公司可以与润滑油公司联合促销等。

非竞争性的厂商之间可以组成线上促销的策略联盟,通过将相互的线上资料库联网,增加与潜在消费者接触的机会。这样做既不会使本企业的产品受到冲击,又拓宽了产品的消费层面。

以上网上促销策略是比较常见又重要的方式,其他如网上竞赛、问题征答、畅销产品排行榜、事件促销等都可将以上几种促销方式进行综合应用。但要想使促销活动达到良好的效果,必须事先进行市场分析、竞争对手分析以及网络活动实施的可行性分析,与整体营销计划结合,有创意地组织实施促销活动,使促销活动新奇、富有销售力和影响力。

由于企业的产品种类不同、销售对象不同,促销方法与产品种类和销售对象之间将会产生多种网络促销的组合方式。企业应当根据网络广告促销和网络站点推广两种方法各自的特点和优势,根据自己产品的市场情况、顾客情况,扬长避短,合理组合,以达到最佳促销效果。

案例 4.2

亚马逊 VS 沃尔玛:信息经济时代零售霸主逆战(二)

2012年夏天,一场京东苏宁大战让整个中国零售市场鸡犬不宁,恍惚间让人不禁想起多年前的亚马逊与百思买之争。如今,百思买早已沦为亚马逊的"线下体验店",管理混乱,裁员风波不断。而随着亚马逊经营门类的不断扩张,它也将挑战的视线投向了体态更庞大的全品类零售巨头沃尔玛。

与国内电商动辄开展价格战类似,早期的亚马逊与沃尔玛也是频频向对方发起低价攻势。2009年第三季度,沃尔玛从图书领域对亚马逊发起攻势,宣布10种畅销图书降价,亚马逊接招降价迎战。随后,价格战甚至蔓延至视频游戏机、手机甚至小家电领域。尽管两家公司都宣布将不计后果地参与价格战,但《纽约客》一针见血地指出,沃尔玛和亚马逊其实并没有真正展开价格战,而是为了压制其他线下零售商,吸引用户向线上业务迁移。

毫无疑问,"价格低廉"确实是驱动消费者转移购物平台的核心因素。消费者几乎能够确信,选择亚马逊网站(amazon.com)购物能够比沃尔玛至少节约5%的开销。然而,在以沃尔玛为首的实体店公平竞争联盟的声讨压力下,亚马逊的这一优势正在逐渐消失。线上零售商免交消费税的优势正在褪去,亚马逊首席财务官汤姆·斯库塔克透露,亚马逊目前50%左右的商品都在征收消费税或增值税,这意味着亚马逊相比沃尔玛的低价优势遭遇挑战。与此同时,沃尔玛也开始布局自己的线上业务,目前已进军美国、英国、加拿大以及巴西等市场,在中国区并购了网上超市1号店。此外,还设立了名为"@WalmartLabs"的新部门,以吸引更多智能手机及社交网络用户加入网购行列。

这场价格对抗也给亚马逊和沃尔玛的仓储配送环节带来了新的机遇和挑战。亚马逊与美国各州州政府达成的最终妥协方案均是,通过新建仓库及物流中心为各州提供就业岗位,从而延期征缴消费税。这些待建的仓库将在不远的将来,为用户提供更加快捷的配送服务,大部分"两日送达"服务将尽快升级至"当日送达"。过去如果你着急买一包手帕纸、一本畅销书、一剂感冒药,首选方案是去附近的沃尔玛或其他零售店。如果亚马逊"当日送达"服务大范围成为可能,消费者根本不必麻烦亲自跑去超市排队。这样一来,亚马逊再次拥有了与沃尔玛竞争的筹码。

不甘坐以待毙的沃尔玛2012年10月初宣布,将在部分区域尝试商品当日送达服务"Walmart To Go"。客户只需花费10美元,商品便可当日送达。与亚马逊通过本地仓库发货不同,沃尔玛的当日送达商品将从当地沃尔玛商店直接发货。虽然物流基础设施开支及人力成本加剧了亚马逊的利润压力,但沃尔玛也未在此环节表现出明显优势。分析师称,配送中心的自动化流程更具效率,相较之下本地商店的配送成本是其3—4倍,何况沃尔玛当日送达服务仅涉及5 000款商品。

事实上,亚马逊在弥补实体体验的短板上已经迈出了更长远的步伐。这家网络巨头已悄悄在一些杂货店、24小时便利店和药店安装了巨大的储物柜,存放顾客的包裹以备随后取走,此举恰恰是借鉴了沃尔玛的做法。亚马逊未来或许没有的只剩下产品展示厅。此种形态下,沃尔玛宣布将在美国加速拓展小型社区店,进一步接近顾客,切入市场。

移动互联的兴起和大数据浪潮将双方的竞争推进到了更深的层面。2011年年底,亚马逊推出了 Price Check 比价应用,用户通过智能手机在零售店中扫描商品的条形码,然后在亚马逊等网络零售商中可以找到价格最低的商品。Price Check 所塑造的消费习惯集合了传统的现实消费和网上购物,沃尔玛等实体零售商再一次受到冲击。通过对用户消费数据的挖掘,亚马逊可以有针对性地向用户智能推荐相关产品,并为营销决策提供依据,帮助商家制订销售计划。野心勃勃的亚马逊甚至打算通过把用户"卖"出去来打造自己的广告业务,作为一项收入补贴,进一步降低商品的价格。

沃尔玛同样不敢懈怠,目前正在零售店中测试一项名为"Scan & Go"的服务:消费者在购物时可以使用手机扫描商品,并在购物结束时在店内自助结账柜台进行快速结账,大大提高了购物体验和效率。此外,沃尔玛还联合其他几家零售商,宣布将推出名为 Merchant Customer Exchange 的移动支付网络,以取代传统信用卡系统。在网络购物层面,为了对抗亚马逊,沃尔玛发布了购物搜索引擎 Polaris,为沃尔玛的网络和手机购物平台提供搜索服务,使用新的搜索技术后,用户的平均购买意愿提升了 10%—15%。

信息时代革命下的零售业大战仍在火拼,互联网带来了巨大的机会,但传统的购物体验仍不可忽略,毕竟目前 80% 的交易仍通过线下进行。沃尔玛首席技术官杰里米·金表示:"亚马逊一直在我们的视野中,我们在玩一场追赶游戏。"沃尔玛不会消亡,亚马逊也不排除会适时发展线下业务,传统工业时代的经济模式与新信息时代形态的融合已成了零售业的发展动向。

(资料来源:罗松,腾讯科技,http://tech.qq.com/a/20121027/000018.htm,有节选)

思考题:

1. 沃尔玛和亚马逊都是以低价著称,请分析它们两者之间"低价"的异同。
2. 比价软件的使用似乎激化了线下与线上的价格竞争,请从沃尔玛的角度分析如何脱离与亚马逊的低价竞争泥潭。

第四节 网 络 广 告

广告作为企业营销活动中常见的一种促销沟通形式,在互联网环境下发生了一些变化。由于互联网强大的通信能力和覆盖面积,网络促销在时间和空间观念上、在信息传播模式以及顾客参与程度上都与传统的促销活动有很大差异,因此网络广告在空间、时间、信息表现、沟通方式等方面与传统营销的广告有着显著差异。随着网络营销实践的开展和信息技术的发展,网络广告发展很快,被称为新兴的第四类媒体,已经在广告业中占据了很大的份额。重视对网络广告的应用和研究,对企业开展网络营销十分重要。

一、网络广告的发展历程

全球第一个网络广告出现于 1994 年的美国。当年 10 月 14 日,美国著名的 Wired 杂志推出了网络版 Hotwired(www.hotwired.com),其主页上开始有 AT&T 等 14 个客户的旗帜广告,这是广告史上里程碑式的一个标志。我国的网络广告起步稍晚一些,1997 年 3 月比特网

(www.chinabyte.com)获得第一笔广告收入,IBM 为 AS400 的宣传付了 3 000 美元,这是中国第一个商业性的网络广告。从此,网络广告开始成为互联网企业最直接、最有效的盈利模式,中国网络广告市场也在这一天开始发展,并逐渐形成了每年数十亿元的产业规模。

1999 年 1 月,新浪拿到 IBM 30 万美元广告单。这不仅是当时最大的单笔网络广告,还预示着中国网络广告市场已经开始成熟,中国的互联网企业完全可以通过网络广告这种模式养活自己,并产生可观的利润。2000—2002 年,互联网发展进入寒冬,但网络广告的发展步伐并没有停止。根据艾瑞咨询公司的统计数据,2001 年中国网络广告市场规模为 4.6 亿元人民币,2002 年增长为 6.1 亿元人民币。在网络广告收入的支持下,2002 年搜狐也成为三大门户网站中第一个实现规模盈利的公司。2003 年,中国网络广告开始爆发,网络广告市场规模急剧增至 13.1 亿元人民币,增长幅度达 116%。2004—2005 年,由于互联网环境的改变,众多互联网公司开始盈利,风险投资重新大批进入互联网产业,而网络广告市场规模也稳步增长,平均增长率在 70% 以上。2006 年以后,网络广告保持高速发展,特别是 2013 年第三季度中国网络广告市场规模达到 278.5 亿元,较上一季度增长接近 20%,较上年同期增长超过 30%。网络广告的发展也得益于移动网络的应用,截至 2013 年 6 月底,中国新增网民中手机上网的比例高达 70%,这表明中国网民已经形成庞大的规模,并保持快速发展的趋势。在庞大的网民规模下,网络广告的发展被越来越多的企业所认同。

二、网络广告的优势

网络广告作为一种全新的广告形式,之所以受到各个国家及地区企业的重视和喜欢,是因为它与当今电视、广播、报纸、杂志等媒体的广告相比,具有覆盖范围广、信息容量大、实时性、交互性、视听效果综合性、广告投放准确等特点。

1. 覆盖范围广

通过互联网发布广告覆盖范围广泛,不受时间和地域的限制;可以自由地把广告传播到全球各个年龄、各种职业和不同种族的信息受众。

2. 信息容量大

与传统媒体相比,网络上能提供的信息内容更加全面、更加具体。由于网络的可链接性,网络广告可以将广告主认为有必要向受众说明的一切详尽信息交代清楚,甚至设置热键链接到企业自身的网页。

3. 实时性

对于网络广告运作来说,从材料的提交到发布,所需时间可以是数小时或更短。同时,企业还能方便地对网络广告进行动态调整。例如对于某一产品广告价格变动的信息,在网络广告上修改信息只需几分钟,从而实现广告与销售部门之间的协调。

4. 交互性

网络广告是一种"推"、"拉"互动式的信息传播方式。广告主将相关产品的所有信息组织上网,等待着消费者查询或向消费者推荐相关的信息。消费者成为交流的主动方,他们主动、自由地去搜寻有用的信息,并可按照自己的自身需求直接向广告主发出咨询,广告主一旦接收到信息,立刻根据顾客的要求和建议及时做出积极反馈,使用各种方法将顾客留住。

5. 视听效果综合性

随着多媒体技术、网络技术及编程技术的提高,网上广告可以集文字、动画、全真图像、声音、三维空间、虚拟现实等为一体,创造出身临其境的感觉,既满足浏览者收集信息的需要,又提供了视觉、听觉的享受,增加了广告的吸引力。

6. 广告投放准确

网络广告的准确性包括两个方面:一方面是广告主投放广告的目标市场的准确性。网络世界中,有着共同兴趣、爱好和议题的人们往往聚合成一个个团体,无形中形成了市场细分后的目标顾客群。广告主将特定的商品广告投放到相应消费人群聚集的地方,其目标市场很明确,从而做到有的放矢。另一方面,网络广告的准确性还体现在广告受众的准确性上,由于上网需要付费,消费者浏览站点的时候,只会选择真正感兴趣的广告信息,所以网络广告信息到达受众方的准确性高。

三、网络广告的形式

网络广告可通过各种具体的形式来达到广告目标。一般来讲,网络广告有以下主要形式:

1. 旗帜广告

旗帜广告是网络媒体经营者在网站的页面中分割出一定大小的画面来发布广告,因其像一面旗帜,故称旗帜广告。为了吸引更多的浏览者注意并点击,旗帜广告通常利用多种多样的艺术形式进行处理,如做成动画跳动效果或做成霓虹灯的闪烁效果等。

2. 按钮广告

按钮广告又称图标广告,属于纯标志型广告。这种广告是出现在 Web 页面上任何地方的一个图标。这个图标可以是企业的标志,也可以是一个象形图标,有的就是一个按钮的形状,所以称为按钮广告。它们都采用超链接的方式,用鼠标点击时,就会链接到相关信息或广告主的页面上。按钮广告的不足在于其被动性和有限性,它要求浏览者主动点选,才能了解到有关企业或产品的更为详细的信息。

3. 弹出广告

弹出广告是指网民在打开某些网站的网页时,会自动弹出一个小窗口,用于展现广告。这种窗口可大可小,窗口内可展现文字、图片或动画,点击可直接进入广告主的网站或相关产品介绍。弹出广告吸引力强,通常收费也较高,但其传输相对较慢,在有些情况下,网民可能会不等它显示完毕就关闭它,广告效果会受到影响。

4. 漂浮广告

漂浮广告一般放于页面的左右两侧,可随滚动条的移动而移动,称为左右漂浮;也可以为自由漂浮,随鼠标的移动而移动。

5. 电子邮件广告

广告主根据搜集到的用户 E-mail 地址,通过电子邮件形式散发广告。这种广告属于硬性广告,容易使用户反感,但一旦有用户点击,就会得到回报,投入越多,效果也就越好。

6. 分类广告

分类广告是指在网站广告专栏发布的小广告,内容可涵盖社会生活的各个方面,具有方便快捷、篇幅短小、收费低廉的特点,主要满足企业、事业单位和个人商户在互联网上发布各类产品和服务广告的需求。

7. 搜索引擎广告

搜索引擎广告是指利用搜索引擎、分类目录等具有在线检索信息功能的网络工具进行网站推广的方法。由于搜索引擎用户需要输入关键词才能找到其想要的信息,这是一个对用户自然分流及筛选的过程,因此这些用户最具有针对性。

8. 赞助式广告

赞助式广告确切地说是一种广告投放传播的方式,而不仅仅是一种网络广告的形式。它可能是通栏广告、弹出广告等形式中的一种,也可能是包含很多广告形式的打包计划,甚至是以冠名等方式出现的一种广告形式。常见的几种赞助式广告包括:内容赞助式广告、节目/栏目赞助式广告、事件赞助式广告、节日赞助式广告等。

除了以上广告形式外,实际应用中还有新闻组广告、文字链接广告、墙纸式广告、互动游戏广告等形式。

四、网络广告的发布

网络媒体的特点决定了网络广告策划的特定要求。如网络的高度互动性使网络广告不再只是单纯的创意表现与信息发布,广告主对广告回应度的要求会更高;网络的时效性非常重要,网络广告的制作时间短,上线时间快,受众的回应是即时的,广告效果的评估与广告策略的调整也都必须是即时的。因此,传统广告的策划步骤在网络广告上运用有一定不同,下面是网络广告策划的一般步骤。

1. 确定网络广告的目标

广告目标的作用是通过信息沟通使消费者产生对品牌的认识、情感、态度和行为的变化,从而实现企业的营销目标。在公司的不同发展时期有不同的广告目标,比如说是形象广告还是产品广告。对于产品广告,在产品的不同发展阶段,广告的目标可分为提供信息、说服购买和提醒使用等。AIDA 法则是网络广告在确定广告目标过程中的规律:

第一个字母 A 是"注意"(Attention)。在网络广告中意味着消费者在电脑屏幕上通过对广告的阅读,逐渐对广告主的产品或品牌产生认识和了解。

第二个字母 I 是"兴趣"(Interest)。消费者注意到广告主所传达的信息之后,对产品或品牌产生了兴趣,想要进一步了解广告信息,他可以点击广告,进入广告主放置在网上的营销站点或网页。

第三个字母 D 是"欲望"(Desire)。感兴趣的消费者对广告主通过产品或服务提供的利益产生"占为己有"的企图,他必定会仔细阅读广告主的网页内容,这时就会在广告主的服务器上留下网页阅读的记录。

第四个字母 A 是"行动"(Action)。最后,消费者把浏览网页的动作转换为符合广告目标的行动,可能是在线注册、填写问卷参加抽奖或者是在线购买等。

2. 确定网络广告的目标受众

确定网络广告的目标群体,简单来说就是确定网络广告希望让哪些人来看,确定他们是哪个群体、哪个阶层、哪个区域。只有让合适的用户来参与广告信息活动,才能使广告有效地实现其目标。

企业的产品特性是准确定位广告目标群体的关键。因为广告的目标群体是由企业的产品消费对象来决定的,网络营销人员要深入调查和分析目标群体的性别、年龄、职业、爱好、文化程度、素质水平、收入、生活方式、思想方式、消费心理、购买习惯、平时接触网络媒体的习惯等。了解了目标群体的特征,才能有的放矢地调整企业的营销策略。

网络浏览者或网络消费者是具有一些时代特征的。目前网络人口主要呈现年轻化、受教育程度较高、收入较高的特点。这是因为计算机网络操作要求具有这方面的基本知识和技能;同时,由于网络搜索的工作特性多于它的娱乐性,因此要求网络广告目标群体对网络本身具有较浓厚的兴趣。

在网络广告中,还要清楚了解目标群体的网络操作水平,这决定了网络广告表现时所能采用的技术程度和软件,针对那些熟悉网络操作技能的广告受众,可以采用较复杂的展现形式和增加广告的互动操作来提高网络广告的活泼性和趣味性。

由于现在开发的广告管理系统具有定向发布和定向反馈的功能,使得网络营销人员能更准确地了解广告目标群体的情况。企业在进行网络营销时,必须分析网络的既有群体与企业整体营销策略的目标市场之间的重合度有多大,以避免盲目的网络营销决策。企业应充分考虑网络广告目标群体的容量,这主要包括目标群体的人数、购买力及偏好。同时,还要考虑企业、产品及竞争对手在消费者心目中的形象。

3. 确定网络广告费用预算

公司首先要确定整体促销预算,再确定用于网络广告的预算。整体促销预算可以运用量力而行法、销售百分比法、竞争对等法或目标任务法来确定。而用于网络广告的预算则可依据目标群体情况及企业所要达到的广告目标来确定,既要有足够的力度,也要以够用为度。量力而行法即企业确定广告预算的依据是它们所能拿得出的资金数额。销售百分比法即企业按照销售额(销售实际或预计销售额)或单位产品售价的一定百分比来计算和决定广告开支。竞争对等法是指企业比照竞争者的广告开支来决定本企业广告开支的多少,以保持竞争上的优势。目标任务法是根据确定的广告目标估算执行这种工作任务所需的各种费用,这些费用的总和就是计划广告预算。

4. 广告信息决策

根据广告的目标、公司的发展阶段、产品生命周期、竞争状况分析等信息,确定广告诉求重点,设计网络广告。广告活动因为不同的创意而产生很大差异,因此,创意因素的效果要比所费资金重要得多,只有在广告引起网络访问者注意后,才能有助于提高品牌形象和销售。

确定创意策略有三个基本步骤:信息制作、信息评估与选择、信息表达。广告创意的确定通常由公司和广告代理公司共同参与完成。

5. 选择网络广告发布渠道及方式

网上发布广告的渠道和形式众多,各有优劣,企业应根据自身情况及网络广告的目标,选择网络广告发布渠道及方式。在目前,可供选择的渠道和方式主要有主页形式、网络内容服务商、专类销售网、企业名录、免费的 E-mail 服务、黄页形式、网络报纸或网络杂志、新闻组等。选择怎样的渠道和方式,要根据企业诉求对象的特点和广告的目标以及网上用户的情况来决定,也可以将若干方式组合应用。

五、网络广告的收费与效果评价

一般来讲,网络广告效果可以从广告计费形式上评价,目前国际上采用比较多的计费方式有以下几种:

1. 千人印象成本(Cost Per Impressions,简称 CPM)

在传统媒体的广告业中,通常是以每千人成本作为确定该媒体广告价格的基础。由于互联网上的网站可以精确地统计其页面的访问次数,因此网络广告按访问人次收费是一种方法,一般以广告网页被1 000次浏览为基准计价单位。

2. 每千次点击成本(Cost Per Thousand Clickd-Throughs,简称CPC)

即以网页上的广告被点击并链接到相关网站或详细内容页面1 000次为基准的网络广告收费模式。例如,广告主购买了10个CPC,意味着其投放的广告可被点击10 000次。虽然CPC的费用比CPM的费用高得多,但广告主往往更倾向选择CPC这种付费方式。因为这种付费真实反映了受众确实看到了广告,并且进入了广告主的网站或页面。CPC也是目前国际上流行的广告收费模式。

3. 每行动成本(Cost Per Action,简称CPA)

按广告投放实际效果,即按回应的有效问卷或订单来计费,而不限广告投放量。CPA的计价方式对于网站而言有一定的风险,但若广告投放成功,其收益也比CPM的计价方式要大得多。

4. 每购买成本(Cost Per Purchase,简称CPP)

这是广告主为防范广告费用风险采用的一种模式,也称销售提成收费模式,即广告主在广告带来产品的销售后,按销售数量付给广告网站较一般广告价格更高的费用。

5. 按业绩付费(Pay-for-Performance,简称PFP)

按业绩付费是从CPM转变而来的一种收费模式,基于业绩的定价计费标准有点击次数、销售业绩、导航情况等。

6. 其他收费模式

一些网络广告服务商还采用按月固定收费的模式,不管效果好坏,不管访问量有多少,一律一个价,如国内许多网站推出的以租用硬盘空间方式收费。

总之,每一种收费方式,单独来看都很难准确地体现网络广告投放的真正价值。但对于广告主和广告公司而言,可在监测统计手段的基础上加权计算网络广告的效果,从而选择适当的计费方式或者计费方式的组合。

案例4.3

"猪倌"上百度 网络营销遭遇竞价无底洞

如果你不小心用百度搜索了"苗猪"、"猪苗"、"仔猪"、"猪仔"等词,又不小心点击了排名靠前的链接,你就给百度带去了几十元的收入。至于具体多少是随着时间变动的,在短短的几天之内,这些词的价格在20元至上百元间剧烈波动。

赚钱的"猪生意"

"去年(2008年)是好时光。"猪场老板陈军向记者回忆说。

由于政府鼓励养猪致富,宿迁当地开设了两个活跃的仔猪交易市场,大大小小的养猪场四处可见,由于规模效应,整体价格也比国内其他地区更便宜,宿迁的仔猪也因此而确立名声,销往全国各地。

"我的猪场大概有一百亩地,两百多头母猪,每年的仔猪销量也有三四千头,在这里算比较大的。还有的人家只有几十头母猪,甚至几头母猪,整个地方养猪的有上千家。"陈军说。

陈军告诉记者,猪场生意好的时候,一年能赚几十万元,那些湖南的养猪户从这里买了仔猪养大销售,也可以获得几万的利润。"2006年、2007年、2008年都是好光景,猪价一直攀升。到2008年的时候,生猪的价格是现在的两三倍。"陈军表示,而现在的猪肉价格只有4块多钱一斤。同样为猪场经理的张杨(化名)告诉记者,去年,由于生猪市场价格居高不下,宿迁的猪场也赚得盆满钵满,他的猪场也有了上千头仔猪的规模。

宿迁猪仔养殖的集群效应也必然带来了激烈的竞争,这上千家养殖场如何保证能够在同类竞争者中脱颖而出?如何让客户能够毫不费力地找到自己?宿迁的仔猪生意产生了一个衍生品生意:广告需求。另一批人光临宿迁,他们是网络广告代理商。

张杨表示,来宿迁争夺客户资源的广告代理商并不来自一个地方,有的来自南京,有的来自苏州,比如他就选择了苏州的一个代理商。"我对网络不了解,让他们去做算了。"他把钱交给了代理商,由代理商定价和操办。然而,张杨并没有告诉记者自己花了多少钱。

陈军把自己的账单亮给了记者,"去年开始做竞价排名,一开始充了1万元,办了网站。充入1万元,还剩下400多元,也就是说,花掉了9 500元。现在,网站到期了(网站是一年到期),就又办了一个新网站,充入2 000元钱,几天工夫又花掉了400多元。"

由于猪场多、广告代理商少,于是,代理商和猪场的关系也错综复杂。甚至一家代理商负责多家猪场的竞价排名业务,为这些猪场制定不同的竞争价格。

记者根据工信部网站备案查询网站http://www.miibeian.gov.cn/进行查询,发现这类网站多注册在个人名下,并且一个人注册多个网站,把网址让不同的猪场使用,分别进行竞价排名。

这样的竞价排名是否对于提高猪场的效益有利

记者调查了几家猪场,众人几乎异口同声地回答,对于别人是有效的,但对于自己却没有什么效果。以上述的陈军为例,他表示自己花掉上万元钱是白扔了。"去年投入的9 500元一个客户也没有带来。今年的几天时间内,花费了几百元钱,还是没有效果。"陈军表示。

网络广告已经有了恶性竞争的味道。当记者询问一家猪场老板时,他对于为何参与竞争回答说,如果不参与竞争,别人都做了广告,自己不是更没有机会了?就算是争一口气,也要争第一。在这样的心态下,越来越高的价格被报了出来。

记者在4月10日的查询中,"猪仔"这个词的最高竞价是100元,这就意味着,每一个人的点击都要让猪场主们付出100元钱。"据透露,最高的时候竟然炒到了500元每次,这简直是在帮助百度印钞票。"沈阳表示。沈阳向记者算了一笔账,以现在苗猪4元钱一斤(500克)计算,如果苗猪重50斤,一头猪的价格也就是200元,即使按照100元竞价一次计算,也相当于动一动鼠标就拿走人家半头猪的钱。对于一年出仔猪千头左右的养殖场,这样的竞价排名游戏已经玩不起了。

更令人担忧的是,这次竞价排名飙升的原因除了竞相攀比之外,还有另外的因素就是猪肉市场价格的下跌。

据陈军告诉记者,以去年奥运为分界线,奥运一结束,猪场的销售就遭受了突然的打击。目前的价格下跌至不到最高价时期的一半。张杨则表示他的业务已经萎缩了1/3。

而生存的压力让猪场老板们把更多的希望寄托在竞价排名等广告形式上,在盈利下降的同时,广告的价格却在提升。由于对于网络广告和营销并不擅长,猪场老板们只能指望代理商们画的大饼。在记者的采访中,有猪场老板向记者表示了自己的怀疑:"这也许只是一次炒作。"

"基本上靠广告换不来生意。"张杨表示。

与此同时,陈军表示,网络的不规范带来的恶果也已经显现,比如,有的猪场为了招揽客户,在网络上的报价偏低,而客户在来电甚至来人询问的时候,发现广告上有不实之处。这样的虚假信息甚至耽误了诚实的人做生意。这实际上形成了一种没有胜利者的恶性竞争。

"我甚至觉得竞价排名和整个行业的业绩是成反比的,不是我这一家,而是我们整个行业投到竞价排名里面的钱越多,整个行业得到的收益越少。"一位猪场老板告诉记者。

但至今,他们仍然在为仔猪们忙着竞价,不敢停止。一位业内人士向记者表示,其中可能的原因是,一旦停止,在百度搜索上的排名将会出现极大的下跌,对于百度搜索已经产生了依赖的商人们不想承担这样的风险。

(资料来源:21世纪网,http://www.21cbh.com/HTML/2009-4-16/HTML_5OLOJGE0I2GM.html,有节选)

思考题:

1. "猪倌"适合做网络营销吗?为什么大家都认为"别人赚了钱但自己没有"?对此你有没有什么建议?
2. 针对"别人赚了钱但自己没有",你认为应该如何评价网络广告效果?

第五节 客户关系管理

来自北美和欧洲的权威机构提供的统计数据表明,全世界500强企业在5年内大约流失了50%的客户。企业争取一个新客户的成本是保留一个老客户的5—10倍。留住5%的客户有可能会为企业带来100%的利润。在企业的所有客户中,大约有50%的客户没有为企业带来利润。根据对一些公司CEO的问卷调查统计分析,可以看出他们最关心的话题是企业如何才能留住客户,增加客户对企业的忠诚度。在网络环境下,企业间的竞争更加激烈,对客户关系的管理也更加受到企业的重视。

一、客户关系管理的概念

客户关系管理在20世纪90年代由Gartner Group公司提出之后,得到了诸多媒体和企业的关注。由于企业经营和发展的需要,国内外很多软件商也推出了以客户关系管理命名的软件系统,也有一些企业开始实施以客户关系管理命名的信息系统。

(一)客户关系管理的定义

Gartner Group公司认为客户关系管理就是为企业提供全方位的管理视角,赋予企业更完善的客户交流能力,最大化客户的收益率。

IBM则认为客户关系管理包括企业识别、挑选、获取、发展和保持客户的整个商业过程。IBM把客户关系管理分为三类:关系管理、流程管理和接入管理。

虽然目前关于客户关系管理的定义还不完全统一,但一般认为客户关系管理是通过赢得、发展、保持有价值的客户,增加企业收入,优化盈利性,提高客户满意度的商务战略。通过获得更多的客户线索、更广泛地共享客户信息,协同工作,增加收益,提高给客户的价值,实现企业和客户的双赢。

（二）客户关系管理的核心管理思想

客户关系管理的核心管理思想主要包括以下两个方面：

1. 客户是企业发展最重要的资源之一

企业发展需要对自己的资源进行有效的组织与计划。随着人类社会的发展，企业资源的内涵也在不断扩展，早期的企业资源主要是指有形的资产，包括土地、设备、厂房、原材料、资金等。随后企业资源概念扩展到无形资产，包括品牌、商标、专利、知识产权等。再后来，人们认识到人力资源是企业发展最重要的资源。时至工业经济时代后期，信息又成为企业发展的一项重要资源，乃至人们将工业经济时代后期称为"信息时代"。由于信息存在一个有效性问题，只有经过加工处理变为"知识"才能促进企业发展，为此，"知识"成为当前企业发展的一项重要资源，信息总监让位于知识总监，这在知识型企业中尤显重要。

在人类社会从"产品"导向时代转变为"客户"导向时代的今天，客户的选择决定着一个企业的命运，因此，客户已成为当今企业最重要的资源之一。客户关系管理系统中对客户信息的整合集中管理体现出将客户作为企业资源之一的管理思想。在很多行业中，完整的客户档案或数据库就是一个企业颇具价值的资产。通过对客户资料的深入分析并应用销售理论中的2/8法则将会显著改善企业营销业绩。

2. 对企业与客户发生的各种关系进行全面管理

企业与客户之间发生的关系，不仅包括单纯的销售过程所发生的业务关系，如合同签订、订单处理、发货、收款等，而且包括企业在营销及售后服务过程中发生的各种关系，如在企业市场活动、市场推广过程中与潜在客户发生的关系；也包括在与目标客户接触过程中，内部销售人员的行为、各项活动及其与客户接触全过程所发生的多对多的关系；还包括售后服务过程中，企业服务人员对客户提供关怀活动及各种服务活动、服务内容、服务效果的记录等。

对企业与客户间可能发生的各种关系进行全面管理，将会显著提升企业营销能力、降低营销成本、控制营销过程中可能导致客户抱怨的各种行为，这是客户关系管理系统的另一个重要管理思想。

二、电子商务环境下的客户关系管理

由于在电子商务环境下，企业可以利用信息技术和网络技术获得更多关于消费者的行为、偏好、需要和购买模式等的详细信息，使用这些信息来确定价格和谈判策略、改进促销活动、改善产品特性，从而发挥客户关系管理的功效。对企业在客户关系管理中的策略，可以从售前、售中和售后三个阶段来分析。

1. 售前客户关系管理策略

（1）客户建档。客户建档是通过为客户建立档案来掌握顾客的个别特征信息，如性别、年龄、职业、偏好等，以此了解客户的消费倾向。在传统的客户关系管理中，已经有一些企业开始采用类似的策略了；然而在电子商务的环境下，企业通过充分利用数据挖掘等网络技术，可以把"客户建档"的作用发挥到极致。

（2）老客户、新消费的需求诱导。老客户、新消费的需求诱导是以老客户为基础，有针对性地开发或刺激其潜在需求，不断开拓市场。在网络上，这种诱导策略多是通过电子邮件来实施的。要注意的是，企业在发送邮件时必须获得客户的许可，并且要掌握好推荐时机和推荐对象，否则可能招致客户的反感。

(3) 市场细分策略。电子商务环境下除了可以利用传统的地理、人口统计和心理细分方式外,还可以根据网络客户的习惯来进行市场细分,因此可以实现传统的市场细分策略难以实现的效果。

2. 售中客户关系管理策略

(1) 参与性服务。所谓参与性服务,是指厂家所提供的产品或服务不再只局限于既定统一的产品,还要让顾客利用网络参与产品的设计,获得更加贴近自己兴趣的、高度满意的个性化产品。本章第三节中提到的 Dell 公司和定制网等都采取了这种策略。

(2) 相关产品推广。即通过分析顾客正在进行的购买行为来推断顾客的其他需要,以此来提高产品的销售量,同时提高顾客的满意度。比如顾客在访问太平洋电脑网时,页面上会显示笔记本周边设备、无线上网卡等相关产品。

3. 售后客户关系管理策略

(1) 跟踪服务。即企业对顾客提供的服务不再限定在某一时间区间。在电子商务的环境下,企业通过顾客建档,利用网络的强大优势,对顾客的售后服务应该是终身的。良好的售后服务永远是留住顾客的最好方法。在越来越激烈的市场竞争中,再也不能认为产品卖出去就万事大吉了,即使过了保修期(在电子商务的环境下,有些产品如软件的升级,已经不再有保修期的概念了)也是如此。企业在运用跟踪服务策略时可以根据所提供的服务种类,将服务分为免费服务和有偿服务。

(2) 虚拟社区。虚拟社区可以充分发掘顾客群体潜力,通过顾客之间的互相交流来提高顾客服务质量。在现实生活中经常存在一种现象,即产品的功能比较多而顾客往往只知道一种或几种比较常见的功能,这样一方面造成产品很大的功能浪费,另一方面也降低了产品的竞争能力。在电子商务的环境下,通过虚拟社区中的交流将能很好地解决这一问题。在虚拟社区中,顾客可以互相交流产品的功能、需要改进的缺陷以及产品的维修方法,掌握更多关于产品的信息。更重要的是通过顾客之间的交流,企业也可以发现自己的产品需要改进的地方,有利于产品的完善。

三、电子商务环境下客户关系管理的实现

(一) 数据仓库与数据挖掘技术的应用

数据仓库是集成的、稳定的、随时间变化的数据集合,用以支持管理决策系统的过程。由此可见,数据仓库是一个综合的解决方案,是对原始的操作数据进行各种处理并转换成有用信息的处理过程,它主要用来帮助业务主管部门做出更符合业务发展规律的决策。一个内容详尽、功能强大的客户数据仓库对客户关系管理系统是必不可少的。数据仓库不是数据的简单堆积,而是从容量庞大的数据库中抽取数据,并将其整理、转换为新的存储格式,即根据决策目标的要求,将存储于数据库中的数据,经处理转换成集中统一的、随时可用的信息。数据仓库是客户关系管理系统的灵魂。客户关系管理的很多工作是以数据仓库为基础展开的。利用数据仓库,企业可以制定准确的市场策略与促销活动。客户关系管理充分利用数据仓库的分析结果制定市场策略、发掘市场机会,并通过销售和服务等部门与客户交流,从而提高企业的利润。

数据挖掘,又称数据库中的知识发现,是指从存放在数据库、数据仓库或其他信息库中的大量数据中自动地发现相关模式、提取有潜在价值的信息、挖掘知识的过程。从客户关

系管理的角度,数据挖掘应用就是从大量数据中挖掘出隐含的、先前未知的、对决策有潜在价值的知识和规则,并能够根据已有的信息对未来发生行为做出结果预测,为企业经营决策、市场策划等提供依据。在客户关系管理中应用的数据挖掘模式主要有以下五种:关联分析、分类分析、聚类分析、序列分析、孤立点分析。对于要挖掘的数据,主要来自企业建立的数据仓库。

(二)客户关系管理系统与 ERP 系统的整合

客户关系管理系统侧重于管理企业的客户。同时,客户也是企业最重要的资源,ERP 系统作为企业资源计划系统,也要对企业的客户做比较全面的管理。因此,一个企业的客户关系管理系统必须和 ERP 系统进行整合后才能发挥更好的效果。

当客户关系管理系统和 ERP 系统完成有机整合后,一个企业不仅可以把自己的资源数据库向客户或供应商延伸,其库存数量将根据其交易伙伴的订单自动更改,每个客户将以最短的时间获得按他的要求定制的产品。客户关系管理的重点在市场销售等环节,而 ERP 则将重点放在了生产和制造环节。作为一个运营实体,企业的运作必定是环环相扣的。ERP 将客户需求、企业内部制造活动、供应商的制造资源整合在一起形成一个完整的供应链,因此 ERP 在以供应链管理为核心的管理基础上,增加客户关系管理后,就从根本上解决了企业业务活动与客户需求不一致的问题。

练习题

1. 简述网络营销产生和发展的基础。
2. 网络营销的出现是否意味着经典的营销理论失效?请解释理由。
3. 网络消费者有哪些类型?
4. 网络对消费者有哪些影响?企业应该如何积极有效地应对这些变化?
5. 我国的网络消费者有哪些特征?对企业的网络销售有什么启示?
6. 说明传统营销产品概念和网络营销产品概念的异同。
7. 分析网络直销渠道相对传统营销的优势。
8. 西方谚语言:"天下没有免费的午餐。"但在互联网情景下,我们似乎已适应了免费环境。请你用所学的网络营销学知识评论在互联网中这句谚语是否适用。
9. 网络广告有哪些类型?
10. 电子商务环境下的客户关系管理与传统的客户关系管理有什么区别?
11. 在你上网的过程当中,碰到了哪些类型的网络广告?你觉得有哪些印象比较好的网络广告,为什么?

第五章　电子商务支付系统

电子商务是信息流、资金流和物流的有效结合。资金流是决定电子商务能否安全高效、方便、低成本开展的关键环节,是电子商务得以进行的基础条件。这就对支撑电子商务资金流流动的支付方式提出了更高的要求。在经济全球一体化和社会日益信息化、网络化的大趋势下,电子商务资金流处理手段必须借助计算机技术和网络通信技术加以变革,以支持电子商务低成本、高效率、跨区域和个性化的特征。

第一节　网上支付概述

一、传统支付方式

支付是为了清偿商务伙伴间由于商品交换和劳动活动引起的债权、债务而由银行所提供的金融服务业务。简单地讲,就是一方得到另一方的商品和服务所给予的货币补偿。随着商品社会与商品经济的发展,支付活动也在不断发展。它经历了以下五个阶段:

1. 物物交换

物物交换是最原始意义上的支付方式,应用在货币产生以前的社会。在实际应用中,由于一方并不一定具有另一方所愿意接受的物品,因而物物交换的支付受到很大的限制,造成交易的不活跃,因此交换范围与规模均很小。人们开始寻求一个一般等价物,作为交换的媒介。

2. 货币支付方式

货币作为交换的中间物出现后,这种通过货币支付交换物品的行为才能算作具有现代意义的货币结算。货币依次出现过实物货币、贵金属货币、纸币等不同的形式,在交易时采用"一手交钱,一手交货"的即时支付方式,这是商品经济社会早期的低级结算方式。现金支付是货币支付的典型体现,最大的特点是方便、灵活、直观,但它也有缺点,即在流通时不安全、易磨损、易伪造。

物物交换与货币交换的支付方式存在的一个共同特点是交易与支付环节在实际空间上不可分离,这限制了商务活动的规模和区域,不利于交易的繁荣发展。在商品经济快速发展的背景下,出现了以银行为中介的支付方式。

3. 银行转账支付方式

随着近代商品经济的发展,尤其是作为支付中介的银行的诞生,使得原本不可分的交易环节与支付环节能够在时间和空间上分离,进一步促进了交易的繁荣。银行转账支付方式是以银行信用为基础,借助银行为支付中介的货币给付行为。这种支付方式减少了中间许多无效的劳动与费用,提高了资金流通的效率并且降低了成本。银行转账支付方式已成为目前商务活动中最主要的支付手段,其类型可以归结为三类。

(1) 信用卡支付。信用卡是指具有一定规模的银行或金融公司发行的,可凭此向特定商家购买商品或服务,或向特定银行支取一定款项的信用凭证。信用卡的支付流程为:

第一步,持卡人在购签单上签字,商家向持卡人提供商品或服务;

第二步,商家向发卡人提交购签单;

第三步,发卡人向商家付款;

第四步,发卡人向持卡人发出付款通知;

第五步,持卡人向发卡人归还贷款。

信用卡支付方式常见于个人的商务资金结算中,十分方便灵活,普及率较高。信用卡支付方式的主要缺点在于交易费用较高,还有可能遗失,给持卡人带来风险。

(2) 资金汇兑。资金汇兑既可用于企业,也可用于个人,是客户委托银行将其款项支付给收款人的支付方式。资金汇兑的支付流程如图5.1所示,这种方式便于汇款客户向异地的收款人主动付款。在进行业务处理时,支付者的开户行在向接收者的开户行转账前,首先看他的账户下有没有可供支付的款额,因此避免了纸质支票支付不能兑现的可能性,降低了不确定性与风险。资金汇兑支付方式的主要缺点在于匿名性较差。

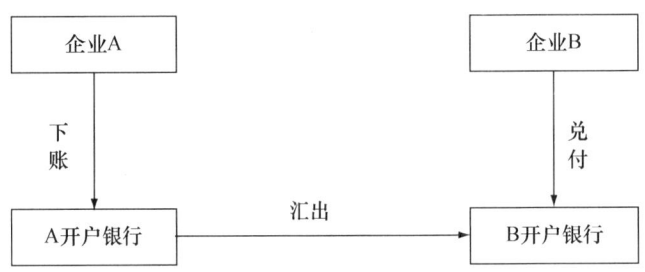

图5.1 资金汇兑的支付流程

(3) 支票支付。支票支付主要是指纸质支票的支付,是目前中国企业间最常用的支付方式,实质上是银行提供的一种基于特殊格式与使用规则的纸质支付工具。支票支付的流程如图5.2所示。

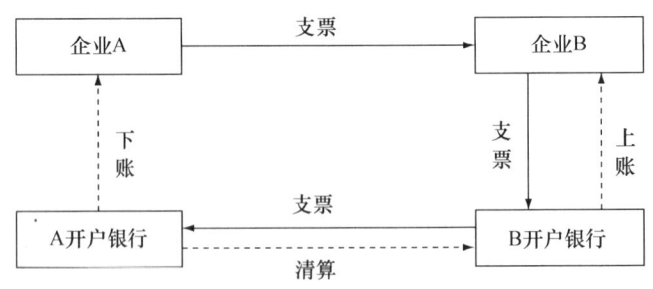

图5.2 支票的支付流程

第一步,支付者从资金开户行领取支票,支付者给接收者开出支票;

第二步,接收者将支票存入自己的开户行,该行给接收者上账且把支票交给支付者的开户银行要求清算;

第三步,支付者的开户银行验证支票没有问题后给支付者下账,若有问题,则把支票退回接受者的开户银行。

支票支付的缺点是涉及面广,加大了各银行和交易部门的开支,而且存在纸质支票支付有时不能兑现的可能性,有一定风险。

4. 自动清算所支付

自动清算所(Automatic Clearing House,简称ACH)系统的运作类似于支票支付,区别在于其支付均为电子形式,常用于同城银行之间的支付。

5. 电子资金转账

电子资金转账(Electronic Funds Transfer,简称EFT)主要针对企业间或银行间的大额支付,以电子信息代替传统的纸质介质,并增强了安全性,大大提高了支付的效率,降低了各参与方的运作成本。

在几千年的历史中,上述现金、支票等支付方式为经济的发展与繁荣做出了巨大的贡献。伴随着近50年来计算机技术、通信技术、信息处理技术的进步,基于专线网络的金融电子工具逐渐在银行业得到应用。信用卡、ACH和EFT等支付方式已脱离了手工和纸面票据处理阶段,开始具备电子化、自动化和网络化处理的特点。然而,随着电子商务时代的来临,这些传统支付方式在处理效率、方便易用、安全可靠等方面存在的诸多局限性逐渐显露出来。

二、传统支付的局限性

传统支付方式在电子商务交易中的局限性主要体现在以下几个方面:

1. 效率问题

运作速度与处理效率较低。大多数传统支付方式涉及人员、部门等众多因素,牵扯许多中间环节,并且基于手工处理,造成支付效率的低下。

2. 安全问题

大多数传统支付方式在支付安全上问题较多,伪币、空头支票等现象造成支付的不确定性和商务的风险增加,特别是跨区域的远距离支付。

3. 便捷程度

绝大多数传统支付方式应用起来并不方便,即使是那些已有的较现代化的电子支付方式,如EFT和信用卡等,目前也是应用在专用金融网络上,运行在较为封闭的系统中,为用户提供全天候、跨区域和个性化的支付服务并不容易。

4. 成本费用

传统支付方式,特别是支票、资金汇兑等方式,会涉及较多的部门、人员设备以及较为复杂的业务流程,运作成本较高。

5. 商业角度

大多数传统的支付方式并不是即时结算,商务交易系统与支付系统的分离给商务实体的运作特别是企业增加了很多不确定性与经营风险;而现金的过多应用也给企业的整体财务控制造成一定的困难,同样对国家控制金融风险不利,且给偷税漏税、违法交易提供了方便。

从以上对传统支付方式的局限性分析可以知道,传统的支付方式不能充分满足高水平的电子商务的发展需求,支付问题已经成为电子商务发展的瓶颈之一,支付方式势必要适应网络环境的特点加以变革和创新。

三、网上支付

（一）网上支付的产生

随着经济的发展与信息技术的不断进步，人们对支付系统的运作效率和服务质量要求越来越高，促使支付系统不断从手工操作走向电子化。电子支付（Electronic Payment）是指通过电子信息化的手段实现交易中的价值与使用价值的交换。自计算机和网络通信技术在 20 世纪 70 年代开始普及应用以来，一些电子支付方式如 EFT 和信用卡等开始投入使用，因此电子支付的出现要早于 Internet。随着 20 世纪 90 年代全球范围内 Internet 的普及和应用，而 Internet 的方便性、易用性、即时性、互动性为支付方式的变革提供了很好的技术支撑，一些电子支付方式逐渐采用 Internet 为运行平台，出现了网上支付方式。网上支付（Internet Payment）是基于电子支付发展起来的，它是电子支付的一个最新阶段，或者说，网上支付是基于 Internet 的且适合电子商务发展的电子支付。作为电子支付的一种重要的业务类型，网上支付在电子商务流程中起着极其关键的作用，是不可或缺的组成部分。网上支付是以金融电子化网络为基础，以各种电子货币为媒介，采用计算机网络特别是 Internet，以电子信息传递的形式实现资金的流通和支付。网上支付过程涉及客户、商家、金融机构和认证机构，是电子商务的核心部分。

（二）网上支付的特征

与传统支付方式相比，以 Internet 为主要平台的网上支付表现出的特征如下：

（1）网上支付具有更高的资金周转速度。网上支付通过看不见但准确的数字流来完成传输，而传统支付方式则通过现金的流转、票据的转让和银行的汇兑等物理实体的流转来完成款项支付，因此网上支付具有更快的速度，加快了资金周转。

（2）网上支付具有轻便性和低成本性。与电子货币相比，纸币和硬币的成本较高，世界银行体系之间的货币结算和搬运费用占到其全部管理费的 5%。采用网上支付方式，由于电子系统的建立和维护开销都很小，且 Internet 的应用费用很低，对软硬件设施要求并不高，接入简便，无论小公司还是大企业都可以从中受益。

（3）网上支付具有更高的安全性。采用数字证书和数字签名等实现对网上商务各方的认证，防止支付欺诈和保证相关业务的不可否认性。采用对称密钥加密技术和公开密钥加密技术，对相关支付信息流进行加密。

（4）网上支付更为方便和快捷。传统支付需要在较封闭的系统中运行，大多需要面对面处理。而网上支付的工作是基于一个开放的系统平台，Internet 应用的特点就是兼容性强，对软硬件设施的要求并不很高，联网和应用都十分简便。对于交易各方来讲，网上支付过程简单，大部分支付过程对于客户和商家都是透明的，让客户和商家感到快捷，体现了电子商务的效率。

（三）网上支付的分类

网上支付有着不同的分类标准，而且随着电子商务的发展与技术的进步，还会有更新的网上支付工具研发出来并且投入应用，又会产生新的分类。本书主要叙述目前普遍认同的几种网上支付的分类。

1. 按开展电子商务的实体性质分类

电子商务的参与者包括各类企业、政府机构和消费者，从这一角度，可以将网上支付分为以下两大类：

第一类：B2C 型的网上支付方式。

B2C 型的网上支付主要是在企业与个人、个人与个人进行电子商务时采用，比如信用卡的网上支付、电子现金和电子钱包等工具的网上支付。这类支付方式适用于金额不是很大的网上交易，应用起来较为方便灵活，实施简单，风险也不大。

第二类：B2B 型的网上支付方式。

B2B 型的网上支付多用于企业与企业、企业与政府机构间进行的网上交易，对安全可靠、快速有更高的要求，并且适合较大金额的资金转账，比如电子支票和电子汇兑等工具的网上支付。这类支付通常运行在专用的金融网络平台上，但这并不妨碍它们为 B2B 电子商务提供支付支持。专用金融网络平台本身就是电子商务业务网络平台的一部分。

当然 B2C 型和 B2B 型网上支付方式之间的界限也是模糊的，并不绝对。比如，信用卡虽然多用于个人网上支付，但用于企业间的小额支付也是可以的。电子支票也可用于个人之间、个人与企业间的支付。不同规模的企业及个体的消费者的消费能力、网上商品与服务的价格是不同的，因此同一个商务实体针对这些不同规模的资金支付，也可能采用不同的支付方式。

2. 按网上支付金额的规模分类

根据电子商务中支付的金额大小来划分，可以将网上支付分为以下三类：

第一类：微支付。

微支付（Micro Payment）针对的是款额特别小的电子商务交易，如浏览一个收费网页、在线下载一首歌曲、上网发送一条手机短信等。这种情况若应用信用卡支付，每次运作的成本可能还超出了支付金额本身，所以类似零钱应用的微支付就有了很大的需求空间。目前电子现金是实现微支付的方式之一，可以提供在线的灵活支付。

第二类：消费者级网上支付。

消费者级网上支付是满足个人和企业在电子商务中一般性支付需要的支付服务系统，也称小额零售支付系统，通常满足价值为 5—500 美元的网上支付。小额支付处理的金额虽小，但支付业务量很大，所以这类系统必须具有极大的处理能力。实现消费者级网上支付常用的方式有信用卡、小额电子支票等。

第三类：商业级网上支付。

商业级网上支付是满足一般商业部门之间的电子商务业务支付要求的网上支付系统，如企业间、银行间、银行证券间，也称中大额资金转账系统，通常满足价值大于 500 美元的网上支付要求。虽然发生次数远低于消费者级网上支付，但其支付金额规模占到整个社会支付总额的 80% 以上，因此是一个国家支付系统的主动脉。实现商业级网上支付的常用方式有 EFT、电子支票和中国国家现代支付系统（China National Advanced Payment System，简称 CNAPS）等。

3. 按支付数据流的内容性质分类

根据电子商务流程中用于网上支付的支付数据流内容性质的不同，即传递的是指令还是具有一般等价物性质的电子货币本身，可以将网上支付分为以下两类：

第一类：指令传递型网上支付。

网上支付的支付指令是指启动支付的电子化命令，即一串指令数据流。支付指令的用户没有真正拥有货币,只是发送支付指令给金融中介机构替他转拨货币,完成转账业务。大部分的网上支付方式都属于指令传递型网上支付,如信用卡、电子支票、EFT等。

第二类:货币传递型网上支付。

货币传递型网上支付是客户进行网上支付时在网络上传递的是具有等价物性质的电子货币本身。电子现金网上支付方式是货币传递型网上支付的典型代表,用户从银行账户兑换一定数量的电子现金,银行将电子现金发送给用户,用户就可以用此电子现金购买接收电子现金商家的商品和服务。

(四) 网上支付的基本功能

与传统的支付方式相比,基于 Internet 的网上支付方式必须具有其独特的功能,才能保证交易各方在安全、快捷、高效的环境下完成交易。网上支付的基本功能包括:

(1) 防止支付欺诈。即使用数字证书实现对交易各方的认证,防止支付欺诈。为了实现网上支付的安全,必须对各方身份的有效性进行认证,通过认证中心(CA)向参与各方发放数字证书,可以证实其身份的合法性。

(2) 交易信息加密。即使用加密技术实现对交易信息进行加密。采用对称密钥技术和公开密钥技术的结合保证交易信息传输的保密性,可以防止未被授权的第三者获取信息的真实含义。

(3) 实现交易信息的完整性和不可抵赖性。即使用数字摘要技术实现交易信息的完整性和不可抵赖性。为了确保交易信息没有被未授权者建立、删除、篡改,而是完整地到达接收方,可以将数字摘要和交易信息一并发往接收方,接收方通过数字摘要来判断所接收的信息是否完整。若发现接收的信息不完整,则要求发送方重发来保证信息的完整性。

(4) 实现交易行为的不可抵赖性。即使用数字签名技术实现交易行为的不可抵赖性。为了确保交易者不能抵赖做过的交易,可以使用公开密钥加密技术中的私钥对交易信息进行数字签名,将数字签名和交易信息一并发往接收方,这样交易者就不能抵赖曾经发送的交易信息。

(5) 网上支付的方便与快捷。即满足用户对网上支付方便、快捷的要求。对交易各方来讲,支付过程不能太过烦琐,大部分支付过程对客户和商家应是透明的。并且能让客户和商家感到快捷,才能体现电子商务的效率,发挥网上支付的优势。

第二节 网上支付安全协议

网上支付的安全性是人们选择电子商务交易时所主要考虑的问题。相关数据显示,在不使用网上支付的网民中,有六成是因为担心支付安全而拒绝使用网上支付。公钥基础设施(Public Key Infrastructure,简称 PKI)是目前国际上公认的技术最成熟、使用最广泛的电子商务安全问题的解决方案。其中比较著名的安全支付协议是安全套接层协议(Secure Socket Layer,简称 SSL)和安全电子交易协议(Secure Electronic Transaction,简称 SET)。

一、SSL 协议

(一) SSL 协议简介

SSL 协议是网景(Netscape)公司于 1994 年研发的,用于对 Internet 上计算机间对话进行加密的一种网络安全协议,它能把浏览器和服务器之间传输的数据加密。SSL 协议采用了公开密钥和私有密钥两种加密体制,可以实现服务器认证、客户认证(可选),保证 SSL 链路上的数据完整性和数据保密性。

SSL 协议位于 TCP/IP 协议与各种应用层协议之间,为数据通信提供安全支持。SSL 协议在应用层协议通信之前就已经完成加密算法、通信密钥的协商以及服务器认证工作。所以 SSL 协议与应用层协议无关,高层的应用层协议能透明地建立在 SSL 协议之上。

SSL 协议可分为两层:① SSL 记录协议(SSL Record Protocol),它建立在可靠的传输协议(如 TCP)之上,为高层协议提供数据封装、压缩、加密等基本功能的支持。② SSL 握手协议(SSL Handshake Protocol),它建立在 SSL 记录协议之上,用于在实际的数据传输开始前,双方进行身份认证、协商加密算法、交换加密密钥等。

(二) SSL 协议提供的安全服务

SSL 协议对计算机之间的各种通信(HTTP、FTP 等)都提供安全保护,使客户机/服务器应用之间的通信不被攻击者窃听,并且始终对服务器进行认证,还可选择对客户进行认证。SSL 协议主要提供如下三方面的服务:

(1) 用户和服务器的合法性认证。认证用户和服务器的合法性,使得它们能够确信数据将被发送到正确的客户机和服务器上。客户机和服务器都有各自的识别号,这些识别号由公开密钥进行编号,为了验证用户是否合法,SSL 协议要求再握手交换数据进行数字认证,以此来确保用户的合法性。

(2) 加密数据以隐藏被传送的数据。SSL 协议所采用的加密技术既有对称密钥技术,也有公开密钥技术。在客户机与服务器进行数据交换之前,交换 SSL 初始握手信息;在 SSL 握手信息中采用各种加密技术对其加密,以保证其机密性和数据的完整性,并且用数字证书进行鉴别,这样就可以防止非法用户进行破译。

(3) 保护数据的完整性。SSL 协议采用 Hash 函数和机密共享的方法来提供信息的完整性服务,通过建立客户机与服务器之间的安全通道,使所有经过 SSL 协议处理的业务在传输过程中能完整准确无误地到达目的地。

(三) SSL 协议的工作流程

SSL 协议的工作流程可分为如下五个阶段:

(1) 接通阶段。客户机通过网络向服务器打招呼,服务器回应。

(2) 认证阶段。服务器向客户机发送服务器证书和公钥;如果服务器需要双方认证,还要向对方提出认证请求;客户机用服务器公钥加密向服务器发送自己的公钥,并根据服务器是否需要认证客户身份,向服务器发送客户端证书。

(3) 确立会话密钥阶段。客户机和服务器之间协议确立会话密钥。

(4) 会话阶段。客户机与服务器使用会话密钥加密交换会话信息。

(5) 结束阶段。客户机与服务器交换结束信息,通信结束。

当上述流程完成后,两者间的资料传送就会加密,收到资料后,再将密文资料还原。即使盗窃者在网络上取得了密文资料,如果没有原来编制的密码算法,也不能获得有用信息。

从 SSL 协议所提供的服务及其工作流程可以看出,SSL 协议运行的基础是商家对消费者信息保密的承诺,这就有利于商家而不利于消费者。客户的信息首先传给商家,商家阅读后再传给银行,这样,客户资料的安全性便受到威胁。在电子商务初级阶段,由于运作电子商务的公司大多是信誉较高的大公司,因此这一问题还没有充分暴露出来。但随着电子商务的发展,各中小型公司也参与进来,这样在电子支付过程中的单一认证问题就越来越突出。针对这一问题,SSL 协议也在不断改进。目前 SSL 协议在电子商务中使用的最大缺陷是对电子商务交易应用层的信息不进行数据签名,所以不能解决交易的不可抵赖等问题。新的电子商务协议 SET 开始逐渐取代 SSL 协议。

二、SET 协议

(一) SET 协议简介

在开放的互联网上处理电子商务,保证买卖双方传输数据的安全成为电子商务的重要问题。为了克服 SSL 安全协议的缺点,满足电子交易持续不断增加的安全要求,达到交易安全及合乎成本效益的市场要求,VISA 和 MasterCard 两大信用卡组织开发了 SET 协议。SET 协议是为了在 Internet 上进行在线交易时保证用卡支付的安全而设立的一个开放的规范,由于设计合理,得到了 IBM、HP、Microsoft 等很多大公司的支持,已形成了事实上的工业标准。

SET 是一种应用于 Internet 环境下,涉及应用层、传输层和网络层等,以信用卡为基础的安全电子支付协议。它给出了一套电子交易的过程规范。通过 SET 这一套完备的安全电子交易协议,可以实现电子商务中的加密、认证、密钥管理等,保证在开放网络上使用信用卡进行在线购物的安全。

(二) SET 协议的目标

SET 协议要达到的安全目标主要有五个:

(1) 信息安全传输。保证信息在 Internet 上安全传输,防止网上传输的数据被黑客窃取。

(2) 信息隔离。保证订单信息和个人账号信息的隔离,当包含持卡人账号信息的订单送到商家时,商家只能看到订单信息,而看不到持卡人的账户信息。

(3) 解决多方认证问题。不仅要对消费者的信用卡进行认证,而且要对网上商家进行认证,同时还有消费者、网上商家和银行间的认证,以确定通信各方的身份。一般由第三方机构负责为通信各方提供认证。

(4) 交易的实时性。保证网上交易的实时性,使所有的支付过程都是在线的。

(5) 相同协议和报文格式。要求软件遵循相同协议和报文格式,使不同厂家开发的软件具有兼容性和相互操作功能,并且可以运行在不同的软件和操作系统平台上。

(三) SET 协议的安全性分析

SET 协议的安全保障体现在以下三方面:

(1) 采用公钥加密和私钥加密相结合的办法保证数据的保密性。SET 协议中,支付环境的信息保密性是通过公钥加密法和私钥加密法相结合的算法来加密支付信息而保证的。它采用的公钥加密算法是 RSA 的公钥密码体制,私钥加密算法是根据 DES 数据加密标准。这两种不同加密技术的结合应用在 SET 中被形象地称为"数字信封",RSA 加密相当于用信封密封,消息首先以 56 位的 DES 密钥加密,然后装入使用 1 024 位 RSA 公钥加密的数字信封在交易双方间传输。这两种密钥相结合的办法保证了交易中数据信息的保密性。

(2) 采用信息摘要技术保证信息的完整性。SET 协议是通过数字签名方式来保证消息的完整性和进行消息源的认证的,数字签名方式采用了与消息加密相同的加密原则。即数字签名通过 RSA 加密算法结合生成信息摘要,信息摘要是消息通过 HASH 函数处理后得到的唯一对应于该消息的数值,消息中每改变一个数据位都会引起信息摘要中大约一半的数据位的改变,而两个不同的消息具有相同的信息的摘要的可能性极其微小,因此 HASH 函数的单向性使得从信息摘要得出信息摘要的计算是不可行的。信息摘要的这些特征保证了信息的完整性。

(3) 采用双重签名技术保证交易双方的身份认证。SET 协议应用了双重签名(Dual Signatures)技术。在一项安全电子商务交易中,持卡人的订购信息和支付指令是相互对应的。商家只有确认了持卡人的支付指令对应的订购信息才能够按照订购信息发货;而银行只有确认了与该持卡人支付指令对应的定购信息是真实可靠的才能够按照商家的要求进行支付。为了达到商家在合法验证持卡人支付指令和银行在合法验证持卡人订购信息的同时不会侵犯顾客的个人隐私这一目的,SET 协议采用了双重签名技术来保证顾客的隐私不被侵犯。

(四) SET 协议的参与者

SET 协议的参与者主要由客户、网上商家、发卡银行、收单银行、支付网关和认证中心六个部分组成。

(1) 客户。客户是指商品交易中负有债务的一方。客户按照网上商家的要求填写订单,使用发卡银行发行的信用卡进行付款。

(2) 网上商家。网上商家提供商品或服务,是商品交易中拥有债权的一方。商家可以根据客户发出的支付指令向金融体系请求资金入账。

(3) 发卡银行。发卡银行是指客户在其中拥有自己账户的银行,客户所拥有的支付工具一般就是由开户行提供的,客户开户行在提供支付工具的同时也提供了银行信用,保证支付工具的兑付。

(4) 收单银行。收单银行是指商家在其中开设自己账户的银行。商家开户行是依据商家提供的合法账单(客户的支付指令)来操作,因此称为收单银行。商家将客户的支付指令提交给其开户行后,就由商家开户行进行支付授权的请求以及银行间的清算等工作。

(5) 支付网关。支付网关(Payment Gateway)是互联网和金融专用网之间的接口,支付信息必须通过支付网关才能进入银行支付系统,进而完成支付的授权和获取。金融专用网是银行内部及银行间进行通信的网络,具有较高的安全性。我国的金融专用网主要包括中国国家现代支付系统、同城清算所和商业银行的电子汇兑系统等。支付网关的主要作用是完成两者之间的通信、协议转换和进行数据加密、解密,以及保护金融专用网的安全。

支付网关的建设关系着支付结算的安全以及银行自身的安全,关系着网上支付结算的安排以及金融系统的风险,必须十分谨慎。因为电子商务交易中同时传输了两种信息:交易信息与支付信息,必须保证这两种信息在传输过程中不被无关的第三者阅读,包括商家不能看到其中的支付信息(如卡号信息、授权密码等)、银行不能看到其中的交易信息(如商品种类、商品总价等),这就要求支付网关一方面必须由商家以外的银行或其委托的卡组织来建设,另一方面网关不能分析交易信息,对支付信息也只是起保护与传输的作用,即这些保密数据对网关而言是透明的。

(6) 认证中心。网上支付系统使传统的信用关系虚拟化,代表支付结算关系的参与者只不过是网络上的电子数据。如何确认这些电子数据所代表的身份以及身份的真实可信性,就需要建立 CA 认证体系来确保真实的信用关系。认证机构为参与的各方(包括客户、商家与支付网关)发放数字证书,以确认各方的身份,保证网上支付的安全性。认证机构必须确认参与者的资信状况(如通过其在银行的账户状况、与银行交往的历史信用记录等来判断),因此也离不开银行的参与。

（五）SET 协议的工作流程

SET 协议的工作流程如图 5.3 所示。

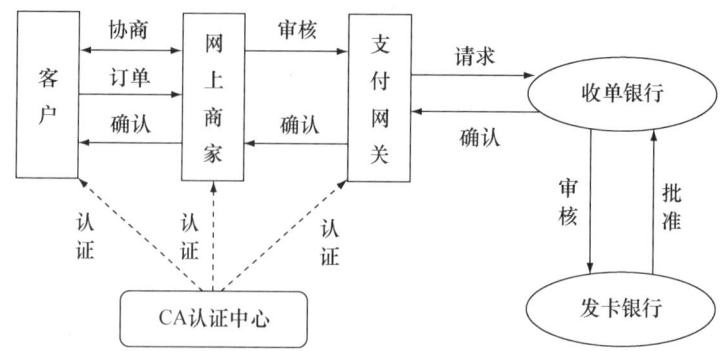

图 5.3　SET 协议的工作流程

（1）消费者利用自己的计算机通过互联网选定所要购买的物品，并在计算机上输入订单，订单上需包括在线商店信息、购买物品名称及数量、交货时间及地点等相关信息。

（2）通过电子商务服务器与有关在线商店联系，在线商店做出应答，告诉消费者所填订单的货物单价、应付款数、交货方式等信息是否准确、是否有变化。

（3）消费者选择付款方式，确认订单签发付款指令。此时 SET 协议开始介入。

（4）在 SET 协议中，消费者必须对订单和付款指令进行数字签名，同时利用双重签名技术保证商家看不到消费者的账号信息。

（5）在线商店接受订单后，向消费者所在银行请求支付认可。信息通过支付网关到收单银行，再到发卡银行确认。批准交易后，返回确认信息给在线商店。

（6）在线商店发送订单确认信息给消费者。消费者端软件可记录交易日志，以备将来查询。

（7）在线商店发送货物或提供服务并通知收单银行将钱从消费者的账号转移到商店账号，或通知发卡银行请求支付。在认证操作和支付操作中间一般会有一个时间间隔，例如，在每天的下班前请求银行结一天的账。

前两步与 SET 协议无关，从第三步开始 SET 协议起作用，一直到第六步，在处理过程中，通信协议、请求信息的格式、数据类型的定义等 SET 协议都有明确的规定。在操作的每一步，消费者、在线商店、支付网关都通过认证中心（CA）来验证通信主体的身份，以确保通信的对方不是冒名顶替，所以，也可以简单地认为 SET 协议充分发挥了认证中心的作用，以维护在任何开放网络上的电子商务参与者所提供信息的真实性和保密性。

SET 协议比 SSL 协议复杂，在理论上安全性也更高，因为前者不仅可以加密两个端点间的单人会话，还可以加密和认定三方的多个信息，而这是 SSL 协议所未能解决的问题。SET 协议的安全程度很高，它结合了数据加密标准（DES）、RSA 算法和安全超文本传输协议（S-HTTP），为每一项交易都提供了多层加密。SET 协议也有自己的缺陷，例如目前大多数基于 SET 协议的交易都要通过信用卡进行处理。此外 SET 协议过于复杂，所以对商户、用户和银行的要求都比较高，推行起来遇到的阻力也比较大。

第三节 网上支付方式

一、银行卡

银行卡是传统的支付工具,银行卡的产生和发展推动了 ATM 和 POS 等电子支付方式的发展,现在又成了网上支付工具。基于银行卡的网上支付简单地说是把以往传统银行卡的功能在 Internet 上延伸,通过各种支持银行卡网上支付的协议来实现客户所要求的支付结算。银行卡支付在网上使用比较早,应用较为成熟,是目前使用最为广泛、发展速度最快的一种支付方式。

(一)银行卡的分类

银行卡按结算方式分类,可以分为信用卡和借记卡。

信用卡起源于美国,1915 年美国西部的一些酒店为了推销商品、扩大业务,推出了早期的信用卡。这种支付方式可以赊销商品,定期付款,很快获得了大众的欢迎。于是,零售商和旅游娱乐业纷纷效仿。20 世纪 40 年代,信用卡开始由银行统一发行和管理,由原来仅限于买卖双方的信用工具,发展成为一种银行的信贷方式。这不仅使信用卡的使用范围扩大,也使信用卡的信誉得到加强。信用卡是最早发行的银行卡,也称贷记卡,是银行向金融上可信赖的客户提供无抵押的短期周转信贷的一种手段。银行根据客户的信用等级提供持卡人规定的备用金,依照信用等级的不同,可将信用卡分为普卡、金卡、白金卡和无限卡等多个品种。信用卡的持卡人消费时无须在发卡行账户有存款,消费时只做挂账处理,由发卡行先与特约商店清算资金,待免息还款期满时,银行再与持卡人清算资金。到 20 世纪 80 年代初,信用卡已经在发达国家得到了普及。我国自中国银行 1981 年将这一新型的支付方式引入国内后,其他银行纷纷效仿,信用卡在近年得到了快速发展。VISA 和 MasterCard 是国际上两个最出名的国际信用卡组织,大大推动了全球金融一体化的发展。

借记卡(Debit Card)是由发卡银行向社会发行的先存款后消费(或取现)、没有透支功能的金融交易卡。借记卡的持卡人必须在发卡行账户有存款,消费时直接将持卡人银行账户中的资金划拨到特约商户的账户上。

银行卡载体主要有磁卡和芯片卡。磁卡的主要优点是成本低,但是存在保密性差、容易被复制和存储量小的缺点,使得磁卡逐渐被芯片卡取代。芯片卡是在特定材料制成的塑料卡片中嵌入微处理器和存储器等 IC 芯片的数据片。新一代的银行芯片卡是兼容接触式和非接触式的双界面芯片卡。接触式的一面需要插入读卡器中才能工作,而非接触式的一面通过内置天线与读取终端相距一定距离便能自动读取卡中的信息并进行处理,这样可以支持快速支付。芯片卡的优点还在于:容量大,能存储用户相关信息从而拓展到多行业应用,还可以存储密钥、数字证书以及指纹;安全性高,具有读写加密功能,复制难度很高,能保证联机交易信息的安全。中国银联表示,银行卡 IC 化已有时间表,2015 年起不再发行磁卡。

(二)银行卡的网上支付方式

银行卡的网上支付方式可以分为基于 SSL 协议的银行卡网上支付、基于 SET 协议的银行卡网上支付。

1. 基于 SSL 协议的银行卡网上支付

SSL 协议是目前应用比较广泛的安全协议,消费者客户端上的网络浏览器软件、商家的电子商务服务器软件等大都支持 SSL 协议。这为持卡客户借助 SSL 协议,利用银行卡进行网上支付提供了方便。使用基于 SSL 协议的银行卡网上支付前,消费者必须离线或在线到发卡银行进行银行卡注册,得到发卡银行的网上支付授权。基于 SSL 协议的信用卡网上支付流程如图 5.4 所示。

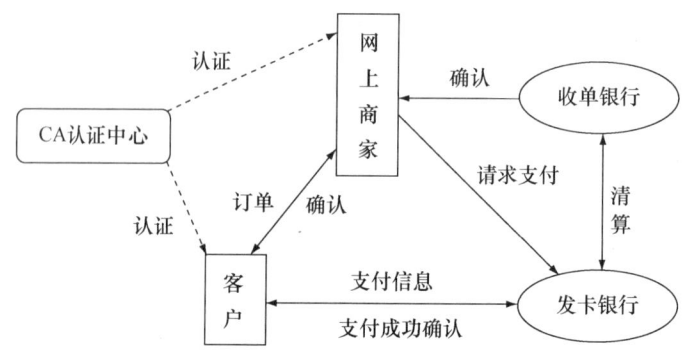

图 5.4 基于 SSL 协议的信用卡网上支付流程

(1) 持卡客户在商家的电子商务网站选择商品或服务,填写订货信息。

(2) 持卡客户确认订单中的交易信息,选择信用卡方式支付以及信用卡类别,提交订单后生成一个带信用卡类别的订单发往商家服务器。

(3) 商家服务器生成相应订单号,加上支付信息发往发卡银行。

(4) 在提交订单后,持卡客户端浏览器弹出新窗口页面,提示即将建立与发卡银行端服务器的安全连接,SSL 协议介入开始。

(5) 接卡客户端自动验证发卡银行端服务器的数字证书。

(6) 验证发卡银行服务器的数字证书后,SSL 握手协议完成。这意味着持卡客户端浏览器与发卡银行端服务器的安全连接通道已经建立,进入正式加密通信。浏览器下端状态栏出现一个"闭合锁"状标志,它是 HTTPS 通信的标志。

(7) 持卡客户端出现发卡银行的支付页面,显示从商家发来的相应订单号和支付金额信息,持卡客户填入自己的卡号以及支付密码,确认支付。这是可取消支付,只不过原先发给商家的订单作废。

(8) 支付成功,持卡客户端提示将离开安全的 SSL 连接。持卡客户确认离开后,持卡客户端与银行服务器的 SSL 连接结束,SSL 协议介入完成。

(9) 发卡银行通过后台系统与商家进行资金清算,发送付款成功信息给商家。商家收到银行发来的付款成功信息,发送收款确认信息给持卡客户。

基于 SSL 协议的信用卡网上支付通过在 SSL 安全连接上传输信用卡卡号的方式构建,能够对信用卡和个人信息提供较强的保护,是多数网上银行所采用的安全协议。SSL 协议被广泛应用的原因在于它被大部分 Web 浏览器和 Web 服务器所内置,不需要安装对应的软件,使用简单,性能也较好。这种支付模式的缺点在于并没有解决持卡人的身份认证和交易的不可抵赖等问题。

2. 基于SET协议的信用卡网上支付

SET协议是目前信用卡支付系统发展得比较成熟的技术。基于SET协议的信用卡网上支付,需要在客户端安装相应的客户端支付软件,在商家服务器安装相应的服务器支付软件,在支付网关安装相应的网关转换软件等。基于SET协议的信用卡网上支付流程如下:

(1) 持卡客户在消费前首先验证商家的数字证书。

(2) 持卡客户确认后即可下订单,其中订单信息以数字签名方式确认,而持卡客户所提供的支付信息则由收单银行的公钥加密。这样,商家会收到客户两个经过加密的信息,商家可以解密订单信息,但无法解密支付信息,可避免商家对客户信用卡信息的收集。

(3) 商家将客户信息以及自己的数字证书通过支付网关发给收单银行,再到发卡银行进行交易授权。银行批准交易后,返回确认信息给商家。

(4) 商家发送订单确认给客户。

(5) 商家基于交易授权向收单银行提出请款的要求。

基于SET协议的信用卡网上支付的优点是充分发挥了认证中心的作用,确保各参与方身份及所提供信息的保密性、完整性和不可否认性。其缺点是,SET协议为了保证安全性而牺牲了简便性,操作过于复杂、成本较高,参与各方的开销也较大。但SET协议是目前唯一的互联网支付协议,其复杂性换来了风险的降低。

世界上很多银行都在实施SET协议,并取得了很好的效果。在我国,中国银行在国内率先推出了SET支付。目前,SET协议在北美地区的应用不如在欧洲和亚洲普及。造成这一现象的原因并不是技术上的,而是由于在北美信用卡风险绝大部分都是银行卡组织承担的,用户对于下载复杂的SET软件以减少互联网支付风险兴趣不大。

二、第三方支付

第三方支付平台是具备一定实力、信誉保障和较强银行接口技术的独立机构,采用与各大银行签约的方式,提供与银行支付结算系统接口的网上支付通道,通过与银行的二次结算获得分成。

在使用基于第三方支付平台的信用卡网上支付前,买方(卖方)要在第三方支付平台上注册一个相应的买方(卖方)账户,买方需要开通网银,可预先通过其信用卡向其买方账户中充值。图5.5描述了基于第三方支付平台的网上支付流程。

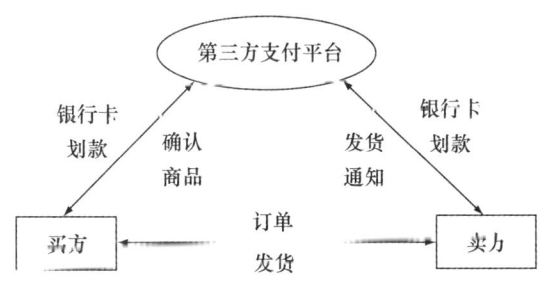

图5.5 基于第三方支付平台的网上支付流程

(1) 买方在电子商务网站上选购商品,买卖双方在网上达成交易意向。

(2) 买方选择利用第三方支付平台作为支付中介,直接用信用卡或者买方账户将货款划到第三方支付平台。

（3）第三方支付平台将客户已经付款的消息通知卖方，并要求卖方在规定时间内发货。

（4）卖方收到通知后按照订单发货。

（5）买方收到货物，并检验商品进行确认后，通知第三方支付平台付款给卖家。

（6）第三方支付平台将货款划入卖方账户中，交易完成，卖方可将卖方账户中的货款转入其信用卡。

2010年年底，为了解决办理和使用网上银行门槛高，第三方支付操作复杂而导致用户流失率高的问题，支付宝首次联合中行推出信用卡快捷支付。快捷支付中，用户无须到银行柜台开通网银，只需在网上将支付宝账户关联名下的一张或多张信用卡；付款时也无须登录网上银行，每次付款时，选择其中一张卡，只需输入支付宝支付密码即可完成。支付宝快捷支付服务推出后迅速被市场认可，快捷支付推出仅半年有余，用户数便突破2 000万。随后，支付宝迅速跟工行、农行、建行等十几家银行信用卡部门达成合作，并且合作范围也迅速从信用卡向用户量更大的借记卡领域延伸，财付通等其他第三方支付工具也纷纷推出了快捷支付的方式。但是银行出于与第三方支付竞争的考虑，同时认为快捷支付直接跳过了银行相关系统，虽然不需开通网银，更快捷方便，但也加大了风险，在2014年国有四大银行纷纷调低了快捷支付的单笔和日累计的限额。向支付宝账户5万元以上的大额转账，只能选择通过有硬件证书的网银进行。以建行为例，若是使用网银充值支付宝，对于二代网银U盾客户，单笔和日累计限额均为50万元。

与银行卡支付相比，第三方支付有以下优势：

第一，互联网的虚拟性决定了B2C尤其是C2C的交易风险难以控制。第三方支付平台本身具有较强的实力和信誉，很大程度上突破了网上交易中的信用问题，有利于推动电子商务的快速发展。

对商家而言，通过第三方支付平台可以规避无法收到客户货款的风险，同时能够为客户提供多样化的支付工具，尤其为无法与银行网关建立接口的中小企业提供了便捷的支付平台。对客户而言，不但可以规避无法收到货物的风险，而且货物质量在一定程度上也有了保障，增强了客户网上交易的信心。

第二，银行通过第三方平台银行可以扩展业务范畴，同时也节省了为大量中小企业提供网关接口的开发和维护费用，为银行带来一定的利润。

第三，第三方支付平台具有支付网关的功能，提供一系列的应用接口程序，将多种银行卡支付方式整合到一个界面上，负责交易结算中与银行的对接，避免了信用卡信息在网络多次公开传输而导致的信用卡信息被窃事件，使网上交易变得更加简单安全。

由于有大量资金寄存在支付平台账户内，而第三方平台非金融机构，所以存在资金风险。2010年9月，中国人民银行开始实施《非金融机构支付服务管理办法》，旨在促进支付服务市场健康发展，规范非金融机构支付服务行为，防范支付风险，保护当事人的合法权益。管理办法指出，第三方支付作为非金融机构提供支付服务，应当取得《支付业务许可证》，成为支付机构，依法接受中国人民银行的监督管理。从2011年5月26日央行发放第一批支付许可证开始，已有超过200家企业获得了支付许可证。第三方支付在发展十年后，合法身份的确立使其走出"灰色地带"并带来空前的发展空间。

目前第三方支付市场份额排名前五位的企业是：支付宝、财付通、中国银联、快钱和汇付天下。艾瑞咨询的报告显示，2013年中国第三方互联网支付市场交易规模达53 729.8亿元，同比增长46.8%,整体市场持续高速增长,在整体国民经济中的重要性进一步增强。2013年与金融的深度合作,使第三方互联网支付平台找到了新的业务增长点,如支付宝旗下的余额宝、微信的理财通和苏宁的零钱宝等。余额宝是支付宝打造的余额增值服务,把钱转入余额宝即购买了与支付宝达成合作的天弘基金旗下的货币基金,可获得收益。余额宝内的资金还能随时用于网购支付和灵活提取,像使用支付宝余额一样方便。支付宝推出余额宝提升了用户的黏度,把用户闲散的活期存款吸引到了余额宝中,方便用户购物支付,在一定程度上分流了银行存款的利益。

三、电子现金

电子现金(Electronic Cash)是一种以数据形式流通的货币,是将现金数值转换成为一系列的加密序列数,通过这些序列数来表示现实中金额的币值。客户利用电子现金在网上直接传输交换,发挥类似现金的职能。电子现金与代币的最大区别是电子现金可以随时兑换成现金。电子现金的网上支付模式目前尚处于幼儿期,但这种结算方式有很好的前景。用电子现金在网上支付前,使用的客户和电子现金的接收商家要分别安装相应的电子现金软件。为了安全交易与支付,商家与发行银行需要从认证中心(CA)申请数字证书。图5.6描述了基于电子现金的网上支付流程。

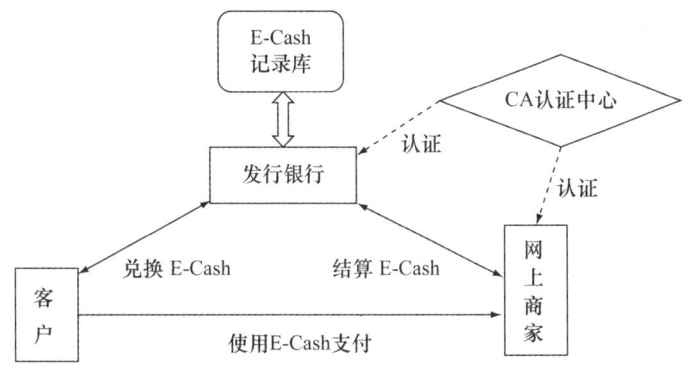

图5.6 基于电子现金的网上支付流程

(1) 客户在 E-Cash 发行银行有一定存款,向银行请求将部分存款兑换成电子现金。
(2) 银行根据客户的请求把相应的电子现金发送至客户的计算机中,即可使用。
(3) 客户验证能够接收电子现金的商家的身份,下订单,选择用电子现金支付。
(4) 客户将订单和相应数目的电子现金发送给商家的服务器。
(5) 商家收到电子现金后,将接收的电子现金发送给电子现金发行银行验证电子现金的有效性,确认后兑换等额资金转入商家资金账户。

电子现金支付的主要优势在于:

第一,满足客户的消费习惯。一些国家的消费者更习惯于使用现金,由于现金不适合在线交易,在这些国家开展 B2C 电子商务交易时,电子现金就满足了这种重要的需求。

第二,处理成本低。信用卡发行银行的收入来自按交易额向商家收取的处理费,对于小额交易的商家,银行通过信用卡结算就很难盈利。而电子现金的处理成本比信用卡低,对于互联网上存在的小额支付市场非常有吸引力。

第三,匿名性。消费者在使用电子现金时能避免暴露自己的身份,即使银行和商家相互勾结也不能跟踪电子现金的使用,从而隐蔽了电子现金用户的购买历史。匿名性也防止了商家收集个人或企业的消费习惯信息,而消费者在使用信用卡时在一定程度上放弃了隐私性。

第四,独立性和便携性。独立性是指电子现金和任何网络或存储设备无关,即电子现金不依赖于专用的存放电子货币的存储机制,是真正自由浮动的通货。便携性是指在所有形式的公平交易中,在买卖双方之间可自由转账,而信用卡就没有在买卖双方之间自由转账的性质,信用卡的接受方必须在银行建立商家账户。

电子现金也有如下一些缺点:

第一,使用电子现金同实际现金一样很难进行跟踪,带来了一个问题——"洗钱"。用电子现金采购可轻易地进行洗钱,而非法获取的电子现金可匿名采购商品,所购商品可公开销售以换得真正的现金。像传统现金一样,电子现金也可以伪造。

第二,风险较大。如果用户的硬盘损坏,电子现金丢失,钱就无法恢复。更令人担心的是电子现金也可能伪造,一旦电子伪钞获得成功,发行人和客户所付出的代价可能是毁灭性的。

第三,由于电子现金由公司发行,就需要所有电子现金发行公司都遵从共同的标准,这样一家发行公司就可以接受另一家公司发行的电子现金,但目前无法做到这一点。每家发行公司都有自己的标准,导致电子现金不能被广泛接受。

总体来说,电子现金的网上支付模式目前尚处于幼儿期,电子现金在某些地区取得了成功,有关电子现金的支付体系还在发展完善中,但电子现金的 IC(Integrated Circuit)卡模式却得到了很好的发展。电子现金的 IC 卡模式是将货币价值的汇总余额存储在 IC 卡上,当从卡内支出货币余额或向卡内存入货币金额时,将改写 IC 卡内的记录余额。从卡内支出货币金额的去向和向卡内写入货币金额的来源也可以是另一张 IC 卡。对于普通消费者来说,电子现金非常适用于交易频率高并且单次金额小的小额快速支付。电子现金消费对使用者来说都是匿名的,使用电子现金消费可以保护使用者的信息,特别适合公共或商务场合,比如公交、超市、菜场、饭店等,可以有效提高支付效率、缩短支付时间,在很短时间内快速完成交易,免去了钞票清点找零的麻烦,也避免了假钞的风险和使用人身份信息的泄露。但匿名性也导致电子现金不记名不挂失。目前国内银行推出的具有"Quick Pass"(闪付)标识的金融 IC 卡,就是典型的电子现金 IC 卡模式的应用。用户可以通过 ATM 等圈存设备,将现金转为电子现金存入,可以在具有"Quick Pass"标识的刷卡设备上刷卡,无须密码和签名。电子现金上限是 1 000 元,可以根据自身需要以及风险承受能力设定电子现金账户内的金额,也可自行设定电子现金存款额度和交易额度。银行方面表示,金融 IC 卡丢失后可以挂失,但其中的电子现金部分无法挂失。

比特币(Bitcoin)也是一种类电子现金的代表,是一种非国家化电子货币。比特币是一种分散化、匿名、只能在数字世界使用的货币,它不属于任何国家和金融机构,并且不受地域限制,人们可以在世界上的任何地方兑换它。比特币没有实体属性,本质上是一种在互联网上快速传递和存储在电子钱包中的一串加密代码。比特币没有中央银行控制,它使用点对点网络节点的分布式数据库来记录货币的交易,并使用密码学的设计来保证流通各环节的安全。用户通过备份含有私人密钥的钱包数据可以确保比特币不丢失。每个用户有一个私人和一个公共加密钥匙,公共密钥用于接受别人发送比特币的地址,私人密钥是自己的身份认证。交易中,预期接受者的公共钥匙加密付款,相关联的私人钥匙才能收到付款,而付款人用自己的私人钥匙核对任何转入接收人账户的金额。

比特币的生产速度每四年减半,并将在最终达到 2 100 万个。支持者认为,这种货币发行模式可以防止滥发货币以维护币值稳定。然而反对者的批评包括:其一,比特币的发行速度逐渐下降且不可调整,这将导致持续且不断强化的通缩压力;其二,比特币增长速度的下降会形成稳定的升值预期,从而导致人们倾向于持有比特币而不是用其进行交易,这会使得比特币的交易数量日益减少、货币的流动性不断下降;其三,比特币的价值逐渐递增,可能会加剧社会分配失衡。因此,总量固定和增速递减对比特币而言既是突出的优势也是致命的弱点。但也有学者认为虚拟货币比特币等本质上不是货币,认为比特币不满足货币的价值基础,由于暴涨暴跌的特性,只是一个单纯的投机对象。比特币对社会产生了明显的影响,但是当前对于其法律地位以及发展前景,各个国家和社会各界都有着不同的看法。

四、电子支票

电子支票(Electronic Check)是客户向收款人签发的、无条件的数字化支付指令。电子支票与传统支票几乎有着同样的功能,是纸质支票的电子版本,它包含纸质支票的所有信息,并基于相同的法律规范。因此电子支票能够适应企业现有的商务流程。与传统支票相比,电子支票为数字化信息,通过网络传输,所以能够加快支票的解付速度,缩短资金的在途时间,处理成本也比较低。用电子支票支付,事务处理费用较低,而且银行也能为参与电子商务的商家提供标准化的资金信息,它有可能成为最有效率的支付手段。电子支票采用公开密钥体系结构,使用数字签名代替手写签名,可以实现支付的真实性、保密性、完整性和不可否认性,比传统支票更安全。电子支票主要应用于 B2B 电子商务的交易中。

电子支票网上支付的过程为:消费者和商家达成购销协议并选择用电子支票支付;消费者通过网络向商家发出电子支票,同时向银行发出付款通知单;商家通过验证中心对消费者提供的电子支票进行验证,验证无误后将支票送交银行索付;在商家索付时,银行通过验证中心对电子支票再次进行验证,验证无误后进行后台的资金清算工作,并给买卖双方发送支付结算成功信息。

1996 年,美国通过的《改进债务偿还方式法》成为推动电子支票在美国应用的一个重要因素。该法规定,自 1999 年 1 月起,政府部门的大部分债务将通过电子方式偿还。1998 年,美国的金融服务技术财团(Financial Service Technology Consortium,简称 FSTC)通过美国财政部的财政管理服务支付了一张电子支票,以显示系统的安全性。尽管电子支票可以大大节省交易处理的费用,但是,对于在线支票的兑现,人们仍持谨慎的态度,电子支票在世界范围内的广泛普及还需要有一个过程。

五、移动支付

移动支付,是允许用户使用其移动终端(通常是手机)对所消费的商品或服务直接或间接向银行、金融企业发送支付指令的一种支付方式。作为移动互联网增值业务的焦点,移动支付大大丰富了人们的消费方式。

(一)移动支付的产业链

移动支付的产业链由消费者、商家、金融机构、移动运营商、设备制造商等多个环节组成。

(1)消费者:消费者是移动支付业务的最终使用者,为购买的商品或服务进行支付。消费者的多寡将是衡量移动支付业务的重要指标,同时也是该业务成败的关键所在。移动支付的安全性、交易流程是否烦琐、操作是否简便等问题,对消费者移动支付习惯的养成都具有重要的影响。

（2）商家:既包括线下的店铺,也包括互联网上能够提供电子数字商品和服务的公司。移动支付受理环境是影响当前移动支付推广的关键因素之一。商家期望通过部署移动支付系统,来降低经营、服务和管理成本,获得更高的用户满意度。

（3）金融机构:包括银行、信用卡组织以及银行合作组织（银联）。金融机构是用户手机号码关联的银行账户的管理者,保证用户的支付过程安全通畅。金融机构作为资金最终的转移者和清算者,提供金融专用网支付服务的支持。

（4）第三方移动支付:第三方支付将其支付服务成功拓展到移动互联网上,第三方移动支付具有整合移动运营商和金融机构等各方面资源并协调各方面关系的能力,能为手机用户提供丰富的移动支付业务,吸引用户使用移动支付。

（5）移动运营商:主要任务是搭建移动支付平台,为移动支付提供安全的通信渠道、通信方式和通信服务。目前,移动运营商能提供语音、SMS、WAP等多种通信手段,并能为不同级别的支付业务提供不同等级的安全服务。

（6）移动设备厂商:移动设备厂商在向运营商提供移动通信系统设备的同时,还推出了包括移动支付业务在内的数据业务平台和业务解决方案,这为运营商提供移动支付业务奠定了基础。从终端的角度来看,支持各种移动数据业务的手机不断被推向市场,这为移动支付业务的不断发展创造了条件。

移动支付的运作模式主要有以下三类:以移动运营商为运营主体的移动支付业务、以金融机构为运营主体的移动支付业务和以第三方服务提供商为运营主体的移动支付业务。在移动支付业务产业价值链中,移动运营商、金融机构、第三方服务提供商拥有各自不同的资源优势,只有彼此合理分工、密切合作,才能推动移动支付业务的健康发展,实现各个环节之间的共赢。

目前,移动运营商、金融机构和第三方服务提供商都推出了其移动支付业务,在市场上形成了竞争。实际上要改变支付商品的方式是一件非常困难的事情。刚开始的时候,商家及其移动支付业务合作伙伴必须向主流购物者提供一些激励措施,他们才会选择使用手机来进行支付。之后,还将面临一个先有鸡还是先有蛋的难题:商家不愿升级零售终端或者安装移动支付软件,从而以无线的方式用顾客的手机完成移动支付,除非这种方式成为主流;另一方面,除非消费者在任何地方都可以方便地使用移动支付,否则这种方式将不会成为主流。如果这些问题都能得到妥善解决,那么现金支付这种方式很有可能会退出历史舞台。使用手机进行移动支付将是革命性的事情,这同20世纪50年代信用卡的推出类似。

（二）移动支付的方式

移动支付根据应用场景可以分为远程支付和近场支付。远程支付比近场支付起步早,目前的市场份额中远程支付也占据了优势。

远程支付是指通过移动运营商提供的移动网络与网上银行或第三方支付的支付系统建立连接,进行支付的方式。2013年,原本独守线上远程支付的财付通和支付宝,开始布局线下远程支付,推出微信支付和支付宝钱包。线下的远程支付先采用二维码识别和声波识别等方式,识别的支付信息再交给远程支付系统进行处理。

近场支付是指通过具有近距离无线通信技术的移动终端实现本地化通信,进行支付的方式。近距离无线通信(Near Field Communication,简称 NFC)是目前近场支付中被寄予厚望的技术。它是一种短距高频的无线电技术,能在短距离内与兼容设备进行识别和数据交换。NFC 由非接触式射频识别(RFID)及互联互通技术整合演变而来。NFC 移动支付方案支持用户刷手机进行快速支付,但是对硬件有要求,用户必须持有内置 NFC 芯片手机,而且商家的 POS 机也要升级以支持 NFC,这也造成了近场支付推广的难度。2013 年 6 月,中国移动和中国银联合作推出的移动支付方案中,采用 13.56MHz 频率标准的 NFC,用户下载应用"手机钱包"客户端后,将绑定的银行卡中的资金圈存到手机钱包,成为电子现金,无须密码就能在全国范围内任何一家带有银联"Quick Pass"标识的 POS 机上进行快速支付。随后中国联通和中国电信也推出了 NFC 技术的手机钱包。

手机钱包是实现移动支付功能的软件。手机钱包是电子钱包在移动互联网上功能的延伸。电子钱包是一个可以由持卡人用来进行安全电子交易、管理各类电子货币和储存交易记录的软件。电子钱包在互联网支付中并没有获得广泛的应用,但是在移动支付中却取得了成功,多数移动支付服务的提供者都推出了手机钱包软件。手机钱包具备以下功能:① 能够将银行卡、公交卡、加油卡、会员卡、校园企业一卡通、优惠券、电子现金、所有者的数字证书等存放到手机钱包中;② 提供移动支付功能,用户可以从手机钱包中选择相应的电子货币进行支付;③ 提供手机钱包内银行卡和电子现金等电子货币收付往来的账目清单;④ 提供电子交易记录的对账单,供用户查询自己的购物记录;⑤ 提供理财功能,将用户暂时不使用的资金转入理财账户获取收益。

案例 5.1

打车移动支付疯狂背后

2014 年伊始,嘀嘀打车和快的打车及各自背后的投资方腾讯、阿里巴巴已围绕移动支付展开一场激烈较量。在嘀嘀打车与微信支付宣布继续投入 2 亿元请全国人民打车后,快的打车和支付宝钱包马上跟进,联合宣布再投 5 亿元请全国人民打车。双方的策略针尖对麦芒:用嘀嘀打车微信支付的乘客,每一笔车费减免 10 元,且额外补贴 10 元给司机,同时提供 10 000 单免单;后者马上将对司机师傅的红包从 10 元增至 15 元,在红包力度上给嘀嘀打车以压力,且每天设置 10 001 个随机免单,特意比嘀嘀多出一个。知情人士透露,快的和支付宝钱包 5 亿元补贴中一半来自支付宝,嘀嘀和微信支付中一半资金来自腾讯。平均一个用户 20 多元成本,相比广告投放,直接补贴用户显得更经济实惠,还让移动支付在中国社会如此广为人知。

这场打车软件行业竞争也被认为是一场代理人间围绕移动支付的战争。在腾讯、阿里巴巴的支持下,正成为一场移动支付的"启蒙"战争,为线下移动支付提供了更多场景。为何腾讯和阿里巴巴如此大力度支持打车软件?其奥秘在于,无论是支付宝钱包还是微信支付,都希望用户通过打车应用使用场景绑定银行卡,让自身变成一个 App Store,为后续开展其他移动支付业务做铺垫。支付宝官方人士表示,移动支付是支付宝钱包的一个功能,但并非天然存在移动支付场景,要培育用户习惯就需创造场景,包括 AA 付款、条码支付等都是推动移动支付的措施。相对来说,打车支付是一个高频次、小额支付的应用场景,既方便又不用担心限额。在一二线城市,很多人一天打一两次车,且受到的教育水平较高,很容易形成移动支付习惯,另外,在移动支付中获利的司机也是流动载体,会对乘客进行推荐。现实生活中有很多高频次场景可使用移动支付,长此以往用户使用场景可能发生迁移。对于微信支付来说,这种培育的用户价值更大。微信支付是个新鲜事物,但嘀嘀打车与微信支付合作突破地域限制,实现移动打车全国化,既加速了乘客使用手机支付打车费的进程,在全国范围内掀起司机和乘客相互推荐使用微信支付的热潮,还培养出用户移动支付的使用习惯。更重要的是,财付通在计算机时代交易量和商户数量均低于支付宝,微信支付却盘活了财付通的资源。如今,财付通在加快应用场景构建,与航空公司试点移动购票,接入优酷、拉手、美团、当当等众多企业,随着微信支付与更多线下商户打通,财付通拥有了弯道超车的机会。

当前,微信支付、支付宝正加速与线下百货、餐饮等企业展开合作。当然,这一过程不可能一帆风顺。多家大型百货都在关注微信支付、支付宝钱包。一家大型百货公司新闻发言人表示,公司已成立专门的部门进行研究,"只要是能带来用户、带来商机的机会都会考虑,目前正在观望有没有成功的案例、合适的机会"。移动支付推广的难点在于商户端,商户有成本和效率考虑,也在于用户端,用户习惯刷卡或现金付费,因此需要培养用户的移动支付习惯。

(资料来源:雷建平,腾讯科技,http://tech.qq.com/a/20140124/002254.htm)

思考题:
1. 对移动近场支付和移动远程支付的推广难点进行对比分析。
2. 分析案例中移动支付产业链涉及的主体。

第四节 网 络 银 行

一、银行电子化的发展历程

计算机和通信(Computer & Communication,简称C&C)技术的引入,使银行从此开始了革命性的变革。银行的电子化,经历了四个发展阶段,即手工操作转为计算机处理、自助银行服务、金融信息服务和网络银行服务。

银行的传统业务一般是吸收存款、发放贷款、办理汇款结算等,这些交易处理是银行最平常也是最量大面广的业务操作,是主要的票据源和可能的错误源。这些日常银行业务,主要在分理处和储蓄所进行。20世纪中期,银行的这些传统业务处理实现了电子化,建立了柜员联机系统,将银行与个人客户、企业客户和往来银行的交易进行了电子化处理。银行柜员联机系统的建立提高了银行业务的处理效率,增加了市场占有率,并降低了运营成本,为银行开发一系列自助银行业务处理系统、提供各类新型的自助银行服务,打下了良好的物质基础。

20世纪80年代,自助银行项目ATM(Automated Teller Machine)、POS(Point of Sales)和电话银行开始普及,这些自助银行项目由客户启动交易,一般无须银行柜员干预,能处理大量的日常金融交易,可提供24小时的全天候服务。同时,银行通过自助银行将支付服务的分支机构从柜台延伸到零售商店、超级市场、企事业单位和家庭。自助银行进一步改善了客户服务的质量,降低了银行的运营成本。

20世纪90年代初期,银行在向客户提供传统金融交易服务的基础上,开始向各类客户提供金融信息增值服务。银行借助数据仓库和数据挖掘等IT技术从交易数据中提取有价值的信息,向客户提供金融信息增值服务,如投资咨询、代客理财、各种辅助决策支持的信息咨询等。

20世纪90年代中期,基于Internet平台的电子商务蓬勃兴起,网络银行(Internet-Bank)作为一种崭新的发展模式应运而生。

二、网络银行的产生和发展

网络银行产生的主要原因来自两方面:一方面,电子商务的参与者包括企业、个人、金融机构和政府有关部门,每项电子交易都要经过资金的支付才能完成,作为资金流的负载者银行的参与是至关重要的。商业银行作为电子化支付和结算的最终执行者,能否有效实现支付手段的电子化和网络化是电子商务成败的关键。另一方面,在电子商务快速发展的新形势下,银行为了开发新的市场,争取新的客户,对市场做出更迅速的反应,降低成本,也需要借助Internet的力量形成一种崭新的业务模式和管理模式。所以说,网络银行的产生既是电子商务发展的需要,也是银行自身发展并获取市场竞争优势的需要。

1995年,美国成立了全球第一家网络银行——安全第一网络银行(Security First Network Bank,简称SFNB)。SFNB没有营业柜台和金库,完全依赖Internet运作。网络银行的出现标志着银行从实体银行向虚拟银行发展,进入全新的电子商务时期。继安全第一网络银行在美国建立之后,法国、德国、英国、日本、新加坡等国家纷纷推出网络银行服务,以抢占先机。面对世界银行界火热的网络银行运动,国内商业银行纷纷融入了这股由互联网引发的全球潮流。1996年2月,中国银行在互联网上建立了主页,首先在互联网上发布信息。1998年3月,中国银行网络银行成功地办理了第一笔互联网上的电子交易,拉开了国内网络银行业的序幕。目前,工商银行、招商银行、交通银行、建设银行、农业银行等国内主要商业银行也纷纷开办了网络银行业务。网络银行发展到现在,技术逐渐成熟,功能不断完善,业务创新频繁。

目前网络银行有两种发展模式,即纯网络银行和分支型网络银行。纯网络银行是完全依赖于Internet发展起来的全新网络银行,它本身就是一家银行,是为专门提供在线银行服务而成立的。纯网络银行也可以称为"只有一个站点的银行",这类银行一般只有一个办公地址,既无分支机构,也没有营业网点,几乎所有业务都通过网络进行,安全第一网络银行是采用这种模式的代表。纯网络银行的优势在于以极其低廉的成本提供金融产品和金融服务,但也存在一些目前还难以克服的缺陷,如无法直接收付现金,需要法律的不断确认,需要培养客户的信任度和忠诚度。分支型网络银行是现有传统银行在Internet上建立网站,可以同时利用实体渠道和网络渠道提供金融服务的银行,世界上的大部分银行以及国内的所有银行都采用这种模式。分支型网络银行的优势在于,可以利用现有银行的技术、人员和客户资源,有效地帮助主体银行迅速开发新的金融产品以及拓展市场空间;但分支型网络银行会受到母体银行原有的体制框架、技术框架的束缚。

三、网络银行的优势

新兴的网络银行较之传统银行具有一系列在信息、技术和手段等方面的竞争优势,归纳起来有以下四点:

1. 提供全方位、多元化的金融服务

通过网络银行及时发布的金融信息,客户可以了解国内外的金融行情信息、银行最新推出的金融产品、客户账户的基本情况等。而且网络银行摆脱了以往传统银行网点功能单一化的弊端,能够融合银行、证券、保险等行业经营的金融业务,为客户实现各种资金、股票、外汇、保险、理财、专业咨询服务等的安全交易,从而走向全方位和多元化。

2. 降低银行、客户的交易成本

由于网络银行客户端使用的是公共浏览器软件,不需要银行对其进行维护,可以大大节省银行的客户维护费用;由于客户使用是公共的 Internet 网络资源,银行避免了建立专用客户网络所带来的成本及维护费用。网络银行交易比银行分支机构、ATM 和电话银行交易的成本优势明显。网络银行通过将客户业务转移到低成本的渠道,可以节省大量的人力资源和网点建设成本。以工商银行为例,其个人客户中有近 50% 使用个人网上银行,对公客户有近 70% 使用企业网上银行,工商银行还拥有 9 万多台 ATM 等自助设备、60 万台 POS 机和 1.4 万家自助银行,通过这些电子化渠道每年办理的业务量达 300 多亿笔,交易额超过 250 万亿元,相当于近 2 万家物理网点的服务量。网络银行在开展网上金融服务初期,其成本十分高昂,愿意消费的客户还较少。由于网络金融服务的边际成本总是呈现不断下降的趋势,网络银行为了盈利必须扩大市场的需求,实现自身的规模效应,它们通常会利用交易成本的降低,为网上客户提供各种优惠服务。与传统的银行相比,网络银行所提供的产品和服务会有不同程度的优惠,例如网上银行的基金销售业务和异地汇款业务在各大银行大多会有优惠。

3. 为客户提供更方便、个性化的银行服务

网络银行能为客户提供跨区域的 24×7 的全天候服务,让客户不受时间、地域的限制,使用网络银行提供的服务。客户可以通过网络银行提出需求,而银行也可以依托网络及时了解客户的需求,为客户定制金融产品,如投资组合、理财等,满足客户的个性化需求,通过增加以客户为中心的服务获得客户的忠诚。

4. 银行管理更高效、更科学

网络银行的运作模式使客户的信息容易收集,便于银行与客户间的互动,使银行的经营从产品导向转变为客户导向。银行对各种信息进行统计、分析和挖掘的结果,有助于强化银行的金融管理,提高管理的科学性和高效性。

四、网络银行的服务功能

随着 Internet 技术的不断发展创新,网络银行提供的服务种类、服务深度都在不断地丰富、提高和完善。从总体上讲,网络银行提供的服务一般包括两类:一类是传统商业银行服务品种,这类业务在网络银行建设的初期占据了主导地位;另一类是以科技为基础、以客户为中心的金融创新产品。下面介绍网络银行的具体功能,主要以中国工商银行(http://www.icbc.com.cn)的网上银行功能为例。

1. 个人网络银行服务

在个人网络银行方面,为注册客户提供的服务业务种类有:

(1) 账户信息查询:为客户提供网上银行各类注册卡的账户信息,如卡余额、历史明细和网上购物明细查询。

(2) 注册账户转账:为客户提供在注册卡之间或注册卡内的账户之间,办理本外币活期转活期、活期转定期以及定期转活期的业务。

(3) 跨行转账汇款:为客户提供向设立在国内其他商业银行的单位或个人账户进行人民币转账汇款的业务。

（4）境内汇出汇款：为客户提供向在境外地区银行开户的个人进行外汇汇款的金融服务。

（5）网上贷款：为客户提供个人质押贷款的申请、放款、还款以及贷款信息查询等业务。

（6）网上理财：为客户提供查询各类本、外币理财产品信息，进行理财产品交易、办理协议转账等个人综合理财业务。

（7）网上汇市：为客户提供在线办理外汇买卖业务以及查阅汇市信息和评论的服务。

（8）网上基金：为客户提供基金买卖交易、管理资金账户、查询基金交易明细、查询最新发布的基金产品信息的服务。

（9）网上证券：为客户提供在线办理股票、基金、国债、期货交易业务以及最新证券信息和财经要闻查询业务。

（10）第三方存管：银行作为证券公司客户账户交易结算资金存管银行，为投资者提供证券交易结算资金银证双向划转服务，同时为投资者提供证券交易结算资金管理账户，反映投资者在证券端的证券资金台账余额和变动明细，协助投资者监管其证券交易结算资金安全。

（11）网上黄金：为客户提供人民币账户黄金（黄金（克）/人民币）、美元账户黄金（黄金盎司/美元）和代理实物黄金的交易功能。通过选择不同的网上黄金市场，可进行相应的委托/即时交易、账户管理/查询和交易明细查询等交易。

（12）集中式银期转账：工行为投资者建立了期货资金账号与投资者银行结算账户之间的对应关系，可以实现投资者银行结算账户与期货公司保证金账户的实时划转，期货公司根据其银行期货资金账号的变动情况，可实时调整期货投资者在期货经纪公司的资金账户余额，为期货交易提供资金结算便利。

（13）网上保险：是工商银行与保险公司合作，为客户提供在线投保、保单查询、续期缴费以及保险资讯等服务的一项银保合作金融业务。

（14）缴费站：为客户提供缴纳本地的各类日常生活费用；购买商品、服务或缴纳学杂费；签订、撤销或查询委托代理扣费协议等服务。

（15）信用卡服务：为客户提供一组集贷记卡、准贷记卡、国际卡还款、新办卡或换卡申请以及卡资料查询/修改等业务于一体的功能。

（16）客户服务：为客户提供管理网上银行客户信息、密码、U盾、定制个性化信息的一组功能。

（17）网上挂失：为客户提供网上银行注册卡、下挂卡/账户的临时挂失业务。

2. 企业网络银行服务

在企业网络银行方面，为注册客户提供的服务业务种类有：

（1）账户管理：为客户提供完善的账户信息服务，协助集团客户集中管理和实时监控本部及遍布全国的分支机构账户。

（2）收款业务：为收款企业提供向企业或个人客户收取各类应缴费用的功能，帮助企业快速回笼应收账款。

（3）付款业务：为企业提供向本地或异地企业或个人划转资金的功能。

（4）集团理财：为集团企业客户提供调拨集团内各账户资金以及对集团内的票据进行统一管理的功能。

（5）信用证业务：此业务是信用证业务受理方式的扩充，是为企业提供通过网上银行提交有关开证申请、信息查询功能。

（6）贷款业务：此业务是营业网点贷款业务受理方式的扩充，为企业提供贷款查询、发放、管理等功能。

（7）投资理财：提供集基金交易、国债交易、通知存款、协定存款等多种投资途径为一身的网上投资理财服务功能。

（8）客户服务：提供企业资料维护、客户证书管理、电子工资单上传等交易功能。

案例 5.2

互联网金融对传统银行业的挑战

比尔·盖茨在20世纪80年代就讲过："传统银行如果不改变，就会成为21世纪快要灭亡的恐龙。"按照美国学者克里斯·安德森的长尾理论，传统银行由于追求规模效应，总是把资源集中到对其利润贡献最大的"头部"领域，对小额的或者由于成本风险与收益不匹配的"尾部"业务而不愿意涉足，这为互联网金融提供了巨大的市场空间，捡了一个大漏。小众市场比较分散，只能靠柔性服务，小批量地把碎片化需求聚集在一起，互联网技术恰恰提供了强大的技术支持。过去银行很专业，门槛也很高，现在不同了，互联网金融"去专业化"，用软件就可以替代了。互联网金融的效益更加普惠于广大老百姓，因为它成本低、方便、简单。

目前，国内互联网金融主要的商业模式已有六种：第三方支付、移动支付、网络借贷、众筹融资、互联网理财和保险、互联网金融门户。互联网金融对银行的挑战有哪些呢？招商银行行长马蔚华总结后认为主要有四：

第一，职能端冲突。支付、贷款、财富管理等是银行最基本的职能，但现在互联网都对这些职能步步紧逼。银行最担心的，不是支付量下降，而是交易信息流割裂。有了第三方支付后，把银行和客户之间割断了，客户和银行不发生关系了。这样，银行不能了解客户的习惯，也无法预测市场需求，最后只能沦为支付环节的最后一关，中间被互联网金融代替了。

第二，收入端冲突。第三方支付本来都是银行的，贷款、财务管理也是银行的。因为互联网金融的介入，无论利息收入还是手续费收入都将会减少，现在减少的还不是很多，但是这件事会不断扩大，减少的越来越多。

第三，负债端冲突。互联网金融平台将使银行个人客户的全部负债均有遭受潜在冲击的可能，包括个人活期存款、个人定期存款、个人理财存款。支付平台可能使银行活期存款受到冲击。如支付宝旗下的余额宝，其用户量和存款额已让传统金融人士瞠目结舌。网贷平台会冲击银行的定期存款和理财资金。如人人贷平台的网贷收益率高达15%—20%，虽然有风险，但也有不怕风险的。多功能综合的互联网金融创新产品有可能动摇银行的根基。如余额宝，1块钱也可以理财，对大众来说，这比银行强，银行都是多少万限额。

第四，服务端冲突。过去银行以产品为中心，高高在上，门难进，事难办。后来竞争加剧了，银行提出以客户为中心，但是和互联网企业比，银行以客户为中心还差了点。因为互联网企业比较尊重客户体验，它强调的是交互式营销及开放的平台，而且运作模式上更强调互联网技术和金融核心技术的深度结合。

（资料来源：马蔚华，《南方日报》，2013年11月22日。）

思考题：
1. 请举互联网金融企业的例子，说明它们属于互联网金融的哪类商业模式。
2. 互联网金融对银行业产生了哪些方面的冲击？目前银行采取了哪些举措来应对冲击？

练习题

1. 传统的支付方式有哪些？存在哪些局限性？
2. 网上支付与电子支付的关系是什么？
3. 电子商务对网上支付的要求有哪些？
4. 分析网上支付的各种分类方式。
5. 比较 SSL 协议和 SET 协议这两类网上安全支付协议。
6. 分析网上支付的安全措施以及安全原理。

第六章　电子商务物流管理

电子商务的顺利开展离不开物流体系的支撑。高效、合理、畅通的物流系统是实现有形商品网上交易的基石。现代物流是经济全球化的产物,也是推动经济全球化的重要服务业。加快我国现代物流发展,对于优化资源配置、调整经济结构、改善投资环境、增强综合国力和企业竞争能力、提高经济运行质量与效益、实现可持续发展战略、推进我国经济体制与经济增长方式的根本性转变,具有非常重要而深远的意义。本章从介绍物流管理的概念入手,详细分析了电子商务环境下物流模式的分类、新兴物流信息技术以及供应链管理方法,希望加深读者对物流管理重要性的认识。

第一节　物流管理概述

一、现代物流的概念

"logistics"来源于法语的"logistique",即"宿营",是指将粮食、服装、军火等军需物资与人员按时、按量、按质地补充到指定的地点。第二次世界大战期间,美国军方认真研究了军事物资的采购、运输、储存、分配、保养、废弃处理等一体化方案,希望能够提高效率、降低成本,并且能及时准确地发挥军用物资在战争中的作用。他们提出的思想形成了物流理论的基本框架。

第二次世界大战结束后,美国企业界重视经营管理,将物流概念和方法开始应用于生产和流通领域,取得了较好效果。1984 年,美国物流管理协会最先提出现代物流的概念:"为了符合顾客的需求,将原材料、半成品、完成品及相关信息从发生地向消费地移动的过程,以及为使保管能有效、低成本而从事计划、实施和控制的行为。"

中国物流行业起步较晚,随着国民经济的飞速发展,物流业的市场需求持续扩大。1992 年,商业部颁布了《关于加强物流科技工作的意见》;1995 年,国内贸易部在《关于深化流通体制改革,促进流通产业发展的若干意见》中对物流建设提出了更为具体的目标;1999 年,国家又把现代物流作为中国经济发展的重要产业和新的经济增长点;2001 年,国家经贸委等六部门印发了《关于加快我国现代物流发展的若干意见》的通知,提出了现代物流对经济发展的重要性,要积极培育现代物流市场。进入 21 世纪以来,在国家继续加强和改善宏观调控政策的影响下,中国物流行业保持较快增长速度,物流体系不断完善,行业运行日益成熟和规范。

本书认为,现代物流是指基于满足顾客需求以及成本与效益的考虑,而进行的涉及生产、销售、消费全过程的物品及其信息的系统流动过程。其内涵体现在以下四个方面:

（1）物流是物品的流动。物品具有自然属性和社会属性。自然属性是指它具有实体内容或明确的功能；社会属性包括所有权、使用权和价值等。因此物流是实体内容的流动，与之相伴的是社会属性的转移，这种社会属性的移动常被称为"商流"。

（2）物流包括运输、储存、包装、装卸、流通加工、配送和信息管理等基本功能活动。表6.1详细描述了这些功能活动及作用。

（3）物流包括空间和时间的移动以及形状性质的变动，因而通过物流活动可创造物品的空间效用、时间效用和形质效用。

（4）物流是物品按照预先的计划并在此计划控制下从提供者向接受者流动。在此过程中，涉及的要素是人、财、物以及相关运输设备、途径、信息。

表6.1　物流的基本功能活动

功能活动	定义	作用
运输	是利用设备或工具，在不同的地域范围内，完成以改变人和物的空间位移为目的的物流活动	运输能产生空间上的效用，承担改变物品空间状态的主要任务，是物流的重要功能
储存	即对物品的保存和管理，具体来说，是在保证物品品质和数量的前提下，依据一定的管理规则，在一定期间内把物品存放在一定场所的活动	储存能产生时间上的效用，起着缓冲、调节和平衡的作用，是物流的中心环节
包装	是在物流过程中按一定的技术方法采用容器、材料以及辅助物等将物品包封并予以适当的装封标志的总称	包装能产生感官上的效用，保护物品，方便储运，促进销售。其作为物流活动的起点出现，意义重大
装卸	随着物品运输和保管而附带发生的作业，是指物流过程中对物品进行装运卸货、搬运移送、堆垛拆垛、旋转取出、分拣配货等作业活动	装卸作业质量的好坏和效率的高低会大大影响物流成本，并与是否满足客户服务要求密切相关
流通加工	是在流通阶段进行的不以改变商品的物理化学性能为目的的简单加工、组装、再包装、按订单做调整等作业活动	流通加工增加了商品的附加值，满足了客户需求。比如将鲜肉、鲜鱼分割成小包装，家用电器的安装、调整，衣物陈列前的挂牌、熨烫等
配送	是在经济合理区域范围内，根据用户的要求，对物品进行拣选、加工、包装、分割、组配等作业，并按时送达指定地点的物流活动	配送处于物流的末端，占有重要地位。现代意义的配送是建立在备货和配货基础上的满足客户灵活需要的送货活动，是以社会分工为基础、综合的、现代化的送货活动
信息管理	是指进行与上述各项活动有关的计划和预测，以及对物流动态信息及其有关费用、生产、市场信息的收集、加工、整理和提炼等活动	信息管理是现代物流最重要的核心要素

二、电子商务与现代物流的关系

在电子商务蓬勃兴起的大环境下，世界物流业呈稳步增长态势，欧洲国家、美国、日本成为当前全球范围内的重要物流基地。当前我国物流业总体规模快速增长，物流服务水平显著提高,发展的环境和条件不断改善。下面简单分析电子商务和现代物流两者之间的关系。

1. 物流是电子商务的组成部分

物流配送是电子商务中实体型商品交易不可缺少的环节。一个完整的商务活动,必然要涉及信息流、商流、资金流和物流四个流动过程。在一定意义上说,物流是电子商务的重要组成部分,是信息流和资金流的基础和载体。

2. 现代物流是电子商务优势正常发挥的基础

电子商务推翻了传统商业模式,带给企业和个人消费者良好的网络购物体验,必须有现代化的物流运作模式作为支撑,必须有一个高效、合理、畅通的物流系统作为基石,才能真正发挥电子商务的独特优势。

3. 电子商务将加速物流产业的现代化进程

电子商务离不开物流,反过来又对物流行业起促进和激励作用。目前,国内的物流产业没有跟上电子商务的迅猛发展步伐,配送能力尤其是目前仓储业已无法满足电子商务行业不断激增的需求。

适应电子商务发展要求的过程是物流企业现代化的过程,与电子商务平台对接联动的过程也是实现自身信息化的过程。电子商务的平台技术和云计算理念,既提供了解决供应链各环节协同与配合难题的途径,也是中小物流企业信息化的捷径。

国家"十二五"规划强调:"积极发展电子商务,完善面向中小企业的电子商务服务,推动面向全社会的信用服务、网上支付、物流配送等支撑体系建设。"物流行业面临难得的发展契机。

案例 6.1

即将凌云展翅的"菜鸟"

2013年5月28日,阿里巴巴集团、银泰集团联合复星集团、富春集团、顺丰、"三通一达"(申通、圆通、中通、韵达)共同在深圳宣布成立菜鸟网络科技有限公司,同时正式启动"中国智能骨干网"项目。该项目由阿里巴巴集团牵头,马云出任董事长,银泰集团董事长兼总裁沈国军出任CEO。

"我们有一个大胆设想,即通过建设中国智能骨干网,让全中国2 000个城市,能够实现你只要上网购物,24小时之内货一定送到你家。"在新公司成立的致辞中,马云为菜鸟网络勾勒出了一片美好的愿景。他希望通过智能骨干物流网的建设,真正把生产、流通各个环节的信息和数据打通,通过数据和信息的流转使得物流的距离更短,效率更高。这是一个成长于电子商务土壤却超越电子商务范畴的体系。而在这个体系中,也将会伴生大量的商业机会。

据了解,菜鸟网络将针对东北、华北、华东、华南、华中、西南和西北七大区域,选择中心位置进行仓储投资,在这之下是无数的二线仓储节点。目前,菜鸟网络已经与地方政府达成协议,并拿到土地开始进行实质性运作的主要有三处:位于浙江金华金义都市新区的华东仓储中心、位于广州萝岗区的华南仓储中心、位于天津武清区的华北仓储中心。

虽然已经着手在做物流的仓储体系,但菜鸟网络的商业模式目前还不清晰。"直到今天为止,智能物流网到底应该是什么产品、未来方向怎么样、模式怎么样,还处于争论不休的阶段。"马云如是说。不过,马云强调了两点:一是这个项目是用互联网的思想在做事,二是不会跟现有的快递公司抢生意。但他同时也表示,这个物流网可能会影响所有快递公司今天的商业模式。

比如,某杭州品牌产品库存深度为1万件。原先,这1万件商品都放在该品牌的杭州仓库里。用户若购买,货就会从杭州仓库发出,通过"三通一达"的物流体系送达用户。而在未来,该品牌使用智能物流网的数据后,将会根据用户分布以及销售预测将这1万件商品按比例分配到全国不同的仓库中。在用户下单后,只需要从离用户最近的仓库发货即可。而只有这样,才可能实现马云所说的"24小时送达"。

商户可以通过大数据把货提前铺到离用户最近的仓库中,这个过程如能实现,那么今天的物流公司的运作模式将会发生巨大改变,同时,物流公司也可以利用这个平台上的数据获得订单和优化流程。

智能物流网是要把所有的货物流通的数据打通,形成一个巨大的即时信息平台,并将所有的快递公司整合进来。对于物流公司来说,除了能实现接近用户的"预配送"外,还能将所有快递公司的资源整合起来。单件货物的流通不再是原先的流程,而是会用最迅速和经济的方式流通。

"用互联网的思维运营智能物流网。"马云不仅仅是想做基于电子商务的物流,他的野心更大,是想打通整个生产流通的数据,并把这些数据运营起来,从B2C渗透到B2B,甚至将生产厂商所有的数据整合起来,实现信息的高速流转,而生产资料、货物则尽量减少流动,以提升效率。

这是为中国电子商务产业构建的一幅理想主义的蓝图。我们相信,这只志在千里的"菜鸟"即将凌云展翅,为中国带来真正现代化的生产流通方式。

(资料来源:http://tech.ifeng.com/internet/detail_2013_05/30/25867911_0.shtml)

思考题:

智能骨干物流网要实现什么样的目标?根据你所搜集的资料,试分析菜鸟网络科技有限公司的商业模式。

第二节 电子商务物流配送

一、配送的内涵与模式

配送(Delivery)是物流管理的一项重要内容。从实物运动形态的角度出发,配送可以定义为:"按用户订货要求,在配送中心或物流节点进行货物配备,并以最合理的方式送交用户的经济活动。"配送处于物流的末端,占有重要地位,是以社会分工为基础、综合的、现代化的送货活动。图6.1是一家快递公司和一家仓储中心在进行配送业务。

这里必须明确一点:配送可以是企业自建物流,也可以是外包物流。根据目前国内外发展现状,可以概括为四种模式。

1. 自营物流

自营物流(Self Logistics)是当前生产流通或综合性企业广泛采用的一种配送模式。具有雄厚实力的电子商务公司常采取这种物流策略。企业通过独立组建配送中心,实现内部各部

图 6.1 配送业务示意图

门、厂、店的物品供应的配送,在满足企业内部生产材料供应、产品外销、零售场店供货和区域外市场拓展等企业自身需求方面发挥了重要作用。例如,大大小小的连锁公司都是通过组建自己的配送中心,来完成对内部各场、店的统一采购、统一配送和统一结算的。

企业自营物流模式意味着电子商务企业自行组建物流配送系统,经营管理企业的整个物流运作过程。目前,在我国,采取自营模式的电子商务企业主要有两类:第一类是资金实力雄厚并且业务规模较大的电子商务公司。电子商务在我国兴起的时候,国内第三方物流的服务水平远不能满足电子商务公司的要求。第二类是传统的大型制造企业或批发企业经营的电子商务网站。由于其自身在长期的传统商务活动中已经建立起初具规模的营销网络和物流配送体系,在开展电子商务时只需将其加以改进和完善,便可满足电子商务条件下对物流配送的要求。

选用自营物流,可以使企业对物流环节有较强的控制能力,易于与其他环节密切配合,全力专门地服务于本企业的运营管理,使企业的供应链更好地保持协调、简洁与稳定。此外,自营物流能够保证供货的准确和及时,保证顾客服务的质量,维护企业和顾客间的长期关系。但自营物流所需的投入非常大,建成后对规模的要求很高,规模大才能降低成本,否则将会长期处于不盈利的境地。而且投资成本较大、时间较长,对于企业柔性有不利影响。另外,自建庞大的物流体系,需要占用大量的流动资金。更重要的是,自营物流在建成之后需要工作人员具有专业化的物流管理能力。

2. 第三方物流

第三方物流(Third Party Logistics,简称 3PL)是指独立于买卖之外的专业化物流公司,长期以合同或契约的形式承接供应链上相邻组织委托的部分或全部物流功能,因地制宜地为特定企业提供个性化的全方位物流解决方案,实现特定企业的产品或劳务快捷地向市场移动。第三方通常指提供物流功能的外部服务提供者,是物流专业化的一种形式。这种方式比较适合我国国情,使得合作企业在信息共享的基础上,实现优势互补,从而降低物流成本,提高经济效益。

第三方物流企业一般都是具有一定规模的物流设施设备(库房、站台、车辆等)及专业经验、技能的批发、储运或其他物流业务经营企业。第三方物流是物流专业化的重要形式,它的发展程序体现了一个国家物流产业发展的整体水平。第三方物流是一个新兴的领域,企业采用第三方物流模式对于提高企业经营效率具有重要作用。企业将自己的非核心业务外包给从事该业务的专业公司去做,第三方物流企业作为专门从事物流工作的企业,有大量的专门从事物流运作的专家,有利于确保企业的专业化生产,降低费用,提高企业的物流水平。

目前,第三方物流的发展十分迅速,有几个方面值得关注:第一,物流业务的范围不断扩大。商业机构和各大公司面对日趋激烈的竞争,不得不将主要精力放在核心业务上,将运输、仓储等相关业务环节交由更专业的物流企业进行操作,以求节约和高效。第二,很多成功的物流企业根据第一方、第二方的谈判条款,分析比较自理的操作成本和代理费用,灵活运用自理和代理两种方式,提供客户定制的物流服务。第三,物流产业的发展潜力巨大,具有广阔的发展前景。

3. 物流联盟

物流联盟是制造企业、销售企业、物流企业基于正式的相互协议而建立的一种物流合作关系。参加联盟的企业汇集、交换或统一物流资源以谋取共同利益;同时,合作企业仍保持各自的独立性。物流联盟为了达到比单独从事物流活动更好的效果,在企业间形成了相互信任、共担风险、共享收益的物流伙伴关系。企业间不完全采取导致自身利益最大化的行为,也不完全采取导致共同利益最大化的行为,只是在物流方面通过契约形成优势互补、要素双向或多向流动的中间组织。联盟是动态的,只要合同结束,双方又变成追求自身利益最大化的单独个体。

选择物流联盟伙伴时,要注意物流服务提供商的种类及其经营策略。一般可以根据物流企业服务的范围大小和物流功能的整合程度这两个标准,确定物流企业的类型。物流服务的范围主要是指业务服务区域的广度、运送方式的多样性、保管和流通加工等附加服务的广度。物流功能的整合程度是指企业自身所拥有的提供物流服务所必要的物流功能的多少,必要的物流功能是指包括基本的运输功能在内的经营管理、集配、配送、流通加工、信息、企划、战术、战略等各种功能。一般来说,组成物流联盟的企业之间具有很强的依赖性,物流联盟的各个组成企业明确自身在整个物流联盟中的优势及担当的角色,内部的对抗和冲突减少,分工明晰,使供应商把注意力集中在提供客户指定的服务上,最终提高了企业的竞争能力和竞争效率,满足企业跨地区、全方位物流服务的要求。

4. 物流一体化

物流一体化是指以物流系统为核心,由生产企业、物流企业、销售企业直至消费者的供应链整体化和系统化。它是在第三方物流的基础上发展起来的新的物流模式。20世纪90年代,西方发达国家如美、法、德等国提出物流一体化现代理论,并应用和指导其物流发展,取得了明显效果。在这种模式下物流企业通过与生产企业建立广泛的代理或买断关系,使产品在有效的供应链内迅速移动,使参与各方的企业都能获益,使整个社会获得明显的经济效益。这种模式还表现为用户之间广泛交流供应信息,从而起到调剂余缺、合理利用、共享资源的作用。在电子商务时代,这是一种比较完整意义上的物流配送模式,它是物流业发展的高级和成熟阶段。

物流一体化的发展可进一步分为三个层次:物流自身一体化、微观物流一体化和宏观物流一体化。物流自身一体化是指物流系统的观念逐渐确立,运输、仓储和其他物流要素趋向完备,于系统协调运作,系统化发展。微观物流一体化是指市场主体企业将物流提高到企业战略的地位,并且出现了以物流战略作为纽带的企业联盟。宏观物流一体化是指物流业发展到这样的水平:物流业占到国家国民生产总值的一定比例,处于社会经济生活的主导地位,它使跨国公司从内部职能专业化和国际分工程度的提高中获得规模经济效益。物流一体化是物流产业化的发展形式,它必须以第三方物流充分发育和完善为基础。物流一体化的实质是一个物流管理的问题,即专业化的物流管理人员和技术人员,充分利用专业化物流设备、设施,发挥专业化物流运作的管理经验,以求取得整体最优的效果。同时,物流一体化的趋势为第三方物流的发展提供了良好的发展环境和巨大的市场需求。

案例 6.2

国内电子商务企业的物流配送模式

一、京东商城的一体化模式

国内销售额排名居前的 B2C 网站京东商城为突破物流瓶颈,主要采用了垂直一体化模式。它计划五年内拿出 100 亿元扩展全国范围内的京东商城物流网。京东商城期望通过直接控制物流环节来提高服务能力、降低服务成本,但这一模式的必然后果是以轻资产著称的电子商务行业将背上越来越重的物流资产负担。

除京东商城外,苏宁电器也采用了这一方式。在实体店的扩张中,苏宁就采用了垂直一体化的模式,即从配送中心到运输队伍,一手包办。

总之,自建全套物流体系的垂直一体化模式将彻底改变电子商务公司的轻资产模式,以现金高周转著称的电子商务公司最终会发现越来越多的资金被沉淀在固定资产上。

二、卓越的半一体化模式

卓越网自从被亚马逊收购后,也开始注重物流体系的管控。不同于京东商城,卓越亚马逊(现更名为亚马逊中国,下称"卓越")采用了半一体化模式,即自建物流中心和掌控核心区物流队伍,而将非核心区物流外包。

卓越是国内电子商务公司中最早开始建立物流仓储中心的企业。不同于亚马逊,面对国内"碎片的物流行业",卓越选择了核心地区自建配送体系的模式。卓越旗下有一家自己的配送公司"世纪卓越快递",北京、上海、广州的货物主要采用自主送货方式,二、三线城市的货物则外包给第三方。从本质上说,卓越模式仍是一种重资产模式。

三、当当的轻资产模式

与京东商城和卓越都不同,当当选择了租赁物流中心,并把配送环节全外包模式。在运输配送环节,当当与国内 104 家第三方物流企业建立了合作关系,由第三方物流企业到当当的物流中心取货外送。为了控制服务品质,当当通常会收取一定押金,并对从物流中心派送出去的货物进行逐一检查。

相比于京东商城和卓越网,当当的模式是一种更轻资产的物流模式,这里的轻资产包括"借助供应商来融资、租赁物流中心和签约第三方物流"。

与当当相似,国美也采用轻资产的物流模式。国美从 2002 年开始就逐步用集中配送体系取代了厂商直供门店的配送体系,但其配送中心以租赁为主、自建为辅。在物流运输上,国美也尽可能采用第三方物流公司,自己的车队仅用于门店间的大批量配送。为国美服务的物流服务商有 500 多家,国美通过打分评价体系对第三方物流企业进行筛选,通过标准服务合同和配送中心把关服务质量。

轻资产模式虽然减轻了资金压力,加速了资产周转,但它要求有一个专业化的第三方服务平台,包括高效的第三方物流公司,以及能提供高品质物流中心的第三方物流地产企业,如果"第三方"的发展跟不上,轻资产模式可能会面临服务品质下降的威胁。

四、阿里巴巴的"云物流"模式

阿里巴巴和旗下淘宝网一直是以交易平台身份参与电子商务运营的,所以,以往两家公司都没有建立自己的系统化物流平台。但随着阿里巴巴规模的扩大和天猫的发展,物流瓶颈日益显现。2010年马云开始了一系列整合物流平台的动作。

阿里巴巴的模式可以概括为物流合作模式或信息整合模式,如果这一模式真能实现,那显然是一个更轻资产的模式。但问题是,"云物流"只是提供了一个信息交换的平台,解决了供给能力的调配问题,而不能改变行业集中度低的根本问题。要提高行业服务品质,降低物流成本,仍需提高供给和需求两端的集中度,才能发挥规模效应。

(资料来源:http://www.56products.com/News/2012-3-8/AEHDJBD5704AIJ6168.html)

思考题:

京东商城、卓越亚马逊等自建物流体系的企业虽然提高了对物流环节的控制力,但随着规模的扩张将面临日益沉重的资产负担;当当、国美的外包模式则要求第三方物流企业与物流地产的跟进;而阿里巴巴模式力图通过信息的整合聚合"碎片的物流行业",但仍无法改变低集中度、低规模效应的行业困境。国内电子商务企业究竟该走哪条路?

二、配送中心

(一)配送中心的概念

配送中心(Distribution Center,简称DC)是从供应者手中接受多种大量的货物,根据用户订货要求进行拣选、加工、组配等作业,然后以令人满意的服务水平进行配送的设施。需要指出的是,它是一种物流节点,是发挥配送职能的流通仓库,也被称作基地、枢纽点或流通中心。

配送中心的作用:减少交易次数和流通环节;产生规模效应;减少客户库存,提高库存保证程度;与多家厂商建立业务合作关系,有效而迅速地反馈信息,控制商品质量。配送中心是现代电子商务活动中开展配送活动的物质技术基础。

目前亚洲日订单处理能力最强的自动化物流配送中心——SKU360华东一号基地预计2014年年内将在上海松江正式启用,据介绍,该项目一期工程建成投用后,每日的订单处理能力为20万单,每日单一商品处理量可达120万件,二期工程完工后,每日订单处理量将跃升至80万单。近年来,随着电子商务迅速崛起,相关企业的业务量呈现几何级数增长,后端供应链瓶颈问题逐渐凸显。该自动化物流配送中心将为电子商务企业和传统商超零售企业提供高效的第三方仓储和物流服务。图6.2为一名工人在检查物流配送中心内拥有14万个货位的高架周转箱货架。

该自动化物流配送中心通过引进世界最先进的自动化仓储设备,自主集成,并自行开发了100%自主产权的设备控制和物流软件服务平台。项目拥有10万立方米实时有效动态容量,50万种SKU(库存量单位)的管理能力,订单处理能力达到亚洲第一、世界前三。与传统配送中心相比,SKU360最大限度地实现了存储、拣选、交叉识别、分拣、配单、填充、包装、贴标、派单等一系列环节的自动化处理,单位占地存储能力和单位占地吞吐能力分别为传统配送中心的5倍和15倍,而单位订单处理所需的人力仅为传统仓储的20%,原先因人工操作导致的差错率也因自动化技术的引入接近于零。在软件系统方面,通过仓库管理系统(WMS)、运输管理系统(TMS)、订单管理系统(OMS)、客服系统、结算系统等的协同合作,在实现第三方仓库

图 6.2 自动化配送中心的货架

保管、订单履行业务之外,还能帮助客户实时监控库存及订单履行状态、优化运输线路、实施最佳库存管理,节省物流成本。

(二) 配送中心的功能

1. 采购功能

采购功能是配送中心最基本的一个功能,配送中心必须首先采购所要供应配送的商品,才能及时准确无误地为其用户供应物资。配送中心应根据市场的供求变化情况,制订并及时调整统一的、周全的采购计划,并由专门的人员与部门组织实施。

2. 储存保管功能

储存,一是为了解决季节性货物生产计划与销售季节性的时间差问题,二是为了解决生产与消费之间的平衡问题。为保证正常配送的需要,满足用户的随机需求,在配送中心不仅应保持一定量的商品储备,而且要负责储存商品的保管保养工作,以保证储备商品的数量,确保质量完好。

3. 分拣配组功能

由于每个用户企业对商品的品种、规格、型号、数量、质量、送达时间和地点的要求不同,配送中心必须采取适当的方式对组织来的货物进行拣选,并且在此基础上,按照配送计划分装和配装货物。这样,在商品流通实践中,配送中心就必须按用户的要求对商品进行分拣和配组。配送中心的这一功能是其与传统的仓储企业的明显区别之一,也是最重要的特征之一。

4. 分装功能

分装功能也很重要,从配送中心的角度来看,它往往希望采用大批量的进货来降低进货价格和进货费用;但是用户企业为了降低库存、加快资金周转、减少资金占用,则往往要采用小批量进货的方法。为了满足用户的要求,即用户的小批量、多批次进货,配送中心就必须进行分装。

5. 集散功能

集散功能是几家公司的货物集中到配送中心里,再向外发运。凭借其特殊的地位以及拥有的各种先进的设施和设备,配送中心能够将分散在各个企业的产品集中到一起,然后经过分拣、配装向多家客户发运。集散功能也可以将其他公司的货物放入该配送中心来处理、发运,以提高卡车的满载率,降低费用成本。

6. 送货功能

将配好的货物按到达地点或到达路线进行送货。运输车辆可以租用社会运输力量或自己的专业运输车队。

7. 其他功能

此外,还有物流信息汇总及传递功能,它为管理者提出更加准确、及时的配送信息,也是用户与配送中心联系的渠道。衔接功能也不可忽视,在生产过程中,不仅是半成品还有原材料等需要从各地运来,需要仓库储存,并对生产过程中的各道工序的物资进行配送。还有配套的服务功能,以顾客需要为导向,为满足顾客需要而开展配送服务。

案例 6.3

亚马逊的凤凰城运营中心

亚马逊凤凰城(Phoenix)运营中心于 2007 年 9 月投入使用,同年 9 月 27 日递送出其第一笔订单的货物。凤凰城运营中心是亚马逊位于北美的最大运营中心,占地面积约为 56 206 平方米,相当于 10 个足球场大小,其中传送带总长达 9.6 公里,该运营中心每天可处理几十万个订单。

图 6.3　凤凰城运营中心外景图

图 6.4　进入仓库的安检大门

目前亚马逊在全球有约 50 个运营中心,其中一半在美国。凤凰城运营中心成立的初衷是适应亚马逊的快速发展,通过扩大运营中心的分布来加快周边消费者收到货品的速度,进一步提升购物体验。2011 年,新浪科技探访了凤凰城运营中心三个仓库中的小件货品仓库。

亚马逊的仓库是如何运转的?

图 6.5　等待上架的货品

图 6.6　库房码头

（1）首先是亚马逊的采购人员下订单。当这个订单被系统接收后，供应商可以在终端经由一个特定网站进行送货预约，系统会对以往客户订单的分布以及仓库的存储空间做出计算，最后决定供应商送到哪个库房。接受货品的地方就是亚马逊的"库房码头"。

（2）库房码头是 24 小时收货，员工在库房码头收货时，会打开货品的箱子对货品条码进行扫描，于是这些货品进入亚马逊的系统里面，不过此时这些货品并未对外出售，而是等待上架。

凤凰城库房的一个小创新是，每个收货工作台上都有一个小按钮，员工有任何收货疑问都可以按这个按钮，库房里会想起短促的铃声，10 秒钟之内会有一位助理过来，给员工解决问题。

图 6.7　员工对入库的货品做扫描

图 6.8　员工拣货

（3）经过扫描后的货品，随后被摆在蓝色的架子上等待上架，专门负责上架的员工会把这些货品推走，进行第二次扫描并放在工作车上，随后这些货品会在数小时之内被摆放在货架上，而从货品上架那一刻起，用户就能够在 amazon.com 上看见并且进行购买。

（4）亚马逊独有的上货特色是：随意摆放，人动货不动。负责上架的员工，会根据行走的路线，以及货架上是否有空间，随意摆放并扫描至系统里。这样做的好处是缩短拣货的距离。

图 6.9 亚马逊独创随意摆放

图 6.10 员工上货

（5）亚马逊强大的系统，能够根据随意摆放记录的位置以及订单所需求的货物，进行最短拣货路径的计算。系统会将几张订单分配给一个员工，并优化出最佳路径，员工甚至是无纸化进行操作，每捡完并扫描一件货品后，手持终端会自动告诉他下一个要去的货架。

（6）新浪科技探访的库房主要存放小件货品，比如书籍、百货日用等。在拣货的时候，系统会将订单分为两类，一类是单件货品订单，另一类是多个货品订单，由两条不同的流水线进行包装，这样做的好处是更加节省时间。

图 6.11 小件货品仓库货架图

图 6.12 员工包裹货品订单

（7）先说单件货品。拣货员根据系统给的订单和计算出的路线，装满拣货车后，会送到包装流水线上。包装台上的员工对货品进行扫描后，系统会根据商品录入时的大小、重量，自动挑选合适的包装盒，员工进行包装、贴条、贴订单信息，然后将货品放在一旁滚动的传送带上。

（8）不同的货品无序地摆放在一辆拣货车上，这些货品的主人并不是一个人，如何进行分辨？系统会告诉包装员。在包装员的面前有可以调节容量大小的不同货架，每扫描一个商品，系统会自动辨识放在哪个货架上，这样一张订单的货品就能够统一在一起。然后系统同样根据所有物品的长度和宽度，给出最合适的包装建议，贴上订单后的物品同样进入传送带。

（9）这些上了传送带的包裹们，开始向订单的主人们靠近。但在此之前，亚马逊还有一道特殊的测重程序，来衡量包裹是否和订单内容一致。

图 6.13　核查包裹重量是否和订单一致

图 6.14　浩浩荡荡的包裹奔向快递分拣处

在传送带的中间，会有一台仪器对包裹上的订单信息进行扫描，并且在传送带上对重量进行评估，系统会对这些订单信息上的货品收货时的重量做累加，计算出是否和测量的重量一致，以根据此推算内容是否有误。如果误差很大，则会在传送带的一个分叉口被自动踢出，等待员工的核查。

（10）那些没有问题的货品，则在滚动的传送带上，浩浩荡荡地来到快递区，这里有分拣人员，根据订单上不同的物流信息，将货品分类至不同的传送带上，传送带的尽头，不同的快递公司的货车在等待着这些货品的到来，并在订单期望时间送到用户手中。

图 6.15　暂时封存以备节日使用的机器

图 6.16　畅销品会有专门区域摆放

（11）在仓库里还有两块区域，一块区域封存了许多机器设备，这些机器在新年、圣诞等节日高峰会启用。还有一块区域则有秩序地堆放了一些畅销产品，这些产品出货量大，周转速度快，因此被单独放出来，比如亚马逊推出的 Kindle。

亚马逊 CTO 及副总裁 Werner Vogels 说，很多人认为亚马逊是一个互联网公司，但是在互联网的背后，它有着非常庞大复杂的系统。这些智能的系统，让亚马逊的购物体验更为便利和贴心，这也是亚马逊不断创新、优化升级的成果。

得益于亚马逊扁平化的管理，亚马逊每个员工都能够参与创新。比如上面提到的员工求助按钮，就是员工在工作中的创新，这也是亚马逊在员工文化中提倡的，通过自下而上进行各种各样的创新。

Werner Vogels 说,亚马逊的使命是,成为世界上最以客户为中心的公司,用户能够在亚马逊找到和发现他们想在网上购买的任何东西。

（资料来源：http://tech.sina.com.cn/i/2011-03-24/15015326930.shtml）

思考题：
1. 亚马逊凤凰城运营中心小件货品库房的运转涉及哪些环节？
2. 根据案例的介绍,思考配送中心的各种功能分别需要哪些信息技术的支持。

第三节 电子商务物流信息技术

一、信息技术在电子商务物流中的应用

电子商务推动着人类社会进入信息化时代,先进信息技术与管理理念在我国的物流行业中已经得到普遍应用,具体体现在四个方面。

1. 网络化

物流领域网络化有两层含义：一是物流配送企业要与上游供应商联网,及时组织货运信息；同时提供端口满足下游顾客查询请求,比如淘宝网客户可以根据订单编号,在物流公司的网站上实时查看订单的运输状态。二是组织内部的网络化,即实现 Intranet（内联网）,将企业内的各个配送中心、中转站、枢纽点、分拣处进行统一规划,纳入公司的网络系统。物流的网络化是物流信息化的必然,是电子商务环境中物流活动的主要特征之一。当今全球网络资源的开放性和计算机的普及为物流的网络化提供了良好的外部环境,物流网络化成为必然趋势。

2. 智能化

智能化是物流信息化的高层次应用。物流作业涉及大量的运筹和决策过程,如库存水平的确定、运输路径的选择、自动导向车的运行轨迹和作业控制、自动分拣机的运行、物流配送中心的决策支持等问题都需要借助于大量的知识才能解决。利用集成智能化技术,使物流系统能模仿人的智能,具有思维、感知、学习、推理判断和自行解决物流中某些问题的能力,就是物流智能化的本意。智能物流标志着信息化在整合网络和管控流程中进入到一个新的阶段,即进入到一个动态的、实时进行选择和控制的管理水平。

举例来说,在途库存方面要运用网络数据库、通信技术、电子锁等技术手段,实时采集送货车辆运送情况,实现对在途物品的监控和管理；商业库存方面要采用射频识别标签标识立体仓库中流通的全部托盘,对托盘流转进行动态跟踪,同时通过仓储视频监控系统,对仓储作业中各步骤的作业时间点进行自动记录和信息采集,实现仓储作业环节的痕迹化与可视化管理。为了提高物流现代化的水平,物流的智能化已成为物流行业发展的一个新趋势。

3. 柔性化

柔性化是一种倡导企业自动适应环境变化的思想,实质是要将生产、流通进行集成,根据需求端的需求组织生产,安排物流活动。因此,柔性化的物流正是适应生产、流通与消费的需求而发展起来的一种新型物流模式。这就要求物流配送中心根据"多品种、小批量、多批次、短周期"的买方市场,准备各种生产要素,在客户提出要求时,根据消费需求的特色,灵活组织和实施物流作业。柔性化已经成为物流企业发展的动力之一,应该努力优化配送中心、物流中

心网络,重新设计适合客户的流通渠道,以此来减少物流环节,简化物流过程,提高物流系统反应能力。

4. 自动化

自动化的基础是信息化,核心是机电一体化,外在表现是无人化,效果是省力化,另外还可以扩大物流作业能力、提高劳动生产率、减少物流作业的差错等。物流自动化的设施非常多,如条码、语音、射频自动识别系统、自动分拣系统、自动存取系统、自动导向车、货物自动跟踪系统等。我国需要借鉴发达国家的成功经验,在物流作业流程中逐渐普及自动化设施,从而达到提升服务质量、确保业务流程顺畅的目的。

案例6.4

语音拣选技术

语音拣选技术是一种国际先进的物流技术,它是将任务指令通过语音播报引擎转化为语音播报给操作人员,并采用波形对比技术将操作人员的语音指令确认转化为实际操作的指令。国外很多企业通过实施语音拣选技术提高了操作人员的拣选效率,降低了最低库存量及整体运营成本,并且大幅降低了差错率。另外,语音技术不仅在拣选方面可以有效提高效率和准确率,还可以广泛应用于货品的入库、补货、上架、盘点、出库等环节,提高生产效率。

语音拣选操作流程可以分为三个步骤:首先,操作人员通过耳麦接收系统发出的语音指令,提供操作人员所需拣选货品的位置;其次,操作人员对麦克风说出货位验证号码,当系统确认后会告诉其所需选取的货品和数量;最后,操作人员从货位上取出相应货品,完成拣选任务。

在复杂的仓库和配送中心环境中,准确率和生产效率至关重要。因此语音技术正在促使人们重新评估仓库流程,实现业绩的量化。语音解决方案凭借"释放双手和双眼"的能力为仓库各个领域带来了真正的价值。通过对流程的优化,语音技术缩小了拣选员工移动的范围,提高了拣选效率。语音拣选相比手持终端、电子标签和纸张拣选,准确率可以有效提升15%—25%。而且,语音技术实现的生产力远远高于其他拣货方法,所需的投资也降低了。

适合采用语音拣选的行业很多,如服装零售、B2C电子商务、药品流通、冷链物流等。其中,零售连锁、电子商务和药品流通行业涉及品项众多、拆零拣选率较高、出货量较大、货品尺寸特征复杂等给订单处理带来了挑战;而服装的季节性需求和激烈的市场竞争对企业的供应链造成了巨大压力。语音拣选技术能够帮助这些企业在满足敏捷性需求的同时有效降低人工成本。

(资料来源:http://www.56products.com/News/2012-8-22/F9HAED7E01KB828485.html)

思考题:

参观附近的一家物流企业,总结该企业所用到的物流管理自动化技术。

二、常见的物流信息技术

电子商务环境下的物流管理主要用到五方面技术:一是识别与采集技术,包括传感器、无线射频技术等;二是移动通信技术,比如现在流行的第三代移动通信(3G)技术;三是智能终端技术,区别于其他行业,物流信息化中的特有装备是机载终端和手持终端;四是位置服务,除了传统的 GPS 外,发展最快的是通过智能手机提供的位置服务;五是商业智能技术,一旦企业管理依赖于商业智能技术加工处理信息,实现决策、实现增值时,商业智能将会热门起来。下面选取常见的信息技术简要加以阐述。

1. 二维码技术

条码(Bar Code)技术是随着计算机与信息技术的发展和应用而诞生的,它是集编码、印刷、识别、数据采集和处理于一身的新型技术,是实现信息化管理不可缺少的前端采集技术。

二维码(Quick Response Code)是用特定的几何图形按一定规律在平面上分布的黑白相间的图形,是所有信息数据的一把钥匙,例如表示商品的生产国、制造商、产地、名称、价格、生产日期等。在水平和垂直方向的二维空间存储信息的二维码继承了一维码(如图 6.17 所示)的特点,系统价格便宜,识读率高且使用方便,此外还有信息容量大(存储汉字、照片、指纹、签字、声音等信息)、可靠性高(在损污 50% 后仍可读取完整信息)、保密防伪性强等优点。目前中国常用的几种二维码有:QR Code 码(如图 6.18 所示)、Code One 码、PDF417 码、Data Matrix 码、Code 49 码、Code 16K 码等,主要分为层排式和矩阵式两大类。

图 6.17　一维码示例

图 6.18　二维码示例

在现代商业活动中,二维码可实现的应用十分广泛,如身份识别、产品防伪/溯源、广告推送、网站链接、数据下载、商品交易、定位导航、电子票务、车辆管理等。印刷在商品外包装上的二维码,是商品的"身份证",它像一条经济信息纽带将世界各地的生产制造商、出口商、批发商、零售商和顾客有机地联系在一起。

案例 6.5

二维码营销

Emart 超市隐形二维码:超市在中午的时候,人流量和销售量总是很低,于是韩国 Emart 超市别出心裁,在户外设置了一个非常有创意的 QR 二维码装置,正常情况下,扫描不出这个 QR 二维码链接,只有在正午时分,当阳光照射到它上面产生相应投影后,这个 QR 二维码才会正常显现。而此时用智能手机扫描这个 QR 二维码,可获得超市的优惠券,如果在线购买了商品,只需等超市物流人员送到用户方便的地址即可。

维多利亚内衣"诱惑":著名内衣品牌维多利亚做了一个很有范儿的户外广告,在模特前胸盖上二维码,广告文案更是赤裸裸地充满诱惑——"Reveal Lily's secret"(揭开 Lily 的秘密),让你急不可待地拿起手机拍摄二维码,原来二维码的后面是维多利亚的秘密内衣,真的如广告语所说的那样,"比肌肤更性感"。

JCPenney商店个性化送礼:在假日季里,零售商JCPenney让顾客在礼物上添加个性化的元素。从任意一家JCPenney商店购买礼物后,你都会获得一个"圣诞标签"(Santa Tag)以及相应的二维码。扫描该二维码后,赠予人可以为接收人录制一段个性化的语音信息,然后赠予人把该标签像礼品卡一样塞在包装上。

(资料来源:http://www.linkshop.com.cn/web/ShopBell_Info.aspx?nbr = 17680)

思考题:
我们身边利用二维码技术进行成功营销的企业有哪些?

2. 无线射频识别

无线射频识别(Radio Frequency Identification,简称RFID)技术,是一种通信技术,可通过无线电信号识别特定目标并读写相关数据,而无须识别系统与特定目标之间建立机械或光学接触。RFID技术与互联网、通信等技术相结合,可实现全球范围内的物品跟踪与信息共享。它最重要的优点是非接触识别,能穿透雪、雾、冰、涂料、尘垢和条码无法使用的恶劣环境阅读标签,并且阅读速度极快,大多数情况下不到100毫秒。目前在我国应用广泛,如图书馆、门禁系统、食品安全溯源等。

简单来说,RFID技术是一种非接触式自动识别技术,核心是RFID标签。它具有体积小、容量大、寿命长、可重复使用等特点,支持快速读写、非可视识别、移动识别、多目标识别、定位及长期跟踪管理。标签包含电子存储的信息,数米之内都可以识别。与条码不同的是,射频标签不需要处在识别器视线之内,它可以嵌入被追踪物体之内。

射频标签可以附在衣物、器具上,甚至于植入人体之内。例如,在巴塞罗那最出名的Baja海滩俱乐部,要求每位VIP会员手臂里植入只有米粒大小的无线射频识别芯片,小小的芯片中含有处理器和天线。在俱乐部的大门通道装上RFID读取器,当会员进入俱乐部便能从电脑里扫描出个人资料,包括对DJ、音乐的爱好,对调酒师的选择,最实用的便是能清楚地显示出上一次消费剩余的酒品存放在哪个酒架哪个号位,而在他们走出大门的一刻就可以支付账单。

3. 全球定位系统

全球定位系统(Global Positioning System,简称GPS)是美国1994年全面建成并投入使用,具有海、陆、空全方位实时三维导航与定位能力的新一代卫星导航与定位系统。GPS是由空间星座、地面控制和用户设备三部分构成的。GPS测量技术能够快速、高效、准确地提供点、线、面要素的精确三维坐标以及其他相关信息,具有全天候、高精度、自动化、高效益等显著特点,广泛应用于军事、民用交通(船舶、飞机、汽车等)导航、大地测量、摄影测量、野外考察探险、土地利用调查、精确农业以及日常生活(人员跟踪、休闲娱乐)等不同领域。现在,GPS与现代通信技术相结合,使得测定地球表面三维坐标的方法从静态发展到动态,从获取数据后处理发展到实时的定位与导航,极大地扩展了它的应用广度和深度。

目前国内使用最多的还是利用GPS技术跟踪。GPS技术跟踪是利用GPS物流监控管理系统,它主要跟踪货运车辆与货物的运输情况,使货主及车主随时了解车辆与货物的位置与状态,保障整个物流过程的有效监控与快速运转。GPS物流监控管理系统的构成主要包括运输工具上的GPS定位设备、跟踪服务平台(含地理信息系统和相应的软件)、信息通信机制和其他设备(如货物上的电子标签或条码、报警装置等)。

4. 物联网

物联网(Internet of Things,简称IOT),顾名思义,物联网是一个基于互联网、传统电信网等信息承载体,让所有能够被独立寻址的普通物理对象实现互联互通的网络,如图6.19所示。这有两层意思:其一,物联网的核心和基础仍然是互联网,是在互联网基础上延伸和扩展的网络;其二,其用户端延伸和扩展到了任何物品与物品之间,进行信息交换和通信。物联网通过智能感知、识别技术与普适计算,广泛应用于网络的融合中,也因此被称为继计算机、互联网之后世界信息产业发展的第三次浪潮。

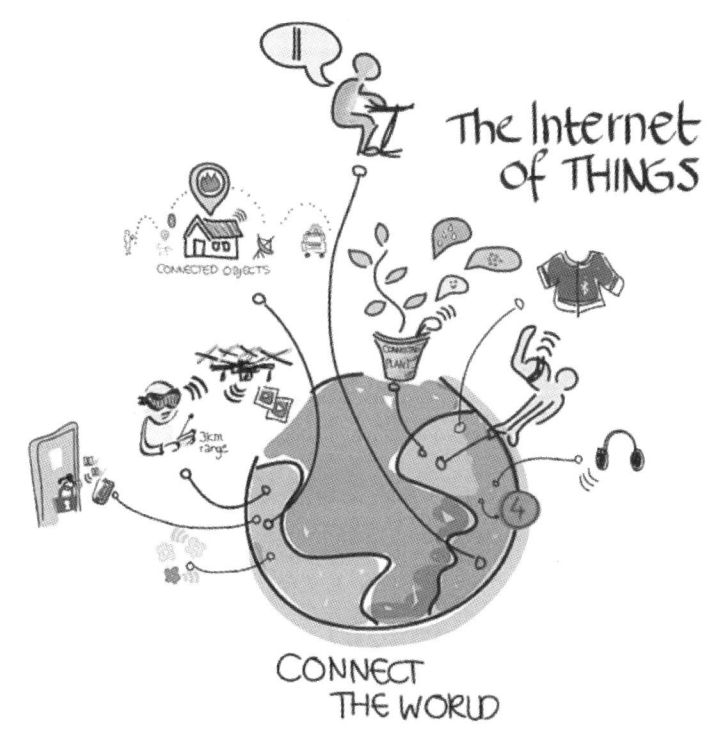

图6.19 物联网示意图

国际电信联盟(ITU)对物联网做了如下定义:"通过二维码识读设备、射频识别装置、红外感应器、全球定位系统和激光扫描器等信息传感设备,按约定的协议,把任何物品与互联网相连接,进行信息交换和通信,以实现智能化识别、定位、跟踪、监控和管理的一种网络。"

根据国际电信联盟的定义,物联网主要解决物品与物品、人与物品、人与人之间的互联。物联网是指通过各种信息传感设备,实时采集任何需要监控、连接、互动的物体或过程等的信息,与互联网结合成的一个巨大网络,其目的是实现物与物、物与人、所有的物品与网络的连接,方便识别、管理和控制。

物联网是新一代信息技术的重要组成部分,可以预言,物联网技术将给物流领域带来颠覆性的革命,将会促进物流业的迅猛发展。当前,物联网的兴起引发物流信息化整合进入一个新周期,在这个阶段,信息技术的单点应用将会逐步整合成一个体系,以追求整体效应,从而带来物流信息化的变革,推进物流系统的自动化、可视化、可控化、智能化、系统化、网络化的发展,形成智慧物流系统。

物流是物联网发展的基础,物流领域是物联网相关技术最有现实意义的应用领域之一。通过物联网建设,不但企业可以实现物流的顺利运行,城市交通和市民生活也将获得很大的改观。

根据物联网的实质,可以归结为三种基本应用:① 给物品加上智能标签。通过二维码、RFID等技术标识特定的对象,用于区分对象个体。② 了解物品所包含的扩展信息。例如智能卡上的金额余额、二维码中所包含的网址和名称等。③ 对物品进行智能控制。物联网基于云计算平台和智能网络,可以依据传感器网络用获取的数据进行决策,改变对象的行为进行控制和反馈,例如,根据光线的强弱调整路灯的亮度,根据车辆的流量自动调整红绿灯间隔等。

案例6.6

数字农民用物联网技术种田

24岁的大学毕业生朱增珍按一下手机按钮,十几秒后,她管理的蔬菜大棚顶部的卷帘盖徐徐拉开,阳光立即照射进来,棚内的气温逐渐上升……朱增珍一边演示着如何用手机控制大棚的温度和湿度,一边告诉记者,现在,她一个人就可以管理近3000平方米的两个蔬菜大棚,棚内一年四季可种植黄瓜、番茄、天葵等十几个品种的蔬菜。

朱增珍就业的百玫生态农业园处于浙江平湖市广陈镇港中村,像她一样的新型农民共有45人,其中大学生26人,管理着150多个大棚、1200多亩蔬菜基地。据悉,这种用智能手机遥控管理塑料大棚的技术由中国电信提供,目前类似的智慧大棚在全国已推广了5000多个,浙江省有200多个。

在浙北山区淳安县下姜村,40多岁的农民姜祖见与朱增珍一样,一个人用手机和电脑管理着3000多平方米的两个智慧大棚,种植着十几个品种的葡萄和草莓。他向记者介绍:"现在,我可以在家里远距离操控大棚的温、湿度,如果遇到大风大雨的天气,半分钟内就能把大棚的盖子盖上,既节约劳动力又减少天气风险带来的损失。以前,管理同样的大棚,至少要4个壮劳力,升拉一次卷帘顶盖,4个人要忙活半天。"

智慧农业的发展正在引发中国农村的一场静悄悄的革命。首先,它适应了目前农村劳动力大量流失和老化的现状,加快了土地集中和规模化经营,以现代农业的高效率、低强度、高收入吸引有文化的新型农民回归。其次,实现了从田头到餐桌的全程,使食品安全有了保障。最后,智慧农业加快了生态农业、观光农业、高效农业等现代农业的建设步伐,使广大农村"美丽乡村"之梦得以早日实现。

(资料来源:http://www.zj.xinhuanet.com/newscenter/science/2013-04/19/c_115460309.htm)

思考题:

调查我们身边的物联网技术应用现状。

第四节 电子商务环境下的供应链管理

一、供应链管理的概念

供应链管理(Supply Chain Management,简称SCM)在1985年由Michael E. Porter提出。

供应链管理就是指对整个供应链系统进行计划、协调、操作、控制和优化的各种活动和过程,其目标是将顾客所需的正确的产品(Right Product)能够在正确的时间(Right Time)按照正确的数量(Right Quantity)、正确的质量(Right Quality)和正确的状态(Right Status)送到正确的地点(Right Place),并使总成本达到最小化。

供应链管理作为一个策略概念,以相应的信息系统电脑管理技术,将从原材料采购直到销售给最终客户的全部企业活动集成在一个无缝接续流程中。

供应链管理的目标是在满足客户需要的前提下,对整个供应链(从供应商、制造商、分销商到消费者)的各个环节进行综合管理,例如从采购、物料管理、生产、配送、营销到消费者的整个供应链的货物流、信息流和资金流,把物流与库存成本降到最低。

最近兴起的新概念——全球供应链管理(Global Supply Chain Management),是指以全球市场为范围,将跨国公司所涉及的许多不同国家的运筹管理功能进行协调与合理化。透过有效的全球供应链管理,跨国公司可以节省成本和时间,并增加物料管理与实体运配上的可靠性。

公司采用供应链管理的最终目的有如下几点:提升客户的最大满意度;降低公司的成本;企业整体"流程品质"最优化;优化企业内的物流链并拓展至企业外部伙伴;在需求波动的时候取得产品供应和服务提供的灵活性;提高价值链阶段的透明度等。

二、电子商务对供应链管理带来的影响

电子商务对供应链中存在的信息流、产品流、资金流等均产生了巨大的影响。由于信息技术和电子商务的采用,导致企业供应链管理必须适应新出现的业务流程、信息流转等方面的变化。总的来说,电子商务的实施对企业供应链管理带来了如下影响:

1. 改变了供应链的结构

电子商务的应用,可以帮助企业突破与供应商和客户之间的交易距离和界限,加强了供应链上各企业的一体化倾向。通过网络,生产商可以不经过分销商和零售商直接将产品卖给消费者,降低了库存成本,节省了运输和销售费用等。

2. 改变了客户、企业和供应商之间的信息流

电子商务帮助企业创建了一条畅通于客户、企业内部和供应商之间的信息流,为供应链上合作企业之间的协调一致、同步运作提供了技术平台,为供应链无缝、高效运作创造了条件,使得供应链内部的决策过程更透明、更富有参与性,也使得供应链的信息结构更加完善,提高了企业管理信息的效率。

3. 增加了企业供应链的柔性

在传统商务环境下,传统供应企业与需求企业之间没有有效的沟通手段,一旦市场发生变化,很容易使企业行动滞后于市场变化的速度,从而丧失市场机会。而在电子商务环境下,企业可以通过互联网迅速了解变化情况,并与它的供应商进行联系,更改采购计划,调整产品结构,使得整个供应链的柔性增强。

4. 提高了信息共享度

掌握客户需求是企业生存和发展的必要条件,对供应链中各个企业而言,获取客户需求必须建立一个有效的信息共享机制。电子商务环境下供应链管理的一个重要内容是建立支持供应链运作的信息平台,如集成条形码、数据库、电子订货系统、射频识别、电子数据交换、全球定

位系统等信息交换技术和网络技术为一体,构建企业的供应链信息共享系统。

三、电子商务供应链管理的内容与体系结构

(一)电子商务供应链管理的内容

供应链管理是企业现代化管理的新模式,电子商务是信息技术时代经济发展的新特征,二者的有机结合不仅将先进的信息技术和管理思维模式融于一体,提升了企业价值增值和创造能力,而且改变了传统企业灵活性差、成本高的经营生产管理模式,提高了生产经营效率,是企业管理理论创造性的发展,是企业持续、健康、稳定发展的有力保障。

电子商务供应链管理主要涉及需求预测、生产计划和控制、库存控制、采购、客户管理。供应链管理是以同步化、集成化的生产计划为指导,以各种技术为支持,围绕物流、信息流、资金流来满足需求。电子商务供应链管理的目标在于提高用户服务水平和降低交易成本,并且寻求两个目标之间的平衡。这一目标的实现关键在于供应链中企业对物流、信息流和资金流管理的效果。具体来看,电子商务供应链管理包括以下主要内容:

(1)企业内部与企业之间的运输和分销。

(2)供应商和合作伙伴之间的管理。

(3)产品需求的预测和计划。

(4)企业内部与企业之间的物料供应和需求管理。

(5)基于供应链管理的产品设计、制造管理。

(6)基于供应链的物流管理和客户服务。

(7)企业间资金流的管理。

(8)供应链的交互信息管理。

电子商务环境下的供应链管理注重总成本和用户服务水平之间的关系,因此要把供应链上各职能部门集合在一起,发挥供应链整体的力量,使供应链中的各个企业共同获益。

(二)电子商务供应链管理的体系结构

在电子商务供应链管理的体系结构下,企业与客户、企业与分销商、企业与供应商通过构建于 Internet 之上的供应链管理系统进行沟通,及时了解市场信息、库存信息,调整企业的生产。当客户根据自己的需要提交订单时,分销商在接收后自动触发向外部供应商、生产商的信息查询。企业根据库存情况组织生产,及时补充原材料及零配件,生产出来产品后,通过配送中心及时送到客户手中。我们可以将电子商务供应链管理系统上的各个企业看做一个"广义企业",类似于一个集生产、运输、市场营销等业务职能于一身的集团公司。原材料供应商、批发商和零售商以及最终客户自身都是电子商务供应链中的主要参与者。这样能更好地了解客户,为他们提供个性化的产品和服务,使资源在供应链上合理流动,以缩短交货周期、降低库存、提高企业的竞争力。电子商务环境下供应链管理的体系结构如图6.20所示。

从图中可看出,电子商务环境下的供应链管理具有如下几个功能:

(1)企业与供应商采购事务的协调。企业根据规模和市场竞争优势的不同,可以在供应商网站上依据产品目录采购所需产品,或者在自有平台上进行相关产品的招标。无论采用哪种方式,企业和供应商都需要通过网络来协商合同条款、签订合同,并在必要的情况下交换库存、生产计划等相关信息。

(2)物料计划人员与仓储运输企业之间的业务协调。通过企业的内部网,物料计划人员

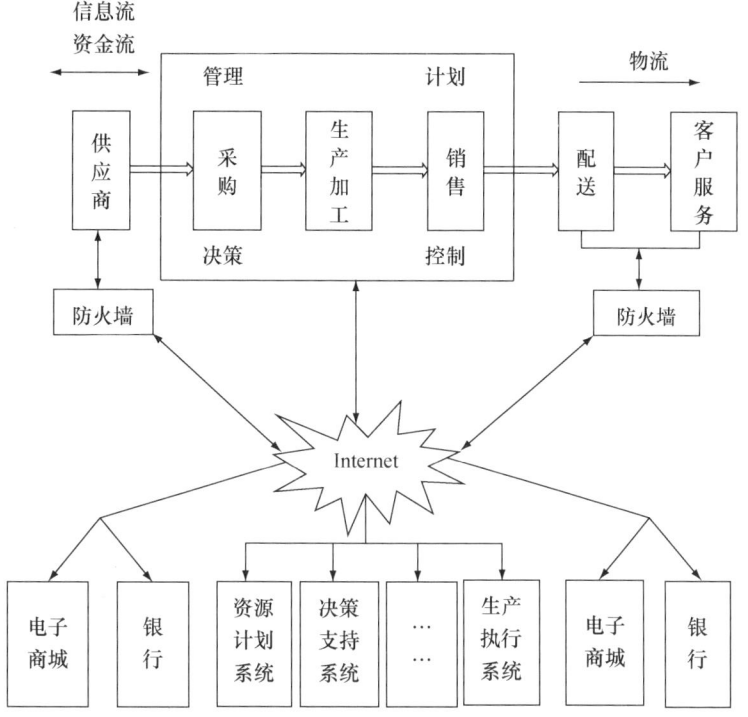

图 6.20　电子商务环境下供应链管理的体系结构

资料来源：南京科泰信息科技有限公司.《电子商务供应链研究报告》[R].2010.

可以查看仓储情况，及时安排物料的运输。库存管理人员根据原材料供应情况和产品销售情况及时更新数据库以便有关人员查询。

（3）销售机构与其他产品批发商、零售商之间的协调。销售机构可以通过互联网进行产品宣传和与客户交流，并将信息反馈给生产计划部门，来帮助计划部门制订合理的生产计划。

（4）通过内部网，企业中的各部门可以进行及时信息交换，实现"无纸化办公"，将企业内部经营的所有业务单元诸如采购、库存、计划、生产、质量、运输、市场、销售、服务等以及相应的财务活动、人事管理均纳入一条供应链内进行统筹管理，使得各种业务和信息能够实现集成和共享。

（5）通过互联网，企业可以方便地接收客户的反馈信息，为客户提供及时的服务。客户可以方便地获取信息，并且更多地参与到商业过程中。企业也可以深入了解客户需求，并及时将客户意见反馈到产品、服务设计中，为客户提供更加个性化、深入化的服务。

四、电子商务环境下的供应链管理模式与传统供应链管理模式的比较

1. 传统供应链管理模式

传统的供应链管理注重的是企业的横向集成，往往通过通信介质将供应商、零售商、分销商及最终用户连接起来，是一种点到点的集成。这种集成缺乏灵活性，实体与实体之间缺乏有效的合作，不能实现资源共享与有效利用。物流、信息流、资金流在传统的供应链上一般是逐级传递的，这种逐级传递方式必然造成信息传递效率的降低和不准确性的增加，产生牛鞭效应(信息的放大、扭曲),信息流传递的低效率进而导致物流不能低成本、高效率地流动,如图 6.21 所示。

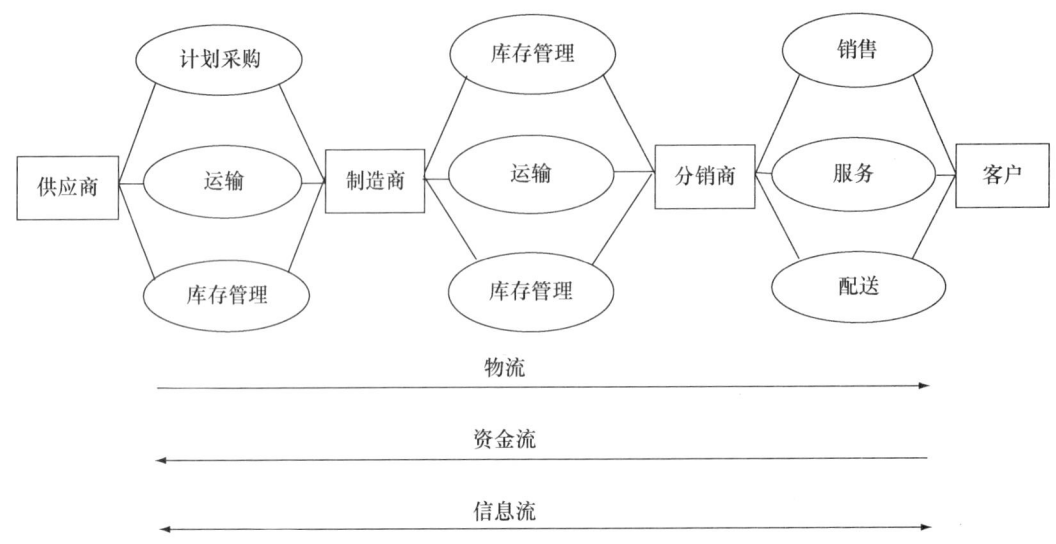

图 6.21 传统供应链管理模式

资料来源:南京科泰信息科技有限公司.《电子商务供应链研究报告》[R].2010.

2. 电子商务环境下的供应链管理模式

基于电子商务的供应链管理是市场需求与经济发展的必然趋势,通过利用 Intranet、Extranet 以及电子商务技术体系,把一个企业和它的供应商、制造商、分销商以及客户方便地联系起来,进行有效的供应链管理。

电子商务弥补了传统供应链的不足,不仅使供应链上各成员间更紧密地连接、合作与交流,而且把供应链的概念延伸到了供应商的供应商、客户的客户,建立了一种跨企业的协作,覆盖了需求预测、产品设计、外协和外购、储运、制造、分销、客户服务的全过程,为企业实施供应链管理提供了有力的信息技术支持和广阔的活动舞台。利用电子商务对供应链管理模式进行优化,有利于引导企业设计、开发供应链管理的模式,为在知识经济时代更好地实施供应链管理战略决策奠定基础,为充分挖掘供应链管理的潜力、实现供应链管理的优化创造条件。

电子商务环境下的供应链管理模式如图 6.22 所示。由图可见,其优势在于通过网络技术可以方便迅速地收集和处理大量信息,使供应商、制造商、销售商及时得到准确的数据,制订切实可行的需求、生产和供货计划,以利于供应链的组织和协调运作。采用电子商务,企业可以及时处理信息,跟踪客户订单执行,进行有效的采购管理、存货控制以及物流配送等系统服务,促进供应链向动态的、柔性的、虚拟的、全球网络化的方向发展,提高供应链的持续竞争优势。

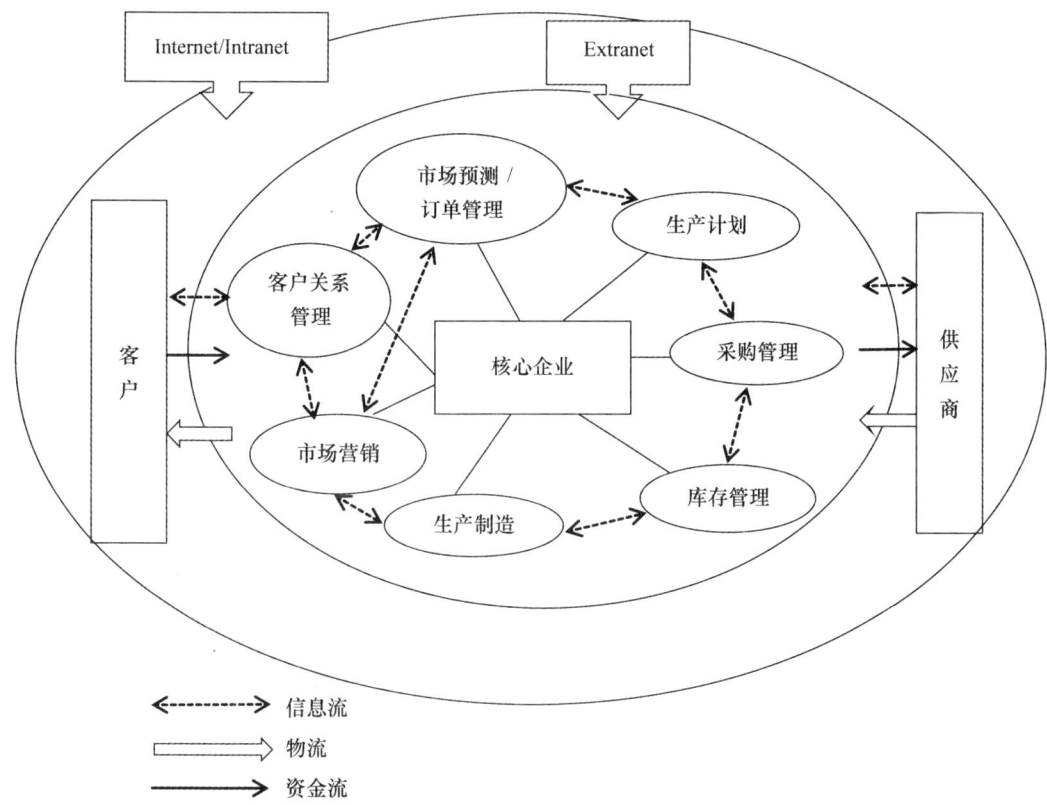

图 6.22 电子商务环境下的供应链管理模式

资料来源:南京科泰信息科技有限公司.《电子商务供应链研究报告》[R].2010.

❓练习题

1. 什么是物流配送？配送中心的作用有哪些？
2. 什么是第三方物流？电子商务企业选择第三方物流的优势和劣势分别有哪些？
3. 当前电子商务中常用的物流信息技术有哪些？
4. 什么是物联网？我国目前大力发展物联网的重要意义有哪些？
5. 电子商务对企业的供应链管理提出了哪些新的要求？

第七章 电子商务安全技术

在电子商务交易过程中,最核心和最关键的问题就是交易的安全性。电子商务是在互联网上开展的商业活动,产生安全问题的根源在于互联网本身的安全性。由于互联网本身的开放性,使网上交易面临种种风险。一方面,使用者担心在网络上传输信用卡及个人资料被截取;另一方面,特约商店也会担心收到的是被盗用的信用卡号码,或是出现交易不认账等。如何使电子商务与传统的交易方式一样安全可靠,已经成为在电子商务应用中备受关注的问题。

第一节 电子商务安全概述

一、电子商务的安全问题

互联网是一个完全开放的网络,任何一台计算机、任何一个网络都可与之相连,并利用互联网发布信息,获取与共享网络资源,或进行各种网上商务活动,这直接促成了网络经济时代的到来。但是这种开放式的信息交换、资源共享和分布方式增加了网络的脆弱性和易受攻击性。一些别有用心的个人或组织经常利用互联网作案,小到盗取QQ密码、银行密码,大到窃取商业机密、破坏网络正常运行。如果网络安全得不到保障,即使互联网再方便,也会影响电子商务的发展和推广。

电子商务依赖于互联网,因而互联网所面临的威胁也同样是电子商务所面临的威胁。如果把网络系统的运转看成是一种信息的流动(如电子商务中的信息流或资金流),则正常情况下,信息从信息源(如网站或文件)流向目标(如用户或文件),这种正常的信息流如图7.1(a)所示。图7.1的剩余部分指出了网络系统所面临的几种安全威胁。

1. 系统的中断

由于操作错误、应用程序错误、硬件故障、系统软件错误、网络故障以及计算机病毒等恶意攻击导致系统不能正常工作。如图7.1(b)所示。在中断过程中,系统资源变得易损失或不可用。因此需要对此所产生的潜在威胁加以预防和控制,以保证贸易数据在确定的时刻、确定的地点是有效的。

2. 信息的截获和窃取

信息在传输过程中被某些非授权实体所截获和窃取。如图7.1(c)所示。这里的实体可以是一个人、一个程序或一个计算机系统。例如,在网络中为得到数据而对程序或数据进行的非法拷贝、电话线上的窃取、互联网上对数据包的嗅探等。

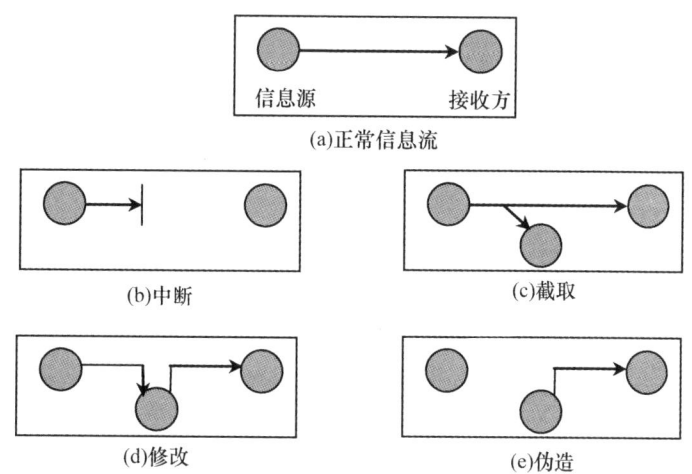

图 7.1　安全威胁的类型

在电子商务交易过程中,交易各方彼此之间需要通过网络进行通信,如果不采取加密措施或者加密强度不够,攻击者可能通过局域网、互联网、公共电话网、搭线或是在电磁波辐射范围内安装截收装置等方式窃取传输的机密信息;或通过对信息流量和流向、通信频度和长度等参数的分析,推断出有用信息,如消费的银行账号、密码等,造成信息泄密。

3. 信息的篡改

如果非授权实体不但截取了资源,而且还对其进行了修改,则这种攻击就是篡改。如图7.1(d)所示。例如,某人可能修改数据库中的数值,修改程序使之完成额外的任务,或修改正在传送的数据。

当攻击者掌握传输信息的格式或规律之后,可以利用各种技术和方法,将网络上传输的信息数据在中途进行修改,然后发送到目的地。这种篡改方法一般在网关或路由器上实现。攻击者可能从三个方面破坏信息的完整性:

(1) 篡改。改变信息流的次序,更改信息的内容,如购买商品的接收地址。
(2) 删除。删除某个信息或信息的某些部分。
(3) 插入。在信息中插入一些信息,让接收方读不懂或接收错误的信息。

4. 信息的伪造或假冒

非授权实体可能伪造计算机系统中的实体或信息。如图7.1(e)所示。

在电子商务中,由于交易非面对面进行,如果安全措施不完善,无法对信息发送者或者接收者的身份进行验证,那么入侵者就有可能潜入企业的内部网络,冒充合法用户发送或者接收信息,从而给合法用户造成商务损失。这主要有两种方式:

(1) 信息的伪造。主要包括虚开网站或商店给用户发送电子邮件,接收订单;伪造大量电子邮件,耗尽商家资源,使合法用户不能正常访问网络资源,使有严格时间要求的服务不能及时得到响应;伪造用户,发送大量的电子邮件,窃取商家的商品信息和用户信息等。

(2) 假冒身份。主要包括冒充他人身份发布命令、调阅密件;冒充他人消费;冒充主机欺骗合法主机及合法用户;冒充网络控制程序,套取或修改使用权限、通行证、密钥等信息;接管合法用户,欺骗系统,占用合法用户的资源等。

5. 交易抵赖

交易双方进行了某种通信或交易活动,但当参与一方事后发现交易行为对自己不利时,就有可能不承认或抵赖已经做过的交易。交易抵赖包括多个方面,如发送方事后否认曾经发送过某个信息或内容;收信方事后否认曾经收到过某个信息或内容;购买者提交了订单却不承认;商家卖出商品后因价格差而不承认原有的交易。

二、电子商务的安全性需求

电子商务安全的核心和关键是电子交易的安全性。针对上述在电子商务开展过程中可能发生的问题,为了保证电子商务整个交易过程中的安全性和可靠性,由此提出了相应的安全控制要求。电子商务安全的基本要求主要包括真实性、有效性、机密性、完整性和不可抵赖性。

1. 真实性

在传统的交易中,交易双方是面对面进行活动的,这样很容易确认对方的身份。即使开始不熟悉、不能确信对方,也可以通过对方的签名、证书等有形的身份凭证来鉴别其身份。而在进行网上交易时,交易往往是在虚拟的网络环境中进行的,交易双方可能互不相识,相隔千里,并且整个交易过程中都可能不见一面。因此,如果不采取任何保护措施,就要比传统的交易方式更容易引发假冒、诈骗等犯罪活动。例如,在进行网上购物时,对于客户来说,如何确信计算机屏幕上所显示的网站是一个合法注册或是未被黑客所篡改的网站?同样,对于商家而言,又如何相信正在购买商品的客户不是一个骗子呢?

因此,对交易各方身份真实性的确认是电子交易中的首要安全需求。这意味着,在双方进行交易之前,首先要确认对方的身份,确保不能被假冒或伪装。目前,网上对客户、商家、银行、网关等实体的鉴别,一般都是通过认证中心(CA)和其发放的数字证书来实现的。

2. 有效性

电子商务以电子形式取代了纸张,那么保证这种电子形式贸易信息的有效性则是开展电子商务的前提。电子商务作为贸易的一种形式,其信息的有效性将直接关系到个人、企业或国家的经济利益和声誉。因此,要对网络故障、操作错误、应用程序错误、硬件故障、系统软件错误及计算机病毒所产生的潜在威胁加以控制和预防,以保证贸易数据在确定的时刻、确定的地点是有效的,这就要求电子商务系统能够保证随时提供稳定的网络服务。

3. 机密性

即保证信息为授权者使用而不会泄露给非授权的人或实体。

在网络交易中必须保证发送者和接收者之间交换信息的保密性。在电子商务交易过程中,交易各方之间需要传输许多重要的信息,如客户的信用卡账户、密码、用户名以及订单等;商家之间的协议、合同以及各种商业秘密等;银行的各种指令和认证等。这些信息不能被他人知悉,均需要进行加密保护。传统的纸面贸易都是通过邮寄封装的信件或通过可靠的通信渠道发送商业报文来保守机密;而电子商务则是建立在较为开放的网络环境上,维护商业机密就成为电子商务全面推广应用的重要保障。因此,要预防非法的信息存取和信息在传输过程中被非法窃取,确保只有合法用户才能看到数据,防止泄密事件的发生。机密性一般通过密码技术对传输的信息进行加密处理来实现。

4. 完整性

即保证只有授权的各方能够修改计算机系统中有价值的内容和传输的数据,防止数据被非授权者建立、修改和破坏。

电子商务的确简化了贸易过程,减少了人为的干预,但同时也带来了维护商业信息的完整、统一的问题。数据输入时的意外差错或欺诈行为,可能导致贸易各方信息的差异。此外,数据传输过程中信息丢失、信息重复或信息传送的次序差异也会导致贸易各方信息不相同。信息的完整性将影响贸易各方的交易和经营策略,保持这种完整性是电子商务应用的基础。因此,要预防对信息的随意生成、修改和删除,同时要防止数据在传送过程中丢失和重复,并保证信息传送次序的统一。完整性一般可通过提取信息的消息摘要的方式获得。

5. 不可抵赖性

即防止参与某次通信交换的任何一方事后否认本次通信或通信的内容。

由于商情的千变万化,交易一旦达成是不能被否认的,否则必然会损害某一方的利益。例如订购石油,订货时进价较低,但收到订单时油价涨了,如收单方能否认收到订单的事实,则订单方就会蒙受损失。在传统贸易中,双方可通过在交易合同、契约或单据等书面文件上手写签名或印章,确定合同、契约、单据的可靠性并预防抵赖行为的发生。这也就是人们常说的"白纸黑字"。交易一旦开展后便不可撤销,交易中的任何一方都不得否认其在该交易中的作用。在无纸化的电子商务方式下,通过手写签名和印章进行贸易方的鉴别已不现实。因此,要在交易信息的传输过程中为参与交易的个人、企业或国家提供可靠的标识。原发方在发送数据后不能抵赖;接收方在接收数据后也不能抵赖。通过进行身份认证和数字签名可以避免对交易行为的抵赖,通过数字时间戳可以避免对行为发生时间的抵赖。

三、电子商务的安全架构

(一)电子商务安全因素

电子商务的开展在安全方面上还存在很多问题。面对电子商务中形形色色的安全漏洞,必须采取相应的方法来保障电子商务活动的安全进行。电子商务建立在互联网技术的基础上,但又不是孤立地依赖于互联网技术,在电子商务的开展过程中,还需要社会环境、管理环境提供相应的保障。因此,电子商务安全架构应该是一个涵盖技术因素、管理因素等的综合体系,如图7.2所示。

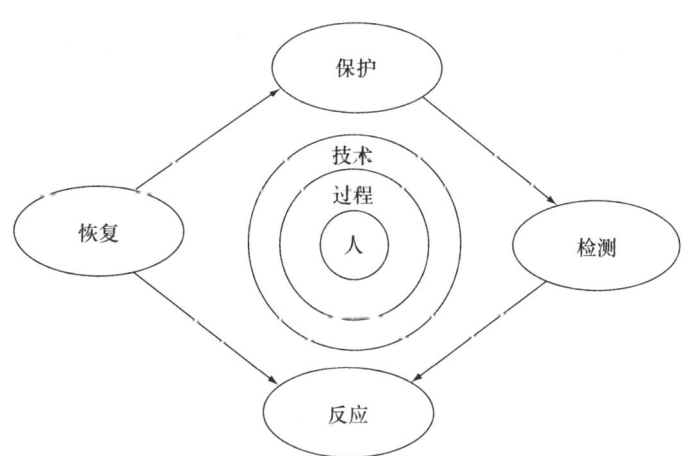

图 7.2 电子商务的安全架构

电子商务安全涉及人(People)、过程(Procedure)及技术(Technology)三个因素。

1. 人

电子商务不是电子设备之间独立进行的交易行为,电子商务交易的主体仍然是人。人作为一种实体在电子商务交易中存在,必然对电子商务的安全产生重要影响。人所产生的安全问题例如员工无意之间的密码泄露、对企业心怀不满的员工对系统的恶意使用等。可以通过人员培训、教育等措施来降低人为因素带来的安全隐患。

2. 过程

在电子商务的交易过程中,人需要对电子商务系统进行操作,如系统登录、数据库更新等。在这些过程中,应有严格的操作手册和制度来规范各种操作,避免各种不规范行为的产生。

3. 技术

互联网技术是电子商务实现的基础,技术因素对电子商务安全的影响最为直接。电子商务系统不恰当的设计、安全性设计的欠缺、计算机系统自身的漏洞都会成为安全问题的隐患。因此在开展电子商务交易的过程中,首先要从技术上保障系统的安全可靠。

在电子商务安全所涉及的这三个因素中,人和过程的因素是与管理密不可分的,因此这三个因素又分为管理和技术两个层面。在电子商务交易的开展过程中,不仅仅要注意技术因素,也要注意人、过程等管理因素。

(二) 电子商务安全措施

电子商务安全包括保护(Protect)、检测(Detect)、反应(React)及恢复(Restore)四个环节,简称 PDRR。

1. 保护

保护是预先阻止攻击发生的条件产生,让攻击者无法顺利地入侵系统。一般采用一些网络安全产品、工具和技术保护网络系统和数据。这种保护可以称作静态保护,通常是指一些基本防护,不具有实时性。如个人用户可以安装个人防火墙,它运行在用户的系统中,阻止对某些网站的访问,阻挡某些 IP 地址对本机器的攻击。

2. 检测

检测就是实时监控系统的安全状态,是实时保护的一种策略,主要满足动态安全的需求。因为网络安全技术在发展的同时,黑客技术也在发展,他们可能利用新的系统缺陷、新的攻击手段进行系统入侵。今天是安全的策略,明天就有可能变得不安全,因此需要利用入侵检测系统进行实时检测。

3. 反应

反应是当已知一个攻击(入侵)事件发生之后,能够及时进行处理,如向管理员报告或者自动阻断连接等,防止攻击进一步发生,将安全事件的影响降低到最小范围。反应是整个安全架构中非常重要的组成部分,因为即使网络构建得相当安全,仍不可避免地会受到非法攻击,所以当攻击出现以后,必须有一种机制对其做出响应,修补安全策略,弥补损失,防止类似事件再次发生。

4. 恢复

恢复是当入侵事件发生后,把系统恢复到原来的正确状态,或者比原来更安全的状态,这对电子商务交易的正常开展非常重要。恢复是最终措施,因为当攻击已经发生,系统已经受到破坏,这时只有让系统以最快的速度正常运行起来才是最重要的,否则损失会更严重。

构建安全的电子商务环境需要考虑人、过程、技术三个因素,也需要从保护、检测、反应及恢复四个环节去控制,这样才能保证电子商务的安全,促进电子商务持续健康发展。

第二节 防 火 墙

一、防火墙概述

防火墙是建筑学上的一个术语,它的本意是指古代人们在房屋之间修建的一道墙,这道墙在火灾发生时可以阻止大火从一个房屋蔓延到别的房屋。在计算机安全里,防火墙是指设置在不同网络(如可信任的企业内部网和不可信任的外部网)之间的软件或硬件设备的组合。

在与互联网连接时,防火墙是保护内部网络中电子商务系统的第一道安全屏障。在没有防火墙的网络环境中,网络安全性完全依赖主系统安全性。在一定意义上,所有主系统必须通力协作来实现均匀一致的高级安全性。而防火墙能够简化安全管理,安全性在防火墙上得以加固,而不必分布在内部网络的所有主机上。

防火墙是不同网络之间信息的唯一出入口,对两个方向的信息流都能控制,能根据企业的安全策略控制(允许、拒绝、监测)出入网络的信息流,防止对重要信息资源的非法存取和访问,以达到保护系统安全的目的,并且其本身具有较强的抗攻击能力。防火墙是一种被动防卫技术,由于它假设了网络的边界和服务,而对内部的非法访问却难以有效控制,因此,防火墙最适合相对独立、与外部网络互联途径有限的单一网络,例如企业在企业专用网与 Internet 间使用防火墙。

二、防火墙的种类

1. 包过滤防火墙

第一代防火墙和最基本形式的防火墙,采用了包过滤(Packet Filter)技术。包过滤技术是根据一套规则,检查每一个通过的网络数据包,或者放行,或者丢弃,这种规则又称为访问控制表。包过滤防火墙工作在网络层和传输层,检查数据流中的每个数据包的源地址、目标地址、源端口、目标端口及协议状态或它们的组合,并将其与设立的规则相比较,以此来确定是否允许该数据包通过。

包过滤防火墙又叫屏蔽路由器防火墙,往往就是一个路由器。屏蔽路由器作为内外连接的唯一通道,对所接收的每个数据包做允许或拒绝的决定,如图 7.3 所示。此时,路由器审查每个数据包以便确定其是否与某条包过滤规则匹配。防火墙的任务就是作为"通信警察",指引数据包的去向和截住那些有危险的包。还有一些包过滤防火墙具有网络地址翻译功能,这使得受到保护的所有内部网络的主机的网络地址对于外部隐蔽起来,用户不能通过网络地址直接访问内部主机。

包过滤防火墙逻辑简单,价格较低,性能开销小,处理速度较快,有较强的透明性,易于安装和使用,在应用环境比较简单的情况下,能够以较小的代价在一定程度上保证系统的安全。但其弱点也是明显的:只能根据网络层和传输层的有限信息进行判断过滤,因而安全性要求不可能充分满足;随着过滤规则数目的增加,性能会受到很大影响;对安全管理人员的素质要求高,建立安全规则时,必须对协议本身和其在不同应用程序中的作用有深入理解。

图 7.3 包过滤防火墙

2. 应用代理防火墙

开发代理(Proxy)的最初目的是对 Web 进行缓存,减少冗余访问,但现在主要用于防火墙。代理服务器通过侦听网络内部客户的服务请求,检查并验证其合法性,若合法,它将作为一台客户机向真正的服务器发出请求并取回所需信息,最后再转发给客户。对于内部客户而言,代理服务器好像原始的公共服务器;对于公共服务器而言,代理服务器好像原始的客户;亦即代理服务器充当了双重身份,并将内部系统与外界完全隔离开来,外面只能看到代理服务器,而看不到任何内部资源。应用代理的示意图见图 7.4。

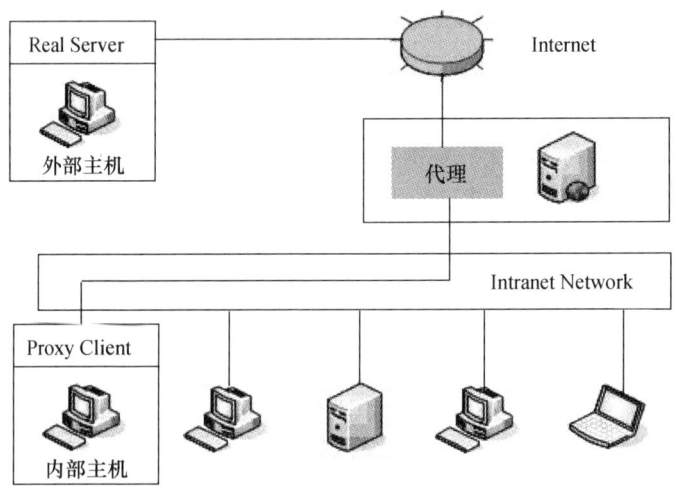

图 7.4 应用代理

应用代理防火墙工作在应用层。代理需要为特定的应用程序安装代理程序代码,这种建立方式拒绝任何没有明确配置的连接,从而提供了额外的安全性。应用代理防火墙可以配置成允许来自内部网络的任何连接,也可以配置成要求用户认证后才能建立连接。

对于更高安全性要求的网络,通常把包过滤技术与应用代理技术结合起来,形成复合型防火墙。

三、防火墙的功能

作为网络安全的主要保障,防火墙具有如下功能:

1. 防火墙是网络安全的屏障

防火墙能对进入的数据包进行筛选和过滤,只有经过精心选择并授权的应用协议才能通过防火墙,所以防火墙使网络环境变得更安全。如防火墙可以禁止诸如众所周知的不安全的

NFS协议进出受保护网络,这样外部的攻击者就不可能利用这些脆弱的协议来攻击内部网络。

2. 防火墙可以强化网络安全策略

通过以防火墙为中心的安全方案配置,能将所有安全软件(如口令、加密、身份认证、审计等)配置在防火墙上。与将网络安全问题分散到各个主机上相比,防火墙的集中安全管理更经济。例如在网络访问时,一次一密口令系统和其他的身份认证系统完全可以不必分散在各个主机上,而是集中在防火墙上。

3. 对网络存取和访问进行监控审计

如果所有的访问都经过防火墙,那么,防火墙就能记录下这些访问并做出日志记录,同时也能提供网络使用情况的统计数据。当发生可疑动作时,防火墙能进行适当的报警,并提供网络是否受到监测和攻击的详细信息。另外,收集一个网络的使用和误用情况也是非常重要的。一方面可以清楚防火墙是否能够抵挡攻击者的探测和攻击,并且清楚防火墙的控制是否充足;另一方面网络使用统计数据对网络需求分析和威胁分析等而言也是非常重要的。

4. 防止内部信息的外泄

防火墙不仅可以实现内部网与外部网的逻辑隔离,也可以实现内部网各部分之间的逻辑隔离。利用防火墙对内部网络进行划分,可实现内部网重点网段的隔离,从而限制了局部重点或敏感网络安全问题对全局网络造成的影响。例如在企业内部网中,行政人员使用的管理网和客户使用的电子商务网要有一定的隔离。

四、防火墙的局限性

防火墙具有较强的抗外界攻击的能力,但它的功能仅限于对信息的初步过滤,存在局限性,其不能应对的安全威胁有:

(1)防火墙不能防止内部网络用户对资源的攻击。防火墙只是设在内部网和Internet之间,对其间的信息流进行干预的安全设施,不能用于防范内部的攻击和破坏。

(2)防火墙不能防范不经过它的其他途径的攻击。没有经过防火墙的连接,防火墙无法检查,如使用拨号方式上网。

(3)防火墙不能防范最新的网络安全问题。防火墙是为防范已知的威胁而设置的,不能自动抵御新出现的各种安全威胁。

(4)一般,防火墙不对内部网络提供防止外部病毒侵犯的保护,病毒可以通过FTP或其他工具传至内部网。如果要实现这种防护,防火墙中应设置检测病毒的逻辑。

(5)作为互联网通信基础的TCP/IP协议,存在难以完全根除的安全缺陷,在最初设计时就缺乏对安全的考虑,导致其存在一系列安全缺陷,诸如缺乏加密认证机制、TCP序列号易被猜测、定时器以及连接建立过程中存在大量问题等。防火墙是基于该协议的,因此无法解决TCP/IP操作的漏洞。

(6)防火墙采用的过滤技术使网络的性能降低,过于简单的检测将无法起到安全防御作用,而检测过于复杂的话,延迟问题又将使网络系统无法支持实时服务请求。因此在安全性和实时性之间取得平衡不是一件简单的事情。

第三节 入侵检测技术

从计算机安全的目标看,入侵指企图破坏资源的完整性、保密性、可用性的任何行为,也指违背系统安全策略的任何事件。从入侵策略的角度看,入侵可分为企图进入、冒充合法用户、成功闯入等方面。入侵者一般被称为黑客或解密高手。

入侵检测指对计算机和网络资源的恶意使用行为进行识别和响应的处理过程。它不仅检测来自外部的入侵行为,同时也能检测出内部用户的未授权活动,是一种增强系统安全性的有效方法。入侵检测通过收集和分析网络行为、安全日志、审计数据、其他网络上可以获得的信息以及计算机系统中若干关键点的信息,检查网络或系统中是否存在违反安全策略的行为和被攻击的迹象。入侵检测作为一种积极主动的安全防护技术,提供了对内部攻击、外部攻击和误操作的实时保护,在网络系统受到危害之前拦截和响应入侵。因此,入侵检测被认为是防火墙之后的第二道安全屏障,在不影响网络性能的情况下能对网络进行监测。

入侵检测技术是为保证计算机系统的安全而设计与配置的一种能够及时发现并报告系统中未授权或异常现象的技术,是一种用于检测计算机网络中违反安全策略行为的技术。进行入侵检测的软件与硬件的组合便是入侵检测系统(Intrusion Detection System,简称IDS)。

(一)入侵检测技术的分类

按照入侵检测系统所采用的技术不同,可分为异常检测、误用检测和特征检测。

1. 异常检测

异常检测(Anomaly Detection)的假设是入侵者活动异常于正常主体的活动。根据这一理念,建立主体正常活动的"活动简档",将当前主体的活动状况与"活动简档"相比较,当违反其统计规律时,认为该活动可能是入侵行为。异常检测的难题在于如何建立"活动简档"以及如何设计统计算法,从而不把正常的操作作为入侵行为或忽略真正的入侵行为。

2. 误用检测

误用检测(Misuse Detection)进行的前提是所有的入侵行为都有可能被检测到的特征。误用检测系统提供攻击特征库。当监测的用户或系统行为与库中的记录相匹配时,系统就认为这种行为是入侵。如果入侵特征与正常的用户行为匹配,则系统会发生错报;如果没有特征能与新的攻击行为匹配,则系统会发生漏报。

3. 特征检测

特征检测(Signature-Based Detection)关注的是系统本身的行为。定义系统行为轮廓,并将系统行为与轮廓进行比较,把未指明为正常行为的事件定义为入侵。特征检测系统常采用某种特征语言定义系统的安全策略。

(二)入侵检测系统的工作步骤

一个良好的入侵检测系统不但可使系统管理员时刻了解网络系统(包括程序、文件和硬件设备等)的任何变更,还能给网络安全策略的制定提供指南。更为重要的一点是,它应该方便管理和配置,从而使非专业人员非常容易地获得网络安全。而且,入侵检测的规模还应根据网络威胁、系统构造和安全需求的改变而改变。入侵检测系统在发现入侵后,会及时做出响应,包括切断网络连接、记录事件和报警等。从总体来说,入侵检测系统可以分为两个部分:收集系统和非系统中的信息;对收集到的数据进行分析,并采取相应措施。

第一步：信息收集。

信息收集的内容包括系统、网络、数据及用户活动的状态和行为。而且，需要在计算机网络系统中的若干不同关键点（不同网段和不同主机）收集信息，这除了尽可能扩大检测范围的因素外，还有一个重要的因素就是从一个源来的信息有可能看不出疑点，但从几个源来的信息的不一致性却是可疑行为或入侵行为的最好标识。

入侵检测很大程度上依赖于收集信息的可靠性和正确性，因此，很有必要利用所知道的真正的和精确的软件来报告这些信息。因为黑客经常替换软件以搞混和移走这些信息，例如替换被程序调用的子程序、库和其他工具。黑客对系统的修改可能使系统功能失常并看起来跟正常的一样，而实际上不是。例如，Unix 系统的 PS 指令可以被替换为一个不显示侵入过程的指令，或者是编辑器被替换成一个读取不同于指定文件的文件（黑客隐藏了初始文件并用另一版本代替）。这需要保证用来检测网络系统的软件的完整性，特别是入侵检测系统软件本身应具有相当强的坚固性，防止被篡改而收集到错误的信息。

信息收集的内容包括：

1. 系统和网络日志文件

日志中包含发生在系统和网络上的不寻常及不期望活动的证据，这些证据可以指出有人正在入侵或已成功入侵系统。通过查看日志文件，能够发现成功的入侵或入侵企图，并很快启动相应的应急响应程序。

2. 目录和文件中的不期望改变

网络环境中的文件系统包含很多软件和数据文件，包含重要信息和私有数据的文件经常是黑客修改或破坏的目标。目录和文件中的不期望改变（包括修改、创建和删除），特别是那些正常情况下限制访问的，很可能就是一种入侵产生的指示和信号。

3. 程序执行中的不期望行为

网络系统上的程序执行一般包括操作系统、网络服务、用户启动的程序和特定目的的应用。每个在系统上执行的程序由一到多个进程来实现。每个进程执行在具有不同权限的环境中，这种环境控制着进程可访问的系统资源、程序和数据文件等。一个进程出现了不期望行为可能表明黑客正在入侵你的系统。黑客可能会将程序或服务的运行分解，从而导致它失效，或者是以非用户或管理员意图的方式操作。

4. 物理形式的入侵信息

这包括两个方面的内容：一是对网络硬件的未授权连接；二是对物理资源的未授权访问。黑客会想方设法去突破网络的周边防卫，如果他们能够在物理上访问内部网，就能安装他们自己的设备和软件。依此，黑客就可以知道网上的由用户加上去的不安全（未授权）设备，然后利用这些设备访问网络。

第二步：信息分析。

对上述四类收集到的有关系统、网络、数据及用户活动的状态和行为等信息，一般通过三种技术手段进行分析：模式匹配、统计分析和完整性分析。其中前两种方法用于实时的入侵检测，而完整性分析则用于事后分析。

1. 模式匹配

将收集到的信息与已知的网络入侵和系统误用模式数据库进行比较，从而发现违背安全策略的行为。一般来讲，一种进攻模式可以用一个过程（如执行一条指令）或一个输出（如获得权限)来表示。该方法的一大优点是只需收集相关的数据集合,显著减少系统负担,且技术已相当成熟。它与病毒防火墙采用的方法一样,检测准确率和效率都相当高。但是,该方法存在的弱点是需要不断升级以应对不断出现的黑客攻击手法,它不能检测到从未出现过的黑客攻击手段。

2. 统计分析

该方法首先给系统对象(如用户、文件、目录和设备等)创建一个统计描述,统计正常使用时的一些测量属性(如访问次数、操作失败次数和延时等)。测量属性的平均值将被用来与网络、系统的行为进行比较,任何观察值在正常值范围之外时,就认为有入侵发生。例如,统计分析可能标识一个不正常行为,因为它发现一个在晚八点至早六点不登录的账户却在凌晨两点试图登录。其优点是可检测到未知的入侵和更为复杂的入侵,缺点是误报、漏报率高,且不适应用户正常行为的突然改变。

3. 完整性分析

该方法主要关注某个文件或对象是否被更改,这经常包括文件和目录的内容及属性,它在发现被更改的、被特洛伊化的应用程序方面特别有效。完整性分析利用强有力的加密机制,即消息摘要函数(例如 MD5),能识别哪怕是微小的变化。其优点是不管模式匹配方法和统计分析方法能否发现入侵,只要是成功的攻击导致了文件或其他对象的任何改变,它都能够发现。缺点是一般以批处理方式实现,不用于实时响应。

第四节 数据加密技术

数据加密技术是指将明文经过加密密钥及加密函数转换,变成无意义的密文,而接收方则将此密文经过解密函数和解密密钥还原成明文。这样能够有效地对抗截收、非法访问、窃取信息等威胁。数据加密的过程如图 7.5 所示。

图 7.5 数据加密技术

数据加密中常用的基本概念如下:

1. 明文和密文

为了通过不安全的信道将信息安全地发送出去,发送方需要对信息进行某种变换,使得攻击者即使窃取到变换后的消息,也难以知道要发送的信息内容。要发送的信息称为明文,变换后的信息称为密文。

2. 加密和解密

将明文变换成密文的过程称为加密,将密文恢复成明文的过程称为解密。

3. 加密密钥和解密密钥

加密和解密的过程实际上是一种函数变换。用 encrypt 表示加密函数,明文 M 是加密函数的一个自变量,加密密钥 K_1 是加密函数的另一个自变量,函数值则为密文 E,即 E = encrypt(K_1, M)。同样,用 decrypt 表示解密函数,密文 E 和解密密钥 K_2 是解密函数的两个自变量,函数值则为明文 M，即 M = decrypt(K_2, E)。

密码技术在计算机出现之前就已经被人们使用。将明文加密成密文的基本方法有替换加密和转换加密。密码的使用最早可以追溯到古罗马时期，恺撒曾经使用密码来传递信息，即所谓的"恺撒密码"，它是替换加密方法，通过将字母按顺序推后 3 位起到加密作用，如将字母 A 换作字母 D，将字母 B 换作字母 E，这里 3 就是密钥。在替换加密中，明文的顺序没有被改变，而是通过各种字母映射关系将明文隐藏起来。转换加密是将原字母的顺序打乱并重新排列。但是计算机的出现和其性能的快速提高，使原来不能有效实现的密码分析方法变得可行了。

现代加密技术根据密码算法所使用的加密密钥和解密密钥是否相同、能否由加密密钥推导出解密密钥，可将密码技术分为对称密钥加密技术和非对称密钥加密技术。

一、对称密钥加密技术

对称密钥加密是指信息发送方对要发送的信息用一定的算法和密钥进行加密，变为密文，密文通过网络到达接收方后，接收方使用相同的算法和密钥进行解密，还原成明文。它只用一个密钥对信息进行加密和解密（如图 7.6 所示）。由于加密和解密用的是同一密钥，所以发送者和接收者都必须知道密钥。

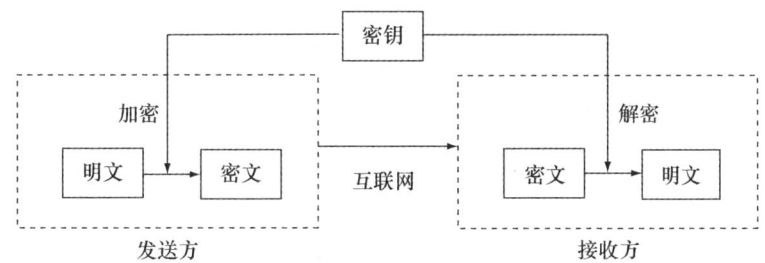

图 7.6 对称密钥加密过程

用对称加密对信息编码和解码的速度很快，效率也很高，但也有比较大的局限性。所有各方都必须相互了解，并且完全信任，而且每一方都必须妥善保管一份密钥。如果发送方和接收方处在不同地点，就必须当面或在公共传送系统（电话系统、邮政服务）中无人偷听偷看的情况下交换密钥。在密钥的交换过程中，任何人一旦截获了它，就都可用它来读取所有加密消息。

对称密钥加密算法的典型代表是 DES(Data Encryption Standard)算法，自 1977 年至 1998 年，DES 一直被确认为美国国家加密标准。另一个是国际数据加密算法 IDEA(International Data Encryption Algorithm)，它比 DES 的加密性更好，而且对计算机要求不高。另外还有 AES(Advanced Encryption Standard)算法。

1. DES 算法

DES 算法是一种数据分组的加密算法，是 1972 年由美国 IDM 公司研制的对称密钥加密算法。其密钥长度为 56 位，明文按 64 位进行分组，将分组后的明文组和 56 位的密钥按位替代或交换的方法形成密文组。

DES 工作的基本原理是，其入口参数有三个：key、data、mode。key 为加密解密使用的密钥，data 为加密解密的数据，mode 为其工作模式。当模式为加密模式时，明文按照 64 位进行分组，形成明文组，key 用于对数据加密；当模式为解密模式时，key 用于对数据解密。实际运用中,密钥只用到了64位中的56位,这样就具有高的安全性。

DES算法具有极高安全性,到目前为止,除了可用穷举搜索法对DES算法进行攻击外,还没有发现更有效的办法。而56位长的密钥的穷举空间为256,这意味着如果一台计算机的速度是每1秒钟检测100万个密钥,则它搜索完全部密钥就需要将近2 285年的时间。

2. IDEA算法

IDEA是1990年由瑞士联邦技术学院X. J. Lai和Massey提出的建议加密标准算法即PES(Proposed Encryption Standard)发展而来,Lai和Massey在1992年进行了改进,强化了抗差分分析的能力,改称为IDEA。它也是对64位大小的数据块加密的分组加密算法。密钥长度为128位。

这种算法是在DES算法的基础上发展出来的,它设计了一系列加密轮次,每轮加密都使用从完整的加密密钥中生成的一个子密钥。与DES算法的不同之处在于,它采用软件实现和采用硬件实现同样快速。

3. AES算法

AES是美国标准与技术研究院于2002年5月制定的新的高级加密标准规范。AES算法基于排列和置换运算。排列是对数据重新进行安排,置换是将一个数据单元替换为另一个。AES使用几种不同的方法来执行排列和置换运算。AES是一个迭代的、对称密钥分组的密码,它可以使用128、192和256位密钥,并且用128位(16字节)密钥分组加密和解密数据。AES算法比起DES算法有着更高的安全强度,资源消耗也更少。

虽然对称密钥加密算法具有加密简单、安全性高等优点,适合加密大量信息,但它也存在一些问题。其一,通信双方的密钥交换问题,即要求提供一条安全的渠道,使通信双方在首次通信时协商一个共同的密钥。直接面对面协商可能不现实且难于实施,所以双方可能需要借助于邮件和电话等其他相对不够安全的手段来进行协商和密钥的交换。其二,多密钥分发和管理问题,即要求每对用户交易时都要有一把单独的密钥,因此有 n 个用户的系统需要的密钥总数为 $n(n-1)/2$ 个,由此给选择、分配和管理密钥带来很大的困难。其三,对称密钥加密算法一般不能提供信息完整性的鉴别,无法验证发送方和接收方的身份。正是由于对称密钥加密技术的不足,导致了非对称密钥加密技术的产生。

二、非对称密钥加密技术

非对称密钥加密技术采用一对密钥:一个公开密钥(Public Key)和一个私有密钥(Private Key)。公共密钥可以公开发布,私有密钥要持有者保证绝对的安全,因此非对称密钥加密技术也称为公开密钥加密技术。参与通信的每个用户拥有一对密钥,用公开密钥加密的信息只能用相应的私有密钥解密,用私有密钥加密的信息只能用相应的公开密钥解密。图7.7为非对称密钥加密过程示意图。

加密过程的具体步骤为:

(1)信息接收方先产生一对密钥,其中一个作为私有密钥保存起来,另一个作为公开密钥,通过非保密方式发送给信息发送方。

(2)信息发送方使用接收到的公开密钥和非对称密钥加密算法对发送的信息进行加密,产生密文。

(3)密文通过网络传送到信息接收方。

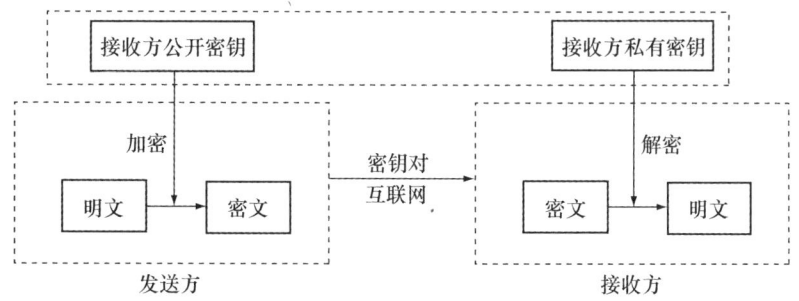

图 7.7 非对称密钥加密过程

（4）信息接收方使用自己的私有密钥和非对称密钥加密算法对密文进行解密,得到信息明文。

非对称密钥的优点在于,尽管通信双方不认识,但只要提供密钥的认证中心可靠,就可以进行安全通信,这正是电子商务所要求的,而且非对称密钥加密技术也是电子商务认证技术的基础。

非对称密钥加密算法的典型代表是 RSA 算法。RSA 是美国麻省理工学院的三位教授罗纳德·里韦斯特（Ronald Rivest）、埃迪·沙米尔（Adi Shamir）和伦纳德·阿德勒曼（Leonard Adleman）于 1976 年提出,并在 1978 年正式公开发表的。RSA 从提出到现在经历了各种攻击的考验,逐渐为人们接受,被普遍认为是目前最优秀的公开密钥方案之一。

在实际应用中,首先,发送方获得（一般由认证机构获得）一对密钥并将其中的一把作为公开密钥向公众公开；其次,得到公开密钥的接收方使用该密钥加密信息后,再发送给发送方；最后,发送方用自己保存的私有密钥对获得加密的信息进行解密。用户的公开密钥可以登记在网络上,向社会大众发布,而用户的私有密钥则必须由自己秘密保管,不能泄露。

虽然非对称密钥加密算法的保密性较高,也解决了密钥生成、分配和管理等方面的问题,但是,由于其采用的是大素数因子分解的算法,较复杂,加密和解密时间长、速度慢,不适合对文件加密,而只适用于对少量信息加密。在实际应用中,往往需要将对称密钥和非对称密钥联合使用,即使用对称密钥对传送文件进行加密,而使用非对称密钥来传送加密文件的对称密钥。

三、数字信封

数字信封是用对称密钥和非对称密钥混合加密的技术。在数字信封中,信息发送方首先利用随机产生的对称密钥来加密信息内容,然后将此对称密钥用接收方的公开密钥来加密（这部分称为数字信封）,之后将对称密钥和加密后的信息一起发送给接收方。接收方先用自己的私有密钥打开数字信封,得到对称密钥,然后使用对称密钥解开加密信息。这种技术的安全性相当高。数字信封技术主要包括数字信封打包和数字信封拆解。数字信封打包是使用对方的公开密钥将加密密钥进行加密的过程,只有对方的私有密钥才能将加密后的数据（对称密钥）还原；数字信封拆解是使用私有密钥将加密过的数据解密的过程。

数字信封是用加密技术来保证只有规定的特定收信人才能阅读信的内容。数字信封的功能类似于普通信封,普通信封在法律的约束下保证只有收信人才能阅读信的内容；数字信封则采用密码技术保证了只有规定的接收人才能阅读信的内容。数字信封采用了对称密码体制和公钥密码体制,克服了私有密钥加密中私有密钥分发困难和公开密钥加密中加密时间长的问题,使用两个层次的加密获得了公开密钥技术的灵活性和安全强度,以及对称密钥技术的高效性。

第五节　电子商务认证技术

在电子商务的交易中,认证技术是保证交易安全的一个重要技术。因为在互联网上,电子商务交易是在虚拟环境中进行的,交易当事人之间互不见面,为了保证双方真实身份都能被唯一识别、交易信息不被第三方修改或伪造以及交易信息不被抵赖,就必须采用认证技术。

一、数字签名

手写签名是确认文件的一种手段,签名的作用有两点:一是因为自己的签名难以否认,从而确认文件已签署这一事实;二是因为签名不易仿冒,从而确认文件是真这一事实。数字签名和手写签名有相同之处,采用数字签名也能确认这两点:一是信息是由签名者发送的,二是信息自签发后到收到为止未曾做过任何修改。这样数字签名就可以用来防止电子信息因易被修改而有人作伪、冒用别人名义发送信息或发送(收到)信息后又加以否认等情况发生。数字签名技术是在网络系统虚拟环境中确认身份的重要技术,目前各个国家都已制定相应的法律、法规,明确了数字签名具有和手写签名一样的法律效力。

应用广泛的数字签名方法有三种,即 RSA 签名、DSS 签名和 Hash 签名,其中 Hash 签名是最主要的签名方法。这三种方法可单独使用,也可综合在一起使用。Hash 签名方法也称为数字摘要法(Digital Digest)或数字指纹法(Digital Fingerprint)。"Hash",一般翻译为"散列",也有直接音译为"哈希"的,是一种将任意长度的消息压缩到某一固定长度的消息摘要的函数。用于数字摘要的 Hash 函数应满足以下条件:同一数据使用同一 Hash 函数,其运行结果应该是一样的;Hash 函数应具有运算结果不可预见性;Hash 函数具有不可逆性。

数字签名方法将数字签名与要发送的信息紧密联系在一起,更适合电子商务活动。将一个商务合同的个体内容与签名结合在一起,比合同和签名分开传递,更增加了可信度和安全性。

数字签名技术通常是采用非对称密钥加密算法实现的,其实现方式是数据发送方使用自己的私有密钥对数据校验和对其他与数据内容有关的变量进行加密处理,完成对数据的合法"签名",数据接收方则利用对方的公开密钥来解读收到的数字签名,并将解读结果用于对数据完整性的检验,以确认签名的合法性。数字签名的实现过程如图 7.8 所示。

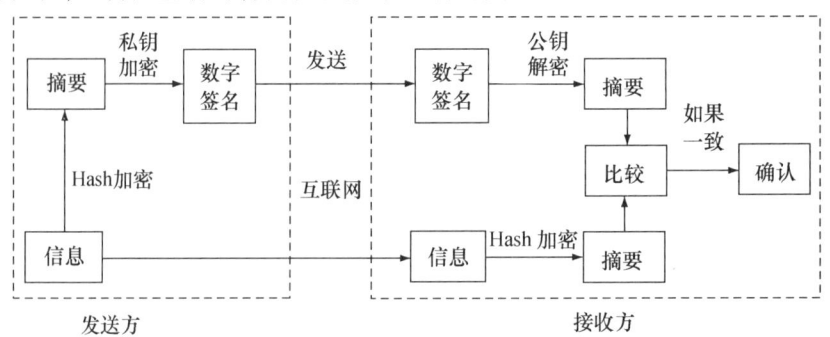

图 7.8　数字签名验证过程

（1）发送方首先用 Hash 函数将需要传送的内容加密，产生报文的数字摘要。

（2）发送方采用自己的私有密钥对摘要进行加密，形成数字签名。

（3）发送方把要发送的报文原文和摘要同时传递给接收方。

（4）接收方使用发送方的公开密钥对数字签名进行解密，得到发送方形成的报文摘要。

（5）接收方对接收到的报文用 Hash 函数产生报文的数字摘要，与发送方形成的数字摘要进行对比，如相同，则说明报文在传输过程中没有被破坏。

数字签名和数字加密的过程虽然都使用公开密钥体系，但实现的过程正好相反，使用的密钥对也不同。数字签名使用的是发送方的密钥对，发送方用自己的私有密钥进行加密，接收方用发送方的公开密钥进行解密，这是一个一对多的关系，任何拥有发送方公开密钥的人都可以验证数字签名的正确性。数字加密则使用的是接收方的密钥对，这是多对一的关系，任何知道接收方公开密钥的人都可以向接收方发送加密信息，只有唯一拥有接收方私有密钥的人才能对信息解密。另外，数字签名只采用了非对称密钥加密算法，它能保证发送信息的完整性和不可否认性，而数字加密采用了对称密钥加密算法和非对称密钥加密算法相结合的方法，它能保证发送信息的保密性。

数字签名具有手写签名的全部功能，但数字签名又不同于手写签名。数字签名随文本的变化而变化，手写签名是不变的。数字签名与文本信息是不可分割的，而手写签名与文本信息是分离的。数字签名还具有难以伪造、可远程传输等优点，是目前实现电子商务数据传输安全保密的主要手段之一。

二、数字时间戳

数字签名保证了文件本身的完整性和不可否认性，数字时间戳则保证了文件签署时间的完整性和不可否认性。就如同在书面合同中，文件签署的日期和签名均是十分重要的防止文件被伪造和篡改的关键性内容。在各种政务和商务文件中，时间是十分重要的信息，科学领域中时间戳也可作为科学发明、专利和文献的时间认证。

数字时间戳服务（Digital Time-Stamp Service，简称 DTS）就是电子文件发表日期和时间的安全保护措施。数字时间戳服务是网上安全服务项目，由专门的机构提供。时间戳是一个加密后形成的凭证文档，它包括三个部分：

（1）需加时间戳的文件的摘要。

（2）DTS 收到文件的日期和时间。

（3）DTS 的数字签名。

时间戳产生的过程为：用户首先将需要加时间戳的文件用 Hash 函数加密形成摘要，然后将该摘要发送到 DTS，DTS 在加入收到文件摘要的日期和时间信息后再对该文件加密（数字签名），然后送回用户。

书面签署文件的时间是由签署人自己写上的，而数字时间戳则不然，它是由认证单位 DTS 根据权威时间源，以收到文件的时间为依据而加入的。

三、身份认证

在电子商务的交易中，交易当事人之间互不见面，面临病毒、黑客、网络钓鱼以及网页仿冒诈骗等恶意威胁，假冒客户、商家和银行等事件层出不穷。为了保证交易中各方身份的真实性,必须采用认证技术。身份认证即在电子商务交易过程中,为了判明和确认交易参与者的真实身份,用户必须提供他是谁的证明。

在真实世界中,对用户身份认证的基本方法可以分为三种:

(1)根据你所知道的信息来证明你的身份(what you know)。

(2)根据你所拥有的东西来证明你的身份(what you have)。

(3)根据独一无二的生物特征来证明你的身份(who you are)。

在网络世界中,手段与真实世界中一致,可采用以下身份认证技术。在安全要求高的场合,可结合几种认证技术进行综合认证。

1. 用户名/密码方式

用户名/密码是最简单也是最常用的身份认证方式。每个用户的密码是由用户自己设定的,只有用户自己才知道。只要能够正确输入密码,计算机就认为操作者就是合法用户。实际上,由于许多用户为了防止忘记密码,经常采用诸如生日、电话号码等容易被猜测的字符串作为密码,这样很容易造成密码被猜出。有一些简单的方法常用来改进用户名/密码方式的安全性,增加攻击的难度,如:限制猜测次数,如果超过3次输入错误的密码,账号会被锁定;增加攻击者搜索的空间,要求设置8位数甚至更长的密码,且密码为数字和字母的组合。

即使能保证用户密码不被泄漏,由于密码是静态的数据,在验证过程中需要在计算机内存中和网络中传输,因此很容易被驻留在计算机内存中的木马程序或网络中的监听设备截获。因此,从安全性上讲,用户名/密码方式是一种极不安全的身份认证方式。

2. 智能卡认证

智能卡是一种内置集成电路的芯片,芯片中存有与用户身份相关的数据,智能卡由专门的厂商通过专门的设备生产,是不可复制的硬件。智能卡由合法用户随身携带,登录时必须将智能卡插入专用的读卡器读取其中的信息,以验证用户的身份。如学生持有的校园卡、企业员工持有的员工卡等,智能卡认证通过智能卡硬件的不可复制来保证用户身份不会被仿冒。然而由于每次从智能卡中读取的数据是静态的,通过内存扫描或网络监听等技术还是很容易截取到用户的身份验证信息,因此还是存在安全隐患。

3. 动态口令

动态口令技术是一种让用户密码按照时间或使用次数不断变化、每个密码只能使用一次的技术。它采用一种叫做动态令牌的专用硬件,内置电源、密码生成芯片和显示屏,密码生成芯片运行专门的密码算法,根据当前时间或使用次数生成当前密码并显示在显示屏上。认证服务器采用相同的算法计算当前的有效密码。用户使用时只需要将动态令牌上显示的当前密码输入客户端计算机,即可实现身份认证。由于每次使用的密码必须由动态令牌产生,只有合法用户才持有该硬件,所以只要通过密码验证就可以认为该用户的身份是可靠的。而用户每次使用的密码都不相同,即使黑客截获了一次密码,也无法利用这个密码来仿冒合法用户的身份。

4. USB Key认证

基于USB Key的身份认证方式是采用软硬件相结合、一次一密的强双因子认证模式,很好地解决了安全性与易用性之间的矛盾。USB Key是一种USB接口的硬件设备,它内置单片机或智能卡芯片,可以存储用户的密钥或数字证书,利用USB Key内置的密码算法实现对用户身份的认证。基于USB Key的身份认证系统主要有两种应用模式:一是基于冲击/响应的认证模式,二是基于公钥基础设施(PKI)体系的认证模式。

如中国工商银行推出的U盾就是一类USB Key,是工行提供的办理网上银行业务的高级别安全工具。U盾是用于网上银行电子签名和数字认证的工具,它内置微型智能卡处理器,采用1024位非对称密钥加密算法。U盾支持大额的支付和转账,工行的动态口令单笔支付限额为5000元,而第二代U盾单笔支付限额为100万元。还可以将工行U盾与支付宝账号绑定,利用U盾对登录支付宝的行为进行身份认证,从而保障支付宝账户的资金安全。

5. 生物识别技术

生物识别技术主要是指通过可测量的身体或行为等生物特征进行身份认证的一种技术。生物特征是指唯一的可以测量或可自动识别和验证的生理特征或行为方式。生物特征分为身体特征和行为特征两类。身体特征包括指纹、掌型、视网膜、虹膜、人体气味、脸型、手的血管和DNA等;行为特征包括签名、语音、行走步态等。其中,虹膜和指纹识别被公认为最可靠的生物识别方式。现在,部分手机已开始使用指纹识别传感器;而虹膜识别在手机上的应用也正在发展之中,通过摄像头扫描使用者的眼球,从而获得独一无二的虹膜信息。

就目前趋势来看,将生物识别在内的几种安全机制整合应用正在成为新的潮流。其中,较为引人注目的是将生物识别、智能卡、公钥基础设施(PKI)技术相结合的应用,如指纹Key产品。

四、数字证书

数字证书(Digital Certification),是指利用电子信息技术手段,确认Internet上信息交流参与者的身份或者服务器的身份,是一个担保个人、计算机系统或者组织(企业或政府部门)身份的电子文档。数字证书是一种权威性的电子文档,其作用类似于日常生活中的身份证,是由一个权威机构——认证中心(CA)发行的,人们可以在互联网交往中用它来识别对方的身份。当然在数字证书认证的过程中,认证中心作为权威的、公正的、可信赖的第三方,其作用是至关重要的。

数字证书的内部格式是由CCITT X.509国际标准所规定的,包含以下几点:

(1) 证书拥有者的姓名。

(2) 证书的序列号(数字证书必须有一个唯一的序列号,用来标识该证书)。

(3) 证书的发行者。

(4) 证书的有效期。

(5) 证书的签名算法(认证中心的数字摘要和非对称密钥加密算法)。

(6) 证书拥有者的公开密钥。

(7) 证书发行者对证书的数字签名。

数字证书一方面可以用在互联网上证明自己的身份(每份证书都是经"权威机构"签名的),在电子交易中,如双方出示了各自的数字凭证,并用它来进行交易操作,那么双方都可不必担心对方身份的真伪。另一方面由于每份证书都携带着证书持有者的公开密钥,所以证书也可以向接收者证实某人或某个机构对公开密钥的拥有,同时也起着公开密钥分发的作用。数字证书的应用范围广泛,可用于需要身份认证及数据安全的互联网各个行业,如电子邮件、电子商务和电子政务等。

数字证书有三种类型：

第一类：个人凭证（Personal Digital ID）。该证书仅仅为某一个用户提供证书，以帮助其个人在网上进行安全交易操作。个人身份的数字证书通常是安装在客户端的浏览器内，并通过安全的电子邮件（S/MIME）来进行交易操作。

第二类：企业（服务器）凭证（Server ID）。该证书通常为网上的某个 Web 服务器提供凭证，拥有 Web 服务器的企业就可以用具有证书的互联网站点来进行安全电子交易。有证书的Web 服务器会自动地将其与客户端 Web 浏览器通信的信息加密。

第三类：软件（开发者）凭证（Developer ID）。该证书通常为 Internet 中被下载的软件提供证书，该证书用于和微软公司 Authenticode 技术结合的软件（合法化软件），以使用户在下载软件时能获得所需的信息。

上述三类证书中前两类是常用的证书，第三类则用于较特殊的场合。大部分认证中心提供前两类证书，能提供各类证书的认证中心并不普遍。

五、认证中心

认证中心（Certificate Authority，简称 CA），是为了解决电子商务活动中交易参与各方身份和资信的认定、维护交易活动的安全、从根本上保障电子商务交易活动顺利进行而设立的服务机构。认证中心承担网上安全电子交易认证服务，接受持卡人和特约商店的申请，会同发卡银行及收单银行核对申请资料是否一致，并负责电子证书的发放、管理及取消等任务，是在线交易的监督者和担保人。

电子商务交易顺利进行的基本条件之一就是需要相应的电子商务认证机构为买卖双方提供值得信任的认证服务。认证中心是公正的第三方，为建立身份认证过程的权威性框架奠定了基础，为交易的参与方提供了安全保障。认证中心为网上交易构筑了一个互相信任的环境，解决了网上身份认证、公开密钥分发及信息安全等一系列问题。认证中心对含有公开密钥的证书进行签名，使证书无法伪造。每个用户可以获得认证中心的公开密钥（认证中心的认证书），验证任何一张数字证书的数字签名，从而确定证书是否为认证中心签发、数字证书是否合法。

（一）认证中心的功能

认证中心的主要任务是受理数字证书的申请、签发及对数字证书的管理，并依据认证操作规定来实施服务操作。

1. 证书的颁发

认证中心接收、验证用户（包括下级认证中心和最终用户）的数字证书申请，将申请的内容进行备案，并根据申请的内容确定是否受理该数字证书申请。如果中心受理其申请，则进一步确定给用户颁发何种类型的证书。新证书用认证中心的私有密钥签名以后，发送到目录服务器供用户下载和查询。为了保证信息的准确性和完整性，返回给用户的所有应答信息都要使用认证中心的签名。

2. 证书的更新

认证中心可以定期更新所有用户的证书，或者根据用户的请求来更新用户的证书，以保证认证中心保留最新的有效证书信息。

3. 证书的查询

证书的查询可分为两类:一是证书申请的查询,认证中心根据用户的查询请求返回当前用户证书申请的处理过程;二是用户证书的查询,这类查询由目录服务器来完成,目录服务器根据用户的请求返回适当的证书信息。

4. 证书的验证

进行交易时,用户可以通过提供由某个认证中心签发的证书来证明自己的身份,如果一方对签发证书的认证中心本身的信用有怀疑,可以利用信任分级体系逐级验证认证中心的身份,直到一个大家公认的权威机构认证中心为止,由此确认对方证书的有效性和真实性。

5. 证书的作废

一种情况是证书已过了有效期,认证中心自动将该证书作废;另一种情况是由于用户私有密钥泄密等原因造成用户证书需要申请作废,则用户需要向认证中心提出证书作废请求,认证中心根据用户的请求确定是否将该证书作废。认证中心通过维护证书作废列表(Certificate Revocation List,简称CRL)来完成上述功能。

6. 证书的归档

证书有一定的有效期,证书过了有效期之后就将作废,但有时用户需要验证以前某个交易过程中产生的数字签名,这时客户就需要查询作废的证书。为此,认证中心还应具备管理作废证书和作废私有密钥的功能。

(二) 认证中心的分级结构

证书的验证是采用分级结构完成的,每一种证书归属于签发它的单位,通过层层认证,可达根认证中心。认证中心的分级结构由根认证中心、品牌认证中心、地方认证中心,以及持卡人认证中心、商户认证中心、支付网关认证中心等不同层次构成,如图7.9所示。

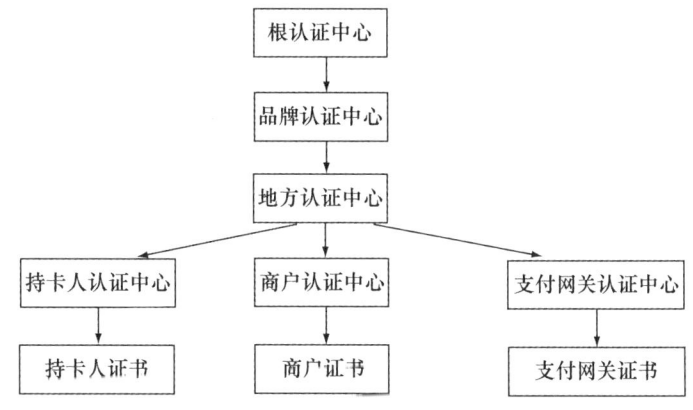

图7.9 认证中心分级结构

上一级认证中心负责下一级认证中心数字证书的申请、签发及管理工作。通过一个完整的分级体系,可以有效地实现对数字证书的验证。每一份数字证书都与上一级的签名证书相关联,最终通过安全认证链,追溯到一个已知的可信赖机构。由此便可以对各级数字证书的有效性进行验证。根认证中心的公开密钥对所有各方公开,它是认证中心分级体系中的最高层次。

目前世界上最著名的认证中心是美国的VeriSign公司。该公司成立于1995年4月,其所提供的数字证书服务已遍布全世界50个国家。世界500强的绝大多数企业的网上业务特别是网络支付业务都已经应用了VeriSign的认证服务。

(三) 认证中心的认证体系

电子商务的认证中心体系包括两大部分:符合SET标准的有SET CA体系(又称金融CA体系)和基于X.509的PKI CA体系(又称非金融CA体系)。

1. SET CA体系

1997年2月19日,由MasterCard和Visa发起成立的SET公司,被授权作为SET根认证中心。从SET协议中可以看出,由于采用公开密钥加密算法,认证中心就成为整个系统的安全核心。SET中认证中心的层次结构依次为:根认证中心(MCA)、区域性认证中心(GCA),GCA再下设持卡人认证中心(CCA)、商户认证中心(MCA)、支持网关认证中心(PCA)。在SET中,认证中心所颁发的数字证书主要有持卡人证书、商户证书和支持网关证书。在证书中,利用X.500识别名来确定SET交易中所涉及的各参与方。SET CA是一套严密的认证体系,可保证B2C类型的电子商务安全顺利地进行。SET CA适用于银行卡支付,但对其他支付方式是有所限制的。

美国采用SET模式。在中国,由中国人民银行维护金融支付系统安全和稳定,负责建设金融CA体系;非金融CA体系则由中国电信负责建设。

2. PKI CA体系

PKI(Public Key Infrastructure)即公钥基础设施,是提供公钥加密和数字签名服务的平台。基于PKI的框架结构及在其上开发的PKI应用,为建立认证中心提供了强大的证书和密钥管理能力,可以建立一个安全的网络环境。根据X.509建议,认证中心为用户的公开密钥提供证书。用户与认证中心公开交换密钥后,认证中心用其密钥对数据集(包括认证中心名、用户名、用户的公开密钥及其有效期等)进行数字签名,并将该签名附在上述数据集的后面,构成用户的证书,存放在用户的目录款项中。PKI CA增加了网上交易各方的信任,为B2B及B2C两种电子商务模式提供了兼容性服务。

我国由中国人民银行委托银行卡全国交换中心组织11家商业银行设计并建设了兼容服务于B2B与B2C两种电子商务模式的认证体系与认证中心,以PKI为技术基础和框架结构。

在实际运作中,认证中心也可由大家都信任的一方担当,例如,在客户、商户、银行三角关系中,客户使用的是由某个银行发的卡,而商家又与此银行有业务关系(有账号)。在此情况下,客户和商户都信任银行,可由该银行担任认证中心角色,接收、处理它的客户证书和商户证书的验证请求。又例如对商户自己发行的购物卡,则可由商户自己担当认证中心角色。

? 练习题

1. 谈谈你对电子商务安全架构的理解。
2. 谈谈你在网上碰到的安全问题。
3. 对称密钥加密技术和非对称密钥加密技术的区别是什么?
4. 什么是防火墙?防火墙应具有哪些功能?
5. 选择一个案例,分析网络安全应该注意的问题。

6. 实现身份证明的基本途径有哪些?
7. 举例说明电子商务系统中有哪些业务需要认证。
8. 什么是 CA？CA 的主要职能有哪些？
9. 什么是数字签名？有什么用途？

第八章 电子商务法律规范

众所周知,科技的进步和社会的发展不断地向法律提出挑战,而法律也总是在不断地回应这些挑战中满足社会的需要和取得自身的进步的。今天,日新月异的计算机技术、信息技术及网络技术,带动了电子商务的飞速发展,电子商务在给经营者带来巨大商机和给消费者带来方便快捷的同时,也向法律提出了许多新的挑战。

传统商务方式所用的信息及其载体被数字化了。例如,手写签名和图章被电子签名代替,纸质合同被电子合同代替。实践表明,电子商务的健康有序发展需要一个良好的法制环境。目前我国已经制定了一些与电子商务相关的法律、法规,但相对于电子商务的飞速发展仍然滞后很多。互联网及电子商务的法制建设是一项非常复杂的系统工程,它包括立法、司法和行政多个方面,涵盖电子签名、电子招投标、网络交易管理、行业市场准入、信息安全与认证、隐私权、知识产权和消费者权益保护等诸多法律问题。

第一节 电子商务法律问题概述

一、电子商务引发的法律问题

由电子商务所引发的法律问题主要体现在以下几个方面:

1. 网络交易的虚拟性

合同是交易的核心内容,传统的合同多通过书面订立,可以通过签名和印章来识别,电子商务中的合同采取了新的形式,具有新的特点。电子商务采用网络通信技术作为交易手段。基于网络的交易信息收集、谈判、签订合同、付款和售后等各种商业活动构造了一个异于现实世界的虚拟商业环境。如何规范虚拟的商业环境、如何看待和对待虚拟环境中出现的虚拟财产等问题,需要相关的法律来确定。另外,交易双方不直接接触,身份认证的问题就需要法律来规范。

2. 网络安全问题

在网络运营过程中经常会遇到一些障碍,这些障碍或来自技术操作方面,或来自互联网上的病毒,或由于其他不可预测又一时无法排除的原因,这会导致电子商务交易的失败,从而给买卖双方带来损失。网络通信暂时中断或黑客侵入使网络陷于瘫痪,也会使买卖双方的责任履行出现问题。由上述原因导致的损失该由谁来负责?虽然有一些互联网技术服务商提供保障网络安全的服务,但是绝不可能完全杜绝电子商务中的网络故障及人为的黑客破坏。如果没有相关的法律规定,一旦在电子商务交易中出现上述原因引发的法律诉讼,便会给法院对这些诉讼的审理带来极大的困难。

近些年来,既节约人工成本又节约时间的网上银行业务在世界各地日益普及,并开始形成一个巨大的市场。在国外,有些国家纯粹网络银行的规模甚至超过了大多数传统银行。在我国,网上银行在蓬勃发展的同时,也给储户带来了较大的安全隐患。网上银行的安全问题是其进一步发展必须解决的难题。

案例 8.1

网银被盗案

2002年10月,浙江省永嘉县人洪某在中国农业银行永嘉支行罗浮营业所申办了一张借记卡。2005年2月2日,洪某收到手机短信提示,其借记卡内少了10.25万元,遂向警方报案。经调查,2004年11月22日,有人以洪某的名义持假身份证到中国农业银行温州市分行开通了网上银行业务,获取了网上银行的客户证书及网上银行密码。注册成功后,此人于2005年2月2日通过网上银行成功将洪某借记卡内的10.25万元资金分两笔划转至他人账户,后领取了该款。另经查明,洪某曾因业务需要将借记卡的密码告诉过他人。

法院经审理后认为,银行未能认真核实、验明办理网上银行注册人提供资料的真实性,违反了《中国农业银行网上银行业务章程》第六条的规定。正是由于银行的违规操作,导致犯罪分子获取了进入网上银行的客户证书和网上银行的密码,并成功注册,进而成功冒领了本属于洪某的存款10.25万元。该违规失职行为与洪某的存款被犯罪分子冒领有着直接因果关系。因此,银行在受理网上银行注册过程中存在严重过错。其次,银行不能因自身违规操作导致错误支付而推诿自身责任,而一概以"凡是凭客户证书和密码进行操作皆视为客户本人所为,银行不承担任何责任"这一格式条款作为银行的免责理由进行抗辩,把本属于银行承担的责任推向储户,这无疑有违公平的原则。永嘉县人民法院据此做出一审判决,中国农业银行永嘉县支行赔偿储户洪某存款10.25万元,并支付利息。

(资料来源:电子商务法律网)

思考题:

银行在电子支付中的安全责任是什么?

3. 知识产权问题

计算机技术作为电子商务发展的基础,它的发展使得信息的复制和传递变得更容易。在互联网上,以数字形式存在的信息具有极大的流动性、无限可复制性,知识信息的传播从而其有了前所未有的便捷性。一方面,方便了人们的生活,促进了经济的发展;另一方面,在知识得到广泛传播的同时,对于包括著作权、专利权和商标权等在内的知识产权保护也成为互联网发展不能回避的问题。如何保护产权所有人的正当权益,也成为当今电子商务发展和电子商务立法工作所关注的一个焦点。

4. 网络消费者权益保护问题

消费者信任网络市场是网络市场发展的基础。能否有效保护网络消费者的合法权益直接关系到网络市场能否协调可持续发展。维护消费者的合法权益,关键是处理好消费者和经营者之间的买卖关系,努力为消费者营造便利、安全、放心的网络消费环境。只有切实维护消费者的合法权益,电子商务的发展才有群众支持的根基。

在网上购物中,消费者经常遭遇"霸王条款"和隐私权的保护问题。在网上交易中,商家往往采用格式合同以节省时间、提高效率,但商家规定的格式条款中,往往存在许多"霸王条款"。在传统的消费市场中,隐私保护一般不属于消费者保护的突出问题,但在网上交易中,由于商家可以轻易获取消费者的个人信息资料,一旦被滥用,将给消费者带来难以想象的后果。因此,对消费者隐私权构成侵犯的最大风险来自对个人信息的收集、传播和利用。为加强对消费者隐私权的保护,需要从立法上制定切实可行的规则来规范商家对消费者个人信息的收集和利用,同时消费者也需要提高自己的隐私保护意识和保护技能,尽量减少隐私暴露的机会。

5. 税收问题

电子商务的飞速发展,给税务部门带来了新的机会。它的产生和发展促进了贸易,增加了税收,但同时对电子商务的课税也带来了挑战。电子商务实现无纸化交易使得商品和服务的交易额难以统计,使税收成为问题。同时,"无纸化交易"使财务信息无纸化,传统的税务稽查离不开对账簿资料的审查,而网上交易是通过登录网络交易平台达成交易,交易数据、账簿、凭证、支付记录以电子资料的形式存在,而且可以随意修改而不留痕迹,给税务稽查带来困难。

电子商务超越了传统商务的时空限制,无论纳税主体的住所或营业场所设于何处,它都可以在任何税收管辖权范围内设立网站从事商业活动。故当具有多重管辖权的特征时,税务机关就难以确定利用网站从事交易的纳税人的真实身份,以致难以实现税收课征权力。我国现行《税法》基本上是针对有形产品制定的,并以属地原则为基础进行管辖,通过常设机构、居住地等概念,把纳税义务同纳税人的活动联系起来。而电子商务所具有的无国界性、超领土化以及网络化、数字化等特点,使现行税法落后于交易方式快速演进的步伐。

6. 电子商务道德与犯罪问题

电子商务以互联网为平台的现实,使电子商务活动主体的网络行为具有匿名性、虚拟性、自由性(或者说约束弱性),这使得电子商务活动中产生了一些在传统商务中没有遇到的道德问题,或弱化了传统商务中的某些道德问题。

电子商务活动中存在的道德问题主要有商业欺诈与陷阱。与传统的商业欺诈相比,互联网上商业信息快速的传播速度、广泛的影响范围,使电子商务活动中的商业欺诈更加严重,商业陷阱的形式更加多样:① 虚假信息泛滥。在网络中发布信息不像在传统媒体上发布信息那样,会受到众多约束,加之网络的虚拟性特点,一般消费者即使在发现虚假信息后,也难以追究虚假信息发布者的责任。这使得一些网络企业肆无忌惮地在网上发布各种各样的信息,或是制造出各种各样的新闻,来吸引消费者、创造点击率、扩大自己的商业影响、谋求经济效益,造成了网络上虚假信息泛滥的问题。② 假冒网上银行和从事网上交易的网站,骗取用户的真实账号和密码。③ 违法提供有奖销售服务,以巨额奖金、奖品或低价吸引消费者浏览其网站。④ 网络服务商将各种先前承诺的免费服务单方面改为收费服务或缩小服务范围;或是设定免费服务期限,期满后,如果用户不声明,则自动视为同意接受收费服务。当然,上述问题不仅仅是道德问题,也是法律问题。因此,为规范和促进电子商务的发展,世界各国纷纷开始制定和完善有关电子商务的各种法律规范。

电子商务以其所具有的传统商务模式不可比拟的优点,在全球范围内迅猛发展。与此同时,电子商务的阴暗面——电子商务犯罪也日益严重,显示出对全球经济和社会秩序的极大危害。电子商务犯罪是指发生在电子商务领域中的、行为人以网络为工具实施的危害电子商务活动秩序和安全的各种犯罪行为。

二、电子商务立法的目的

立法目的是立法者制定法律的方针和目标。法律、法规制定后,要实施并在实践中得到检验,而立法目的此时就作为评价立法好坏的标准。电子商务的立法目的应从以下三个方面考虑:

1. 创造一个良好的法律环境

随着信息高速公路和互联网技术的迅速普及,电子邮件和电子数据交换等现代化通信手段在商务交易中的使用正在急剧增多,且可望得到进一步的发展。然而,以非书面电文形式来传递具有法律意义的信息,可能会因使用这种电文所遇到的法律障碍或这种电文法律效力或有效性的不确定性而受到影响。起草《电子商务法》的目的,是向电子商务的各类参与者提供一套虚拟环境下进行交易的规则,说明怎样去消除此类法律障碍,如何为所谓的"电子商务"创造一个比较可靠的法律环境,克服进一步使用电子商务所遇到的法律障碍。

2. 弥补现有法律的缺陷和不足

电子商务单独立法,是因为国家有关传递和存储信息的现行法规不够完备或已经过时,因为那些文件起草时,还没有预见到电子商务的使用。尽管国家就信息的某些方面颁布了具体规定,但仍然没有全面涉及电子商务的立法。这种情况可能使人们无法准确地把握并非以传统的书面文件形式提供的信息的法律性质和有效性,也无法完全相信电子支付的安全性。此外,在日益广泛地使用电子邮件和电子数据交换的同时,也有必要对传真和电传等通信技术制定相应的法律和规范。

《电子商务法》还有助于弥补现有法律的缺陷。国家立法的不完备会对商务贸易造成障碍,特别是在国际贸易中,相当大的一部分是与使用现代信息技术有关的。如果我国对使用现代信息技术的法规与国际规范有较大差异和不明确性,将会限制企业界进入国际市场。

3. 鼓励利用现代信息技术促进交易活动

《电子商务法》的目标包括使电子商务的使用成为可能或为此创造方便条件,平等对待基于书面文件的用户和基于数据电文的用户,充分发挥高科技手段在商务活动中的作用。这些目标都是促进经济增长和提高国际、国内贸易效率的关键所在。从这一点讲,电子商务立法的目的不是从技术角度来处理电子商务关系,而是创立尽可能安全的法律环境,以便通信各方高效率地使用电子商务。

第二节 电子签名法

传统交易中,为了保证交易安全,一份书面合同一般要由当事人签字或者盖章,能够让交易各方识别是谁签的合同,并能保证签字或者盖章的人认可合同的内容,法律上才承认这份合同是有效的。电子商务中,合同或者文件是以电子的形式表现和传递的,传统的手写签字和盖章无法进行,必须靠电子签名替代。电子签名、数据电文虽然以电子形式出现,与手写签名、书面文件不同,但只要符合法律规定的条件,电子签名、数据电文与手写签名、书面文件具有同等的法律效力。因此,有关国际组织、国家和地区的电子商务法或电子签名法一般都对电子签名、数据电文的法律效力问题做出了规定,要求不得因其采用电子形式而歧视。

一、概述

(一)电子签名的含义与立法

电子签名是指数据电文中以电子形式所含、所附用于识别签名人身份并表明签名人认可其中内容的数据。为了促进电子商务的发展,增强交易的安全性,有关国际组织和许多国家相继制定了电子签名法。其中较有代表性的法律(或示范法)文件有美国的《统一电子交易法》(1999)、《国际与国内商务电子签章法》(2000),欧盟的《电子签名指令》(1999)、《电子商务指令》(2000),新加坡的《电子商务法》(1998),韩国的《电子署名法》(1999),澳大利亚的《电子交易法》(1999)等。联合国国际贸易法委员会也分别于 1996 年和 2001 年制定了《电子商务示范法》和《电子签名示范法》,为各国的电子签名立法提供了指导。

我国为了规范电子签名活动,保障电子交易安全,创造电子商务的安全法律环境,积极地进行了电子签名的立法工作。第十届全国人大常委会第十一次会议通过了《中华人民共和国电子签名法》,已于 2005 年 4 月 1 日起施行。我国《电子签名法》是通过确立电子签名的法律效力和签名规则,设立电子认证服务市场准入制度,加强对电子认证服务业的监管,规定电子签名安全保障制度等,来规范各方当事人在电子签名活动中的行为,确立其行为准则。

(二)我国《电子签名法》的适用范围

《电子签名法》中规定,民事活动中的合同或者其他文件、单证等文书,当事人可以约定使用或者不使用电子签名、数据电文。当事人约定使用电子签名、数据电文的文书,不得仅因为其采用电子签名、数据电文的形式而否定其法律效力。但以下几个方面不适用电子文书:(一)涉及婚姻、收养、继承等人身关系的;(二)涉及土地、房屋等不动产权益转让的;(三)涉及停止供水、供热、供气、供电等公用事业服务的;(四)法律、行政法规规定的不适用电子文书的其他情形。

二、数据电文

(一)数据电文的含义

数据电文是指以电子、光学、磁或者类似手段生成、发送、接收或者储存的信息。通俗地讲,就是指电子形式的文件。"数据电文"一词最早在国际法律文件中出现是在 1986 年联合国欧洲经济委员会和国际标准化组织共同制定的《行政、商业和运输业电子数据交换报文设计规则》。该规则规定,贸易数据电文是指当事人之间为缔结或履行贸易交易而交换的贸易数据。1996 年联合国《电子商务示范法》采用了这一概念,该法规定,"数据电文"是指经由电子手段、光学手段或者类似手段生成、储存或者传递的信息,这些手段包括但不限于电子数据交换、电子邮件、电报、电传或者传真。各国《电子签名法》或《电子商务法》也对数据电文做了类似的规定。如美国《国际与国内商务电子签章法》规定,"电子记录"是指由电子手段创制、生成、发送、传输、接收或者储存的合同或其他记录。韩国《电子署名法》规定,"电子信息"是指以使用包括计算机在内的电子数据处理设备的电子或类似手段生成、发送、接收或者储存的信息。

由于现行的民商事法律关系是基于以书面文件进行商务活动而形成的,使电子文件在很多情况下难以适用,形成了电子商务发展的法律障碍。因此,明确规定电子文件与书面文件具有同等效力,才能使现行的民商事法律同样适用于电子文件。为此,需要法律在以下三个方面做出规定:一是规定电子文件在什么情况下才具有法律效力;二是规定电子文件在什么情况下可以作为证据使用;三是规定电子文件发送人、发送时间和发送地点的确定标准。

(二) 数据电文符合书面形式和原件形式的条件

《电子签名法》中对数据电文符合书面形式和原件形式的条件做出了具体规定。《电子签名法》规定:"能够有形地表现所载内容,并可以随时调取查用的数据电文,视为符合法律、法规要求的书面形式。"符合下列条件的数据电文,视为满足法律、法规规定的原件形式要求:(一)能够有效地表现所载内容,并可供随时调取查用;(二)能够可靠地保证自最终形成时起,内容保持完整、未被更改。在数据电文上增加背书以及数据交换、储存和显示过程中发生的形式变化不影响数据电文的完整性。原件形式的要求主要是应用于证据规则中。《民事诉讼法》第六十八条规定:"书证应当提交原件。物证应当提交原物。提交原件或者原物确有困难的,可以提交复制品、照片、副本、节录本。"

(三) 数据电文的文件保存要求

符合下列条件的数据电文,视为满足法律、法规规定的文件保存要求:(一)能够有效地表现所载内容,并可供随时调取查用;(二)数据电文的格式与其生成、发送或者接收时的格式相同,或者格式不相同但是能够准确表现原来生成、发送或者接收的内容;(三)能够识别数据电文的发件人、收件人以及发送和接收的时间。文件保存要求通常是为审计或者税收目的提出的。

《电子签名法》肯定了数据电文的证据地位,明确规定数据电文不得仅因为其是以电子、光学、磁或者类似手段生成、发送、接收或者储存的而被拒绝作为证据使用。审查数据电文作为证据的真实性,应当考虑以下因素:(一)生成、储存或者传递数据电文方法的可靠性;(二)保持内容完整性方法的可靠性;(三)用以鉴别发件人方法的可靠性;(四)其他相关因素。

(四) 数据电文的发件人、发送时间和地点

《电子签名法》对数据电文的发件人、发送时间和地点也做出了明确规定。数据电文有下列情形之一的,视为发件人发送:(一)经发件人授权发送的;(二)发件人的信息系统自动发送的;(三)收件人按照发件人认可的方法对数据电文进行验证后结果相符的。当事人另有约定的,从其约定。法律、行政法规规定或者当事人约定数据电文需要确认收讫的,应当确认收讫。发件人收到收件人的收讫确认时,数据电文视为已经收到。数据电文进入发件人控制之外的某个信息系统的时间,视为该数据电文的发送时间。收件人指定特定系统接收数据电文的,数据电文进入该特定系统的时间,视为该数据电文的接收时间;未指定特定系统的,数据电文进入收件人的任何系统的首次时间,视为该数据电文的接收时间。当事人对数据电文的发送时间、接收时间另有约定的,从其约定。发件人的主营业地为数据电文的发送地点,收件人的主营业地为数据电文的接收地点。没有主营业地的,其经常居住地为发送或者接收地点。当事人对数据电文的发送地点、接收地点另有约定的,从其约定。

三、电子签名与认证

(一) 电子签名

确立电子签名的法律效力,关键在于解决两个问题:一是通过立法确认电子签名的合法性、有效性;二是明确满足什么条件的电子签名才是合法的、有效的。在众多的电子签名方法

和手段中,并不是所有的都是安全有效的,只有满足一定条件的电子签名,才能具有与手写签名或者盖章同等的效力。在对法律应该承认什么样的电子签名具有法律效力的问题上,联合国《电子商务示范法》和各国电子签名法采用了不同的立法模式,主要有以下三种:第一,技术中立模式。这种模式以联合国《电子商务示范法》为代表,即规定只要符合一定的条件,电子签名就具有与传统签名同等的法律效力,而不限制达到规定条件的电子签名应该采用的技术。第二,技术特定模式。即法律只明确采用某种特定技术的电子签名的法律效力,对采用其他技术的电子签名的法律效力未做规定。如韩国《电子署名法》只承认数字签名为合法的电子签名。第三,技术中立与技术特定的折中模式。这种模式承认所有安全电子签名都具有与手写签名同等的效力,同时以目前国际上比较公认的成熟技术为基础,推荐一定的安全条件和标准。我国在电子签名的法律效力问题上,也采取了折中的立法模式。

我国《电子签名法》中规定了可靠的电子签名应当具备的条件。同时符合下列条件的,视为可靠的电子签名:(一)电子签名制作数据用于电子签名时,属于电子签名人专有;(二)签署时电子签名制作数据仅由电子签名人控制;(三)签署后对电子签名的任何改动能够被发现;(四)签署后对数据电文内容和形式的任何改动能够被发现。当事人也可以选择使用符合其约定的可靠条件的电子签名。可靠的电子签名与手写签名或者盖章具有同等的法律效力。电子签名人应当妥善保管电子签名制作数据。电子签名人知悉电子签名制作数据已经失密或者可能已经失密时,应当及时告知有关各方,并终止使用该电子签名制作数据。

(二) 电子认证

电子认证服务是指为电子签名相关各方提供真实性、可靠性验证的活动。电子商务中交易双方互不相识,缺乏信任,使用电子签名时,往往需要由第三方对电子签名人的身份进行认证,并为其发放证书,向交易对方提供信誉保证,这个第三方一般称为电子认证服务机构(以下简称"认证机构")。认证机构的可靠与否,对保证电子签名真实性和电子交易安全性起着关键作用,为了防止不具备条件的人擅自提供认证服务,法律对电子认证服务设立了市场准入制度。电子签名需要第三方认证的,由依法设立的电子认证服务提供者提供认证服务。提供电子认证服务,应当具备下列条件:(一)具有与提供电子认证服务相适应的专业技术人员和管理人员;(二)具有与提供电子认证服务相适应的资金和经营场所;(三)具有符合国家安全标准的技术和设备;(四)具有国家密码管理机构同意使用密码的证明文件;(五)法律、行政法规规定的其他条件。

向社会公众提供服务的电子认证服务机构应当依法设立。电子认证服务机构应当具备下列条件:(一)具有独立的企业法人资格;(二)具有与提供电子认证服务相适应的人员,从事电子认证服务的专业技术人员、运营管理人员、安全管理人员和客户服务人员不少于30名,并且应当符合相应岗位技能要求;(三)注册资本不低于人民币3 000万元;(四)具有固定的经营场所和满足电子认证服务要求的物理环境;(五)具有符合国家有关安全标准的技术和设备;(六)具有国家密码管理机构同意使用密码的证明文件;(七)法律、行政法规规定的其他条件。

取得认证资格的电子认证服务机构,在提供电子认证服务之前,应当通过互联网公布下列信息:(一)机构名称和法定代表人;(二)机构住所和联系办法;(三)《电子认证服务许可证》编号;(四)发证机关和发证日期;(五)《电子认证服务许可证》有效期的起止时间。

电子认证服务机构应当保证提供下列服务:(一)制作、签发、管理电子签名认证证书;

(二)确认签发的电子签名认证证书的真实性;(三)提供电子签名认证证书目录信息查询服务;(四)提供电子签名认证证书状态信息查询服务。

电子认证服务机构应当履行下列义务:(一)保证电子签名认证证书内容在有效期内完整、准确。(二)保证电子签名依赖方能够证实或者了解电子签名认证证书所载内容及其他有关事项。(三)妥善保存与电子认证服务相关的信息。电子认证服务提供者应当妥善保存与认证相关的信息,信息保存期限至少为电子签名认证证书失效后五年。电子认证服务机构应当遵守国家的保密规定,建立完善的保密制度。电子认证服务机构对电子签名人和电子签名依赖方的资料,负有保密的义务。

电子认证服务机构在受理电子签名认证证书申请前,应当向申请人告知下列事项:(一)电子签名认证证书和电子签名的使用条件;(二)服务收费的项目和标准;(三)保存和使用证书持有人信息的权限和责任;(四)电子认证服务机构的责任范围;(五)证书持有人的责任范围;(六)其他需要事先告知的事项。

电子认证服务机构受理电子签名认证申请后,应当与证书申请人签订合同,明确双方的权利义务。电子签名认证证书应当准确载明下列内容:(一)签发电子签名认证证书的电子认证服务机构名称;(二)证书持有人名称;(三)证书序列号;(四)证书有效期;(五)证书持有人的电子签名验证数据;(六)电子认证服务机构的电子签名;(七)工业和信息化部规定的其他内容。

有下列情况之一的,电子认证服务机构可以撤销其签发的电子签名认证证书:(一)证书持有人申请撤销证书;(二)证书持有人提供的信息不真实;(三)证书持有人没有履行双方合同规定的义务;(四)证书的安全性不能得到保证;(五)法律、行政法规规定的其他情况。

案例 8.2

短信借款案

北京市民杨某状告韩某借钱不还,并将自己的手机交给法庭,以手机短信作为韩某借钱的证据。但手机短信能否成为法庭认定事实的依据?海淀法院三名法官合议审理了这起《电子签名法》出台后的第一案。

据杨某介绍,2004年1月,杨某结识了女孩韩某。同年8月27日,韩某发短信给杨某,向他借钱应急,短信中说:"我需要5 000,刚回北京做了眼睛手术,不能出门,你汇到我卡里。"杨某应承了下来,并瞒着妻儿将钱汇给韩某。一个多星期后,杨某再次收到韩某的短信,又借给韩某6 000元。

杨某称,韩某事后不但没有还钱,反而再一次向他借钱。杨某产生了怀疑,要求韩某还钱。经过几次的催要,杨某接到韩某的短信:"我一定会还,就是需要等一段时间。"但直到杨某起诉,韩某仍未还钱。

在杨某提起诉讼后,他向法庭提交了存有韩某借钱短信的手机。昨天,杨某的律师在庭上宣读了其中一部分短信:"我需要5 000"、"我还需要6 000"、"等项目做了我再还给你"等。

韩某的代理人在听完短信内容后,否认发送短信的手机号码属于韩某,并质疑短信的真实。法官提醒他,在前次开庭时,法官曾当着双方拨打了该手机号码,接听者正是韩某本人。韩某也承认,自己从去年七八月份开始使用这个手机号码。

随后,韩某代理人表示,短信不能作为证据。而杨某的律师手持《电子签名法》表示,根据这部 2005 年 4 月 1 日出台的法律,手机短信属于法律对"数据电文"的定义,也符合"有形表现所载内容"、"可以随时调取查用"的认定规则,并要求法庭确认短信证据的效力。最终,法院根据《电子签名法》及相关法律规定判决杨某胜诉。

(资料来源:电子商务法律网)

思考题:
手机短信可以当做证据使用吗?

第三节 电子招标投标法律制度

电子化招标投标系统在遵循传统业务流程的基础上,采用互联网、IT 技术,将 Web 技术引入项目的招标投标管理过程中,共享招标投标信息;更重要的是规范招标投标流程,加大电子化评标力度,从而实现了招标投标真正意义上的"透明、公平、公正、诚信"的阳光采购,杜绝招标投标工作中存在的违法行为,大大降低了招标投标各环节的工作成本。电子化招标投标的有效开展和广泛运用,是我国招标投标事业的一项重大进步。

一、电子招标投标交易平台

电子招标投标系统根据功能的不同,分为交易平台、公共服务平台和行政监督平台。交易平台是以数据电文形式完成招标投标交易活动的信息平台。公共服务平台是满足交易平台之间信息交换、资源共享需要,并为市场主体、行政监督部门和社会公众提供信息服务的信息平台。行政监督平台是行政监督部门和监察机关在线监督电子招标投标活动的信息平台。

(一) 电子招标投标交易平台的主要功能

电子招标投标交易平台运营机构应当是依法成立的法人,拥有一定数量的专职信息技术和招标专业人员。电子招标投标交易平台服务器应当设在中华人民共和国境内。电子招标投标交易平台应当具备下列主要功能:(一) 在线完成招标投标全部交易过程;(二) 编辑、生成、对接、交换和发布有关招标投标数据信息;(三) 提供行政监督部门和监察机关依法实施监督和受理投诉所需的监督通道。

(二) 电子招标投标交易平台的安全管理

电子招标投标交易平台运营机构应当根据国家有关法律法规及技术规范,建立健全电子招标投标交易平台规范运行和安全管理制度,加强监控、检测,及时发现和排除隐患,采用可靠的身份识别、权限控制、加密、病毒防范等技术,防范非授权操作,保证交易平台的安全、稳定、可靠。电子招标投标交易平台运营机构应当采取有效措施,验证初始录入信息的真实性,并确保数据电文不被篡改、不遗漏和可追溯,不得以任何手段限制或者排斥潜在投标人,不得泄露依法应当保密的信息,不得弄虚作假、串通投标或者为弄虚作假、串通投标提供便利。

电子招标投标系统有下列情形的,责令改正;拒不改正的,不得交付使用;已经运营的,应当停止运营。(一) 不具备法律规定的主要功能;(二) 不向行政监督部门和监察机关提供监督通道;(三) 不执行统一的信息分类和编码标准;(四) 不开放数据接口,不公布接口要求;(五) 不按照规定注册登记、对接、交换、公布信息;(六) 不满足规定的技术和安全保障要求;

（七）未按照规定通过检测和认证。

二、电子招标与投标

（一）电子招标

电子招标活动是指以数据电文形式，依托电子招标投标系统完成的全部或者部分招标活动。招标人或者其委托的招标代理机构应当在其使用的电子招标投标交易平台注册登记，选择使用除招标人或招标代理机构之外第三方运营的电子招标投标交易平台的，还应当与电子招标投标交易平台运营机构签订使用合同，明确服务内容、服务质量、服务费用等权利和义务，并对服务过程中相关信息的产权归属、保密责任、存档等依法做出约定。

招标人或者其委托的招标代理机构应当在资格预审公告、招标公告或者投标邀请书中载明潜在投标人访问电子招标投标交易平台的网络地址和方法，并及时将数据电文形式的资格预审文件、招标文件加载至电子招标投标交易平台，供潜在投标人下载或者查阅。数据电文形式的资格预审公告、招标公告、资格预审文件、招标文件等应当标准化、格式化，并符合有关法律法规以及国家有关部门颁发的标准文本的要求。在投标截止时间前，电子招标投标交易平台运营机构不得向招标人或者其委托的招标代理机构以外的任何单位和个人泄露下载资格预审文件、招标文件的潜在投标人名称、数量以及可能影响公平竞争的其他信息。招标人对资格预审文件、招标文件进行澄清或者修改的，应当通过电子招标投标交易平台以醒目的方式公告澄清或者修改的内容，并以有效方式通知所有已下载资格预审文件或者招标文件的潜在投标人。

（二）电子投标

电子投标活动是指以数据电文形式，依托电子招标投标系统完成的全部或者部分投标活动。在进行电子投标活动时，投标人应在资格预审公告、招标公告或者投标邀请书载明的电子招标投标交易平台注册登记，如实递交有关信息，并经电子招标投标交易平台运营机构验证，递交数据电文形式的资格预审申请文件或者投标文件。电子招标投标交易平台应当允许投标人离线编制投标文件，并且具备分段或者整体加密、解密功能。

投标人应按照招标文件和电子招标投标交易平台的要求编制并加密投标文件，投标人未按规定加密的投标文件，电子招标投标交易平台应当拒收并提示。投标人应当在投标截止时间前完成投标文件的传输递交，并可以补充、修改或者撤回投标文件。投标截止时间前未完成投标文件传输的，视为撤回投标文件。投标截止时间后送达的投标文件，电子招标投标交易平台应当拒收。电子招标投标交易平台收到投标人送达的投标文件，应当即时向投标人发出确认回执通知，并妥善保存投标文件。在投标截止时间前，除投标人补充、修改或者撤回投标文件外，任何单位和个人不得解密、提取投标文件。

三、电子开标、评标和中标

（一）电子开标

电子开标应当按照招标文件确定的时间，在电子招标投标交易平台上公开进行，所有投标人均应当准时在线参加开标。开标时，电子招标投标交易平台自动提取所有投标文件，提示招标人和投标人按招标文件规定方式按时在线解密。解密全部完成后，应当向所有投标人公布投标人名称、投标价格和招标文件规定的其他内容。因投标人原因造成投标文件未解密的，视为撤销其投标文件;因投标人之外的原因造成投标文件未解密的,视为撤回其投标文件,投标人有权要求责任方赔偿因此遭受的直接损失。部分投标文件未解密的,其他投标文件的开标可以继续进行。招标人可以在招标文件中明确投标文件解密失败的补救方案,投标文件应按照招标文件的要求做出响应。电子招标投标交易平台应当生成开标记录并向社会公众公布,但依法应当保密的除外。

(二)电子评标

根据国家规定应当进入依法设立的招标投标交易场所的招标项目,评标委员会成员应当在依法设立的招标投标交易场所登录招标项目所使用的电子招标投标交易平台进行评标。电子评标应当在有效监控和保密的环境下在线进行。评标中需要投标人对投标文件澄清或者说明的,招标人和投标人应当通过电子招标投标交易平台交换数据电文。评标委员会完成评标后,应当通过电子招标投标交易平台向招标人提交数据电文形式的评标报告。依法必须进行招标的项目中标候选人和中标结果应当在电子招标投标交易平台进行公示和公布。

(三)电子中标

招标人确定中标人后,应当通过电子招标投标交易平台以数据电文形式向中标人发出中标通知书,并向未中标人发出中标结果通知书。招标人应当通过电子招标投标交易平台,以数据电文形式与中标人签订合同。招标投标活动中的下列数据电文应当按照《中华人民共和国电子签名法》和招标文件的要求进行电子签名并进行电子存档:(一)资格预审公告、招标公告或者投标邀请书;(二)资格预审文件、招标文件及其澄清、补充和修改;(三)资格预审申请文件、投标文件及其澄清和说明;(四)资格审查报告、评标报告;(五)资格预审结果通知书和中标通知书;(六)合同;(七)国家规定的其他文件。

电子招标投标交易平台应依法及时公布下列主要信息:(一)招标人名称、地址、联系人及联系方式;(二)招标项目名称、内容范围、规模、资金来源和主要技术要求;(三)招标代理机构名称、资格、项目负责人及联系方式;(四)投标人名称、资质和许可范围、项目负责人;(五)中标人名称、中标金额、签约时间、合同期限;(六)国家规定的公告、公示和技术规范规定公布和交换的其他信息。国家鼓励招标投标活动当事人通过电子招标投标交易平台公布项目完成质量、期限、结算金额等合同履行情况。

第四节 网络交易管理法律制度

电子商务是网络技术应用的全新发展方向,因其具有超越时空界限、双向信息沟通、交易手段灵活和交货方式快速等特点,在增加交易机会和降低交易成本的同时,也大大增加了交易风险。为规范网络商品交易及有关服务,保护消费者和经营者的合法权益,促进网络经济持续健康发展,2014年2月13日,国家工商行政管理总局公布了《网络交易管理办法》,自2014年3月15日起施行。

一、网络交易管理概述

网络商品交易是指通过互联网(含移动互联网)销售商品或者提供服务的经营活动。与网络商品交易有关的服务(以下简称"有关服务")是指为网络商品交易提供第三方交易平台、宣传推广、信用评价、支付结算、物流、快递、网络接入、服务器托管、虚拟空间租用、网站网页设计制作等营利性服务。从事网络商品交易及有关服务应当遵循自愿、公平、诚实信用的原则,遵守商业道德和公序良俗。国家鼓励支持网络商品经营者、有关服务经营者创新经营模式,提升服务水平,推动网络经济发展;大力支持网络商品经营者、有关服务经营者成立行业组织,建立行业公约,推动行业信用建设,加强行业自律,促进行业规范发展。

(一)从事网络商品交易及有关服务的基本要求

从事网络商品交易及有关服务的经营者,应当依法办理工商登记。从事网络商品交易的自然人,应当通过第三方交易平台开展经营活动,并向第三方交易平台提交其姓名、地址、有效身份证明、有效联系方式等真实身份信息。具备登记注册条件的,依法办理工商登记。从事网络商品交易及有关服务的经营者销售的商品或者提供的服务属于法律、行政法规或者国务院决定规定应当取得行政许可的,应当依法取得有关许可。已经在工商行政管理部门登记注册并领取营业执照的法人、其他经济组织或者个体工商户,从事网络商品交易及有关服务的,应当在其网站首页或者从事经营活动的主页面醒目位置公开营业执照登载的信息或者其营业执照的电子链接标识。网上交易的商品或者服务应当符合法律、法规、规章的规定。对于法律、法规禁止交易的商品或者服务,经营者不得在网上进行交易。

(二)经营者和消费者的信息保护

网络商品经营者、有关服务经营者在经营活动中收集、使用消费者或者经营者信息,应当遵循合法、正当、必要的原则,明示收集、使用信息的目的、方式和范围,并经被收集者同意。网络商品经营者、有关服务经营者收集、使用消费者或者经营者信息,应当公开其收集、使用规则,不得违反法律、法规的规定和双方的约定收集、使用信息。网络商品经营者、有关服务经营者及其工作人员对收集的消费者个人信息或者经营者商业秘密的数据信息必须严格保密,不得泄露、出售或者非法向他人提供,并且应当采取技术措施和其他必要措施,确保信息安全,防止信息泄露或丢失。在发生或者可能发生信息泄露或丢失的情况时,应当立即采取补救措施。网络商品经营者、有关服务经营者未经消费者同意或者请求,或者消费者明确表示拒绝的,不得向其发送商业性电子信息。

(三)网络商品经营者对消费者的责任

网络商品经营者向消费者销售商品或者提供服务,应当遵守《消费者权益保护法》和《产品质量法》等法律、法规、规章的规定,不得损害消费者合法权益。网络商品经营者向消费者销售商品或者提供服务,应当向消费者提供经营地址、联系方式、商品或者服务的数量和质量、价款或者费用、履行期限和方式、支付形式、退换货方式、安全注意事项和风险警示、售后服务、民事责任等信息,采取安全保障措施确保交易安全可靠,并按照承诺提供商品或者服务。网络商品经营者销售商品或者提供服务,应当保证商品或者服务的完整性,不得将商品或者服务不合理拆分出售,不得确定最低消费标准或者另行收取不合理的费用,应当按照国家有关规定或者商业惯例向消费者出具发票等购货凭证或者服务单据;征得消费者同意的,可以以电子化形式出具。电子化的购货凭证或者服务单据,可以作为处理消费投诉的依据。消费者索要发票等购货凭证或者服务单据的,网络商品经营者必须出具。

网络商品经营者、有关服务经营者提供的商品或者服务信息应当真实准确,不得作虚假宣传和虚假表示,应当遵守《商标法》《企业名称登记管理规定》等法律、法规、规章的规定,不得侵犯他人的注册商标专用权、企业名称权等权利。网络商品经营者、有关服务经营者在经营活动中使用合同格式条款的,应当符合法律、法规、规章的规定,按照公平原则确定交易双方的权利与义务,采用显著的方式提请消费者注意与消费者有重大利害关系的条款,并按照消费者的要求予以说明。网络商品经营者、有关服务经营者不得以合同格式条款等方式做出排除或者限制消费者权利、减轻或者免除经营者责任、加重消费者责任等对消费者不公平、不合理的规定,不得利用合同格式条款并借助技术手段强制交易。

（四）网络商品经营者、有关服务经营者的公平竞争

网络商品经营者、有关服务经营者销售商品或者服务,应当遵守《反不正当竞争法》等法律的规定,不得以不正当竞争方式损害其他经营者的合法权益、扰乱社会经济秩序。同时,不得利用网络技术手段或者载体等方式,从事下列不正当竞争行为:(一)擅自使用知名网站特有的域名、名称、标识或者使用与知名网站近似的域名、名称、标识,与知名网站相混淆,造成消费者误认;(二)擅自使用、伪造政府部门或者社会团体的电子标识,进行引人误解的虚假宣传;(三)以虚拟物品为奖品进行抽奖式的有奖销售,虚拟物品在网络市场上的约定金额超过法律法规允许的限额;(四)以虚构交易、删除不利评价等形式,为自己或他人提升商业信誉;(五)以交易达成后违背事实的恶意评价损害竞争对手的商业信誉;(六)法律、法规规定的其他不正当竞争行为。网络商品经营者、有关服务经营者不得对竞争对手的网站或者网页进行非法技术攻击,造成竞争对手无法正常经营。

二、网络商品经营者的义务

（一）对第三方交易平台经营者的特别规定

第三方交易平台是指在网络商品交易活动中为交易双方或者多方提供网页空间、虚拟经营场所、交易规则、交易撮合、信息发布等服务,供交易双方或者多方独立开展交易活动的信息网络系统。第三方交易平台经营者应当是经工商行政管理部门登记注册并领取营业执照的企业法人。第三方交易平台经营者应当对申请进入平台销售商品或者提供服务的法人、其他经济组织或者个体工商户的经营主体身份进行审查和登记,建立登记档案并定期核实更新,在其从事经营活动的主页面醒目位置公开营业执照登载的信息或者其营业执照的电子链接标识。第三方交易平台经营者应当对尚不具备工商登记注册条件、申请进入平台销售商品或者提供服务的自然人的真实身份信息进行审查和登记,建立登记档案并定期核实更新,核发证明个人身份信息真实合法的标记,加载在其从事经营活动的主页面醒目位置。第三方交易平台经营者在审查和登记时,应当使对方知悉并同意登记协议,提请对方注意义务和责任条款。第三方交易平台经营者应当与申请进入平台销售商品或者提供服务的经营者订立协议,明确双方在平台进入和退出、商品和服务质量安全保障、消费者权益保护等方面的权利、义务和责任。第三方交易平台经营者修改其与平台内经营者的协议、交易规则,应当遵循公开、连续、合理的原则,修改内容应当至少提前七日予以公示并通知相关经营者。平台内经营者不接受协议或者规则修改内容、申请退出平台的,第三方交易平台经营者应当允许其退出,并根据原协议或者交易规则承担相关责任。

第三方交易平台经营者应当建立平台内交易规则、交易安全保障、消费者权益保护、不良信息处理等管理制度。各项管理制度应当在其网站显示,并从技术上保证用户能够便利、完整地阅览和保存,采取必要的技术手段和管理措施保证平台的正常运行,提供必要、可靠的交易环境和交易服务,维护网络交易秩序。第三方交易平台经营者应当对通过平台销售商品或者提供服务的经营者及其发布的商品和服务信息建立检查监控制度,发现有违反工商行政管理

法律、法规、规章的行为的,应当向平台经营者所在地工商行政管理部门报告,并及时采取措施制止,必要时可以停止对其提供第三方交易平台服务。工商行政管理部门发现平台内有违反工商行政管理法律、法规、规章的行为,依法要求第三方交易平台经营者采取措施制止的,第三方交易平台经营者应当予以配合。第三方交易平台经营者应当采取必要手段保护注册商标专用权、企业名称权等权利,对权利人有证据证明平台内的经营者实施侵犯其注册商标专用权、企业名称权等权利的行为或者实施损害其合法权益的其他不正当竞争行为的,应当依照《侵权责任法》采取必要措施。第三方交易平台经营者应当建立消费纠纷和解及消费维权自律制度。消费者在平台内购买商品或者接受服务,发生消费纠纷或者其合法权益受到损害时,消费者要求平台调解的,平台应当调解;消费者通过其他渠道维权的,平台应当向消费者提供经营者的真实的网站登记信息,积极协助消费者维护自身合法权益。

  第三方交易平台经营者在平台上开展商品或者服务自营业务的,应当以显著方式对自营部分和平台内其他经营者经营部分进行区分和标记,避免消费者产生误解。第三方交易平台经营者应当审查、记录、保存在其平台上发布的商品和服务信息内容及其发布时间。平台内经营者的营业执照或者个人真实身份信息记录保存时间从经营者在平台的登记注销之日起不少于两年,交易记录等其他信息记录备份保存时间从交易完成之日起不少于两年。第三方交易平台经营者应当采取电子签名、数据备份、故障恢复等技术手段确保网络交易数据和资料的完整性和安全性,并应当保证原始数据的真实性。第三方交易平台经营者拟终止提供第三方交易平台服务的,应当至少提前三个月在其网站主页面醒目位置予以公示并通知相关经营者和消费者,采取必要措施保障相关经营者和消费者的合法权益。

  为鼓励经营者诚信合法经营和保护消费者的合法权益,国家鼓励第三方交易平台经营者为交易当事人提供公平、公正的信用评价服务,对经营者的信用情况客观、公正地进行采集与记录,建立信用评价体系、信用披露制度以警示交易风险。鼓励第三方交易平台经营者设立消费者权益保证金。消费者权益保证金应当用于对消费者权益的保障,不得挪作他用,使用情况应当定期公开。第三方交易平台经营者与平台内的经营者协议设立消费者权益保证金的,双方应当就消费者权益保证金提取数额、管理、使用和退还办法等做出明确约定。第三方交易平台经营者应当积极协助工商行政管理部门查处网上违法经营行为,提供在其平台内涉嫌违法经营的经营者的登记信息、交易数据等资料,不得隐瞒真实情况。

(二)对有关服务经营者的特别规定

  为网络商品交易提供网络接入、服务器托管、虚拟空间租用、网站网页设计制作等服务的有关服务经营者,应当要求申请者提供经营资格证明和个人真实身份信息,签订服务合同,依法记录其上网信息。申请者营业执照或者个人真实身份信息等信息记录备份保存时间自服务合同终止或者履行完毕之日起不少于两年。

  为网络商品交易提供信用评价服务的有关服务经营者,应当通过合法途径采集信用信息,坚持中立、公正、客观原则,不得任意调整用户的信用级别或者相关信息,不得将收集的信用信息用于任何非法用途。为网络商品交易提供宣传推广服务应当符合相关法律、法规、规章的规定。通过博客、微博等网络社交载体提供宣传推广服务、评论商品或者服务并因此取得酬劳的,应当如实披露其性质,避免消费者产生误解。

  为网络商品交易提供网络接入、支付结算、物流、快递等服务的有关服务经营者,应当积极协助工商行政管理部门查处网络商品交易相关违法行为,提供涉嫌违法经营的网络商品经营者的登记信息、联系方式、地址等相关数据资料,不得隐瞒真实情况。

三、监督管理

(一)监督主体

网络商品交易及有关服务的监督管理由县级以上工商行政管理部门负责。县级以上工商行政管理部门应当建立网络商品交易及有关服务监管工作责任制度,依法履行职责;应当建立网络商品交易及有关服务信用档案,记录日常监督检查结果、违法行为查处等情况,根据信用档案的记录,对网络商品经营者、有关服务经营者实施信用分类监管。

网络商品交易及有关服务违法行为由发生违法行为的经营者住所所在地县级以上工商行政管理部门管辖。对于其中通过第三方交易平台开展经营活动的经营者,其违法行为由第三方交易平台经营者住所所在地县级以上工商行政管理部门管辖。第三方交易平台经营者住所所在地县级以上工商行政管理部门管辖异地违法行为人有困难的,可以将违法行为人的违法情况移交违法行为人所在地县级以上工商行政管理部门处理。两个以上工商行政管理部门因网络商品交易及有关服务违法行为的管辖权发生争议的,应当报请共同的上一级工商行政管理部门指定管辖。对于全国范围内有重大影响、严重侵害消费者权益、引发群体投诉或者案情复杂的网络商品交易及有关服务违法行为,由国家工商行政管理总局负责查处或者指定省级工商行政管理局负责查处。网络商品交易及有关服务活动中的消费者向工商行政管理部门投诉的,依照《工商行政管理部门处理消费者投诉办法》处理。

(二)监督职权

县级以上工商行政管理部门对涉嫌违法的网络商品交易及有关服务行为进行查处时,可以行使下列职权:(一)询问有关当事人,调查其涉嫌从事违法网络商品交易及有关服务行为的相关情况;(二)查阅、复制当事人的交易数据、合同、票据、账簿以及其他相关数据资料;(三)依照法律、法规的规定,查封、扣押用于从事违法网络商品交易及有关服务行为的商品、工具、设备等物品,查封用于从事违法网络商品交易及有关服务行为的经营场所;(四)法律、法规规定可以采取的其他措施。工商行政管理部门依法行使前述规定的职权时,当事人应当予以协助、配合,不得拒绝、阻挠。工商行政管理部门对网络商品交易及有关服务活动的技术监测记录资料,可以作为对违法的网络商品经营者、有关服务经营者实施行政处罚或者采取行政措施的电子数据证据。

在网络商品交易及有关服务活动中违反工商行政管理法律法规规定,情节严重,需要采取措施制止违法网站继续从事违法活动的,工商行政管理部门可以依照有关规定,提请网站许可或者备案地通信管理部门依法责令暂时屏蔽或者停止该违法网站接入服务。工商行政管理部门对网站违法行为做出行政处罚后,需要关闭该违法网站的,可以依照有关规定,提请网站许可或者备案地通信管理部门依法关闭该违法网站。工商行政管理部门在对网络商品交易及有关服务活动的监督管理中发现应当由其他部门查处的违法行为的,应依法移交相关部门。

第五节 消费者权益保护法律制度

在信息高速发展的时代,电子商务仿佛一把双刃剑,一方面,以其成本低、效率高、速度快而在竞争日益激烈的商业环境中,越来越广泛地得到消费者认可;另一方面,在网络交易过程中,出现了各种损害消费者权益的情形,在法律制度上对消费者权益保护提出了更高的要求。

我国自1993年制定《消费者权益保护法》以来,消费者权益保护事业快速发展,基本建成了具有中国特色、较为完整的消费者权益保护法律制度和工作机制。随着社会经济的发展,我国居民在消费方式、消费结构和消费理念等方面发生了较大的改变,特别是随着电子商务的迅速发展,在消费者权益保护方面出现了很多新问题,有必要适时修改法律。在此种背景下,2013年10月25日十二届全国人大常委会第五次会议审议修订的《中华人民共和国消费者权益保护法》,于2014年3月15日起正式施行。这是1993年《消费者权益保护法》颁布实施20年来首次较大规模的修改,充分体现了国家对消费者权益保护工作的高度重视。修改后的《消费者权益保护法》在网络购物等新型消费方式、个人信息保护、格式条款、欺诈赔偿、公益诉讼等方面都有新规定,进一步完善了消费者权益保护法律制度。

一、消费者权益保护概述

保护消费者权益从个体看是在维护私权,但当无数个体集聚起来形成群体的时候,就属于公益范畴。与经营者相比,消费者在时间、精力、经济实力、专业知识等各方面处于明显弱势,单个消费者维权面临很大困难。为解决消费者个人维权难的问题,新修改的《消费者权益保护法》规定消费者协会可以以自己的名义提起诉讼,这一规定明确赋予消费者协会消费类公益诉讼的主体地位,进一步充实了消费者协会的维权职责,有助于降低消费者的维权成本。

消费者为生活消费需要购买、使用商品或者接受服务,其权益受法律保护。国家倡导文明、健康、节约资源和保护环境的消费方式,反对浪费。各级人民政府应当加强监督,预防危害消费者人身、财产安全行为的发生,及时制止危害消费者人身、财产安全的行为。各级人民政府工商行政管理部门和其他有关行政部门应当依照法律、法规的规定,在各自的职责范围内,采取措施,保护消费者的合法权益。保护消费者的合法权益是全社会的共同责任,国家鼓励、支持一切组织和个人对损害消费者合法权益的行为进行社会监督。大众传播媒介应当做好维护消费者合法权益的宣传,对损害消费者合法权益的行为进行舆论监督。

二、消费者的权利

1. 安全权

消费者在购买、使用商品和接受服务时享有人身、财产安全不受损害的权利。消费者有权要求经营者提供的商品和服务,符合保障人身、财产安全的要求。安全权包括两方面内容:一是人身安全权,二是财产安全权。人身安全权在这里是指生命健康权不受损害,即享有保持身体各器官及其机能的完整以及生命不受危害的权利。财产安全权,是指消费者购买、使用的商品或接受的服务本身的安全,并包括除购买、使用的商品或接受服务之外的其他财产的安全。为了能使这一权利得到实现,消费者有权要求经营者提供的商品或服务符合保障人身、财产安全的要求。有国家标准、行业标准的,消费者有权要求商品和服务符合该国家标准、行业标准;对于没有国家标准、行业标准的,必须符合社会普遍公认的安全、卫生要求。

2. 知情权

消费者享有知悉其购买、使用的商品或者接受的服务的真实情况的权利。消费者有权根据商品或者服务的不同情况,要求经营者提供商品的价格、产地、生产者、用途、性能、规格、等级、主要成分、生产日期、有效期限、检验合格证明、使用方法说明书、售后服务,或者服务的内容、规格、费用等有关情况。

采用网络、电视、电话、邮购等方式提供商品或者服务的经营者,以及提供证券、保险、银行等金融服务的经营者,应当向消费者提供经营地址、联系方式、商品或者服务的数量和质量、价款或者费用、履行期限和方式、安全注意事项和风险警示、售后服务、民事责任等信息。

3. 自主选择权

消费者享有自主选择商品或者服务的权利。消费者有权自主选择提供商品或者服务的经营者,自主选择商品品种或者服务方式,自主决定购买或者不购买任何一种商品、接受或者不接受任何一项服务。消费者在自主选择商品或者服务时,有权进行比较、鉴别和挑选。

4. 公平交易权

消费者享有公平交易的权利。消费者在购买商品或者接受服务时,有权获得质量保障、价格合理、计量正确等公平交易条件,有权拒绝经营者的强制交易行为。

5. 网购七日无理由退货权

经营者采用网络、电视、电话、邮购等方式销售商品,消费者有权自收到商品之日起七日内退货,且无须说明理由,但下列商品除外:(一)消费者定做的;(二)鲜活易腐的;(三)在线下载或者消费者拆封的音像制品、计算机软件等数字化商品;(四)交付的报纸、期刊。除前述所列商品外,其他根据商品性质并经消费者在购买时确认不宜退货的商品,不适用无理由退货。消费者退货的商品应当完好。经营者应当自收到退回商品之日起七日内返还消费者支付的商品价款。退回商品的运费由消费者承担;经营者和消费者另有约定的,按照约定承担。

6. 求偿权

消费者因购买、使用商品或者接受服务受到人身、财产损害的,享有依法获得赔偿的权利。经营者提供商品或者服务,造成消费者或者其他受害人人身伤害的,应当支付医疗费、治疗期间的护理费、因误工减少的收入等费用;造成残疾的,还应当支付残疾者生活自助具费、生活补助费、残疾赔偿金以及由其扶养的人所必需的生活费等费用;造成消费者或者其他受害人死亡的,应当支付丧葬费、死亡赔偿金以及由死者生前扶养的人所必需的生活费等费用;经营者违反法律规定,侵害消费者的人格尊严或者侵犯消费者人身自由的,应当停止侵害、恢复名誉、消除影响、赔礼道歉,并赔偿损失。经营者提供商品或者服务,造成消费者财产损害的,应当按照消费者的要求,以修理、重做、更换、退货、补足商品数量、退还货款和服务费用或者赔偿损失等方式承担民事责任。

7. 结社权

消费者享有依法成立维护自身合法权益的社会团体的权利,它是宪法规定的结社权在消费领域的具体体现。虽然我国有很多政府机关在各自的职责范围内从不同的方面履行保护消费者权益的职责,但是消费者依法成立维护自身合法权益的社团组织仍有不可替代的重要作用。在我国,目前消费者社会团体主要是中国消费者协会和地方各级消费者协会。消费者依法成立的各级消费者协会,使消费者通过有组织的活动,在维护自身合法权益方面发挥着越来越大的作用。新修改的《消费者权益保护法》在充分考虑消费者协会近些年来消费维权过程中特点的基础上,对消费者维权工作以及职能进行了重新界定,确立了新的维权理念,完善了相应的制度设计,强化了对消费者的保护。

8. 受教育权

消费者享有获得有关消费和消费者权益保护方面的知识的权利。消费者应当努力掌握所需商品或者服务的知识和使用技能,正确使用商品,提高自我保护意识。消费者获得有关消费和消费者权益保护方面的知识,有利于提高消费者的自我保护能力,也是实现消费者其他权利的重要条件,特别是获得消费者权益保护方面的知识,可以使消费者在合法权益受到侵害时,有效地寻求解决消费纠纷的途径,及时获得赔偿。

9. 人格尊严权与民族风俗习惯获得尊重权

消费者在购买、使用商品和接受服务时,享有其人格尊严、民族风俗习惯得到尊重的权利,享有个人信息依法得到保护的权利。经营者不得对消费者进行侮辱、诽谤,不得搜查消费者的身体及其携带的物品,不得侵犯消费者的人身自由。

在市场交易过程中,消费者的人格尊严受到尊重,是消费者应享有的最起码的权利。其权利包括消费者的姓名权、名誉权、荣誉权、肖像权等。民族风俗习惯受尊重的权利,关系到各民族平等、民族团结,对民族风俗习惯应当给予充分的理解和尊重。

10. 个人信息依法得到保护的权利

经营者收集、使用消费者个人信息,应当遵循合法、正当、必要的原则,明示收集、使用信息的目的、方式和范围,并经消费者同意。经营者收集、使用消费者个人信息,应当公开其收集、使用规则,不得违反法律、法规的规定和双方的约定收集、使用信息。经营者及其工作人员对收集的消费者个人信息必须严格保密,不得泄露、出售或者非法向他人提供。经营者应当采取技术措施和其他必要措施,确保信息安全,防止消费者个人信息泄露、丢失。在发生或者可能发生信息泄露、丢失的情况时,应当立即采取补救措施。经营者未经消费者同意或者请求,或者消费者明确表示拒绝的,不得向其发送商业性信息。

11. 监督权

消费者享有对商品和服务以及保护消费者权益工作进行监督的权利。消费者有权检举、控告侵害消费者权益的行为和国家机关及其工作人员在保护消费者权益工作中的违法失职行为,有权对保护消费者权益工作提出批评、建议。经营者应当听取消费者对其提供的商品或者服务的意见,接受消费者的监督。

三、经营者的义务

经营者向消费者提供商品或者服务,应当依照法律和其他有关法律、法规的规定履行义务。经营者和消费者有约定的,应当按照约定履行义务,但双方的约定不得违背法律、法规的规定。经营者向消费者提供商品或者服务,应当恪守社会公德,诚信经营,保障消费者的合法权益;不得设定不公平、不合理的交易条件,不得强制交易。经营者提供商品或者服务,应当按照国家有关规定或者商业惯例向消费者出具发票等购货凭证或者服务单据;消费者索要发票等购货凭证或者服务单据的,经营者必须出具。

1. 经营者对商品和服务的说明和警示义务

经营者应当保证其提供的商品或者服务符合保障人身、财产安全的要求。对可能危及人身、财产安全的商品和服务,应当向消费者做出真实的说明和明确的警示,并说明和标明正确使用商品或者接受服务的方法以及防止危害发生的方法。经营者向消费者提供有关商品或者服务的质量、性能、用途、有效期限等信息,应当真实、全面,不得做虚假或者引人误解的宣传。经营者对消费者就其提供的商品或者服务的质量和使用方法等问题的询问,应当做出真实、明确的答复。经营者应当标明其真实名称和标记。租赁他人柜台或者场地的经营者,应当标明其真实名称和标记。

2. 经营者的安全保障义务

宾馆、商场、餐馆、银行、机场、车站、港口、影剧院等经营场所的经营者,应当对消费者尽到安全保障义务。经营者发现其提供的商品或者服务存在缺陷,有危及人身、财产安全危险的,应当立即向有关行政部门报告和告知消费者,并采取停止销售、警示、召回、无害化处理、销毁、停止生产或者服务等措施。采取召回措施的,经营者应当承担消费者因商品被召回支出的必要费用。

3. 经营者的质量保障义务

经营者应当保证在正常使用商品或者接受服务的情况下其提供的商品或者服务应当具有的质量、性能、用途和有效期限;但消费者在购买该商品或者接受该服务前已经知道其存在瑕疵,且存在该瑕疵不违反法律强制性规定的除外。经营者以广告、产品说明、实物样品或者其他方式表明商品或者服务的质量状况的,应当保证其提供的商品或者服务的实际质量与表明的质量状况相符。

经营者提供的商品或者服务不符合质量要求的,消费者可以依照国家规定、当事人约定退货,或者要求经营者履行更换、修理等义务。没有国家规定和当事人约定的,消费者可以自收到商品之日起七日内退货;七日后符合法定解除合同条件的,消费者可以及时退货,不符合法定解除合同条件的,可以要求经营者履行更换、修理等义务。消费者依法进行退货、更换、修理的,经营者应当承担运输等必要费用。

经营者提供的机动车、计算机、电视机、电冰箱、空调器、洗衣机等耐用商品或者装饰装修等服务,消费者自接受商品或者服务之日起六个月内发现瑕疵、发生争议的,由经营者承担有关瑕疵的举证责任。

4. 经营者使用格式条款的告知义务

经营者在经营活动中使用格式条款的,应当以显著方式提请消费者注意商品或者服务的数量和质量、价款或者费用、履行期限和方式、安全注意事项和风险警示、售后服务、民事责任等与消费者有重大利害关系的内容,并按照消费者的要求予以说明。经营者不得以格式条款、通知、声明、店堂告示等方式,做出排除或者限制消费者权利、减轻或者免除经营者责任、加重消费者责任等对消费者不公平、不合理的规定,不得利用格式条款并借助技术手段强制交易。格式条款、通知、声明、店堂告示等含有前述所列内容的,其内容无效。

四、消费者组织

消费者协会和其他消费者组织是依法成立的对商品和服务进行社会监督的保护消费者合法权益的社会组织。消费者协会履行下列公益性职责:(一)向消费者提供消费信息和咨询服务,提高消费者维护自身合法权益的能力,引导文明、健康、节约资源和保护环境的消费方式。(二)参与制定有关消费者权益的法律、法规、规章和强制性标准。(三)参与有关行政部门对商品和服务的监督、检查。(四)就有关消费者合法权益的问题,向有关部门反映、查询,提出建议。(五)受理消费者的投诉,并对投诉事项进行调查、调解。(六)投诉事项涉及商品和服务质量问题的,可以委托具备资格的鉴定人鉴定,鉴定人应当告知鉴定意见。(七)就损害消费者合法权益的行为,支持受损害的消费者提起诉讼或者依法提起诉讼;对侵害众多消费者合法权益的行为,中国消费者协会以及在省、自治区、直辖市设立的消费者协会,可以向人民法院提起诉讼。(八)对损害消费者合法权益的行为,通过大众传播媒介予以揭露、批评。

各级人民政府对消费者协会履行职责应当予以必要的经费等支持。消费者协会应当认真履行保护消费者合法权益的职责,听取消费者的意见和建议,接受社会监督。依法成立的其他消费者组织应依照法律、法规及其章程的规定,开展保护消费者合法权益的活动。消费者组织不得从事商品经营和营利性服务,不得以收取费用或者其他牟取利益的方式向消费者推荐商品和服务。

五、争议的解决与法律责任

(一)争议解决的途径

消费者和经营者发生消费者权益争议的,可以通过下列途径解决:(一)与经营者协商和解;(二)请求消费者协会或者依法成立的其他调解组织调解;(三)向有关行政部门投诉;(四)根据与经营者达成的仲裁协议提请仲裁机构仲裁;(五)向人民法院提起诉讼。

(二)消费者索赔的对象

消费者在购买、使用商品时,其合法权益受到损害的,可以向销售者要求赔偿。销售者赔偿后,属于生产者的责任或者属于向销售者提供商品的其他销售者的责任的,销售者有权向生产者或者其他销售者追偿。消费者或者其他受害人因商品缺陷造成人身、财产损害的,可以向销售者要求赔偿,也可以向生产者要求赔偿。属于生产者责任的,销售者赔偿后,有权向生产者追偿。属于销售者责任的,生产者赔偿后,有权向销售者追偿。

消费者在接受服务时,其合法权益受到损害的,可以向服务者要求赔偿。消费者在购买、使用商品或者接受服务时,其合法权益受到损害,因原企业分立、合并的,可以向变更后承受其权利义务的企业要求赔偿。使用他人营业执照的违法经营者提供商品或者服务,损害消费者合法权益的,消费者可以向其要求赔偿,也可以向营业执照的持有人要求赔偿。

消费者在展销会、租赁柜台购买商品或者接受服务,其合法权益受到损害的,可以向销售者或者服务者要求赔偿。展销会结束或者柜台租赁期满后,也可以向展销会的举办者、柜台的出租者要求赔偿。展销会的举办者、柜台的出租者赔偿后,有权向销售者或者服务者追偿。消费者通过网络交易平台购买商品或者接受服务,其合法权益受到损害的,可以向销售者或者服务者要求赔偿。网络交易平台提供者不能提供销售者或者服务者的真实名称、地址和有效联系方式的,消费者也可以向网络交易平台提供者要求赔偿;网络交易平台提供者做出更有利于消费者的承诺的,应当履行承诺。网络交易平台提供者赔偿后,有权向销售者或者服务者追偿。网络交易平台提供者明知或者应知销售者或者服务者利用其平台侵害消费者合法权益,未采取必要措施的,依法与该销售者或者服务者承担连带责任。

消费者因经营者利用虚假广告或者其他虚假宣传方式提供商品或者服务,其合法权益受到损害的,可以向经营者要求赔偿。广告经营者、发布者发布虚假广告的,消费者可以请求行政主管部门予以惩处。广告经营者、发布者不能提供经营者的真实名称、地址和有效联系方式的,应当承担赔偿责任。广告经营者、发布者设计、制作、发布关系消费者生命健康商品或者服务的虚假广告,造成消费者损害的,应当与提供该商品或者服务的经营者承担连带责任。社会团体或者其他组织、个人在关系消费者生命健康商品或者服务的虚假广告或者其他虚假宣传中向消费者推荐商品或者服务,造成消费者损害的,应当与提供该商品或者服务的经营者承担连带责任。

（三）法律责任

经营者提供商品或者服务有下列情形之一的,应依法承担民事责任:(一)商品或者服务存在缺陷的;(二)不具备商品应当具备的使用性能而出售时未做说明的;(三)不符合在商品或者其包装上注明采用的商品标准的;(四)不符合商品说明、实物样品等方式表明的质量状况的;(五)生产国家明令淘汰的商品或者销售失效、变质的商品的;(六)销售的商品数量不足的;(七)服务的内容和费用违反约定的;(八)对消费者提出的修理、重做、更换、退货、补足商品数量、退还货款和服务费用或者赔偿损失的要求,故意拖延或者无理拒绝的;(九)法律、法规规定的其他损害消费者权益的情形。经营者对消费者未尽到安全保障义务,造成消费者损害的,应当承担侵权责任。

经营者提供商品或者服务,造成消费者或者其他受害人人身伤害的,应当赔偿医疗费、护理费、交通费等为治疗和康复支出的合理费用,以及因误工减少的收入;造成残疾的,还应当赔偿残疾生活辅助具费和残疾赔偿金;造成死亡的,还应当赔偿丧葬费和死亡赔偿金。经营者侵害消费者的人格尊严、侵犯消费者人身自由或者侵害消费者个人信息依法得到保护的权利的,应当停止侵害、恢复名誉、消除影响、赔礼道歉,并赔偿损失。经营者有侮辱诽谤、搜查身体、侵犯人身自由等侵害消费者或者其他受害人人身权益的行为,造成严重精神损害的,受害人可以要求精神损害赔偿。经营者提供商品或者服务,造成消费者财产损害的,应当依照法律规定或者当事人约定承担修理、重做、更换、退货、补足商品数量、退还货款和服务费用或者赔偿损失等民事责任。依法经有关行政部门认定为不合格的商品,消费者要求退货的,经营者应当负责退货。经营者以预收款方式提供商品或者服务的,应当按照约定提供;未按照约定提供的,应当按照消费者的要求履行约定或者退回预付款,并应当承担预付款的利息、消费者必须支付的合理费用。

经营者提供商品或者服务有欺诈行为的,应当按照消费者的要求增加赔偿其受到的损失,增加赔偿的金额为消费者购买商品的价款或者接受服务的费用的三倍;增加赔偿的金额不足500元的,计为500元。经营者明知商品或者服务存在缺陷,仍然向消费者提供,造成消费者或者其他受害人死亡或者健康严重损害的,受害人有权要求经营者依法赔偿损失,并有权要求经营者承担所受损失两倍以下的惩罚性赔偿。

经营者有下列情形之一,除承担相应的民事责任外,由工商行政管理部门或者其他有关行政部门依法责令经营者改正,可以根据情节单处或者并处警告、没收违法所得、处以违法所得一倍以上、十倍以下的罚款,没有违法所得的,处以50万元以下的罚款;情节严重的,责令停业整顿、吊销营业执照:(一)提供的商品或者服务不符合保障人身、财产安全要求的;(二)在商品中掺杂、掺假,以假充真,以次充好,或者以不合格商品冒充合格商品的;(三)生产国家明令淘汰的商品或者销售失效、变质的商品的;(四)伪造商品的产地,伪造或者冒用他人的厂名、厂址,篡改生产日期,伪造或者冒用认证标志等质量标志的;(五)销售的商品应当检验、检疫而未检验、检疫或者伪造检验、检疫结果的;(六)对商品或者服务做虚假或者引人误解的宣传的;(七)拒绝或者拖延有关行政部门责令对缺陷商品或者服务采取停止销售、警示、召回、无害化处理、销毁、停止生产或者服务等措施的;(八)对消费者提出的修理、重做、更换、退货、补足商品数量、退还货款和服务费用或者赔偿损失的要求,故意拖延或者无理拒绝的;(九)侵害消费者人格尊严、侵犯消费者人身自由或者侵害消费者个人信息依法得到保护的权利的;(十)法律、法规规定的对损害消费者权益应当予以处罚的其他情形。经营者有前述规定情形的,除依照法律、法规规定予以处罚外,处罚机关应当记入信用档案,向社会公布。

第六节　知识产权

互联网的兴起带来了对于传统社会经济模式的巨大冲击,而电子商务活动能够利用网络进行信息的交换,甚至把信息本身也作为商务交易的对象。在互联网上,以数字形式存在的信息具有极大的流动性、无限可复制性,知识信息的传播从而具有了前所未有的便捷。但是,在知识得到广泛传播的同时,对于包括著作权、专利权和商标权等在内的知识产权保护也成为互联网发展不能回避的问题。如何保护产权所有人的正当权益,也成为当今电子商务发展和电子商务立法工作所关注的一个焦点。

案例8.3

博客著作权纠纷案

2009年6月17日,内蒙古乌兰察布市出租车司机李某在博客"西北风的空间——搜狐博客"上,发表了文章《西方理念是科学,东方思想是宗教》(下称《西》文)一文。跳水教练于某多次访问李某的博客,并对《西》文进行评论。2009年8月2日,于某未经李某许可,也未向李某支付报酬,就在自己的博客"于某的博客——搜狐博客"上发表《如何突破难度与稳定的瓶颈,继续领跑世界跳坛》(下称《如》文)一文,而此文中使用了《西》文整段内容,且未以任何形式注明引文的作者和出处。李某认为,于某的行为侵犯了他对《西》文享有的著作权,诉请法院判令于某停止侵权、赔礼道歉并赔偿经济损失及维权费用7 000余元。

法庭辩论时,于某对李某的主体资格提出异议,认为李某不能证明他就是《西》文的作者。另外,于某认可《如》文中引用了《西》文的内容,但引用部分字数只占《如》文全文字数的10%,对《西》文内容的使用属于合理使用,不构成侵权。

法院查明,李某通过输入用户名和密码可以登录"西北风的空间——搜狐博客",且博客首页"西北风的空间——搜狐博客"旁边显示了李某本人的照片,在于某未提交相反证据的情况下,法院确认李某系"西北风的空间——搜狐博客"的所有人,李某对《西》文享有著作权。

法院审理认为,博客是一种新兴的网络传播形式,注册用户能够自由确定发表内容,但这种自由并非不受限制,注册用户在网络上享有的法定权利和承担的法定义务与现实生活中并无区别。原告李某和被告于某因在各自博客上发表了博文,均受《著作权法》的保护和规制。依照我国著作权法规定,使用他人作品的,应当取得著作权人的许可,向其支付报酬,并指明作者姓名、作品名称,而不论系在纸质出版物抑或网络博客上进行使用。于某未经李某许可,亦未向其支付报酬,且未指明所引用部分的作者姓名和作品名称,即在互联网博客空间上发表了《如》文,于某侵犯了李某对《西》文享有的署名权和信息网络传播权。

法院判决:于某停止在《如》文中继续使用《西》文内容,在搜狐上刊登致歉声明,并赔偿李某经济损失及维权费用1 800元。

(资料来源:法律教育网)

思考题:

作者对其作品享有哪些权利?

一、著作权

著作权问题是电子商务中涉及较多的知识产权问题。著作权是指作者及其他权利人对文学、艺术和科学作品享有的人身权和财产权的总称。我国《著作权法》规定中国公民、法人或者其他组织的作品，不论是否发表，依法享有著作权。外国人、无国籍人的作品根据其作者所属国或者经常居住地国同中国签订的协议或者共同参加的国际条约享有的著作权，受我国法律保护。外国人、无国籍人的作品首先在中国境内出版的，依法享有著作权。

(一) 著作权的归属

除法律另有规定外，著作权一般属于作者。创作作品的公民是作者。由法人或者其他组织主持，代表法人或者其他组织意志创作，并由法人或者其他组织承担责任的作品，法人或者其他组织视为作者。如无相反证明，在作品上署名的公民、法人或者其他组织为作者。改编、翻译、注释、整理已有作品而产生的作品，其著作权由改编、翻译、注释、整理人享有，但行使著作权时不得侵犯原作品的著作权。两人以上合作创作的作品，著作权由合作作者共同享有。没有参加创作的人，不能成为合作作者。合作作品可以分割使用的，作者对各自创作的部分可以单独享有著作权，但行使著作权时不得侵犯合作作品整体的著作权。

汇编若干作品、作品的片段或者不构成作品的数据或者其他材料，对其内容的选择或者编排体现独创性的作品，为汇编作品，其著作权由汇编人享有，但行使著作权时，不得侵犯原作品的著作权。电影作品和以类似摄制电影的方法创作的作品的著作权由制片者享有，但编剧、导演、摄影、作词、作曲等作者享有署名权，并有权按照与制片者签订的合同获得报酬。电影作品和以类似摄制电影的方法创作的作品中的剧本、音乐等可以单独使用的作品的作者有权单独行使其著作权。公民为完成法人或者其他组织工作任务所创作的作品是职务作品，除法律另有规定的以外，著作权由作者享有，但法人或者其他组织有权在其业务范围内优先使用。作品完成两年内，未经单位同意，作者不得许可第三人以与单位使用的相同方式使用该作品。受委托创作的作品，著作权的归属由委托人和受托人通过合同约定。合同未做明确约定或者没有订立合同的，著作权属于受托人。

(二) 著作权人的权利

著作权包括人身权和财产权两个方面。

人身权有以下四项：(一) 发表权，即决定作品是否公之于众的权利；(二) 署名权，即表明作者身份、在作品上署名的权利；(三) 修改权，即修改或者授权他人修改作品的权利；(四) 保护作品完整权，即保护作品不受歪曲、篡改的权利。

财产权有以下十三项：(一) 复制权，即以印刷、复印、拓印、录音、录像、翻录、翻拍等方式将作品制作一份或者多份的权利；(二) 发行权，即以出售或者赠予方式向公众提供作品的原件或者复制件的权利；(三) 出租权，即有偿许可他人临时使用电影作品和以类似摄制电影的方法创作的作品、计算机软件的权利，计算机软件不是出租的主要标的的除外；(四) 展览权，即公开陈列美术作品、摄影作品的原件或者复制件的权利；(五) 表演权，即公开表演作品，以及用各种手段公开播送作品的表演的权利；(六) 放映权，即通过放映机、幻灯机等技术设备公开再现美术、摄影、电影和以类似摄制电影的方法创作的作品等的权利；(七) 广播权，即以无线方式公开广播或者传播作品，以有线传播或者转播的方式向公众传播广播的作品，以及通过扩音器或者其他传送符号、声音、图像的类似工具向公众传播广播的作品的权利；(八) 信息网络传播权,即以有线或者无线方式向公众提供作品,使公众可以在其个人选定的时间和地点获得作品的权利;(九)摄制权,即以摄制电影或者以类似摄制电影的方法将作品固定在载体上的权利;(十)改编权,即改变作品,创作出具有独创性的新作品的权利;(十一)翻译权,即将作品从一种语言文字转换成另一种语言文字的权利;(十二)汇编权,即将作品或者作品的片段通过选择或者编排,汇集成新作品的权利;(十三)应当由著作权人享有的其他权利。著作权人可以许可他人行使财产权利,也可以全部或者部分转让财产权利,并依照约定或者法律有关规定获得报酬。

案例8.4

刘某状告某互联信息服务有限公司侵犯著作权案

原告:刘某。

被告:某互联信息服务有限公司。

刘某是历史小说《某某奇案》的作者,拥有该书的著作权。该书于2007年7月由中央编译出版社出版后,在社会上引起一些反响。被告出于谋利目的,自2007年9月7日起,不与原告进行任何接触,就将此书至少70%的内容在其网站的读书频道全文发布,而且一发就达近6个月之久。根据该网自己承认,点击数达十万次以上。原告代理人找被告询问时,被告竟以"我们已得到出版社授权"为理由,拒绝赔偿。此书的网络发布权归原告所有,出版社根本无权将网络发布权授予被告。被告作为著名网络企业不会了解不了这一点。被告行为严重侵犯了原告的著作权,故诉至法院,请求判令:(1)被告在其网站读书频道公开赔礼道歉;(2)被告赔偿原告经济损失16万元,赔偿精神损失费20万元,支付合理支出1 000元,以上共计361 000元。诉讼费由被告承担。

依照《中华人民共和国著作权法》的有关规定,法院判决被告某互联信息服务有限公司在其网站读书频道上连续24小时刊登声明,向原告刘某公开致歉,赔偿原告刘某经济损失包括为制止侵权支出的合理费用共计6 250元。

(资料来源:电子商务法律网)

思考题:

作者对其作品享有的信息网络传播权的内容是什么?

(三)著作权的期限

作者的署名权、修改权、保护作品完整权的保护期不受限制。公民的作品,其发表权、财产权的保护期为作者终生及其死亡后五十年,截止于作者死亡后第五十年的12月31日;如果是合作作品,截止于最后死亡的作者死亡后第五十年的12月31日。法人或者其他组织的作品、著作权(署名权除外)由法人或者其他组织享有的职务作品,其发表权、财产权的保护期为五十年,截止于作品首次发表后第五十年的12月31日,但作品自创作完成后五十年内未发表的,法律不再保护。

(四)著作权的保护

著作权保护的核心内容是保护著作权人拥有控制作品传播和使用的权利。在传统的著作权保护下,著作权人对作品的复制权、发行权、传播权基本得到了保证。但是在网络环境中,著作权人面临作品"失控"的严重威胁。网络中传输的数字信息,包括各种文字、影像、声音、图形和软件等都属于智力成果,侵权行为人完全可以通过互联网不经著作权人许可而以任何方式对这些数字信息进行复制和传播,从而构成互联网著作权侵权的主要形式。

对著作权的侵权行为,主要分为直接侵权和间接侵权。关于直接侵权,未经作者或者其他版权人许可而以任何方式复制、出版、发行、改编、翻译、广播、表演、展出、摄制影片等,均构成对版权的直接侵犯。关于网上的间接侵权责任,主要是指互联网服务提供者(ISP)和网主因用户的侵权行为承担的侵权责任。对此问题,已于2010年7月1日生效实施的《中华人民共和国侵权责任法》已明确做出了如下规定:网络用户、网络服务提供者利用网络侵害他人民事权益的,应当承担侵权责任。网络用户利用网络服务实施侵权行为的,被侵权人有权通知网络服务提供者采取删除、屏蔽、断开链接等必要措施。网络服务提供者接到通知后未及时采取必要措施的,对损害的扩大部分与该网络用户承担连带责任。网络服务提供者知道网络用户利用其网络服务侵害他人民事权益,未采取必要措施的,与该网络用户承担连带责任。

案例 8.5

网络链接案

原告:美国某股份有限公司。

被告:北京某网络有限公司、香港某有限公司。

原告诉称其得到作家周某的许可,获得在全球范围内独家以国际互联网络、光盘、磁盘等电子出版物形式使用周某创作的作品的权利。原告在获得许可授权后发现,被告香港某有限公司在其开办的网站上登载了周某两部小说集中的26篇作品,所登载的作品是由北京某网络有限公司提供。两被告称:北京某网络有限公司受香港某有限公司的委托,通过与北京市今日视点文化事务发展中心签订合作合同,合作为香港某有限公司开办的网站进行文学频道设计及制作有关栏目。根据合同约定,香港某有限公司的网站与今日视点中心所属今日作家网的相关网页建立了链接。本案涉及的周某作品登载于今日作家网,香港某有限公司的网站只是与今日作家网登载周某作品的网页设置了链接,香港某有限公司的网站本身并没有实施登载行为,故两被告的行为并不构成侵权。

法院经审理后认为:互联网上传播的各种信息和作品量巨大,如果要求设链网站在设置链接时必须承担无限的事先主动审查义务,无疑将会使网络服务提供者负担过重的义务。同时也应看到,由于设置链接往往出于增加网站访问量的需要,而增加网站访问量又与网站经营者力图获取经济利益的目的密切相关,按照权利与义务应相适应原则,要求网络服务提供者设置链接时履行适当的注意义务也是十分必要的。因此,法院认为,北京某网络有限公司与今日视点中心签订的合作合同中,向对方提出了明确的权利保证要求,据此,不能认定被告与登载该作品的网站之间对登载传播原告享有专有使用权的作品行为存在共同的主观故意。在得知原告起诉内容后,被告亦及时采取了停止链接措施,因此被告不应当承担侵权责任。

(资料来源:电子商务法律网)

思考题:

网络链接在何种情况下构成侵权?

二、专利权

（一）专利权的含义

专利权是发明创造人或其权利受让人对特定的发明创造在一定期限内依法享有的独占实施权。发明创造是指发明、实用新型和外观设计。发明，是指对产品、方法或者其改进所提出的新的技术方案。实用新型，是指对产品的形状、构造或者其结合所提出的适于实用的新的技术方案。外观设计，是指对产品的形状、图案或者其结合以及色彩与形状、图案的结合所做出的富有美感并适于工业应用的新设计。

（二）授予专利的条件

授予专利权的发明和实用新型，应当具备新颖性、创造性和实用性。新颖性，是指该发明或者实用新型不属于现有技术，也没有任何单位或者个人就同样的发明或者实用新型在申请日以前向国务院专利行政部门提出过申请，并记载在申请日以后公布的专利申请文件或者公告的专利文件中。创造性，是指与现有技术相比，该发明具有突出的实质性特点和显著的进步。实用性，是指该发明或者实用新型能够制造或者使用，并且能够产生积极效果。现有技术是指申请日以前在国内外为公众所知的技术。授予专利权的外观设计，应当不属于现有设计，也没有任何单位或者个人就同样的外观设计在申请日以前向国务院专利行政部门提出过申请，并记载在申请日以后公告的专利文件中。

（三）电子商务对专利制度的挑战

随电子商务的发展，一种新的专利冲突开始出现，这就是对于电子商务的根本——电子商务中的交易模式能否取得专利并依《专利法》有独享权利的问题。界面设计、网上资料压缩技术、密码技术、信息处理、检索技术以及网上使用的软件可专利性的问题，也是电子商务对传统的专利制度提出的挑战。

这些问题的出现并不是偶然的，互联网作为一种革命性的新兴事物对社会变革具有巨大的推动力量，而在其上衍生出的电子商务的每个独创性模式都能在市场中取得巨大成功。作为典型的数字化作品，商务模式本身的复制难度并不大，对于他人创意的抄袭和模仿在互联网上屡见不鲜。在某种程度上，这种情况的出现极大影响了人们的创新意识，同时打击了人们的积极性。尤其是许多大企业不愿让别人轻易模仿其通过巨大投入而得到的成果，更多的小企业则把独创性的模式作为其发展的根本，生怕被具有充足的财力、物力的大公司模仿而挤垮自己。但也有许多人认为如果对电子商务模式进行专利保护，极有可能产生一种新的垄断形式，违背了互联网免费和共享的传统精神，因而担心这会在长远上妨碍电子商务的发展。

三、商标权

（一）商标权的含义

商标权是商标专用权的简称，是指商标主管机关依法授予商标所有人对其注册商标受国家法律保护的专有权。商标注册人依法支配其注册商标并禁止他人侵害的权利，包括商标注册人对其注册商标的排他使用权、收益权、处分权、续展权和禁止他人侵害的权利。商标是用以区别商品和服务不同来源的商业性标志，由文字、图形、字母、数字、声音、三维标志、颜色组合或者上述要素的组合构成。

商标权对于互联网和电子商务发展来说也具有重要的意义。电子商务企业，只有树立自己的品牌和形象,才能在激烈的竞争中脱颖而出,吸引更多的注意力。从这点看,它和传统经营的企业没有本质的区别。但是由于互联网覆盖领域的广泛性及信息传递的速度性,对一家电子商务企业而言,一个好的商标也许就是成功的钥匙。

目前,对于商标权的管理和保护的法律法规主要有《中华人民共和国商标法》和《商标法实施细则》,《中华人民共和国刑法》中对于注册商标的刑事保护以及《中华人民共和国反不正当竞争法》中也有相关规定。

(二) 电子商务中的商标侵权

电子商务中的商标侵权比较集中地表现为"链"上的商标之争和网上搜索引擎引起的"隐形"商标侵权纠纷。在互联网上,处于不同服务器上的文件可以通过超文本标记语言链接起来。网页设计者往往在网页上设计某个蓝色或者绿色的字符或图形,用户只要点击这些字符或图形,另一个网页或者网页的另一部分内容就呈现在用户的计算机屏幕上。这些字符或图形被人们称为"锚",而网上文件转换和跳跃的过程就是"链接"。用户点击"锚"就能实现网络文件之间的跳跃和转换,是因为"锚"上嵌着被链文件的网上地址,能让用户的浏览器按照这些地址找到被链的文件。这种超文本链接使互联网成为一个庞大的信息集合体。直接用被链文件的网上地址作为锚的情况是很少的,通常情况下,文字、标题或标志被用做锚的外表;这种表里不一的情况引发了许多问题和纠纷。

网络中商标侵权纠纷的另一个热点是由网上搜索引擎引起的"隐形"商标侵权纠纷。隐形商标侵权纠纷实际上与"元标记"设计和网上搜索引擎的发展有关。"元标记"原先是被网页设计者用来描述其网站及其内容的,包括网主、版权声明和关键词等,并非为网页正常运行所必需。因为一个网页的用户访问数与该网页的广告收入息息相关,一些网主很快想出了利用网上搜索引擎为网页吸引用户的办法,即设置尽可能广泛而吸引人的关键词,当用户查询这些主题时搜索引擎即指向这些网页,不论网页的内容是否真与这些关键词有关。关键词既然能被用来招揽用户,那么"隐形"商标侵权纠纷的产生也就在意料之中了。如在美国"花花公子"企业诉某被告商标侵权案中,该被告在其网页源代码关键词部分多次重复原告"花花公子"企业的商标"PLAYBOY",纵然原告也在其网页关键词中埋置商标"PLAYBOY",但当用户以"PLAYBOY"为主题通过搜索引擎查询原告时,在用户获得的查询结果中被告的网页总是位居原告网页之前。原告就此指控被告操纵"元标记"侵犯了原告的商标权。审理法院对被告发出了禁止令,指出:被告在其网页的机器识读代码中反复使用"PLAYBOY",致使本来打算通过查询该商标访问原告网页的用户转而访问了被告网页,这一行为构成了商标侵权。在禁止令中,法院还明确禁止被告在其主页或网页的"元标记"的埋置代码中,或在数据或信息的检索过程中,以任何方式使用原告商标"PLAYBOY"。该案的审理结果表明,与显形的商标侵权不同,"隐形"使用他人商标,靠他人的商业信誉把用户吸引到自己的网页,虽没有直接在自己的商品上或商品广告中使用他人的注册商标,但至少淡化、贬低了他人的商标,构成新型的商标侵权。

(三) 驰名商标的使用与保护

实际上,电子商务活动中由商标和商标使用权所产生或可能产生的问题有许多,较常见的是驰名商标在电子商务中的使用和保护。驰名商标(Well-known Trade Mark)指经法定机构认定的,在一国或世界范围的相关公众中具有高知名度和广泛盛誉的商标。驰名商标具有长期使用性、强烈识别性、无形财产性和巨额价值性。它不仅是企业的巨额无形资产,而且是一国经济实力的特殊反映。驰名商标的法律保护,关系到名牌战略实施的成败和民族资本的兴衰。我国最近修改的于2014年5月1日生效实施的《商标法》中规定:禁止生产、经营者将"驰名商标"字样用于商品、商品包装或者容器上,或者用于广告宣传、展览以及其他商业活动中。

对驰名商标实行的特殊法律保护制度是治理"傍名牌"现象的重要制度,在国际上较为通行,目前世界上大多数国家都实行驰名商标特殊保护制度。某些企业把驰名商标当做推销产品的金字招牌,将"驰名商标"字样印制在包装上,并广泛用于网络广告宣传,其实是一种不正当竞争行为。驰名商标是根据当事人的请求,作为处理涉及商标案件需要认定的事实进行认定,应按照"个案处理、被动认定"的原则来进行。修正后的《商标法》明确规定,在商标注册审查、商标争议处理、查处商标侵权案件以及商标民事、行政案件审理过程中,当事人主张驰名商标权利的,可以由商标局、商标评审委员会和最高人民法院指定的人民法院对商标驰名情况做出认定。

淡化行为是侵害驰名商标的一种常见行为。侵权人将与驰名商标相同或近似的商标,注册或使用于同驰名商标使用商品或服务不相同又不类似的商品或服务上,即为淡化行为。借驰名商标的信誉推销自己的商品或服务,形成自己在另一行业的竞争优势,以达到挤垮竞争对手的目的。淡化行为首先不仅可能使消费者产生不同商品或服务来源于同一企业的误解,而且可能使消费者误认为侵权行为人与真正的驰名商标所有人之间有援助关系、隶属关系、交易关系或合作关系等,从而影响正当厂家的信誉;其次,侵权行为人借助于淡化行为,获取了其不应获得的利益,无偿地占有了驰名商标所有人巨额广告投入和长期辛苦经营所带来的效益;最后,淡化行为的泛滥,导致驰名商标的显著识别性逐渐丧失,使消费者对真正的驰名商标产生不信任感,并最终使驰名商标淡化为普通商标,甚至一文不值。在强调个性和品牌、大众传播影响力空前的互联网时代,商标淡化的问题更加应当引起人们的注意。此外从各国立法看,对于驰名商标的保护呈现扩大化倾向,将保护的领域扩展到了互联网上。中国也持这种态度,在正式的《电子商务法》出台之前,一般会依靠通过司法途径进行个案处理的方式解决已有的纠纷。

四、域名

(一)域名的含义

电子商务活动中,更加引起人们关注和广泛争议的是对于域名抢注的管理和处理问题。域名(Domain Name)是一种互联网上识别和定位计算机的地址结构。域名由英文字母、数字、句点及其他特殊符号组成。域名体系采用层次结构设置,因此域名具有不同的级别,根据后缀的不同,域名还存在类别的差异,但在同一等级水平内(如国际域名)必须是唯一的。域名的建立最初是基于方便的考虑,即由IP地址标识的主机地址不容易记忆,因而开发出直观的域名体系。

随着互联网的全球化和商业化,域名作为一种商业标识被赋予了新的更为重要的含义,在各种媒体广告中,甚至是在汽车两侧的喷漆广告中,都可以发现域名的存在,可以说,域名的唯一性及与公司名称或商标的关联性已使它逐渐成为有价值的公司资产。因此,商标权人和与其商标相同或类似域名的持有人或申请人之间的纠纷也越来越多。

域名注册行为大致可以分为三类情况:第一类是在先注册的域名无明显特征,是计算机用户首创的名称,既不是有关组织机构已注册的商标、厂商名称(商号),也不是有损于有关国家、社会公共利益的名称。第二类是在先注册的域名是自己的厂商名称或其缩写,或者是自己合法拥有的商标等。这类在先注册域名的行为是行为人对自己拥有的厂商名称权、商标权等的进一步开发和利用,是对自己域名权的合法行使。事实上,大量域名注册采用的都是这种办法。第三类是抢先注册的域名是他人的商号、商标或其缩写等。最后这类在先注册行为潜藏着一定的社会危害性,按具体情况又可以分为善意行为和恶意行为两种。善意行为是指,行为者既非故意,更非恶意,在先注册的域名与他人的名称、商号、合法拥有的商标名称或其缩写等相同或相似,比如,在使用英文缩略语时产生的巧合情况,在中国司法实践中曾发生过这种情况。

(二) 域名的保护

面对日益增多的域名纠纷,尤其是域名与驰名商标、普通商标、商号等的冲突,国际社会和各国政府提出了不同的保护方案。

1. ICANN 方案

互联网名称与数字地址分配机构(the Internet Corporation for Assigned Names and Numbers,简称 ICANN)于 1999 年 10 月通过了《统一域名争议解决规则》和《统一域名争议解决规则细则》。根据该规则规定,统一域名纠纷处理机制适用于符合下列三个条件的域名纠纷:(1)注册域名与投诉人享有权利的商品商标或者服务商标相同或令人混淆地近似;(2)域名注册人就其域名不享有权利或合法利益;(3)域名是被恶意注册和使用的。在上述情况下,只要投诉人请求,则可以要求该域名进入行政争议处理程序,同时这种强制性行政程序不排除投诉人在程序前后,将有关争议提交有管辖权的法院独立进行裁决。

2. 美国方案

美国对域名的保护政策基本上是主张将其视为一种新的知识产权客体,主要是商标权的客体予以保护。美国专利商标局在 1998 年 1 月提出了将域名注册为商标的评审规则,域名注册人可以通过《商标法》保护自己的域名。对于域名与商标的竞合,由负责域名登记的 NSI 公司处理,一方面 NSI 公司制定的争端解决政策倾向于商标权的保护,如果第三方对域名注册不满,只要提交经公证的在任何国家的商标注册证副本,NSI 公司则将该域名置于"HOLD"的状态,不允许任何一方使用。另一方面,NSI 公司要求申请人主张的注册商标权的生效日期早于域名注册日期,这说明,NSI 公司将域名看成与商标权平行的一种独立的权利,实行"谁在先,保护谁"的政策。但 NSI 公司不直接决定域名的最终归属,只是遵从法院的最终判决。

3. 中国方案

根据中国互联网络信息中心(CNNIC)制定的《中国互联网域名注册暂行管理办法》的规定,对域名注册适用了与商标注册有很大相似性的禁止性条款,如不得使用公众知晓的国家或者地区名称、外国地名、国际组织名称,未经批准不得使用县级以上行政区划名称的全称或者缩写,不得使用行业名称或者商品的通用名称及其对国家、社会或者公共利益有损害的名称。同时,还将域名注册与商标和企业名称直接相联系,规定域名不得使用他人已在中国注册过的企业名称或者商标名称。在异议程序上,规则规定,当一个域名和第三方在中国注册的商标相同,而该域名又不为该商标权人所有时,该第三人可以提出异议。在第三方拥有商标之日起,CNNIC 将停止该域名服务,但 CNNIC 不会充当解决的调停人。实践中,只有在域名注册没有完成时,CNNIC 才会接受异议并有可能驳回域名注册,大量的域名纠纷主要通过司法途径解决。

《最高人民法院关于审理涉及计算机网络域名民事纠纷案件适用法律若干问题的解释》中规定人民法院审理域名纠纷案件,对符合以下各项条件的,应当认定被告注册、使用域名等行为构成侵权或者不正当竞争:(一)原告请求保护的民事权益合法有效;(二)被告域名或其主要部分构成对原告驰名商标的复制、模仿、翻译或音译,或者与原告的注册商标、域名等相同或近似,足以造成相关公众的误认;(三)被告对该域名或其主要部分不享有权益,也无注册、使用该域名的正当理由;(四)被告对该域名的注册、使用具有恶意。

被告的行为被证明具有下列情形之一的,人民法院应当认定其具有恶意:(一)为商业目的将他人驰名商标注册为域名的;(二)为商业目的注册、使用与原告的注册商标、域名等相同或近似的域名,故意造成与原告提供的产品、服务或者原告网站的混淆,误导网络用户访问其网站或其他在线站点的;(三)曾要约高价出售、出租或者以其他方式转让该域名获取不正当利益的;(四)注册域名后自己并不使用也未准备使用,而有意阻止权利人注册该域名的;(五)具有其他恶意情形的。被告举证证明在纠纷发生前其所持有的域名已经获得一定的知名度,且能与原告的注册商标、域名等相区别,或者具有其他情形足以证明其不具有恶意的,人民法院可以不认定被告具有恶意。

人民法院认定域名注册、使用等行为构成侵权或者不正当竞争的,可以判令被告停止侵权、注销域名,或者依原告的请求判令由原告注册使用该域名;给权利人造成实际损害的,可以判令被告赔偿损失。

案例 8.6

网络域名纠纷案

原告:上海某电脑科技有限公司,住所地上海市松江区。

被告:某斯克公司,住所地美国。

原告上海某电脑科技有限公司诉称:我公司是主营电脑数据恢复和电子商务的专业公司,为更好地开展业务,2002年6月14日和2003年3月17日,我公司分别注册了域名"某某.cn"、"某某.com.cn"、"某某.net.cn"(简称"争议域名"),并投入了大量的广告费用宣传争议域名,使其获得了一定的知名度。2006年3月,被告某斯克公司向中国国际经济贸易仲裁委员会域名争议解决中心(简称"域名争议解决中心")提出投诉,要求将争议域名转移给被告,该中心CND2006000046裁决书裁决将争议域名转移给被告。我公司注册域名时,被告在中国没有开展任何业务活动,即在中国没有进行相关商标产品的生产和销售,也未进行任何的宣传,在中国某某商标及其持有人不为公众所知。我公司主营的数据恢复业务和被告从事的半导体制造业没有任何相关性,被告对争议域名不享有任何的民事权益。我公司合法和有正当理由注册和使用争议域名,并使争议域名获得一定的知名度,我公司对争议域名享有权益。综上,请求人民法院判决确认我公司拥有计算机网络域名"某某.cn"、"某某.com.cn"、"某某.net.cn",并由被告承担本案诉讼费。

被告某斯克公司辩称:(1)我公司对"某某"在中国享有相应民事权利,且原告的域名与某某相同,足以造成混淆。我公司以"某某"为公司名称在美国取得注册,我公司的"某某"商标在中国及世界范围内广泛注册,在长期使用下已成为世界驰名商标,我公司在世界各地注册有"某某"系列域名,原告注册的争议域名中可识别部分"某某"与被告所拥有的"某某"商标和商号完全相同。此外,域名"某某.com"是我公司官方网站的域名。原告注册的争议域名会造成消费者混淆,使消费者误认为原告与我公司有关联。(2)原告对争议域名不享有合法权益。"某某"一词为我公司于1988年所独创并使用为公司名称的特征部分,经过我公司大量使用和宣传推广,已具有相当的知名度。我公司与原告无任何形式的业务往来,也未曾以任何形式许可原告使用"某某"商标,原告注册争议域名是为借我公司商誉获取不当利益。(3)原告对争议域名的注册或使用具有恶意。原告注册"某某.com.cn"域名后,在该网站上销售来路不明的标示"某某"商标的"半导体存储装置、闪存卡、便携式数字录制和数据存储装置"等商品,且标示有驱动下载链接至被告的官方网站"www.某某.com",可见原告明显知悉被告对"某某"享有商标等在先的民事权利。域名"某某.cn"、"某某.net.cn"均链接到原告公司介绍的网站"myung.cn",根据该网站介绍可见原告生产制造与"某某"品牌"半导体存储装置、闪存卡、便携式数字录制和数据存储装置"等相关计算机硬件的产品。可见,原告行为明显属于《最高人民法院关于审理涉及计算机网络域名民事纠纷案件适用法律若干问题的解释》第五条所列具有恶意的情形。综上,请求人民法院依法驳回原告的诉讼请求。

审判结果:驳回原告上海某电脑科技有限公司的诉讼请求。

(资料来源:找法网)

思考题:

上海某电脑科技有限公司的行为属于恶意注册域名吗?

五、数据库

数据库的发展对于开发和利用各种信息资源、加速信息社会化过程是必不可少的。数据库的法律保护问题成为法律界继计算机程序的法律保护问题之后面临的一个新课题。

(一)数据库的含义

互联网上的数据库是指对原始数据和现有资料的整理、加工、重新包装之后帮助用户在网上查询信息的各种形式的资料库和资料汇编,是根据一定目的和要求,按照一定的方式,经过一定的筛选,进行系统的选择或有序的排列而形成的信息的有机统一集合体,并作为一个整体向数据库用户提供信息,包括任何种类材料(如文学、艺术、音乐和其他作品)的汇编。这种材料可以是电子形式或非电子形式的文本、声音、图像、数字、事实和数据。

常用数据库主要包括索引指南性数据库、统计资料源数据库、文档汇编数据库等。搜集整理信息并提供给使用者是互联网的重要用途之一。在网络环境下,数据库是一项必不可少的文本或超文本构件,是实现数据共享的"仓库"。许多电子商务企业也纷纷建立自己的数据库、数据资料中心,以便于开展业务、拓展交流。而互联网的良好交互性也对数据库保护提出了挑战,相关的立法也日益为各国所重视。

(二)数据库的法律保护

对于数据库的保护,目前各国法律实践均已确认若干类型数据库具有版权性。欧美国家多以立法来保护"在数据库内容的获取、检验、核实或选用方式,经定性与定量做出实质性投入的数据库著作者"。1996年通过的《世界知识产权版权条约》规定:"数据或者其他资料的汇编,无论采用任何形式,只要由于其内容的选择或排列构成智力创作,其本身即受到保护。"其他给予数据库或数据汇编以知识产权保护的现有国际知识产权还包括《与贸易有关的知识产权协议(TRIPS)》第10条第2款和《世界知识产权组织版权条约(WCT)》第5条。这两条中都以基本相同的语句规定数据或其他资料的汇编,"无论以机器可读形式或其他任何形式,只要由于其内容经选编或整理而成智力创造,均应予以版权保护"。同时这种保护不延及创意或数据等资料本身,也不损害选编或整理中的数据或资料本身已存在的任何版权。这也符合《保护文学和艺术作品伯尔尼公约》第2条确立的版权保护基本原则,即版权保护只延及表达的形式,而不延及表达的创意,同时任何属于智力创造成果的文字或其他信息表达,均属版权保护范围。

我国现行《著作权法》第14条规定:"汇编若干作品、作品的片段或者不构成作品的数据或者其他材料,对其内容的选择或者编排体现独创性的作品,为汇编作品,其著作权由汇编人享有,但行使著作权时,不得侵犯原作品的著作权。"数据库若是构成汇编作品,可以作为编辑作品受《著作权法》的保护。这里主要涉及数据库的作品性的判断标准,主要是独创性标准问题。由于构成汇编作品必须满足"作品性"的要求,而现实生活中只有一部分数据库能够达到这一标准,因此,只有这一部分数据库才是汇编作品,受到《著作权法》的保护。

练习题

1. 分析电子签名与传统签名的差异。
2. 电子签名的法律效力是什么?
3. 简述我国《电子签名法》中对可靠电子签名的规定。
4. 电子投标、开标、评标和中标的区别是什么?
5. 阐述电子商务中消费者权益的法律保护。
6. 恶意注册域名包括哪些情形?
7. 数据库获得著作权保护的条件是什么?

第九章 电子商务战略

互联网的迅速发展改变了企业生存的经济环境,使大多数企业不得不选择电子商务。因而摆在企业面前的问题就是何时选择电子商务,如何选择电子商务,以及如何实施电子商务。这就需要从战略层面对企业实施电子商务的问题进行研究。本章将介绍电子商务战略的内涵、层次、与企业战略的关系,以及电子商务战略的分析、选择与实施。

第一节 电子商务战略概述

一、电子商务战略的内涵

"战略"起源于希腊用语"strategos",意为军事将领、地方行政长官。后来演变成军事用语,表示将领指挥军队作战的谋略。工业革命以后,战略一词应用于企业,含义是企业为了在日益复杂多变的竞争环境中实现其目标和使命,必须在若干种途径中进行选择并且进行一系列谋划的过程。受美国经济学家安索夫《企业战略论》一书的影响,"战略"一词开始广泛应用于经济管理领域中。

从企业发展的角度来看,战略就是企业从以前的发展历程出发,结合预期的市场机遇与挑战,制订的企业未来的发展计划或者选择决策。战略是一种决策,一种意味着追求某些东西、放弃某些东西的决策。

一个完整的战略应该包含以下三方面的因素:
(1) 是对未来发展方向的规划。
(2) 具有前瞻性,是未来发展的蓝图。
(3) 具有策略性,目标明确。

相应地,企业电子商务战略就是军事战略思想在企业电子商务方面的运用,即以电子商务为本体,借助战略思想,制定能适应环境变化、支持企业的经营战略、实现其经营目标的长远发展方略。

二、电子商务战略与企业战略的关系

(一) 电子商务战略在企业战略中的地位

电子商务战略是相对于一般意义的企业战略而存在的,是企业战略的一个组成部分。一般来讲,企业的电子商务战略主要有以下层次:

(1) 公司战略。它是针对整个组织而设计的,即整个公司的生存战略和发展战略。

(2) 业务战略。它是针对企业各个战略业务单元(通常指的是公司中一个相对独立的并拥有自己的总体管理阶层的经营实体和利润中心)而设计的,即企业各个战略业务单元的经营战略。

(3) 职能战略。它是针对企业各职能部门而设计的,即各职能部门的具体战略,如产品战略、人力资源战略、营销战略、财务战略等。

(4) 信息技术战略。它是针对整个企业中的IT部分而设计的。

(5) 电子商务战略。它是针对整个组织中的电子商务部分而设计的。

(6) 电子商务职能部门战略。它是针对整个组织的电子商务部分下面的各个职能部门而设计的。

这些层次的战略关系如图9.1所示。

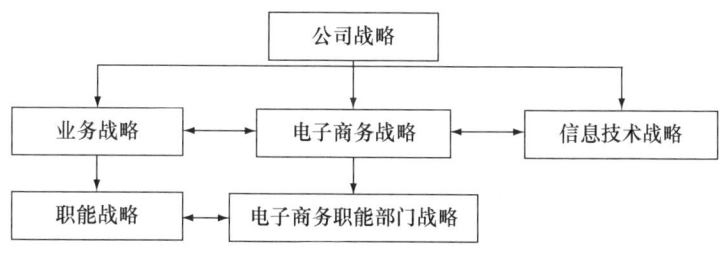

图9.1 电子商务战略的层次

(二) 电子商务战略与企业战略的一致性

由于电子商务战略是企业战略的一部分,又具有一定的独立性,因此,保持电子商务战略与企业战略的一致性是非常重要的。只有与企业战略相一致的电子商务战略才能有效地集成其关键的业务单元和相应的业务流程,大幅度提高这些业务单元的工作效率和获利能力。而企业战略的制定也必须考虑电子商务的战略和架构,只有这样才能更好地满足客户目前和将来的需求,更多地提高企业的价值。

由于电子商务的本质是企业利用信息技术、网络技术进行商务活动。因此,可参照 Henderson 和 Venkatraman 针对信息系统所提出的战略一致性模型,用电子商务系统替代信息系统来分析企业战略与电子商务战略的一致性,如图9.2所示。

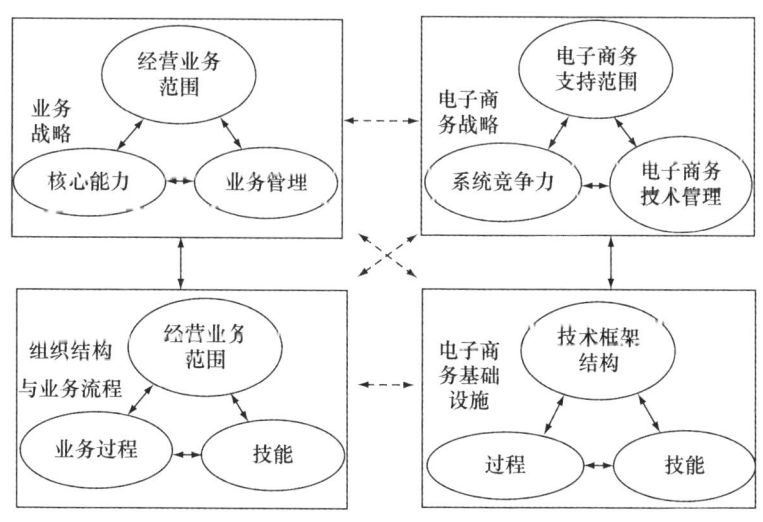

图9.2 电子商务战略一致性模型

企业业务战略和电子商务战略的一致性包括两个层次:第一层主要反映企业的业务战略和电子商务战略之间的外部联系,它决定电子商务支持业务战略的能力,对信息系统技术已成为企业获得竞争优势的重要源泉的企业而言,这种能力是极其重要的;第二层考虑的是企业内部的问题,即处理企业内部的组织结构和过程与电子商务基础设施和过程之间的联系。

企业在实施电子商务时,企业战略和电子商务战略之间的影响方式可能有以下几种:

1. 方式1:业务战略→组织结构与业务流程→电子商务基础设施

这种方式以业务战略作为出发点,由此确定企业的组织结构和过程,在此基础上再确定电子商务的基础设施和过程。这种结合方式的前提是企业的业务战略已经制定,且将企业业务战略作为企业组织结构和过程。这种结合方式与传统的战略管理层次观点相一致,它是最常见的和被广泛接受的。在这种结合方式下,评价电子商务系统功能的准则主要是与成本有关的各项指标。

2. 方式2:业务战略→电子商务战略→电子商务基础设施

这种方式也是以业务战略作为出发点,由此确定企业合适的电子商务战略,然后在此基础上再确定所需要的电子商务基础设施和过程。与第一种结合方式不同,这种结合方式不受当前组织结构与业务流程的约束,取而代之的是根据在电子商务技术市场上的定位,寻找最可能的信息系统技术能力和与此相对应的企业内部信息系统的结构。这种结合方式的评价指标是技术的先进性。

3. 方式3:电子商务战略→业务战略→组织结构与业务流程

这种方式是从电子商务战略的制定开始,先找出最好的业务战略,然后建立与业务战略相适应的组织结构与业务流程。这种结合方式与前面两种结合方式不同,它是依据正在形成的先进的信息系统技术来制定企业的电子商务战略,再来找出企业最好的业务战略,例如改进产品性能和服务方式(业务范围)、改善战略的关键指标(与众不同的能力)、形成新的关系(业务管理)。在明确业务战略的基础上,建立与企业业务战略相适应的组织结构与业务流程。这种结合方式的评价指标是从定性和定量角度评价业务的先进性,具体指标是产品市场占有率、增长率和新产品的开发情况等。

4. 方式4:电子商务战略→业务战略→电子商务基础设施

这种方式是以电子商务战略作为基本的出发点,由此确定电子商务系统的基础设施,再在此基础上建立与电子商务系统的基础设施和过程相适应的组织结构与业务流程。这种结合方式的主要目的是建立水平相对较高的电子商务系统服务组织。这种结合方式通常被看做为保证有效利用电子商务技术,电子商务服务商必须利用资源去满足最终用户不断增长和快速变化的需要。这种方式下,采用的分析方法要能分析用户的需求以及目前已有的和正在开发的产品和服务的情况,其评价准则是用户的满意程度。

总之,企业应根据自己的组织战略,站在企业级的高度,认真审视电子商务的作用,思考自身发展的规划,同时结合当前信息技术、网络技术的支持能力,科学地规划电子商务的应用,保持电子商务战略与组织发展战略一致。

三、电子商务战略的管理过程

在电子商务出现以前,管理学界已经发展了许多战略管理的过程模型,为战略管理提供了丰富的理论依据。大多数战略管理理论都认为,战略管理应该开始于对企业内外部环境的分析,再明确描述企业的战略目标和使命。战略管理过程可大致分为战略分析、战略选择以及战略实施与控制。电子商务战略也基本遵循同样的步骤,如图9.3所示。

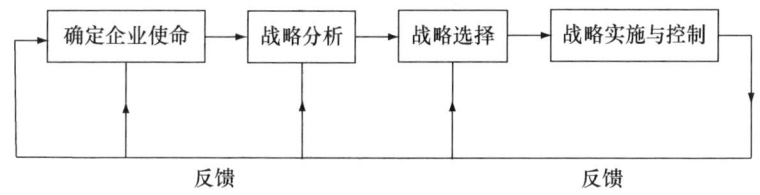

图9.3　电子商务战略的管理过程

需要说明的是,电子商务战略管理过程中三个环节之间的关系并不是完全线性的,战略分析、战略选择和战略实施与控制之间相互影响、相互关联。在企业实践中,这几个步骤往往是同时发生的,或是按照不同于上述步骤进行的。

第二节　电子商务战略分析

电子商务可以提高企业的工作效率和经济效益,增强企业的竞争力,这已经成为绝大多数电子商务领域专家和企业领导人的共识。但以往一些企业应用电子商务的成功经验和失败教训表明,并不是只要企业实施了电子商务就能提高企业的工作效率和经济效益,就能增强企业的竞争力。要成功实施电子商务,企业必须系统地分析所处的经营环境,明确电子商务对企业的战略作用,根据企业的发展阶段和内部资源能力确定恰当的电子商务应用目标,将企业的电子商务战略与其经营战略和竞争战略紧密结合起来,才能充分发挥电子商务的作用。因此,战略分析是企业电子商务战略管理的第一步,其主要内容包括:企业外部环境分析、企业内部资源及能力分析、电子商务战略作用分析和电子商务应用目标分析。

一、企业外部环境分析

外部环境是企业战略的出发点。企业的战略要适应外部环境变化的需要,包括国民发展战略、行业发展规划及技术政策和本地区经济发展动态的需要。企业的外部环境可以分为总体环境、行业环境、竞争环境三个主要层次。

总体环境包括在广阔的社会环境中影响到一个行业和企业的各种因素。对电子商务战略而言,应主要分析以下几个方面:参与电子商务的个体消费者和企业数量、网上交易总额、电子支付市场规模、电子商务技术、法律和文化以及全球电子商务发展的大环境。企业不可能直接控制这些总体环境因素,但成功的企业会收集相应种类和数量的信息,了解总体环境的各方面因素及其意义,以便制定和实施适当的战略。其分析的目的是找出外部因素中所期望发生的显著变化。中国互联网络信息中心、赛迪网、艾瑞咨询等机构会定期或不定期地发布一些电子商务相关统计数据,可以作为企业分析总体环境的依据。

与总体环境相比,行业环境对竞争优势和利润的影响更为直接。一个行业的竞争程度和行业利润潜力可以由五个方面的竞争力量反映并决定:新进入者的威胁、供应商讨价还价的能力、买方讨价还价的能力、替代品的威胁、竞争对手之间的竞争。经过对五种行业力量的分析,企业应当能够对该行业的吸引力做出判断,看是否有机会获得足够甚至超常的投资回报。经验表明,网络发展所导致的产业融合和演变常常是企业实施电子商务的重大机会。

竞争环境分析主要是竞争对手分析,分析应该包括与企业直接竞争的每一个公司。通过对竞争对手未来目标、当前战略、想法、能力的分析,企业应该清楚这样三个问题:竞争对手未来会做什么,与竞争对手相比企业的优势在哪里,以及这些优势将会怎样改变企业与竞争对手的关系。

外部环境分析的结果是发现企业电子商务机会,消除或减少威胁。

二、企业内部资源及能力分析

内部资源及能力是企业战略的核心。企业进行战略管理主要就是为了提高竞争力,以"强筋壮骨"称雄市场。对于企业来说,发展条件的好坏不是绝对的,关键要看自己的长处,以己之长攻彼之短,方能百战不殆。企业竞争战略是多层次的,但战略竞争的核心能力是由全体员工的知识体系、企业技术体系、企业管理体系以及企业文化体系等要素组成的。

资源是指企业生产过程的投入部分。资源包括有形资源和无形资源两种形式:有形资源包括财务、组织、实物、技术等,无形资源包括人力、创新能力、声誉等。与有形资源相比,无形资源更具有潜力。

能力是指企业分配资源的效率。企业能力一般包括人力资源、营销、管理、生产、研究和开发、管理信息系统、其他专有能力。许多能力的基础建立在企业员工的技能和知识上。

对于电子商务实施而言,企业已有的硬件、软件、信息系统以及相应信息技术管理人员和管理水平是比较重要的资源和能力,也在一定程度上影响着企业实施电子商务的难易程度。通过对企业的内部资源和能力的分析,可以找出企业的优势和劣势,以帮助企业发挥优势,弥补劣势。

三、电子商务战略作用分析

在对所处的外部环境及企业内部资源和能力有深入了解的基础上,企业需要努力识别利用电子商务帮助企业获得竞争优势和避免处于竞争劣势的机会。由于一个企业可以通过改变行业的竞争状况、改进企业的已有业务战略、创造新的业务机会、增强自己的核心能力来获得竞争优势,因此,电子商务战略分析的核心任务之一就是找到可以利用电子商务实现上述目标的机会。同时,企业还要分析电子商务的出现能否给自己带来新的业务战略和职能战略,从而进一步增强企业的竞争力。

实际上,此步骤的核心就是要将企业的电子商务战略与企业战略相匹配,从而使得电子商务的应用能为增强企业的竞争力提供有力的支持。在实际工作中,分析电子商务战略作用与确定企业电子商务需求往往是同时进行的。

四、电子商务应用目标分析

对于企业电子商务的应用目标可以从两个角度来分析:一是从范围上分析,二是从应用水平上分析。

从范围上看,企业应用电子商务的基本目标可以分为四个方面:品牌建设、业务优化、关系改善、产品创新。品牌建设是指企业利用电子商务对品牌进行设计、宣传、维护;业务优化是指企业利用电子商务来提高内部的运作效率,这通常与降低成本、提高质量、加快响应速度相关;

关系改善是指企业通过电子商务改进与客户、供应商以及其他业务合作伙伴的关系来增强整体的竞争力;产品创新是指企业通过引入电子商务来实现新业务或者提高其产品的创新能力。

从应用水平上看,企业应用电子商务的基本目标可以分为三个层次:初级应用、中级应用和高级应用。初级应用主要实现信息流的网络化,即进行网上发布产品信息、网上签约洽谈、网上营销、网上收集客户信息,实现网络营销等非支付型电子商务,达到初级经营服务信息化;中级应用实现信息流与资金流的网络化,即实现网上交易、网上支付,实现支付型电子商务,以供应链管理与客户管理为基础,达到中级经营服务信息化;高级应用是全面实现信息流、资金流、物流三流的网络化,即实现支付型电子商务与现代物流,网上订货与企业内部 ERP 系统、供应链管理系统、客户关系管理系统和商务智能系统集成,使得企业从产品的设计研发、生产制造、产品销售、物流配送、售后服务甚至是最后的绩效评估等,都能通过网络与电子商务平台实现,并且达到供应链上下游企业各方能够同步作业的目的。

企业电子商务的应用目标与企业规模的大小有很大关系。对于大型企业而言,充分利用网络技术手段实现采购和销售的电子化,对外整合供应链关系和客户关系,对内整合分支机构和子公司,实现企业电子商务应用的中、高级阶段,是其开展电子商务的主要目标;对中小企业而言,建立企业网站、开展与供应商和客户的交流、宣传企业形象、选择并加入适合企业的电子交易市场,实现企业电子商务应用的初、中级阶段,是其开展电子商务的主要目标。值得注意的是,企业电子商务的应用目标会随着企业所在行业环境以及企业发展所处阶段的不同而改变,并具有很强的途径依赖性。此外,企业电子商务应用的目标选择还取决于企业管理者对电子商务的认识、企业的组织变革力量和行业的整体电子商务应用水平。

第三节 电子商务战略的选择

一、电子商务市场进入时机选择

总体而言,电子商务市场的进入时机有"先入"和"跟随"两种。这里"先入"是指在某个行业内或某个领域内首先实施电子商务战略,"跟随"是指等某个行业或领域的电子商务已经比较成熟后再实施电子商务战略。

先入者的优势包括:学习效应、品牌和声誉、稳定的客户群和稳定的战略合作伙伴等。学习效应是指随着产出的增加,企业的经验也随之增加。这使得企业可以更有效率地运营,因此可以降低成本、提高质量。早期进入电子商务市场的企业往往伴随着新的产品或新的管理模式,会给客户留下深刻的印象,因而能获得声望和品牌知名度。当部分消费者习惯了一个企业网站的服务或者对一个企业网站产生了信赖,他们将不太愿意转移到另外一个企业网站上去,从而成为企业稳定的客户群。企业在电子商务运营中,也会与一部分合作伙伴建立起长期稳定的协作关系,从而拥有一些稳定的战略合作伙伴。从很多成功的企业可以看到先入者优势的作用,比如当当网从中国最早的网上书店发展成为现在国内领先的综合性网上购物商城,阿里巴巴从国内最早的 B2B 中介服务商发展成为现在全球领先的电子商务品牌之一。

近几年来,随着智能机、平板机的快速普及,宽带无线移动通信技术的进一步发展,以及

Web 应用技术的不断创新,移动产业正以不可思议的速度成长。移动互联网的便捷性、智能感知、个性化等特性使得消费者能够随时随地进行娱乐互动、功能搜索等活动,消费者越来越离不开移动设备。相应地,基于移动端的营销机会也越来越受到企业的重视。移动端的"先进入者"在此就非常占优势。比如腾讯 2011 年推出的微信,不到三年的时间用户量就达到 6 亿,同时基于"微信"这个即时通信平台的业务相继推出,很快占领了市场,成为这个行业的巨擘。

先入者的劣势包括:搭便车效应、市场的不确定和技术的不确定。对新市场的不熟悉使企业必须花费巨大的努力、时间和开支以学习这些游戏规则,并由此产生开拓成本。这些成本包括由于企业不了解新市场而犯错导致的经营失败的成本,促销和建立产品供给的成本,对消费者的培训费用等。而对于跟随者,他们可以不必承担先入者的那些开拓成本,而成为"免费搭车人"。例如,跟随者可以通过观察和从先入者所犯的错误中汲取教训而受益,从而避免类似代价昂贵的错误的发生;也可以通过开发由先入者对顾客培训而创造出的潜在市场,并可省下许多先入者在学习和顾客培训上的投资。进入新市场往往要求公司进行大量的投资,特别是专用资产的投资,而公司希望通过长期的成本节约来补偿这些投资。但是,一旦技术或市场的需求发生变化,或者竞争战略发生转移,这些沉没成本很可能会把公司锁定在毫无吸引力的战略之中,并使其无力恢复或应对新变化。8848 网站成立于 1999 年,是中国第一家专门从事电子商务的网站,曾经被视为中国电子商务的旗帜,但由于支付、配送和企业经营等问题,不得不于 2001 年年底暂停该公司的电子商务业务。新蛋网是较早进入中国 3C 数码类电商中的洋巨头,虽然有着美国总部健康完善的模式,但却因为模式没有本土化,造成"水土不服",在国内电商蓬勃发展的时候它却走向了没落。

由于早期实施电子商务的主要是互联网企业,因此学术界和企业界都较多地关注互联网企业先入者的优势和劣势。不过随着越来越多的传统企业开始实施电子商务,这些企业进入电子商务的时机也成为企业家思考的问题。传统企业中,国外的戴尔和国内的海尔作为先入者都获得了广泛的声誉、先进的管理经验、稳定的客户群和稳定的战略合作伙伴。与此相对,也有不少企业实施电子商务失败的案例。因此,企业必须充分考虑"先入"和"跟随"各自的优势和劣势,并结合企业总体战略、内部资源和能力来选择适当的电子商务市场进入时机。

案例 9.1

上汽 O2O 电商平台上线 实现线上卖车及服务

2014 年 3 月 27 日,由上汽集团打造的中国汽车市场首个 O2O 电子商务平台"车享平台"(www.chexiang.com)宣布正式上线。上汽集团领导、整车厂、经销商代表和广大关注"车享平台"的用户共同见证了车享网上线、"车享汇"启动仪式。

作为国内汽车企业 O2O 业务的先行者,上汽整合了旗下各大品牌及数千家经销商网络。据介绍,"车享平台"将通过线上线下无缝对接的电子商务模式,为用户提供一站式解决方案、100% 品质保证及全方位的汽车生活服务。首批进驻"车享平台"的有上汽集团乘用车品牌荣威、MG、别克、雪佛兰、凯迪拉克、大众、斯柯达、宝骏和上汽集团商用车品牌上汽大通。同时,选择上海、南京、杭州、苏州、宁波、天津、成都、深圳八个城市超过 120 家经销商率先试点。而此次与车享网同步启动的"车享汇",是上汽旗下各整车厂品牌俱乐部的会员联盟合作载体。通过与整车厂、经销商伙伴及其他汽车服务提供商的合作,"车享汇"将开发创新型的后市场服务产品,逐步为消费者提供全方位的汽车生活服务。

在车享网热度日益高涨的背景下,上汽集团依靠超过2 000万车主用户,拥有巨大线下资源优势,这次的"O2O破局"在战略层面、在打破汽车行业固有的售卖及服务方式方面,相当引人注目。

车享平台CEO夏军在向大家介绍车享平台定位的同时,强调:O2O不仅是把线上客流导往线下交易,更是将线上线下资源多维度打通、融合,实现服务交付的全过程。车享平台将立足于上汽的资源优势和专业经验,不断提升自身线上产品和功能的魅力指数,进一步凸显"上汽品质"。车享平台将是一个开放的服务平台:首先,向用户开放,更好地倾听、响应用户对功能、体验甚至情感的需求;其次,向创意与产品开发者开放,欢迎他们参与车享平台产品的创新;最后,向合作伙伴开放,与广大经销商、服务商和第三方平台一起搭建与用户沟通、交易的业务生态圈,最大限度地做到资源共享、优势互补。车享网的上线和车享汇的启动是车享平台迈出的第一步。车享平台要提供专业、到位的服务和支持能力,让合作伙伴增加业务机会、降低交易成本,实现共赢发展。同时,在社会化营销时代,我们要在渠道交互、资源集成等方面,继续保持、加强和第三方电商企业以及各类社会媒体、自媒体的合作交流,最大限度地做到资源共享、优势互补。

(资料来源:http://auto.qq.com/a/20140328/009980.htm,有节选)

思考题:

1. 访问车享网、易车网、汽车之家等网站,详细了解相关企业情况,说明这些企业的市场进入时机分别会给它们带来哪些优势和劣势。

2. 你认为车享平台作为汽车企业O2O业务的先入者,应该如何利用"先入者优势"提高企业的竞争力,又应该从其他行业的O2O业务中学习哪些经验?

二、电子商务管理模式的选择

在电子商务管理模式上,企业有两种基本的选择:一是把电子商务业务纳入企业原有的业务部门来管理,二是为电子商务业务成立一个独立的子公司来管理。对一些大型企业来说,它们往往倾向于选择成立独立的子公司来实施电子商务,因为这样会有一些优势:不需要改变现有组织,易于决策,保持高度弹性,创建和容纳新的企业文化等。但国外的例子表明,从企业整体而言,成立独立的电子商务子公司可能并不能完全实现上述潜在优势,反而可能会碰到一些问题。以美国最大实体书店Barnes & Nobles为例,独立电子商务网与实体商店没有互相提升,反而产生渠道冲突,这也是将电子商务经营独立出来这种策略最大的隐忧。

把电子商务与传统业务整合起来进行管理也可能获得一些明显的优势:推广品牌形象,电子商务和传统业务相互提升,分享商业信息等。这种模式成功的关键是企业能够整合电子商务与传统业务。

面对企业在电子商务管理模式上面临的问题,美国学者格拉特和加里诺提出了一个基于品牌、管理、作业、股权四个维度的选择方法,如图9.4所示。

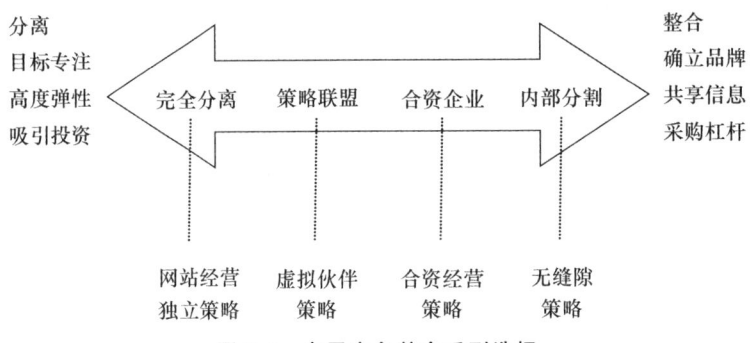

图9.4 电子商务整合系列选择

格拉特和加里诺认为不同企业有着不同的电子商务整合策略,企业沿着这个整合选择可以做不同的置换,思考将哪些维度或功能做整合、分离,即根据所面对的市场与竞争态势,打造电子商务竞争策略,增加企业电子商务战略成功的可能性。格拉特和加里诺建议的四个经营维度为:

第一,品牌。网络品牌与实体品牌的整合或分离是信赖度与弹性间的选择。品牌整合能够导引一个良性循环,把线上顾客送到商店,也把商店的顾客送到线上,但整合一个品牌经常会牺牲掉其原来的弹性。

第二,管理。企业的网络经营管理团队应该与企业整合成一体,或是将网站经营管理团队独立出来,这取决于企业的管理形态与经营模式。整合团队能使策略目标统一,找到可利用策略,以及分享知识;将管理团队独立出来,能够更专注于其工作,充分自由地创新,避免经营模式的混淆。在这个维度上,企业可将所需求的明确功能作整合,而将其他的分离出去。

第三,作业。这个维度的整合,应该基于企业现有配置、信息系统强度,以及这些配置与系统在网络上的可转换程度。整合能够提供成本的节省、更多强制力、情报网站以及超越纯网络经营竞争者的竞争优势;分离能够使一个企业建立最先进、无旧系统负担的定制化系统,并能够开发个性化的网络功能。

第四,股权。这是所有整合决策中最受注意的维度。整合让实体企业获取其新网络企业的整个价值;分离能够帮助吸引和保留相关专业人才,提供一些取得外部资金的路径,以及结盟时的弹性。

对网络业务的经营,企业在分离与整合间的管理能力占很重要的部分。只有思考每一个维度,找到正确的平衡,才可以提升获利的可能及竞争力。

三、电子商务网站开发方式的选择

不管选择哪些电子商务应用领域和哪种管理模式,大多数企业都会建立自己的网站,并围绕着网站来整合各种电子商务应用。

(一)电子商务网站的开发方式

企业在刚建立网站时,网站往往是静态的,没有及时的信息更新,也无法帮助顾客或供应商办理业务。当企业网站逐步发展成为交易处理中心和各种业务流程的自动处理中心后,网站就成了企业信息系统的重要组成部分。随着网站功能变得越来越多,企业发现网站的开发工作也越来越困难。虽然有部分企业仍然采用内部开发的方式来完成网站的建设,但大多数企业都会借助外部的力量来开发出适合企业需求的电子商务网站。

1. 内部开发

内部开发是指企业依托自身的技术部门,调动企业内部的信息技术资源,在外购标准的硬件设备、通用软件基础上,独立地建设电子商务系统。它是一个以过程为导向的内部管理过程,要求企业有丰富的信息技术人才资源、良好的信息技术规划和管理技术以及规模经济性。任何一个方面的欠缺都可能导致自主方式的失败。因此,自主方式是一个风险较高的选择。但相对来说,如果企业自身具备了开发电子商务系统的能力,由于企业的管理人员对自身企业的业务需求最为了解,那么企业采用自主方式就较好。

2. 外包

外包是把企业的信息化建设工作交给专业化服务公司来做,包括软硬件维护修理与支持、技术培训;主机数据中心、客户服务器、网络、桌面系统运营和管理;系统集成、应用开发与实施、电子商务、管理咨询与业务重构等。它是企业迅速开展信息化、提高信息化质量和企业工作效率、节约信息化成本的一种途径。就信息技术在企业的推广进程看,降低经营管理成本、发展和提高核心竞争力、保障企业安全和有效运作、追求利润最大化是企业信息技术外包需求产生的根本原因。

3. 合作开发方式

合作开发方式主要适用于那些自主开发电子商务有困难,但又有一定信息技术人员的企业。在企业和IT服务商合作建设电子商务系统的时候,它强调本企业的信息技术人员参与其中。这样既可以锻炼本企业的信息技术人员,有利于后期的系统维护工作,又可以节约一部分资金。但是由于信息不对称的存在,可能会产生服务商和本企业的信息技术人员互相推诿和沟通不畅的情况。

4. 租用方式

租用方式指企业通过向应用服务提供商租用设备和软件的使用权开展电子商务活动。从充分利用社会资源的角度来看,它是一种人力、设备和信息资源共享的电子商务建设方式。尤其是在当今许多中小企业信息技术人员缺乏、所需软硬件投资巨大、信息技术项目风险较大的市场环境下,这种方式得到不少中小企业的青睐。但是租用方式会使企业电子商务的服务特色和效率受限于服务商的能力、环境和服务质量。

(二)基于内部团队的开发方式选择

在确定电子商务网站开发方式时,首先要组建负责该项目的内部团队。这个团队应该包括了解互联网及其技术的人,这些人知道技术的能力和限制。团队成员应该有创造性思维,希望企业能够超越目前的境况。有些企业常犯的一个错误是招募一位技术高手来领导电子商务项目,此人对业务了解不多,公司上下也没有几个人认识他,这样的项目失败概率很高。要成功地实施电子商务,业务知识、创造性和企业部门经理的威望要比技术专长重要得多。内部团队应该负责从设定目标到网站最终实施和运营的整个过程。如果要外包,内部团队还要决定将项目的哪些部分外包以及外包给谁、是否聘请咨询公司以及聘请哪家咨询公司。在项目早期,咨询公司、外包商和合作伙伴非常重要,因为它们要比大多数信息系统专家更早地接触和应用新技术。

第四节　电子商务战略的实施与评价

一、电子商务战略的实施

与其他战略实施的步骤相似,企业电子商务战略的实施包含实施计划的制订、执行和控制等内容。具体地,电子商务战略实施的主要工作是建立实施电子商务战略的组织机构,确保实施电子商务战略所必需的活动能有效地进行,监控战略实施在实现组织目标过程中的有效性。这些行动大致可以划分为四个相互联系的阶段。

1. 发动与策划阶段

这个阶段的核心是研究如何将企业电子商务战略的理想变为企业大多数员工的实际行动。调动起大多数员工实现新战略的积极性和主动性,努力争取战略的关键执行人员的理解和支持,以扫清战略实施的障碍。

2. 规划与设计阶段

这个阶段主要是将电子商务实施的任务分解为几个战略实施阶段,每个阶段都有阶段性目标,并相应地具有每个阶段的政策措施、部门策略及相应的方针。

3. 执行与运作阶段

企业电子商务战略的实施运作主要与下面六个因素有关:各级领导人员的素质和价值观念;企业的组织机构;企业文化;资源结构与分配;信息沟通;控制及激励制度。通过这六项因素使战略真正进入企业的日常生产经营活动中去,成为制度化的工作内容。

4. 控制与评估阶段

在瞬息万变的电子商务环境中,涉足电子商务的企业只有加强对企业电子商务战略执行过程的控制与评价,才能适应环境的变化,完成战略任务。这个阶段主要是建立控制系统、监控绩效和评估、控制及纠正偏差三个方面。

二、战略实施过程中的项目管理

由于企业电子商务战略实施中会涉及电子商务系统的开发和应用,很多企业采用项目管理的技术对电子商务的实施进行管理。

项目管理是一整套用于计划和控制为达到某个目标所采取的行动的规范技术。项目计划包括有关成本、时间安排和绩效的指标,能帮助项目经理根据这三个指标做出明智的决策。例如,如果项目有必要提早完成,那么可以通过增加项目成本或降低项目绩效来压缩时间。

现在,项目经理常使用项目管理软件来辅助项目管理业务。诸如 Primavera 公司的 P3、Microsoft 公司的 Project 等项目管理软件提供了管理人员、资源和时间的整套工具,并用图表显示了如下内容:哪部分项目属于关键任务,哪部分项目推后而不会影响项目完成日期,哪些资源对项目加速最有效。

除了管理人员和内部团队的任务外,项目管理软件还能够帮助团队管理指派给咨询顾问、技术伙伴及外部服务提供商的任务。当任务完成后,项目经理检查成本和完成时间就能知道项目的进展情况,并不断地修订以后任务的预计成本和完成时间。

信息系统开发项目比其他类型的项目(如建筑项目)更容易失去控制并最终失败。由于信息系统开发项目的这个弱点,许多团队都依靠项目管理软件来帮助达到项目目标。信息系统开发项目失败的主要原因是技术变化迅速、开发时间长和客户期望的不断变化。虽然电子商务采用的也是迅速变化的技术,但大多数电子商务项目的开发时间还是相当短的,常常在不到6个月的时间内就能完成。这样,技术和顾客期望都较少发生变化。

三、战略绩效评估

电子商务战略的实施成本是否保持在企业的预算范围内?实施效果是否达到了企业预期的目标?现有的电子商务应用是否还需要进一步完善和改进?这些都是战略绩效评估要回答的问题。战略绩效评估是在战略执行的过程中对战略实施的结果从财务指标和非财务指标进行全面的衡量。由于电子商务在有些时候并不直接提高企业的销售量和收入,而更多地体现在企业的成本降低、效率提高和客户关系满意度提高上,因此,企业必须从多个角度对电子商务战略的绩效进行评估。常用的评估指标有销售与收益增长率、成本降低程度、效率提高程度、关系满意程度和电子商务网站性能。

1. 销售与收益增长率

这一指标用于评价电子商务战略对企业的盈利能力及价值体现的影响,并分析其原因。如企业的销售是否增加,增加了多少?是通过传统渠道增加的,还是通过电子商务渠道增加的?如果销售增加了,企业收益是否增加?对这方面的评估,企业在实际应用中常常将实施电子商务战略的投入成本与收益进行比较,这种方法称为ROI(投资回报率)法。

2. 成本降低程度

这一指标用于评价电子商务战略对企业管理成本和运营成本的影响,并分析其原因。如生产成本是否降低了?是从哪些方面降低的(如采购价格、生产流程、供应过程发生的费用等)?管理费用和营销费用是不是降低了?是从哪些方面降低的?是否消除或减少了不合理的费用(如库存费用、办公费用、渠道费用等)?

3. 效率提高程度

这一指标用于评价电子商务战略对生产效率、管理效率等的影响,并分析其原因。如生产效率是否因供应链的完善和流程优化得到了提高?订单履行效率是否得到提高?

4. 关系满意程度

这一指标用于评价电子商务战略对企业与消费者、合作伙伴之间关系的影响,并分析其原因。如消费者满意度是否提高?忠诚客户比例是否上升?合作伙伴满意度有没有得到提高?

5. 网站性能

这一指标用于评价网站性能是否达到预期的效果。本文参考Whitwort等人提出的针对信息系统评价的系统性能网络模型(Web of System Performance,简称WOSP),分析电子商务网站的性能指标,如图9.5所示。对网站的性能评价分为四对指标,即边界、内部结构、效应器和接受器。

(1)边界。边界性能反映了对网站的访问控制能力,合法用户都应能访问网站,而非法用户都应被拒绝。评价指标包括可扩展性和安全性。可扩展性体现了网站对合法用户的接受能力;安全性体现了网站对非法用户的防范能力。

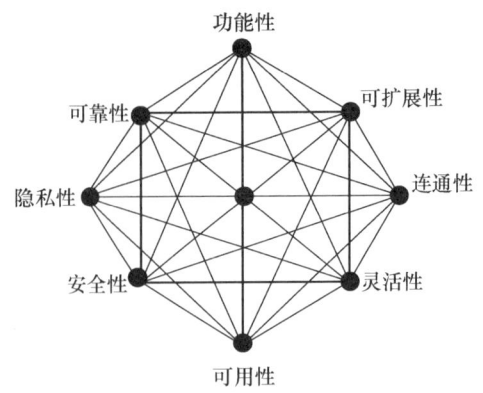

图 9.5 网站系统性能模型

（2）内部结构。内部结构性能反映了网站对内外部变化的应变能力。评价指标包括灵活性和可靠性。灵活性体现了网站对外部变化的适应能力，即网站可以在不同的环境下运行；而可靠性却体现了网站内部结构的相对稳定性，即使网站的某一部分出现问题，整个网站仍能保证运行。

（3）效应器。效应器性能反映了网站的运行性能。评价指标包括功能性和可用性。功能性是指网站对事务的处理能力，也就是网站是否具有足够的功能；可用性是指实现这些功能时占用最少资源的能力，从而保证网站的运行性能，如访问速度快、操作方便。

（4）接受器。接受器性能反映了对内容交换的控制能力，既能够保障正常内容的交换，又能保护隐私内容。评价指标有连通性和隐私性。连通性体现了网站与企业其他信息系统的通信能力，而隐私性体现了网站控制私密信息传播的能力。

图 9.5 中指标间的距离反映两个指标的一致性，距离越大，说明两者一致性越差，如连通性和隐私性就是一对相对制约的指标。中心点是网站性能的平衡点，如果出现右偏心，说明网站侧重于可扩展性、连通性和灵活性，是一个风险较高的网站；反之则是一个风险较低的网站。

案例 9.2

海尔：将电子商务竞争力融入整体核心竞争力

中国真正的电子商务新时代兴起于 20 世纪 90 年代末期的互联网热潮。电子商务模式给中国企业的传统业务所产生的变革前所未有，它潜移默化地影响着企业的各个方面，为中国企业开辟了"第二条战线"——虚拟电子市场。

问题是，如何才能真正让电子商务成为改造传统业务、在竞争中获胜的新的"制高点"？海尔在电子商务领域内的实践甚至被赋予了更多的理想与寄托。

海尔有一个著名的公式：$E+T>T$。意思是说，用电子化手段（T）结合并改造传统业务（E），将提升原有的业务水平，为公司带来新的竞争力。

对于电子商务和传统企业之间的关系，海尔首席执行官张瑞敏曾经这样评价："如果网络经济没有传统产业的应用基础，网络经济只能是空中楼阁；反之，如果传统产业不经过网络技术的整合、改造，那么，传统产业也是没有竞争力的，可能只是一盘散沙。"海尔电子商务战略要实现的目标是：由过去的利润最大化目标转向以顾客为中心、以市场为中心；在企业内部，每个人由过去的"对上级负责"转变为"对市场负责"。

要完成这种战略转型,海尔实施了以下几个步骤:首先,将尽可能多的海尔传统业务"搬"到网络上来,实现简单的传统业务流的电子化目标。其次,将各个不同时期进行的各种电子化业务流程整合成最合理的企业电子商务体系。最后,让海尔的电子商务战略能够与海尔的公司整体战略协调发展,让海尔的电子商务竞争力构成企业整体核心竞争力中不可缺少的一部分。

海尔自2000年启动电子商务战略以来,"E+T>T"的实践为中国企业电子商务应用描绘了一幅崭新的蓝图。比如"www.ehaier.com"网站的建设和维护是海尔完成电子商务战略转型第一步的重要载体。这个转变过程简单地说就是在"haier"前多了一个"e",不过,要完成"ehaier"还真不那么简单。海尔的设想是希望能够把这个网站建设成提供给全球客户的一个在线设计平台。这是海尔推行"满足客户个性化需求"战略的产物。它可以拉近海尔与其全球客户的距离感,为海尔由过去的利润最大化目标转向以顾客为中心、以市场为中心的变革提供了一个重要的窗口和载体。

事实上,当中国企业普遍把企业网站当做一个简单的公司形象宣传和展示载体的时候,海尔突破了这种思维,完成了一个重要的目标:将其与客户的互动关系在网络浏览器上建立起来,建立起一个虚拟交易的平台。

尽管如此,"ehaier"网站主要集中于海尔与其客户、分销商之间的交易和互动。要真正现实"E化海尔"的目标,海尔还需要与其供应商之间建立虚拟的交易空间和平台。这就有了"www.Ihaier.com"网站。

海尔把"www.ehaier.com"网站定位为"信息加速增值",而把"www.Ihaier.com"网站定位为"协同商务以达双赢"。海尔在这里要解决的主要问题是物流。海尔改变了传统的"仓库"概念,把原来的仓库变成了现在的原材料"配送中心"。海尔主张"物流最重要的是做到JIT(Just In Time)"。

长期以来,摆在中国企业面前最大的难题之一就是在与供应商的业务流程中,如何才能解决"及时"的问题。太多的中国企业面对瞬息万变的供应商市场显得过分"迟钝"。由此而给企业造成的损失是巨大的。海尔也面临同样的考验。海尔一直在探索一条使自己与供应商之间的互动关系更加紧密的路子。可以说,海尔后来建立起的与供应商之间以采购订单为中心的协同关系极大地改变了海尔原来与其供应商的关系模式。

通过"www.ehaier.com"网站和"www.Ihaier.com"网站,海尔电子商务形成了一个初步的链条框架:一头是以采购订单为中心的上游厂商,另一头是以设计平台为中心的下游分销商和终端客户。海尔需要成功衔接两头。但是,摆在"E化海尔"目标面前的还远远不只限于此。海尔至少要把电子商务的各个不同部分有机地集成起来。尤其是如何使海尔的内部管理平台真正成为推出电子商务业务平台的根基。而海尔传统业务流程的改造和重组成为其中至关重要的一个环节。

在海尔看来,自创的OEC管理模式改变了以前海尔存在的"有事无人管"、"越管越乱"的困境。使得海尔能够全方位地对每个人每一天所做的每件事进行控制和清理,做到"日事日毕、日清日高"。而这个著名的OEC管理之道也正是海尔后来进行流程再造——建立内部市场链特别是建立SST机制的重要基础,而SST机制的建立反过来又丰富了OEC的内容,优化了OEC管理之道的激励系统,强化了其基础平台的作用。

从一定程度上来说,如果没有海尔这种过硬的企业基础管理水平,海尔的电子商务蓝图就只能是"空中楼阁"而已。

这就是海尔电子商务战略目前的进行时战略——如何让海尔的电子商务战略与海尔的公司整体战略协调进行,让海尔的电子商务竞争力构成企业整体核心竞争力中不可缺少的一部分。

(资料来源:21世纪商业评论)

思考题:
1. 海尔开展电子商务的战略目标有哪些?
2. 访问海尔集团公司网站、海尔商城和海尔物流网站,分析海尔电子商务业务的管理模式。
3. 作为成功实施电子商务的国内知名企业,海尔有哪些经验值得其他企业学习?

练习题

1. 电子商务战略为什么要与企业战略保持一致?如何保持一致?
2. 企业为什么要做电子商务战略分析?战略分析的主要内容有哪些?
3. 企业电子商务战略的一般目标有哪些?如何衡量这些目标是否实现?
4. 对电子商务市场而言,传统企业的先入者和互联网企业的先入者所获得的先入者优势有哪些相同点和不同点?
5. 试分析电子商务项目实施效果评估的内容和意义。
6. 试分析企业选择电子商务网站开发方式的依据。
7. 结合一家比较典型的企业,为其制订一套可行的电子商务实施方案,并说明企业应该如何实施电子商务。

参考文献

[1] 汪勇. 电子商务概论[M]. 北京:清华大学出版社,2009.
[2] Schneider G. P. 电子商务(英文精编版. 第10版)[M]. 北京:机械工业出版社,2013.
[3] Efraim Turban,David King,Judy Lang. 电子商务导论(英文版·第2版)[M]. 北京:中国人民大学出版社,2010.
[4] 〔美〕特班等著,时启亮等译. 电子商务:管理与社交网络视角(原书第7版)[M]. 北京:机械工业出版社,2014.
[5] 杨坚争. 电子商务基础与应用(第七版)[M]. 西安:西安电子科技大学出版社,2010.
[6] 赵冬梅. 电子商务[M]. 北京:机械工业出版社,2012.
[7] 黄学敏. 电子商务(第三版)[M]. 北京:高等教育出版社,2009.
[8] 李洪心,马刚. 银行电子商务与网络支付(第1版)[M]. 北京:机械工业出版社,2007.
[9] 吴建. 电子商务物流管理[M]. 北京:清华大学出版社,2009.
[10] 张绍俊. 电子商务物流管理[M]. 北京:清华大学出版社,2013.
[11] 邵贵平. 电子商务物流管理[M]. 北京:人民邮电出版社,2010.
[12] 齐爱民. 电子商务法原论[M]. 武汉:武汉大学出版社,2010.
[13] 孟波,段超. 电子商务法[M]. 北京:北京大学出版社,2010.
[14] 张楚主. 电子商务法(第三版)[M]. 北京:中国人民大学出版社,2011.
[15] 吴伟光. 电子商务法[M]. 北京:清华大学出版社,2012.
[16] 郭鹏. 电子商务法[M]. 北京:中国人民大学出版社,2013.
[17] 郭懿美,蔡庆辉. 电子商务法(第三版)[M]. 厦门:厦门大学出版社,2013.
[18] 熊平,朱平,陆安生. 电子商务安全技术(第2版)[M]. 北京:清华大学出版社,2013.
[19] 胡玫艳,黄华,何龙. 电子商务概论[M]. 北京:清华大学出版社,2012.
[20] 刘业政. 电子商务概论[M]. 北京:高等教育出版社,2007.
[21] 李洪心,马刚. 银行电子商务与网络支付(第1版)[M]. 北京:机械工业出版社,2007.
[22] 闫强,胡桃,吕延杰. 电子商务安全管理[M]. 北京:机械工业出版社,2007.
[23] 邵兵家. 电子商务概论(第3版)[M]. 北京:高等教育出版社,2011.

[24] 王战平,刘佳璐.从消费者动机看网络营销[J].科技进步与对策,2005(7).

[25] 纪淑娴,李军艳.电子商务生态系统的演化与平衡研究[J].现代情报,2012(12).

[26] 南京科泰信息科技有限公司.电子商务供应链研究报告[R].2010.

[27] 中国互联网络信息中心.第33次中国互联网络发展状况统计报告[R].2014.

[28] 中国电子商务研究中心.2013年度中国电子商务市场数据监测报告[R].2014.

[29] 麦肯锡全球研究院.中国的数字化转型:互联网对生产力与增长的影响[R].2014.

教师反馈及教辅申请表

北京大学出版社本着"教材优先、学术为本"的出版宗旨，竭诚为广大高等院校师生服务。为更有针对性地提供服务，请您认真填写以下表格并经系主任签字盖章后寄回，我们将按照您填写的联系方式免费向您提供相应教辅资料，以及在本书内容更新后及时与您联系邮寄样书等事宜。

书名		书号	978-7-301-	作者	
您的姓名				职称职务	
校/院/系					
您所讲授的课程名称					
每学期学生人数	_____人_____年级			学时	
您准备何时用此书授课					
您的联系地址					
邮政编码			联系电话（必填）		
E-mail（必填）			QQ		
您对本书的建议：				系主任签字 盖章	

我们的联系方式：

北京大学出版社经济与管理图书事业部

北京市海淀区成府路 205 号，100871

联系人：徐冰

电　话： 010-62767312 / 62757146

传　真： 010-62556201

电子邮件： em_pup@126.com　　　em@pup.cn

Q Q： 5520 63295

新浪微博：@北京大学出版社经管图书

网址： http://www.pup.cn